中国幼儿园教育装备发展与研究报告编委会

主 任 委 员： 曹志祥
编委会委员：（按姓氏笔画排序）
　　　　　　　王　戈　李　平　杨立湖　肖　京　范义虎　竺建伟　赵　梦
　　　　　　　施建国　徐俊峰　郭晋保　彭红光
课题负责人： 何建闽
领 衔 专 家： 霍力岩　杨　宁　郭力平　雷万鹏
专题研究组：（按姓氏笔画排序）
　　　　　　　王建平　王春燕　王　静　王豫灵　石毓平　卢　征　庄　薇
　　　　　　　李少梅　李情豪　杨　宁　吴晓东　吴　航　张　虹　陈　京
　　　　　　　卓　敏　柏　丹　秦元东　柴旭津　高维华　郭力平　唐　毅
　　　　　　　梁海泉　雷万鹏　霍力岩　魏雪丽
课题组成员： 何建闽　樊汝来　陈先新　甘行芳　孙　古　郭　婧　林　瑨
　　　　　　　徐春燕　张　晓　尹　柯

• 教育部教育装备研究与发展中心基本科研业务费专项资助 •

中国幼儿园教育装备发展与研究报告

中国幼儿园教育装备发展与研究报告课题组　编

http://www.hustp.com

中国·武汉

内 容 简 介

本书为"教育部教育装备研究与发展中心基本科研业务费专项资助"课题成果，主要包括发展研究报告、热点问题研究、区域发展研究"三大部分。本书针对我国学前教育事业发展中的重点、难点、热点问题，从幼儿教育装备的视角对若干问题开展了专项研究，为我国学前教育事业的发展、幼儿园教育装备的建设，以及政府决策提供了有一定价值的建议。

图书在版编目(CIP)数据

中国幼儿园教育装备发展与研究报告/中国幼儿园教育装备发展与研究报告课题组编. —武汉：华中科技大学出版社，2019.6(2019.11重印)
ISBN 978-7-5680-5080-7

Ⅰ.①中… Ⅱ.①中… Ⅲ.①幼儿园-教学设备-研究报告-中国 Ⅳ.①G614

中国版本图书馆 CIP 数据核字(2019)第 045883 号

中国幼儿园教育装备发展与研究报告	中国幼儿园教育装备发展与
Zhongguo You'eryuan Jiaoyu Zhuangbei Fazhang yu Yanjiu Baogao	研究报告课题组 编

策划编辑：余　强
责任编辑：封力煊
封面设计：饶　益
责任校对：张汇娟
责任监印：赵　月
出版发行：华中科技大学出版社(中国·武汉)　　电话：(027)81321913
　　　　　武汉市东湖新技术开发区华工科技园　　邮编：430223
录　　排：华中科技大学惠友文印中心
印　　刷：武汉科源印刷设计有限公司
开　　本：787mm×1092mm　1/16
印　　张：26.5　插页：2
字　　数：476 千字
版　　次：2019 年 11 月第 1 版第 2 次印刷
定　　价：88.00 元

本书若有印装质量问题，请向出版社营销中心调换
全国免费服务热线：400-6679-118　　竭诚为您服务
版权所有　侵权必究

前言
preface

十九大报告提出要"办好学前教育、特殊教育……努力让每个孩子都能享有公平而有质量的教育","幼有所育、学有所教"。幼儿园教育装备是学前教育质量的重要支撑。

为反映现实、帮助决策、助力政府、支持发展,进一步梳理中国幼儿园教育装备近年来的发展概况及发展趋势,提出我国幼儿园教育装备的创新思路,促进学前教育内涵式发展,教育部教育装备研究与发展中心组织编写了这本《中国幼儿园教育装备发展与研究报告》(以下简称"研究报告")。

幼儿园教育装备包括学龄前儿童在幼儿园一日生活中与各项活动密切相关的玩教具材料、设施设备。幼儿园教育装备研究由来已久。早在1932年,陈鹤琴、张宗麟就通过对幼稚园设备的研究,提出了一个比较完备的幼稚园设备表以及一个幼稚园最低限度设备表。新中国成立后,到20世纪80年代,我国第一次编制了《幼儿园教玩具配备目录》。1992年,根据《幼儿园工作规程(试行)》的要求,我国又颁布了《幼儿园玩教具配备目录》。之后各省(自治区、直辖市)相继出台了一些地方性的幼儿园玩教具配备目录文件。

本研究报告主要包括发展研究报告、若干热点问题研究、区域发展研究三大部分。针对我国学前教育事业发展中的重点、难点、热点问题,本研究报告从幼儿园教育装备的视角对若干问题开展了研究,取得了具有理论与实践意义的研究成果,对我国学前教育事业的发展、幼儿园教育装备的建设、政府决策提供了具有一定价值的建议。书末附录B则整理了近年来幼儿园教育装备发展的大事记。

本研究报告汇聚了教育部教育装备研究与发展中心、全国多省(自治区、直辖市)教育装备中心,以及部分高校学者、地方教育部门、幼儿园一线教师的研究成果。

本研究报告编委会由北京、天津、河北、辽宁、上海、江苏、浙江、湖北、广东、陕西等省市相关部门领导组成,专题研究组由北京师范大学、华东师范大学、浙江师范大学、首都师范大学、华中师范大学、华南师范大学、陕西师范大学、北京教育科学研究院等高校、研究机构的专家学者领衔,由省(自治区、直辖市)教育装备中心的工作人员共同参与组成。第一篇中"事业发展报告"由雷万鹏领衔完成,"教育评价研究"由霍力岩领衔完成,其余内容由何建闽、樊汝来、孙古等人完成,其中"安全规范质量标准"中涉及的全部标准由孙古核对。第二篇由郭力平、杨宁、张虹共同编写"新技术的应用"的内容。第二篇中有关装备标准规范的综述、实证研究及应用性研究由何建闽、樊汝来、孙古、林瑨共同完成。第三篇由李情豪负责编写,林瑨负责具体统稿工作,19个省(自治区、直辖市)教育装备中心的相关工作人员也参与了本部分的编写工作。本书附录由湖北亿童教育装备研究院负责编写,林瑨负责统稿和整理工作,由全国10个省(自治区、直辖市)教育装备中心提供稿件。

湖北亿童教育装备研究院全程参与本书的策划、编撰工作,妙邦教育装备研究院、广州新节奏教育装备研究院也具体参与并完成了相关研究工作。

本研究报告的推出,旨在深入贯彻全国教育大会精神,培养德、智、体、美、劳全面发展的社会主义建设者和接班人,为中国的学前教育事业发展做出贡献!作为我国幼儿园教育装备领域的第一部发展与研究报告,其意义不必赘述!

本研究报告由教育部教育装备研究与发展中心基本科研业务费专项资助。何建闽研究员为本课题负责人。

本研究报告在编写过程中得到诸多专家、学者以及同行的指导与帮助,在此一并表示衷心感谢!

目录 contents

第一篇 幼儿园教育装备发展研究报告

第一章 教育装备质量关系研究综述 ... 2
 第一节 问题的提出 ... 2
 第二节 加强幼儿园教育装备水平建设，提升学前教育质量 ... 3

第二章 事业发展报告 ... 9
 第一节 导论 ... 9
 第二节 幼儿园教育装备事业发展现状 ... 23
 第三节 幼儿园教育装备配备面临的主要问题 ... 39
 第四节 幼儿园教育装备发展问题成因分析 ... 61
 第五节 幼儿园教育装备发展的对策建议 ... 66

第三章 教育评价研究 ... 76
 第一节 调研设计 ... 76
 第二节 调研结果分析 ... 78
 第三节 调研问题与建议 ... 130

第四章 安全规范质量标准 ... 137
 第一节 我国玩具安全标准现状 ... 138
 第二节 幼儿园玩教具及设施设备安全标准 ... 139

第二篇 幼儿园教育装备热点问题研究

第五章 新技术的应用 154
 第一节 信息技术在年幼儿童发展与教育中的应用
    ——基于 WOS 数据库 1982—2018 年的文献分析 154
 第二节 创建新的学习场景：体感交互技术在幼儿教育中的应用 170
第六章 户外教育装备安全规范研究与应用 176
 第一节 幼儿园户外活动场地研究的现状、问题及建议 176
 第二节 悬垂器械教育适宜性指标的实证研究 184
 第三节 滑梯安全规范应用研究 188
 第四节 运动器械中防护栏栏杆的安全防护设置 200
 第五节 防碰撞区域安全防护设置 202
第七章 儿童桌椅标准的实证性研究及教育应用 207
第八章 基于儿童视角的幼儿园物质环境质量评价 212
第九章 自制玩教具的安全规范、教育设计与教育评价摘要 226

第三篇 幼儿园教育装备区域发展研究

第十章 区域发展概况与成果 234
 第一节 发展概况 234
 第二节 研究成果 276
第十一章 幼儿园教育装备研究与探索 297
 第一节 实践案例 297
 第二节 教育技术运用 383

附 录

附录 A 《幼儿园教育装备发展现状调查问卷》 398
附录 B 近年幼儿园教育装备发展大事记 411

第一篇

幼儿园教育装备发展研究报告

第一章 教育装备质量关系研究综述[①]

第一节 问题的提出

《国家中长期教育改革和发展规划纲要（2010—2020年）》（简称《教育规划纲要》）要求把提高教育质量作为今后一个时期我国教育改革和发展的核心任务，要求树立以提高教育质量为核心的教育发展观，建立以提高教育质量为导向的管理制度和工作机制。党的十九大进一步把教育放在优先发展的战略地位：明确提出要"办好学前教育""幼有所育、学有所教"，要"努力让每个孩子都能享有公平而有质量的教育"。"十三五"期间，我国学前教育进一步发展总体目标是，到2020年基本建成广覆盖、保基本、有质量的学前教育公共服务体系，全国学前三年毛入园率达到85%、普惠性幼儿园覆盖率达到80%左右。

近年来，我国学前教育事业取得了跨越式发展。学前三年毛入园率大幅提高，2016年提前完成《教育规划纲要》的目标。社会普遍关注的"入园难"和"入园贵"问题得到有效缓解。各级政府对学前教育财政投入大幅增长。教育部中期评估表明，2011—2015年来各级政府对学前教育投入达4000亿元，新建、改建、扩建幼儿园12万所，幼儿园教职工新增近160万人。但总的来说，"学前教育处于爬坡关键期"，2016年，我国幼儿园23.98万所，在园幼儿超过4413.86万人。

我们需要清醒地意识到，如此庞大的学前教育体系，在发展过程中一定会存在

[①] 何建闽、樊汝来、孙古，教育部教育装备研究与发展中心。

不少问题，遇到很多困难，面临各种挑战。绝不能因为"入园率"这块洼地"有效增填"就认为只要政府加大投入，学前教育质量就有保障。

事实表明，仅依靠政府大量的财政投入带来的高入园率是不能"办好学前教育"的，更不能保障学前教育高质量发展。我们要以一种全新的公共治理的视域来审视与解决其中的问题。

世界银行针对高投资之下世界范围内的学前教育毛入学率在国家之间的差距不但没有缩小，而且还有增大的趋势，组织开发了"SABER-ECD(the Systems Approach for Better Education Results-Early Childhood Development，提高幼儿教育效果的系统方法)"政策评估框架，提出学前教育政策体系要符合质量标准的要求，并以此来全面评估儿童发展政策的现状，并促进其政策优化，以帮助政策制定者和实施者系统诊断其早期儿童发展政策。[①]SABER-ECD 提倡全面的儿童发展观，注重多部门协调行动，要求完善儿童学习与发展、保教师资、机构质量等标准体系以持续提高学前教育服务质量。SABER-ECD 已被 40 多个国家广泛应用，并被证明具有较强的国际适用性和指导意义，对我国也有一定的借鉴意义。我们认为，到 2020 年，我国要达到基本建成广覆盖、保基本、有质量的学前教育公共服务体系的目标，就要借鉴国际先进发展经验，顺应学前教育发展的趋势，建构包括教育装备在内的科学、有效、多部门协作的优质学前教育政策框架，加强学前教育装备规范化建设，完善各项内容的标准体系。

第二节　加强幼儿园教育装备水平建设，提升学前教育质量

一、学前教育质量的高低影响着幼儿身心发展水平

学前教育质量，主要是指幼儿园教育活动（广义）能否满足幼儿身心健康发展

---

① 张世义. 世界银行评估早期儿童发展政策的新框架及其启示[J]. 学前教育研究，2015(11).

的需要及其满足幼儿身心健康发展需要的程度。[①]学前教育质量有时也被称为"幼儿园教育质量""托幼机构的教育质量"等。

学前教育质量的高低影响着幼儿身心发展水平。研究表明，高质量的学前教育有利于儿童在认知、社会性、情感等方面的发展。有追踪研究表明：接受过高质量学前教育的儿童在2—7岁时与控制组儿童相比，更易于完成高中或大学教育，拥有稳定的工作和家庭，具有更强的经济自立能力，接受政府救济和犯罪率明显降低。[②]高质量的学前教育对幼儿身心发展会产生积极而长远的影响。

二、高质量的幼儿园教育装备能提升学前教育质量

幼儿园教育装备一般作为幼儿园办园条件和物质保障，包括教育环境、玩教具等设施设备内容，其中玩教具配备是幼儿园教育装备的基本核心。幼儿园教育装备质量，是指幼儿园教育装备是否满足幼儿身心发展需要、教育活动需求及满足的程度。它有时也被称为"教育环境质量"或是"托幼机构学习环境质量"等。

高质量的幼儿园教育装备对提升学前教育质量、促进幼儿身心发展有着积极的意义。

三、幼儿园教育装备质量是学前教育质量评价的结构变量和过程变量

学前教育质量评价包括教育环境质量评价和幼儿发展评价两大部分。其"变量维度主要包括态度与价值变量、结构变量、过程变量、效率变量和效果变量。在班级质量的诸多要素中，教师和儿童的行为被我们视为评价的核心内容和核心变量。对物质环境和设备条件等变量的考察重点则在于其使用率和所发挥的效能。评价托幼机构的教育质量，既要考察托幼机构为幼儿创设了怎样的教育环境，也要考察这个环境在多大程度上促进了幼儿的学习与发展。

美国的《托幼机构教育环境评价量表》(ECERS-R)和英国的《托幼机构教育环境评价量表——课程扩展版》(ECERS-E)是目前较具国际权威，并且被各国广

---

① 刘占兰. 我国幼儿园教育质量的现状——与1992年幼儿园质量状况比较[J]. 学前教育研究，2012(2).
② 高敬. 早期教育机构质量的重要性、内涵与评价[J]. 学前教育研究，2011(7).

泛运用的学前教育质量评价量表,主要包括设施、日常照顾、语言-推理、活动、互动、作息结构、家长和教师等 7 个子量表 470 个评价指标内容。

我国学者刘焱、潘月娟在分析和借鉴美国的《托幼机构教育环境评价量表》(ECERS-R)和英国的《托幼机构教育环境评价量表——课程扩展版》(ECERS- E)的基础上,研制了《幼儿园教育环境质量评价量表》。学前教育质量、教育环境质量、物质环境质量相互关系如图 1-1 所示。

在学前教育质量评价中,幼儿园教育装备质量既是结构变量,又是过程变量。对幼儿园教育装备质量评价既要看装备的内容,更要看使用的效率。

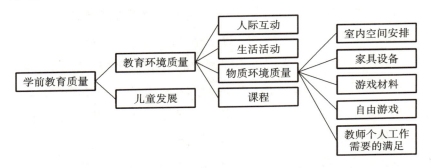

图 1-1 学前教育质量、教育环境质量、物质环境质量相互关系

四、高质量的幼儿园教育装备在幼儿发展中起着促进和引导的作用

高质量的幼儿园教育装备,有助于幼儿园开展探索与创造性游戏活动,帮助幼儿建立良好的学习习惯,促进幼儿认知能力、社会交往能力的发展,对幼儿身心健康发展起着促进和引导作用。有研究表明:

(1)在不同空间分隔和室内设备安排的活动室中,幼儿会产生不同的学习行为。幼儿班活动室的空间分隔和设备安排是决定班级教育环境质量的重要方面。如果班级游戏活动区域大小适宜、过道清晰、空间分隔和设备安排合理,则有助于幼儿专心投入游戏活动,且能防止噪声及各种破坏性行为的发生。

20 世纪六七十年代,一些西方的学者曾对幼儿园班级活动室的空间分隔和室内设备的安排与儿童行为之间的关系开展实验研究。菲特(Fitt)发现,如果将幼儿班级活动室分隔成为大的活动区域,幼儿会产生较多干扰其他幼儿的行为;若分成较小活动区,幼儿则会更为专注地开展各种游戏活动。

我国学者把 4—6 岁的幼儿分成 2 个年龄组,分别在甲、乙两个不同空间分隔和设备安排的活动室内自由活动。结果显示，在甲、乙两个不同活动室内活动的幼儿，幼儿参与活动的状况、幼儿在活动中使用材料的情况、幼儿活动的组合形式、幼儿的言语行为以及合作行为等方面均存在着差异。这一结果印证了西方学者的观点，同时也在理论上进一步支持托幼机构活动室环境创设的基本原则。[①]

（2）在不同空间密度的活动区域，幼儿也会产生不同的学习行为及社会交往行为。班级游戏活动室的社会密度作为班级教育环境质量对幼儿的行为产生着直接的、重要的影响。

学者朱家雄以社会密度(social density)的增加为特征（在一个不变的空间中增加人数）开展研究，探究低于每人 2.4 平方米这一社会密度的活动室会对幼儿的各种行为产生什么影响。实验把 3—6 岁的幼儿分成若干组进行对比，分别放在每人 1.2 平方米、1.7 平方米、2.4 平方米三种不同密度的活动室内，观察幼儿游戏活动行为。结果显示，幼儿在社会密度高的活动室内（如在每人 2.4 平方米的活动室内）比在社会密度低的活动室（如每人 1.7 平方米、1.2 平方米的活动室）内参与活动的积极性更低，与其他幼儿的社会交往减少，游戏活动的水平也较为低下。因此他认为，幼儿园活动室的社会密度与幼儿的各种游戏行为、社会性行为之间存在着密切关系，并且提出活动室的社会密度虽然只是一种物理环境，但是对幼儿的行为产生着直接的、重要的影响。

总而言之，不同的教育环境会对幼儿产生不同的教育影响。高质量的教育环境、高质量的幼儿园教育装备，有助于幼儿身心健康成长。

此外，玩教具及玩教具的配备是幼儿园教育装备的基本内容。丰富的玩具材料及适宜的玩教具配备是幼儿园教育活动的基本保障。

玩教具配备作为幼儿园教育装备的核心内容，其标准化建设有助于政府更好地履行职责，有效地进行财政投入，更好地指导各地开展投资兴建、改建和扩建幼儿园，高效增加普惠性学前教育资源，推进幼儿园建设的标准化、科学化、规范化发展。提高幼儿园玩教具配备的利用效率和使用效果，在提高幼儿园教育装备水平的同时，提升学前教育质量。

刘占兰在《我国幼儿园教育质量的现状——与 1992 年幼儿园质量状况比较》一文中指出：高质量的幼儿园班级环境和课程是确保教育质量的重要前提，班级是幼儿在园生活的基本单位，高质量的幼儿园班级环境和课程是保证保教质量的重要条

[①] 朱家雄，郭宗莉. 幼儿在不同空间分隔和设备安排的活动室内的行为的比较研究[J]. 学前教育研究，1996(3).

件；每个班级都应为幼儿提供丰富的、适合幼儿年龄特点的环境与材料，此外，幼儿园阶段儿童的学习应更具基础性、均衡性、经验性和趣味性；每个班级都应为幼儿提供丰富的、适宜的、均衡的课程内容，以培养和支持幼儿广泛的兴趣，为幼儿今后的学习和发展做全面的准备。

美国幼儿教育协会发布的标准指出，幼儿园里高质量的物质环境、适宜而丰富的玩教具材料能够有效促进师幼关系、幼幼关系和家园关系。2001 年，英国威尔士立法会政府颁布了《3—7 岁儿童基础阶段建议书》，其中提出的观点认为，儿童在室内、室外的游戏材料与场所对儿童个人能力和社会性的发展具有重要作用。

五、有关我国幼儿园教育装备质量内涵研究的借鉴

刘焱、李志宇、潘月娟等学者对我国幼儿园教育装备质量内涵开展了相关研究，为进一步提升幼儿园教育装备质量提供了有益借鉴。

（一）不同办园体制中的幼儿园都有可能提供高质量的教育装备质量

他们以山西省 26 所幼儿园的 50 个班级为调查对象，在对不同办园体制幼儿园班级在教育环境质量上的异同进行对比分析的基础上，提出：不同办园体制的幼儿园都有可能提供高质量的班级教育环境；乡镇园班级的教育环境质量显著低于其他类型的幼儿园，体现了我国幼儿园教育在区域间及体制间发展的不均衡；总体上，教办园班级的教育环境质量明显优于其他类型的幼儿园；民办园的总体水平处于乡镇园与教办园之间，但内部差异较大；各类型幼儿园的班级在课程质量上都有待进一步提高。

该研究展示了我国不同办园体制中的幼儿园教育装备质量的特点、现状和存在的问题，指出了我国幼儿园教育在区域间、体制间发展的不均衡，同时认为不同办园体制中的幼儿园都有可能提供高质量的教育装备质量。

（二）影响幼儿园教育环境质量的主要结构变量及其影响机制

通过研究，他们进一步分析了各相关因素对教育环境质量的影响，认为教师学历、师幼比、在班幼儿人数和收费标准是影响幼儿园教育环境质量的主要结构变量；师幼比和在班幼儿人数对幼儿园教育环境总体质量、物质环境质量、人际互动质量

有影响，但这种影响受到教师学历因素的中介作用；收费标准仅对物质环境质量有影响，但收费标准的提高并不必然导致物质环境质量的显著改善。他们认为，由于这些结构变量在不同地区和办园体制的幼儿园之间分布不平衡，会导致不同地区和办园体制的幼儿园在教育环境质量上出现较大差异。

我国幼儿园教育装备质量内涵的相关研究，阐明了幼儿园教育装备质量发展不均衡的现实，揭示了不同办园水平的幼儿园提供高质量的班级教育环境的可能性，探究了影响幼儿园教育环境质量的主要结构变量，以及这些变量是如何影响教育装备质量的。这些研究在帮助我们了解教育装备质量发展现状和存在问题的同时，也为我们进一步提升幼儿园教育装备质量提供了有益的研究借鉴和方法启示。

幼儿园教育装备工作要以游戏为基本活动形式，以促进幼儿身心健康全面发展为核心。把玩教具配备作为基本工作内容，把安全性、规范化作为基本保障。加强幼儿园装备规范化建设，构建积极有效的幼儿园教育装备事业。

第二章 事业发展报告[①]

第一节 导 论

一、研究背景

党的十九大报告指出:建设教育强国是中华民族伟大复兴的基础工程,必须把教育事业放在优先位置,深化教育改革,加快教育现代化,办好人民满意的教育……办好学前教育,努力让每个孩子都能享有公平而有质量的教育。

学前教育是终身教育的开端,是国民教育体系的重要组成部分,是重要的社会公益事业,对人的全面和谐发展具有重要意义。近年来,为加快发展学前教育,推进学前教育改革,我国各级政府推行实施学前教育三年行动计划:第一期学前教育行动计划(2011—2013 年)旨在扩大学前教育资源供给,缓解 3—6 岁幼儿"入园难"的供需矛盾;第二期学前教育行动计划(2014—2016 年)继续扩大教育资源总量,提高入园率,在解决"有园上"的同时,坚持公益普惠,强化政府职责与财政分担责任,发挥财政的引导激励作用,逐步解决"入园贵"的问题;第三期学前教育行动计划(2017—2020 年)完善体制机制,实现科学保教制度化,在全国基本普及"有质量"的学前教育。前两期学前教育三年行动计划的顺利实施,快速推动了我国学前教育事业的改革发展。统计数据表明,截至 2017 年,全国共有各级各类幼

[①] 雷万鹏、王浩文、刘师珈,华中师范大学教育学院。

儿园 25.50 万所，比 2010 年增加了 10.46 万所，增幅 69.55%。从幼儿园规模来看，全国幼儿园在园儿童数从 2010 年的 2966.67 万人增加至 2017 年的 4600.14 万人，增长 55.06%，幼儿园毛入学率达到 79.6%，比 2010 年增加了 23 个百分点。

随着学前教育资源供给规模的进一步扩大，人民群众对优质学前教育资源的需求与学前教育不平衡、不充分发展之间的矛盾日益凸显。由于底子薄、欠账多，学前教育仍是我国教育体系中的薄弱环节，城乡普惠性资源依然短缺，运行保障机制建设相对滞后，教师数量不足，职业吸引力不强，保育教育质量有待进一步提高。

幼儿园教育装备是学前教育事业的重要组成部分，是幼儿园保教活动开展的必要条件，是培养儿童生活和社会感知能力、促进幼儿身心全面发展的重要载体。长期以来，社会对幼儿园教育装备的概念理解存在一定误区，即将幼儿园教育装备简单等同于物质资源，如功能室、玩教具等设施设备，这种观念导致幼儿园教育装备"重配置、轻应用"，甚至有部分教育装备不适应教育教学的实际需要。

幼儿园教育装备不仅仅是一种静态的物质资源，更是一种生成性的教学资源，教育装备与教育教学的深度融合能够形成幼儿园课程，促进幼儿身心健康发展的需要。从物质资源看，功能室、户外活动器械、玩教具、阅读材料、信息化设备等教育装备，是幼儿园课程实施的重要载体；从教学资源看，教育装备自身具备一定的教育性，幼师、幼儿使用教育装备的过程可以促进幼儿身心的健康发展，教育装备的使用过程可以看作是课程。正如后现代课程观所说，课程并不是预先设定好的，而是不断生成的，是不确定的。幼师、幼儿使用教育装备的过程，就是生成课程的过程，从这个意义来说，教育装备就是课程。

当前幼儿园教育装备发展现状如何？不同区域、城乡、园际是否存在显著差异？与幼儿园课程的融合程度如何？围绕以上问题，本课题组基于上海、湖北、贵州等地区的大规模田野调查，通过定量与定性相结合的研究方法，对我国幼儿园教育装备的发展现状进行深度探索，探究幼儿园教育装备发展面临的主要问题，分析其成因，并提出发展我国幼儿园教育装备的对策建议。

二、概念界定

（一）装备

"装备"一词，在《现代汉语词典》中有两种解释，一种作为名词使用，指配备的武器、军装、器材、技术力量等；另一种作为动词使用，意为配备（武器、军装、器材、技术力量等）。在英文中，名词的装备（equipment）是指配备、装备、设备、器械、用具等；动词的装备（equip）则是指配备行为、使……有能力、赋予等。

可以看到，"装备"一词在国内的传统解释中仍偏重于在军事和工业领域的使用，但实际生活中人们对"装备"一词的使用范围更为宽泛，已逐步拓展为"人类为了某个目的而生产制作的物品"。这种物品不是指天然存在的物品，而是指经过加工的具有技术含量的"技术物"。因此，"技术装备"一词实际上与"装备"的含义相同，是同一个事物的不同说法，都是说明具有技术含量的物品。由于"装备"一词本身已经有技术物品的含义，因此本书仅使用装备一词进行讨论。[①]

艾伦和兴乔从历史的角度出发，归纳出装备的三个本质特征，一言概之，装备的本质就是人类通过有意识的劳动而制造出使人类得以生存的事物。装备属于人类生存所需的生存资源中的人工资源，除此之外，生存资源还包括自然资源和人力资源。

（二）教育装备

将装备限定在教育领域内，基于上文所述装备的概念分析可知，教育装备应该是人类为了实现教育目的而生产制作的物品。但结合现实情况来看，这一概念显然过于狭隘。一些技术物品生产制作的本来目的并非是为了实现教育目的，但由于其被人为地应用于教育活动中，也应该将其归入教育装备的范畴之中。

艾伦等在其研究中提出教育装备具有四种特性：时效性、归属性、学科性、模糊性，即教育装备用于教育活动的时间长短；教育装备是否归属于教育部门；教育装备是否具有学科属性，是否为教育活动服务；教育装备与教育装备在各学科之间是否有渐进关系，并以此四种特性来对一种装备是否属于教育装备进行初步判断。

但是，依据四种特性的判别方法仍然存在很大困难，如究竟应用于教育活动多长时间才能被称为教育装备，四种特性之间可能存在矛盾，等等。因此，学术界对于教育装备这一概念的界定依然未能达成共识。下面列举一些具有代表性的概念界定以供讨论。正如上文所述，教育技术装备与教育装备实际上是同一事物的不同说法，因此，本书也将使用"教育技术装备"一词进行研究的定义列出来一并讨论。

[①] 艾伦，兴乔. 教育装备的起源与本质[J]. 中国教育技术装备，2012(6).

（1）教育装备是在教育活动中支持承载和传递知识信息的配备物和配备行为。也可以更加具体地表述：教育装备是指实施和保障教育教学活动所需的仪器、设备、资料、学具、设施以及相关软件的总称。

（2）教育装备是指在教育领域中，为实施和保障教育教学活动而配备的各种资源总和以及对其进行相应配置、配备的行为与过程。该定义包括两部分含义：①名词，直接服务于教育教学活动的有形物质；②动词，对这些资源进行的配备行为。

（3）教育技术装备是指适合保障教育教学活动所需的物质设施（包括教学仪器、教学设备设施、教学资料如软件、工具和教育教学的环境）。

（4）教育技术装备是指为实现教育教学目的，在一定的环境下进行建设、配备、管理、使用、研究的各种物质条件和手段的总和。

（5）教育装备可以定义为经人工打造的教育资源。它既包括人们常说的教具、学具、图书、教学仪器、教学设备，也包括学校的建筑和各种设施，甚至包括用于教育的诸多工具（如校车等）。

（6）教育装备是运用在教育教学过程中，实现教育计划和目的的辅助手段及物质条件。它是以教育智慧经验为核心层，以教育方法技能为中间层，以信息工具等物质条件为外显层的。

（7）教育装备是教育现代化的物质基础，所包括的范围非常庞杂，它通常是根据教育和教学要求，对各种教学仪器、设备、劳动技术训练与职业训练工具、学习场所、图书音像资料等进行的管理与装备。

（8）教育装备，即实施、保障教育活动的所有硬件、软件的统称。教育装备是学校建设的物质基础，是衡量学校现代化水平的标志，发挥着实施和保障教育、教学活动有效进行的重要作用。

（9）教育装备是指能帮助教育对象学习和认识世界的物化了的设施和设备，它是学习与认识世界的工具和载体。教育装备的核心是与教育对象的学习活动直接、密切联系的设备和材料。

整体来看，对于教育装备这一概念的定义呈现两种取向：一种仅将教育装备作为一个名词进行解释，认为教育装备是一类技术物品的总和；另一种则认为教育装备一词不仅是一个名词，还是一个动词，应该包含对这一类技术物品进行配置、管理、使用和研究的过程。具体来看，这些定义中存在一些缺陷。例如，有学者将教育装备定义为各种资源的总和，但教育领域中的各种资源还包括人力资源等，教育装备显然不能将人力资源等概括其中。

综上分析，本研究认为应该基于名词和动词的双重属性对教育装备进行界定，将教育装备定义为经人工打造的、用于实施和保障教育活动的教育资源，同时也是研究、生产、配备、管理、使用教育装备的一系列活动。

（三）幼儿园教育装备

目前，学界对于教育装备的讨论，更多地集中在小学教育至高等教育阶段，专门研究幼儿园教育装备的成果不够丰富。本课题组在收集与分析各种教育装备相关文献和政策文本后发现，当前研究存在概念界定不清晰的问题，存在学前教育装备、幼儿教育装备、幼儿园玩教具等不同的措辞。此外，部分文献的研究对象仅仅局限于某些特定的教育装备，如幼儿园的设施设备、玩教具等。

在部分有明确定义的研究中，刘焱、石晓波认为在幼儿园里的"装备"，更多的是指玩教具、生活设施和游戏设备。但他们同样认为，当讨论幼儿园装备时，虽然常常侧重于其中的某些部分，但幼儿园装备这一概念本身应是指支持和保障幼儿在园生活、运动、游戏和学习活动顺利开展的设施与设备。[①]陈庆依据其对教育装备的定义，对学前教育装备的概念做了如下界定：学前教育装备是指与学前儿童生活、运动、游戏、学习活动直接相关的设施与设备。由于学前儿童在游戏中生活、游戏中学习、游戏中成长，蕴含丰富的教育发展理念又体现趣味性、操作性等特点的玩教具是他们游戏时不可或缺的"教科书"。因此，学前教育机构教育装备的核心是玩教具。[②]

因此，本研究中所指的幼儿园教育装备是指幼儿园范围内适用于3—6岁幼儿的园舍建筑、各类设施设备、室内室外的环境创设、玩教具、图书等物质资源，以及围绕上述物质资源展开的教育教学活动。

（四）幼儿园教育装备、玩教具与材料

关于幼儿园教育装备的研究中，有许多学者在幼儿园教育装备这一概念下仅仅讨论幼儿园的玩教具或者材料，所以在此对这三个概念做简单辨析，以明确三者之

---

① 刘焱，石晓波. 国外幼儿园装备规范的比较研究[J]. 比较教育研究，2014(9).
② 陈庆. 学前教育机构玩教具装备的探究[J]. 中国现代教育装备，2013(10).

间的区别。在对幼儿园教育装备的概念界定中,已经明确幼儿园教育装备包括的范围,可以知道玩教具是幼儿园教育装备中的一部分,下面重点讨论材料这一概念的区分。

已有研究中所指的材料也被称为活动材料、区域活动材料、学习材料、操作材料、区角材料等。刘宝根在对教材的讨论中引用了王焕勋(1995)在《实用教育大词典》中的定义,他将广义的教材解释为教学材料的简称[①],认为教学材料是指一切有利于儿童发展的材料,包括教科书、教学指导书、工具书、挂图、幻灯片、教学程序、自学指导书、实验指导书等。陈云认为,材料是幼儿进行区角活动的必备条件,在其论述中,区角活动所使用的材料的含义与区域活动材料相同,都是幼儿进行区角或者区域活动时所使用的各类玩具,其中包括制成品,也包括较为原始的物品,如卡纸等。

综上所述,幼儿园领域里所谓的材料并非是指广义的教学材料,而主要是指幼儿园使用的区角活动材料。由此可知,材料是指幼儿在进行区角活动时所操作的物品。这一定义下的材料可以认为是玩教具中"玩具"里的一部分,并不等同于玩教具。

三、分类标准

在明确了幼儿园教育装备的概念后,需要对幼儿园教育装备进行分类,以便后续研究的顺利进行。当前,我国没有一个统一的幼儿园教育装备分类标准。各省市制定的幼儿园教育装备配备标准等文件,皆是在原国家教委1992年颁布的《幼儿园玩教具配备目录》的基础之上不断发展和修订的成果,不同省市对幼儿园教育装备的分类上存在很大差异。其中,《上海市学前教育机构装备规范(试行)》在这一领域具有引领作用,并被其他一些地方参考借鉴。

2015年,教育部颁布的《幼儿园工作规程》分三个层次对幼儿园的园舍、设备做了划分:层次一,是园舍建筑,规定了幼儿园的园舍在规划与建设时各区域应符合具体建设标准,其中,应该优先保证或优化扩大面积的是幼儿游戏和活动的空间;层次二,主要涉及户外活动场地的美化、绿化和活动区域配备,可以将这一层次拓展为幼儿园的环境创设;层次三,则为家具、卫生用具、玩教具、图

---

① 刘宝根. 是"幼儿教材"还是"操作材料"?——对有关"幼儿教材"若干问题的探讨[J]. 上海教育科研, 2010(4).

书、乐器等。

上海市教委 2006 年颁发的《上海市学前教育机构装备规范（试行）》中，首先根据场地将幼儿园教育装备分为户外活动场地、活动室、卧室、盥洗室、餐厅、多功能活动室和专用活动室 7 大类，具体对每一类场地的区域划分、中大型设施设备、家具等配备标准做了具体规定。《四川省幼儿园装备规范》中涉及的范围包括园舍、户外活动场地等基本设置要求；并另外对教学活动、办公、生活及安全所需设施、仪器、设备、器材、玩教具、图书资料的基本配备提出要求。

在对比了 5 个国家的幼儿园装备规范后，刘焱、石晓波发现，幼儿园装备包括幼儿园建筑和各种用房的设计与装修、设施设备、家具、户外游戏场地与活动器械以及玩教具等。

首先，本研究将幼儿园教育装备分为三个层次：

（1）园舍建筑。园舍建筑包括园所房舍设计与修缮，各活动区域的分布、占地面积等。

（2）室内外环境创设。室内外环境创设包括户外活动场地的美化与绿化，室外墙面、走廊的装饰，室内活动空间的环境创设、墙面装饰、作品展示等。此外，由于厨房、保健室、盥洗室、安保系统、家具类的设施设备的教育性相对较弱，因此也归入此类一并讨论。

（3）教育教学装备。教育教学装备即各类玩教具，包括区角活动材料、用于教育教学的信息化设备，此外还有各类幼儿读物。

由于园舍建筑与室内外环境创设两类之下的子类别相对简单，此处不再进行细化，主要对幼儿园教育装备中最为核心的教育教学装备进行细分。

1992 年国家教委颁布的《幼儿园玩教具配备目录》（简称《目录》）即是对玩教具的具体分类。在《上海市学前教育机构装备规范（试行）》中，依据场地划分之后，也单独对儿童玩教具做了分类。湖北省 2014 年颁发的《湖北幼儿园保教设备配备标准（试行）》中，将幼儿园保教设备分为户外活动装备、班级活动室、多功能活动室、专用活动室、厨房体验室、保健室和信息技术装备 7 大类，其中，班级玩教具从属于班级活动室，文件也对其做了细分。贵州省 2012 年颁发了《贵州省幼儿园基本办园标准（试行）》，附贵州省幼儿园（班）基本玩教具配表对玩教具进行具体分类。幼儿园教育装备分类如表 2-1 所示。

表 2-1　幼儿园教育装备分类

教育部	上海市	湖北省	贵州省	
体育类	运动器械	户外活动装备	户外体育玩具	
构造类	运动玩具	班级活动室	沙水玩具	
角色、表演类	扮演玩具	多功能活动室	室内玩教具	结构玩具
科学启蒙类	构造玩具	专用活动室		益智玩具
音乐类	音乐戏剧玩教具	厨房体验室		角色游戏玩具
美工类	美工工具材料	保健室		科学类玩教具
图书、挂图与卡片类	益智玩具	信息技术装备		数学类玩教具
电教类	阅读视听玩具			语言类玩教具
劳动工具类	科学探索玩具			艺术类玩教具
	沙水玩具		工具类	

湖北省出台的《湖北幼儿园保教设备配备标准（试行）》中对户外活动装备及各类活动室进行了详细说明，并对班级活动室内配备的玩教具按照区角的设置进行划分，分为角色区、建构区、益智区、科学区、阅读区、表演区、美工区 7 大类。此外，上海市和贵州省的分类明显是在《目录》基础之上细化、修订的成果。上海市将"体育类"玩教具细分为运动器械与运动玩具，前者主要是指较为大型的运动器械，如滑梯、平衡木、攀爬架等，后者则为相对小型的运动玩具，如球类、小车、拖拉玩具等。此外，随着幼儿园教育装备的不断发展，现在倾向于把沙水玩具单列出来，这也是幼儿玩具丰富性的重要体现之一。

综上所述，参考已有研究及各省市的分类方法，本研究对幼儿园教育装备作出如下分类。

（1）园所环境。园所环境包括周边环境、房舍建筑、空间面积等。

（2）户外活动器械。户外活动器械包括单一功能器械、3 种功能以上的组合器械，以及运动玩具。

（3）玩教具。玩教具包括扮演类，建构类，美工类，音乐舞蹈类，科学探索类，玩沙、玩水、种植类。

（4）阅读材料。阅读材料包括儿童文学类、生活认知类、人际交往类、益智游戏类、科学百科类、艺术类、品德品格类以及学习工具类等。

（5）信息化设备。信息化设备包括一体机、投影仪等硬件设施，以及课程、自动化办公等软件资源。

四、研究设计

为确保研究顺利、高效地展开，本课题组充分利用已有的调研网络，组建了一支跨学科、跨院校、跨区域的研究队伍，在对幼儿园教育装备文献、政策文本进行梳理的基础上，课题组于 2017 年 11 月中下旬分赴上海、湖北、贵州等地开展实证调查，涉及 3 个省（直辖市）、24 个县（区）、185 所各级各类幼儿园、2000 余名幼师，获取了丰富的第一手资料。

（一）研究方法

本研究采取量化和质化相结合的研究范式，以调查问卷的可操作化指标量化幼儿园教育装备发展现状，辅之以深度访谈，了解幼儿园园长、教师对当前教育装备配备、使用的主观感受和困惑。量化与质化研究方法相互补充与印证，展现我国学前教育高速改革发展时期幼儿园教育装备发展的真实情况，以及幼儿园发展对教育装备的真实价值诉求。

（二）研究工具

此次调研的研究工具包括四类：信息表、调查问卷、访谈提纲、观察表。在研究工具的设计过程中，课题组立足于国内外学前教育装备研究的文献梳理，广泛听取、吸纳教育行政部门工作人员、多学科的教育研究者，以及幼儿园园长、教师的意见，对研究工具进行反复测试和修订，最终形成完整的信息表、调查问卷、观察表和访谈提纲。

1. 信息表

信息表包含两部分内容：第一部分为幼儿园基本信息，如幼儿园规模、师资、硬件设施、年度经费收支情况等；第二部分为幼儿园教育装备统计信息。课题组首先参照全国多省（自治区、直辖市）玩教具装备目录或指南，将玩教具划分为 9 大类 67 小类，通过信息表反映幼儿园玩教具种类的丰富程度。其次，了解园长对教育玩教具数量充足度（分值 1—5 代表相当缺乏到完全充足）和使用效果（评价玩教具"好不好用"，最低分 1 分，最高分 5 分）的主观评价。信息表评分指标如表 2-2 所示。

表 2-2　信息表评分指标

序号	项　　目	说　　明
1	户外器械	单一功能器械和 3 种以上功能组合器械
2	运动玩具	球类、车类、拖拉类、投掷类装备，共 19 小类
3	扮演类	各类型娃娃、服装道具等，共 16 小类
4	建构类	几何、螺旋、排列组合、接插类玩具，共 5 小类
5	美工类	美工工具和材料，共 5 小类
6	音乐舞蹈类	乐器、服饰、道具等，共 4 小类
7	阅读材料类	读物、游戏图书、挂图、电子书等，共 5 小类
8	科学探索类	声光电类科学玩具，共 4 小类
9	玩沙、玩水、种植类	玩沙、玩水、种植的区域及配套装备

2. 调查问卷

教师是幼儿活动的组织者和幼儿教育装备的直接使用者，课题组针对幼儿园教师设计了教师调查问卷，主要包含如下内容：一是教师个人信息，如年龄、教龄、学历等；二是教师对各类活动开展所需的玩教具配备情况的主观评价；三是教师对幼儿园环境创设的主观评价；四是自制玩教具的基本概况。此外，问卷还涉及教师的教学时间安排、职业认同感等内容。

3. 观察表

课题组借鉴美国北卡罗来纳大学设计的《幼儿学习环境评价量表》（ECERS-R），设计了幼儿园环境观察表，共分为三个部分：一是园所环境评分表，二是室内环境评分表，三是室内活动空间布局评分表。该表旨在了解幼儿园园所周边环境，评估幼儿园室内、室外活动场地的布局，以及教学环境创设。

4. 访谈提纲

访谈提纲分为园长访谈提纲、教师访谈提纲两大类，补充了解园长和教师对幼儿园教育装备的配备、使用等方面的信息，挖掘具有代表性的个案，为后续研究奠定信息基础。

（三）研究框架

幼儿园教育装备研究框架如图 2-1 所示。

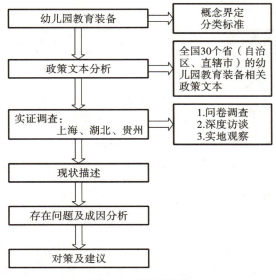

图 2-1 研究框架图

（四）样本选择

为保障研究的科学性和样本的代表性，本次调研对象的选择覆盖东、中、西部省份的各级各类幼儿园。样本选取程序如表 2-3 所示。

首先，课题组依据社会经济发展水平，依次选取上海市、湖北省、贵州省作为东部、中部、西部地区样本；在每个城市内根据经济发展水平选取一个经济较为发达的城区与一个经济较为落后的县（市、区）。

其次，根据所在区域、办园性质、园所等级，每个城区与县（市、区）分类抽取 10—20 所幼儿园，覆盖不同区域、不同性质、不同等级的幼儿园。

最后，依据幼儿园办学规模，每所幼儿园选取 10—15 名"两教一保"教师进行问卷调查，由幼儿园园长或相关负责人填写信息表，课题组调研员依据观察表逐项评分，并对若干园长和教师进行深度访谈。

表 2-3 调研样本区域分布情况

省份（直辖市）	地级市（州）	县（市、区）数/个	幼儿园数/所	教师样本数/人
上海市		2	37	473
湖北省	武汉市	3	24	291
	宜昌市	8	22	303
	荆州市	1	21	235
	黄冈市	1	5	29

续表

省份（直辖市）	地级市（州）	县（市、区）数/个	幼儿园数/所	教师样本数/人
湖北省	咸宁市	1	6	34
	潜江市	1	13	144
贵州省	贵阳市	5	25	227
	黔东南州	2	32	378
合计		24	185	2114

课题组在实地调研中，实地调研 24 个县（市、区），幼儿园合计 185 所，发放教师问卷 2400 份，回收有效问卷 2114 份，有效回收率 88.1%。此外，课题组成员通过座谈、个别访谈等形式，共访谈园长 100 余人次，访谈教师 200 余人次。通过问卷调查和访谈，课题组深入、全面地掌握了各地区幼儿园教育装备发展的基本情况。

（五）样本描述

1. 幼儿园样本

课题组实地调研的幼儿园样本信息如下：

（1）从办园性质看，在 185 所幼儿园样本中，公办园占 57.3%，民办园占 42.7%，其中民办普惠性幼儿园占 18.9%。

（2）从幼儿园等级看，省级示范园占 10.9%，市级示范园占 21.3%，一级园占 29.5%，二级园占 14.2%，三级园占 4.9%，未评级及其他类型幼儿园占 19.1%。

（3）从幼儿园城乡分布情况看，55.1% 的幼儿园位于城市，16.2% 的幼儿园地处县城，农村幼儿园占比达到 28.7%。

（4）从幼儿园的办园年限看，建园时间低于 6 年，即学前教育三年行动计划实施之后新建的幼儿园占 32.1%，建园时间在 16 年以上的幼儿园 46.7%，其中历史最长的幼儿园为 75 年。

（5）从园长信息看，园长平均年龄 40.5 岁，54.6% 的园长具有大学本科及以上学历，男性园长的比例不足 5%。

（6）从幼儿园的主办单位来看（见图 2-2），政府办园占 62.90%，民营企业办园占 16.30%，社会团体、组织及个人办园占 13.00%，事业单位办园占 39.70%，国有企业办园占 1.70%，以及其他主体办园占 2.20%。从幼儿园经费来源角度看（见图 2-3），收保教费、伙食费，政府拨款，主办单位拨款，社会、企业捐赠等是幼儿园经费的主要渠道，占比分别为39.7%、20.9%、18.5%、10.2%。此外，有10.7%的经费来源于其他方面，如资产租赁等。从幼儿园办学规模看，在全样本中，在园幼儿数最大为1225人，最小为15人，平均学生规模为279人，平均专任教师29人。最大生师比为21∶1，最小生师比2∶1，平均生师比9∶1。

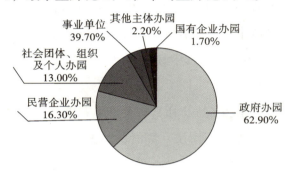

图2-2 样本园主办单位占比

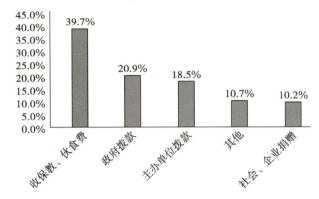

图2-3 样本园经费主要来源

（7）从样本幼儿园的学生构成看（见图2-4），有一定比例的弱势群体儿童存在，

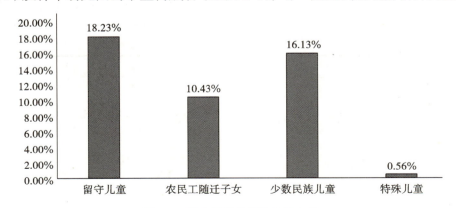

图2-4 样本园弱势群体儿童占比

其中留守儿童占18.23%，农民工随迁子女占10.43%，少数民族儿童占16.13%，以及存在身体残障或智力、心理发展迟缓的特殊儿童，占0.56%。

2. 教师样本

课题组进行问卷调查的教师样本信息如表2-4所示。

（1）在全部教师样本中，男性教师不足1%，女性教师占比高达99.4%。

（2）教师平均年龄30.1岁，其中教龄不足1年的新入职教师占8.3%，入职1—5年的新手教师占44.9%。

（3）从学历结构看，40.9%的幼师具有大学本科及以上学历，大专学历教师占39.7%，19.4%的教师为中专以下学历。同时，73.5%的教师毕业于学前教育专业，其中60.9%毕业于师范院校。

（4）从教师资格角度看，80%以上的教师持有幼儿教师资格证，7.9%的教师为中小学教师转岗，持有中小学教师资格证。

（5）从教师的来源地看，75%以上的教师来自本乡本土。

（6）在全部教师样本中，幼儿园教师平均年收入为4.54万元，每天平均工作时间近9小时。

表2-4 教师样本信息

教龄	百分比	学历	百分比	教师资格	百分比
1年以下	8.3%	大学本科及以上	40.9%	幼师资格证	80.9%
1—5年	44.9%	大专	39.7%	保育员资格证	9.4%
6—10年	22.5%	中专/中职	13.5%	中小学教师资格证	7.9%
11年以上	24.3%	高中及以下	5.9%	学前教育专业	73.5%

第二节 幼儿园教育装备事业发展现状

一、幼儿园教育装备发展政策文本分析

（一）学前教育发展的政策回顾

1. 恢复重建期(1978—1986年)

改革开放对中国的学前教育事业提出了新的要求与挑战，党中央、国务院把学前教育事业列入了重要发展规划。1979年10月，中共中央、国务院发布《全国托幼工作会议纪要》，建议国务院设立托幼工作领导小组，由国家教委、卫生部、计委全国妇联等单位的负责同志组成。这是我国学前教育史上非常重要的一次会议，它把学前教育纳入政府的重要议事日程，确定了学前教育事业的发展方针，首次确定了由政府牵头、各部门共同管理的学前教育管理体制。同年11月，《城市幼儿园工作条例（试行草案）》规定，各级党委要加强对幼儿教育的领导。《城市幼儿园工作条例（试行草案）》是"文革"后国家层面颁布的第一个关于学前教育的政策性文件，在强调地方党委和教育行政部门负责管理的同时确立了"园长负责制"，在实际操作层面为迅速恢复幼儿园正常工作秩序提供了政策保障。

1983年9月，国家教委发布了《关于发展农村幼儿教育的几点意见》，指出发展幼儿教育必须坚持"两条腿走路"的方针。1986年6月，国家教委颁布《关于进一步办好幼儿学前班的意见》，强调"开办学前班是现阶段发展农村学前教育的一条重要途径"。同年，国家教委制定了《小学教师职务试行条例》，明确小学（含幼儿园）教师职务设置，极大地调动了幼儿园教师专业发展的积极性。这一时期，教育部门和有关部门通力合作，极大地调动了广大学前教育工作者的积极性和创造性，形成了全社会共同关心、支持学前教育的大局面。

2. 调整变革期(1987—1995年)

20世纪80年代后期，在教育体制改革的大背景下，学前教育的管理体制进行了重大变革。1987年10月，国家教委在《关于明确幼儿教育事业领导管理职责分工的请示》中提出幼儿教育事业必须在政府统一领导下，实行"地方负责，分级管

理"和有关部门分工负责的原则,在这一政策的指引下,"全国大多数省市建立起省、地、县、乡四级学前教育行政管理体系……这种由上而下的统一领导、分级管理、分工负责的管理新机制的建立,实现了学前教育管理的地方化"[①]。1989年8月,《幼儿园管理条例》明确了地方人民政府发展和管理学前教育的职责,对开办幼儿园的基本条件和审批程序、保教工作、行政事务及奖励处罚等作出明确规定。《幼儿园管理条例》首次以教育法规的形式提出了国家实行幼儿园登记制度,各级教育行政部门应当负责监督、评估和指导幼儿园的保育教育工作。1989年6月,《幼儿园工作规程(试行)》规定了国家对幼儿园的基本要求和管理的基本原则,全面、系统地对幼儿园的各项保教工作作出了规定。

进入20世纪90年代,国家加大了对学前教育事业的改革力度。1992年,党的十四大召开,随着经济体制、政治体制和科技体制改革的深化,我国原有的与计划经济体制相适应的学前教育管理体制开始暴露出一些弊端。1993年,中共中央、国务院印发的《中国教育改革和发展纲要》指出:国家对社会团体和公民个人依法办学,采取积极鼓励、大力支持、正确引导、加强管理的方针。同时,要求继续完善分级办学、分级管理的体制。1995年,为保证学前教育事业的健康发展,国家教委等八部门联合下发《关于企业办幼儿园的若干意见》,强调学前教育关系到千家万户,国家、集体、企事业和公民个人对该项事业的发展都承担着义不容辞的责任和义务,提出要坚持依靠社会力量发展学前教育的方针,有条件的企业应继续办好幼儿园;要深化改革,积极稳妥地推进学前教育逐步走向社会化。这一时期,在学前教育法规、政策的保障和推动下,我国学前教育事业获得快速发展。

3. 深化改革期(1996—2010年)

"九五"时期是我国实施"科教兴国"伟大战略的重要时期,也是学前教育事业逐步适应社会主义市场经济体制,深化改革与健康发展的关键时期。为认真贯彻我国《教育法》《教师法》《幼儿园管理条例》《幼儿园工作规程》,1997年颁布的《全国幼儿教育事业"九五"发展目标实施意见》指出:幼儿教育事业具有很强的地方性和群众性;发展这项事业必须由地方政府统一领导,坚持国家、集体和公民个人一起办的方针,坚持"地方负责,分级管理和有关部门分工负责"的原则。进入21世纪,国家继续深入推行经济和管理体制改革,但与社会转型相适应的学前教育管理体制尚未建立,学前教育的发展及教育质量的提升受到前所未有的困难和挑战。

---

① 庞丽娟. 中国教育改革30年(学前教育卷)[M]. 北京:北京师范大学出版社,2009.

为扭转这一局面，2003年颁布的《关于幼儿教育改革与发展的指导意见》指出：坚持实行地方负责、分级管理和有关部门分工负责的幼儿教育管理体制。实现了农村学前教育管理体制的重心下移，为农村学前教育事业的健康发展提供了体制保障。

2010年7月，《国家中长期教育改革和发展规划纲要(2010—2020年)》就管理体制领域对中央政府和地方政府的教育管理权限、职责分工作了进一步的强调和说明。同年11月，国务院下发《关于当前学前教育发展的若干意见》，再次强调学前教育体制建设调整的目标和方向，即政府主导、成本分担、以县为主，其实质是加强学前教育公办体制建设，"大力发展公办幼儿园"。该《意见》提出：发展学前教育，必须坚持公益性和普惠性，努力构建覆盖城乡、布局合理的学前教育公共服务体系；各级政府要将大力发展学前教育作为建设社会主义和谐社会的重大民生工程，纳入政府工作重要议事日程；统筹规划，实施学前教育三年行动计划，各省（自治区、直辖市）政府要深入调查，准确掌握当地学前教育基本状况和存在的突出问题，结合本区域经济社会发展状况和适龄人口分布、变化趋势，科学测算入园需求和供需缺口，确定发展目标，分解年度任务，落实经费，以县为单位编制学前教育三年行动计划，有效缓解"入园难"。

4. 快速发展期（2011年至今）

为了迅速解决"入园难"问题，从2011年开始执行第一期学前教育行动计划。到2013年全国实现新建改扩建幼儿园9万多所，新增投入超过1000亿元。2015年，全国学前三年毛入园率已达到75%，超过了教育规划纲要设定的2020年应达到的目标。2017年1月，《国家教育事业发展"十三五"规划》提出：以区县为单位实施学前教育行动计划及后续行动，支持企事业单位和集体办园，扩大公办学前教育资源；完善普惠性民办幼儿园扶持政策，鼓励地方通过政府购买服务、补贴租金、培训教师等方式，加快民办普惠性幼儿园发展，提高幼儿园保育教育质量；健全学前教育管理体制，强化省级政府的统筹责任，落实县级政府发展学前教育和幼儿园监管的主体责任。

2017年4月，教育部等四部门《关于实施第三期学前教育行动计划的意见》提出，到2020年，基本建成广覆盖、保基本、有质量的学前教育公共服务体系；全国学前三年毛入园率达到85%，普惠性幼儿园覆盖率（公办幼儿园和普惠性民办幼儿园在园幼儿数占在园幼儿总数的比例）达到80%左右。这一时期，我国学前教育事业的规模和速度都持续增长。学前教育前所未有的跨越式发展，正预示着公益普惠的学前教育公共服务体系越来越可期。

通过探讨和分析改革开放以来我国学前教育事业取得的成就与经验,对分析当前我国新形势下学前教育事业发展过程中,学前教育装备配备面临的挑战与存在的问题起到较大的借鉴意义。

(二)文本分析框架

1. 分析方法

政策文本分析方法可分为三大类:一是政策文本定量分析,其典型做法是文件的年度分布统计、发文单位统计以及主题词词频统计等,属于内容分析范畴;二是对政策文本中语言的定性分析,多以某个角度对政策文本进行阐述、解释,属于话语分析范畴;三是综合分析。[①]本研究将主要采用政策文本综合分析方法,通过定量与定性分析相结合,内容分析与话语分析并重,对已有的学前教育装备文件进行分析。

本研究政策文本分析内容主要包括两大类,即文件属性计量分析和政策话语分析(见图2-5)。具体来讲,文件属性计量分析主要选取了文件的发布时间、发布单位、主题词、被引用文件、文件贯彻路径等作为分析指标,一般而言,文件的属性有文件标题、颁布单位、颁布日期、主题词等。另外,我们还应该关注文件间的关系属性,即文件间的引用与被引用关系(确切地说是贯彻与被贯彻关系、参照与被参照关系)。这种引用关系在文件正文开始之初可以很好确立,如"本目录是依据《幼儿园工作规程(试行)》要求,在1986年颁布《幼儿园教玩具配备目录》的基础上修订的""依据国家《幼儿园管理条例》、《幼儿园教育指导纲要(试行)》、《托儿所、幼儿园卫生保健管理办法》"等语句,清晰告知了当前文件与"引用"的文件。依据文件之间的引用关系,我们可以分析原有文件的落实过程与执行程度。在政策话语

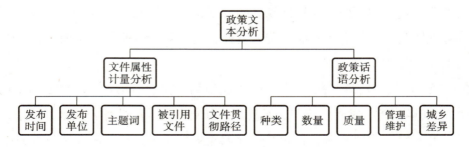

图2-5 学前教育装备政策文本分析框架

---

① 王迎,魏顺平. 教育政策文本分析研究[J]. 现代远距离教育,2012(2).

分析方面,本研究关注学前教育装备配备的数量、种类、质量、管理维护,以及城乡差异等维度的内容。

2. 分析过程

在数据挖掘阶段,我们以幼儿园教育装备、幼儿园玩教具装备、学前教育装备配备、办园标准、评定标准等词汇为关键词,在互联网上批量下载各省的幼儿园教育装备配备相关的文本,具体的数据分析过程如图2-6所示。

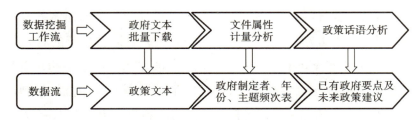

图 2-6　学前教育装备政策文本分析过程

截至 2017 年 12 月,共收集到全国 30 个省(自治区、直辖市)与幼儿园教育装备相关的规范性文件。基于文件属性分析的视角,我们从文件的发布时间、主题词、颁发部门等维度对已有的 30 份文件进行统计(见表 2-5),从样本收集结果来看,基本覆盖全国,能较好地揭示研究样本的基本特点。

表 2-5　部分省(自治区、直辖市)幼儿园教育装备规范文本

区域	省份	年份/年	政策名称	发布单位
东部	广东	1993	《广东省幼儿园(班)设备设施配备标准(试行)》	教育厅
	上海	2006	《上海市学前教育机构装备规范(试行)》	市教委
中部	吉林	2006	《吉林省幼儿园工作管理规定(试行)》	教育厅
	江西	2013	《江西省学前教育项目幼儿园设备设施基本配置目录(试行)》	教育厅、发改委、财政厅、卫生厅、住建厅、人保厅、国土厅等
	湖北	2014	湖北省幼儿园保教设备配备标准(试行)	教育厅
西部	云南	2007	参见1992年《幼儿园玩教具配备目录》	教育厅
	重庆	2010	《重庆市幼儿园等级标准》	市教委、市卫生局、市物价局
	贵州	2012	贵州省幼儿园基本办园标准(试行)	教育厅
	新疆	2015	参见1992年《幼儿园玩教具配备目录》	教育厅等八部门

注:根据国家统计局对"三大地带"的划分方式,界定的"中部地区"包括安徽、河南、山西、湖北、湖南、江西、吉林与黑龙江,共计 8 个省;东部地区包括北京、天津、河北、辽宁、山东、江苏、上海、浙江、福建、广东、海南共计 11 个省市;西部地区包括 12 个省(自治区、直辖市):重庆、云南、四川、贵州、西藏、广西、新疆、青海、宁夏、甘肃、陕西、内蒙古。

（三）分析内容

1. 文件发布时间

1992年，国家教委出台《幼儿园玩教具配备目录》之后，东部地区以广东、上海、福建为代表，率先根据本省学前教育发展需要编制了幼儿园装备标准。具体来讲，广东省于1993年制定了《广东省幼儿园（班）设备设施配备标准（试行）》；上海市教委于1998年颁布了《上海市幼儿园装备标准》，2006年颁布了《上海市学前教育机构装备规范（试行）》；福建省教育厅于2008年制定了《福建省示范性幼儿园玩教具配备目录》。图2-7显示，全国编制幼儿园教育装备规范的时间高峰出现在2011—2013年。2011年全国有5个省（自治区、直辖市）出台了幼儿园教育装备配备目录，2012年、2013年分别有4个省（自治区、直辖市）也陆续编制。从区域差异来看（见图2-8），东部地区一直起着引领作用，2009—2011年共有7个省（自治区、直辖市）编制了装备标准，如河北、浙江、北京、江苏等；中部地区相对集中编制的时间在2014年，如湖北、安徽等；西部地区高度集中制定幼儿园教育装备标准的时间出现在2012年、2013年，如贵州、四川、青海、甘肃等。

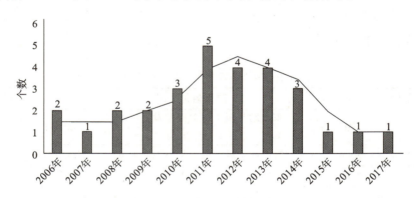

图2-7 各年份出台文件的省（自治区、直辖市）个数

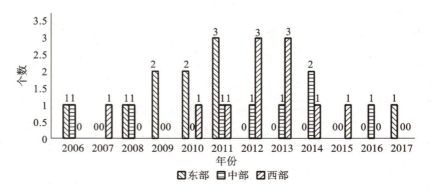

图2-8 东中西部各年份出台文件省（自治区、直辖市）个数

2. 文件颁布部门

根据样本统计结果（见图 2-9），省教育厅或市教委发布的文件数量共 29 份，其中，参与联合发布的部门主要有卫生厅（卫生局）、发展与改革委员会、财政厅、人力资源和社会保障厅。由此可见，省教育厅或市教委颁布的文件量排在第一位，起着主要的引领作用，并在有效期内影响着其后各级行政部门相关文件的制定。

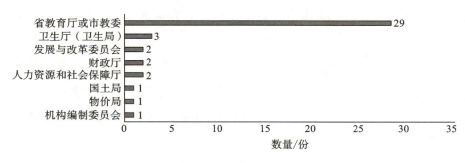

图 2-9　文件发布部门

3. 文件主题词

我们通过拆分文件标题获得主题词，并对主题词进行频次统计，以此获得一些高频词汇，以此揭示各地区对学前教育装备的重视程度。在 30 个省（自治区、直辖市）发布的文件中，有 8 个省（自治区、直辖市）在文件名中涉及"装备"，如《辽宁省幼儿园装备规范》《江苏省幼儿园教育技术装备标准（试行）》《浙江省幼儿园装备规范（试行）》等；有 7 个省（自治区、直辖市）将教育装备配备目录在"办园标准"中作为附录提出，如《河北省规范化幼儿园办园条件基本要求》《山东省幼儿园基本办园条件标准（试行）》《陕西省幼儿园基本办园标准（试行）》等；"设备设施"出现了 4 次，如《广东省幼儿园（班）设备设施配备标准（试行）》《江西省学前教育项目幼儿园设备设施基本配置目录（试行）》等；其余关键词则有"保教"出现 2 次，"玩具""工作管理"分别出现了 1 次。由此，我们可以大致推断，现有政策正为学前教育优质均衡发展提供有力的支撑。

4. 文件引用关系

根据前文提到的文件引用关系表，我们可以了解文件之间的参照、执行关系。从样本地区来看，各地区引用的文件情况比较一致，如国家《幼儿园管理条例》（1989）、《幼儿园教育指导纲要（试行）》（2001）、《中长期教育改革和发展规划纲要（2010—2020 年）》（2010）、《国务院关于当前发展学前教育的若干意见》（2010）、《3

—6岁儿童学习与发展指南》(2012)、《幼儿园工作规程》(2016)和《托儿所、幼儿园建筑设计规范》(2016)表现出较高的引用率。

5. 内容翔实程度

从教育装备规范的具体内容来看：

第一，幼儿园专用活动室逐渐多元化与专业化。例如，2010年《山东省幼儿园基本办园条件标准(试行)》中涉及科学发现室的专项内容，2012年《四川省幼儿园装备规范》中包括美工创意室、阅览室和计算机专用活动室等多项内容。

第二，将信息技术运用于幼儿园的装备。2009年《浙江省幼儿园装备规范(试行)》及2011年《海南省幼儿园装备规范(试行)》中从计算机教学办公配置、幼儿园网络、广播系统、闭路电视系统、安全监控系统等多方面对幼儿园信息技术装备进行了规范。

第三，玩教具配备目录的高度同质性。如表2-6所示，大多数样本省(自治区、直辖市)的幼儿园教育装备规范文本都对户外活动器械、运动玩具、扮演类、建构类、音乐类、美工类、阅读材料类、科学探索类等装备提出了明确的规格与数量要求，如具有异质性的内容主要体现在环境创设、管理维护及城乡标准上。具体而言，

表2-6 部分地区幼儿园教育装备涉及内容统计

地区	户外活动器械	运动玩具	扮演类	建构类	音乐类	美工类	阅读材料类	科学探索类	玩沙、玩水、种植类	环境创设	管理维护	数量标准	种类标准	城乡标准
广东	√	√	√	√	√	√	√	√				√	√	
上海	√	√	√	√	√	√	√	√				√	√	
北京	√	√	√	√	√	√	√	√		√		√	√	
山东	√	√	√	√	√	√	√	√				√	√	√
江苏	√	√	√	√	√	√	√	√			√	√	√	
河北	√	√	√	√	√	√	√	√				√	√	√
河南	√	√	√	√	√	√	√	√				√	√	
江西	√	√	√	√	√	√	√	√				√	√	√
湖北	√	√	√	√	√	√	√	√				√	√	
四川	√	√	√	√	√	√	√	√				√	√	

只有北京市幼儿园玩具配备目录明确提出，环境创设应因地制宜，自然、丰富；从教育装备的管理与维护来看，只有江苏省明确提出，幼儿园应设有专人（兼职）负责各活动室设备的使用及管理，定期检查户外活动设备的使用状况，及时排除安全隐患，确保各种活动材料、资料等的正常添置。湖北省提出定期对园舍及设施进行安全维护。

第四，编制具有城乡差异的幼儿园教育装备规范。从搜集到的样本省份来看，只有山东省、河北省、江西省根据城乡学前教育发展水平的差异，依据城乡班级规模大小，制定了城市/乡镇/农村幼儿园玩教具配备目录。以江西省幼儿园设备设施基本配置目录为例（见表2-7），城区幼儿园室外团体公共设施配备数量要求是乡镇幼儿园配备数量的2倍；室内教师教学园配与班配设施数量呈现出明显的城乡差异化配置规定。

表2-7 江西省学前教育项目幼儿园设备设施基本配置目录（试行）

类别	幼儿园配备数量（单位：个、台、套）		
	城区幼儿园	乡镇中心（示范性）幼儿园	乡镇普通幼儿园
A. 团体公共设施（固定物）	2	1	0
B. 个体活动器材	30	15	3
C. 教室教学设施（全园共用部分）	137	103	56
D. 教室教学设施（班级共用部分）	17	14	5
E. 教室教学设施(幼儿用)	9	8	4
F. 校医室卫生保健器材	12	11	8
G. 幼儿寝室用具	5	5	3
H. 厨房炊具	12	12	9
I. 安全防护用具	1	1	0

（四）分析结果

《幼儿园教育装备配备标准》与《评定等级标准》《办园条件标准》相辅相成，是新形势下教育实践的呼唤，是集体智慧的结晶，也是装备配备的指南。其目的在于通过科学有效的建设标准和配备方案，对幼儿园教育装备的配备和使用提供分类指导，对幼儿园教育装备配备和使用的评价提供科学的依据，也将有利于正确引导幼儿园的经费投入行为，推动幼儿园教育装备更加科学规范。通过文本分析，我们发现目前的幼儿园教育装备配备规范存在以下几个问题。

1. 幼儿园教育装备规范编制时间滞后

我国最早于 1986 年制定了《幼儿园教玩具配备目录》，在随后的 20 年中，只有广东、上海陆续制定了幼儿园教育装备配备标准。国务院于 2010 年出台了《关于当前发展学前教育的若干意见》，作为我国有关学前教育的权威性文件，明确提出坚持科学保教，加强对幼儿园玩教具、幼儿图书的配备与指导，为儿童创设丰富多彩的教育环境。为加快学前教育发展，2011 年，国家启动第一期学前教育三年行动计划。中央财政以补助和奖励的方式，通过实施 4 大类 7 个学前教育项目，支持各地通过多种形式，扩大普惠性学前教育资源。2014 年，实施第二期学前教育行动计划，将原有的项目整合为"支持学前教育发展中央专项资金"。随着国家对学前教育发展支持力度加大，各省市对幼儿园科学保教的重视程度也不断提高，2011—2014 年成为幼儿园教育装备文件出台的高峰期。但从全国范围内文本分析结果来看，只有 19 个省（自治区、直辖市）出台了详细的地方性教育装备目录，5 个省（自治区、直辖市）只是在地方性办园标准中简单涉及玩教具配备要求，依旧还有 6 个省（自治区、直辖市）完全参照 1992 年国家《幼儿园玩教具配备目录》。各省（自治区、直辖市）教育装备政策文本的出台依旧具有一定的滞后性，在一定意义上影响了学前教育质量的提高。

2. 幼儿园教育装备规范存在区域差异

从样本统计结果来看，全国仅有 19 个省（自治区、直辖市）编制了幼儿园教育装备规范性文件，仍然还有将近 40% 的省（自治区、直辖市）未制定地方性幼儿园教育装备规范性文件，其中，西部地区尤为突出，西部 12 个省（自治区、直辖市）中仍然有 70% 左右的省（自治区、直辖市）未出台教育装备相关的规范性文件。幼儿园教育装备规范性文件的不完善，难以保证幼儿园良好教育环境的创设，在一定程度上影响了幼儿园保教质量，也致使幼儿园教育质量的督导评价缺少客观的评价指标。

3. 幼儿园教育装备标准缺乏差异化的分类发展指标

从样本分析结果来看，一方面，多数省（自治区、直辖市）教育装备规范中，都有涉及园舍及户外活动场地设置要求、设施设备器材及图书配备要求、专用活动室设施设备器材配备标准、玩教具园配与班配种类与数量要求，内容呈现出高度同质化的特点。只有山东、河北、江西制定了城市、乡镇、农村不同版本的幼儿园教育装备配备目录，从一定程度上，反映出多数地方省（自治区、直辖市）学前教育装备配备规范缺乏城乡差异化配备指标。另一方面，幼儿园装备配备要尊重每一个幼儿的权利，满足残疾幼儿的特殊需要。例如，应当把接纳有特殊需要幼儿的活动室安排在建筑物的底楼、设计轮椅通道、配备必要的设备材料和家具等，使有特殊需要的幼儿能够参与幼儿园的课程和活动等。但在19个省（自治区、直辖市）的教育装备规范性文本中，只有上海市的《学前教育机构装备规范》中提出，学前教育机构提供的设施设备应兼顾特殊儿童的特殊需要。

4. 对幼儿园教育装备管理与维护重视程度不够

为给幼儿创设良好的物质环境，幼儿园装备规范应强调对装备进行定期检查与维护的重要性。例如，美国、加拿大、澳大利亚都在幼儿装备相关的政策文本中详细列举了装备检查的条目和标准，如消毒记录单、消防演练记录、户外游戏场地检查记录、户外游戏场地设施维修记录以及户外游戏场地意外伤害事故记录等，着重强调设备在使用的时候应当是非常安全的，而且能够随时进行维护。但纵观我国已编制的19份文本中，只有江苏省、湖北省在幼儿园教育装备标准中明确提出按要求定期开展园舍及设施及玩教具的安全检查维护，其余90%的省（自治区、直辖市）均未对教育装备的管理与维护引起重视。

二、各类幼儿园教育装备配备情况

（一）环境创设

1. 幼儿园园舍面积

本研究通过生均占地面积、建筑面积、户外场地面积、绿化地面积、活动室面积、睡眠室面积、图书室面积、生活用房面积等指标衡量幼儿园的办学条件。调研数据表明（见表2-8），在全部幼儿园样本中，生均占地面积最大的为315平方米，均值为17.9平方米。生均建筑面积最大值为192.3平方米，均值为11.9平方米。生均户外活动场地面积最大值为112.42平方米，均值为6.2平方米。生均绿化地面积最大值为110.3平方米，均值为3.8平方米。生均活动室面积最大值为38.1平方米，均值为3.2平方米。生均图书室面积最大为1.89平方米，均值为0.2平方米。生均生活用房（含睡眠室、厨房等）最大值为40.7平方米，均值为2.9平方米。

表 2-8 幼儿园空间面积　　　　　　　　　　单位：平方米

指　　标	有效样本数	最大值	均值	标准差
生均占地面积	157	315.14	17.9	27.7
生均建筑面积	155	192.30	11.9	16.7
生均户外场地面积	153	112.42	6.2	9.8
生均绿化地面积	150	110.3	3.8	9.7
生均活动室面积	153	38.1	3.2	4.4
生均生活用房（睡眠室、厨房等）	148	40.7	2.9	2.1
生均图书室面积	142	1.89	0.2	0.2

2. 园所环境

幼儿园环境主要通过观察员从如下三个维度进行观察评分：一是园所环境，可细分为社区环境、交通环境、消防安全、噪音或空气污染等指标；二是园内环境，包括园内建筑规划及安全性、活动区域的规划、各类标识等；三是室内空间布局，包括室内活动空间是否充足，活动区划分是否合理，室内采光、通风，以及室内温度调节等评分指标。观察评分结果表明（见图 2-10），56.1%的幼儿园周边环境达到合格，其中优秀率为 20.4%。从园内环境指标看，9.5%的幼儿园达到合格标准，25.5%的幼儿园达到良好标准，26.3%的幼儿园达到优良标准；从室内空间布局看，66.3%的幼儿园达到合格及以上标准，其中达到良好的幼儿园占 35.7%，17.5%的幼儿园达到优秀标准。

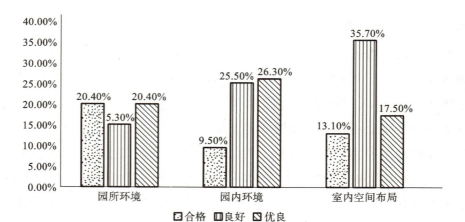

图 2-10　幼儿园环境观察评分

3. 功能室配备

如图 2-11 所示，在样本幼儿园配备的功能室中，图书阅览室与美工室的占比较高，比例分别为 18.7% 和 17.3%，其次为多功能室，占 16.3%。14.4% 的幼儿园设有专门的音乐舞蹈室，13.4% 的幼儿园设有建构室，8.7% 的幼儿园配置了专用的科学发现室。此外，还有部分幼儿园配备有陶艺室，烹饪室、烘焙室以及其他具有幼儿园特色的专用功能室，合计占 11.2%。

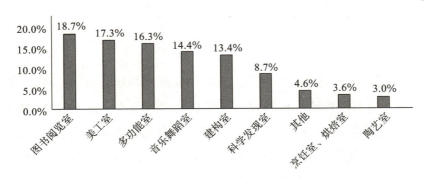

图 2-11 幼儿园功能室比例分布

（二）户外活动器械

户外活动器械主要包括单一功能的活动器械与三种以上功能的组合型器械，具体包括攀登架、滑梯、秋千、踩水车、钻圈、平衡木以及多功能组合器械等 7 类。调研数据显示，样本幼儿园平均会配备 5 种户外活动器械，其中至少一套多功能组合器械。从器械的数量角度看，56% 的幼儿园认为当前配备的户外活动器械数量充足，能够满足幼儿的日常活动需求。从使用满意度看，70% 以上的幼儿园对户外器械的使用情况表示满意，平均自评分为 4.1 分（满分 5 分）。

在玩沙、玩水、种植类户外活动区中，所有的样本园平均会设有两类专用活动区，56.4% 的幼儿园认为本园在玩沙区、玩水区、种植区的面积充足，且配有足够数量的配套工具。68% 的幼儿园对本园玩沙、玩水或种植区的设置及装备配备情况表示满意，平均自评分为 3.9 分（满分 5 分）（见表 2-9）。

表 2-9 幼儿园玩教具配备种类、数量及使用满意度

	平均配备种类数	数量充足度	使用满意度
户外活动器械	5	3.6	4.1
运动玩具	13	3.7	4.1
表演玩具	11	3.2	3.7

续表

	平均配备种类数	数量充足度	使用满意度
建构类	4	4.0	4.4
美工类	4	3.9	4.2
音乐类	3	3.5	4.0
阅读材料	4	3.9	4.2
科学探索类	2	3.3	3.9
玩沙、玩水、种植类	2	3.6	3.9

（三）玩教具

从玩教具配备的种类丰富程度看，样本幼儿园平均配备有 13 种运动玩具，占 81.2%；11 种表演类玩教具，占 78.6%；4 种建构类玩教具，占 80%；4 种美工工具，占 100%；3 种音乐类玩教具，占 75%；以及 2 种科学探索类，占 50%。从各类玩教具配备数量的充足度看，61.1% 的幼儿园认为本园配备的运动玩具数量比较充足或非常充足，建构类玩教具的数量充足度为 74.2%，美工类、音乐类、科学探索类的比例依次为 64.8%、55.3% 和 48.8%。从使用满意度的角度看，76.42% 幼儿园对本园运动玩具的使用满意度达到 4 分以上，均值为 4.1 分。此外，大部分幼儿园对建构类、美工类、音乐类玩教具的使用满意度均分在 4 分以上，而对表演类和科学探索类玩教具的自评分均值分别为 3.7 分和 3.9 分。此外，自制玩教具是幼儿园玩教具的重要组成部分，自制玩教具在不同幼儿园的占比略有不同，调研数据表明，在所有的样本幼儿园中，自制玩教具的占比从 0%—100% 不等，平均占比约为 40%。

（四）阅读材料

从幼儿图书的分类看（见图 2-12），我们将幼儿图书分为儿童文学类、生活认知类、人际交往类、益智游戏类、科普百科类、艺术类、品德品格类以及学习工具类等。通过幼儿园信息表的数据分析发现，当前幼儿园最为缺乏的 3 种幼儿图书类型为科普百科类、艺术类和学习工具类，占比分别为 17.4%、16.1% 和 15.2%。

（五）信息化设备

从幼儿园信息化硬件设施看（见图 2-13），80% 以上的幼儿园配备了电脑（包括办公电脑、平板电脑等），电视机以及音响设备。78.7% 的幼儿园有照相机、摄像机等影像设备，70.5% 的幼儿园装备了投影仪，另有 40.4% 的幼儿园已配备了电子白板等电教设备。此外，在部分幼儿园已经配有 3D 打印机、全息投影等科技前沿设备，占比分别为 19.7%和 8.2%。

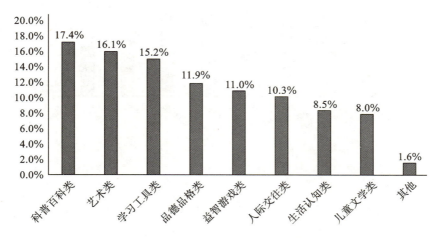

图 2-12　幼儿园相对缺乏的图书类型

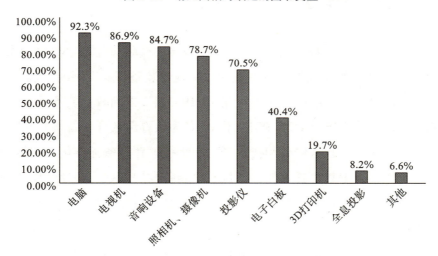

图 2-13　信息化设备

从幼儿园信息化建设角度看（见图 2-14），70%以上的幼儿园已建成校园广播系统、安保系统，并建有幼儿园的官方门户网站、社交软件公众号（如微博、微信公众号等）。67%的幼儿园建有数字化资源库，为幼儿园教学活动开展提供有效支持。57.4%的幼儿园实现了行政、教师办公自动化，53.5%的幼儿园建成"家园通"系统用于家校合作。同时，有超过 30%的幼儿园建有"班班通"和"园园通"系统，实现资源共享。

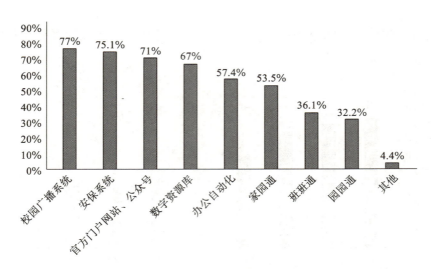

图 2-14 信息化建设

三、幼儿园教育装备行业发展情况

幼儿园教育装备作为我国教育装备事业重要组成部分，在实践方面的探索由来已久。1964 年创建的教学仪器研究室成为我国教育装备事业发展的开端。1980 年，经国务院批准恢复为教育部教学仪器研究所；1986 年，中国教育装备行业协会成立，受教育部和民政部的指导与管理。2013 年，更名为教育部教育装备研究与发展中心，从事教育装备的理论、政策研究和技术开发，承担教育装备标准化、质量检测、咨询、培训等工作；根据教育部委托，拟订教育装备发展规划，指导学校装备建设，提高我国教学实验技术水平和装备水平，促进教育装备行业发展，为教育事业发展提供技术支持。

在教学仪器研究所在成立之初，联合国儿童基金会就与教学仪器研究所进行了友好合作，除与教学仪器研究所合署办公的北京教具中心外，还在全国 10 个省区建立了分中心，形成全国小学和学前儿童教育教具的开发网络，试制出了几百种小学教具和幼儿玩教具，弥补了儿童教具的不足。

我国在幼儿园教育装备中的自制玩教具方面做了许多努力和探索。从 2007 年开始，我国先后举办了四届全国幼儿园优秀自制玩教具展评活动。

2008 年，中国教学仪器设备行业协会主办第 57 届中国教学仪器设备展示会，在主要任务中特别提到幼儿园玩教具及游乐设施的全面展示，并在展区设置当中提到"拟增设"学前教育装备展区。2011 年 11 月，正式增设了学前教育展区。

此后，历届中国教学仪器设备展示会中基本都将幼儿园教育装备作为重要的独立板块单独设立。我国幼儿园教育装备企业的发展十分迅猛。在中国教育装备网的企业库中使用"幼儿"作为关键词搜索，共有162家企业涉足幼儿相关的教育装备研发与生产。以"幼儿园"为关键词搜索，则有110家企业专注于研发与生产幼儿园使用的各类教育装备，从户外大型设施、地面铺设材料、家具到玩教具等一应俱全。各大企业纷纷向外寻求智力支持，成立研究院，以研究员为载体进一步推动其产品研发与生产。在快速发展壮大的过程中，幼儿园教育装备企业也日益受到资本的青睐。

第三节　幼儿园教育装备配备面临的主要问题

一、幼儿园教育装备配备不充分

（一）办园场地受限，活动空间不足

按照国家颁布的《幼儿园标准化建设基本标准（试行）》，幼儿园的生均占地面积不应低于15平方米，生均建筑面积不低于10平方米，生均户外活动场地面积不低于4平方米，以及生均绿化地面积不低于2平方米。

从实际层面看（见表2-10），在抽样的185所幼儿园中，有96所幼儿园生均占地面积未达到国家标准，占比51.9%。半数以上的幼儿园生均建筑面积未达标，38.9%的幼儿园在生均户外活动场地指标上未达标，42.2%的幼儿园生均绿化地面积不足。

表2-10　幼儿园生均空间面积

指标	国家标准/（平方米/人）	未达标比例	均值/（平方米/人）	标准差
生均占地面积	15	51.9%	17.9	27.7
生均建筑面积	10	51.4%	11.9	16.7
生均户外活动场地面积	4	38.9%	6.2	9.8
生均绿化地面积	2	42.2%	3.8	9.7

同时，从整体均值水平看，各项指标均符合国家标准，由此也反映出幼儿园的空间面积、办园条件有较大的园际差异。

（二）部分类别玩教具数量缺乏

参照国家和各地区的幼儿园教育装备配备目录，我们将幼儿园教育装备分为若干类型，包括户外运动器械、运动玩具、表演类、建构类、美工类、音乐类、阅读材料类、科学探索类等，每种类型下面又包含若干小类，以配备小类数量作为衡量种类丰富程度的客观指标。

调研数据显示，科学探索类玩教具的配备种类相对缺乏，配备比例仅为50%。除此之外，其他类型的玩教具平均装备了70%以上种类，种类数量相对丰富。其中运动玩具、美工类装备、建构类玩具、阅读材料类装备的种类数达到80%以上。

进一步考察每一种类下面的玩教具数量发现，部分类型玩教具的数量略显不足。课题组将数量充足度由非常缺乏至完全充足划分为5级，分别赋值1—5分。调研数据显示（见表2-11），建构类玩教具的数量比较充足，平均分达到4.01分。其他类型的数量为3.5分左右，表明大部分幼儿园认为此类教育装备的数量仅能够保证基本需求，而达不到充足的水平。其中，表演类和科学探索类的玩教具相对更为缺乏，评分分别为3.19分和3.30分。

表2-11　各类玩教具种类数丰富度与数量充足度

类别	种类丰富度		数量充足度/分
	种类数/种	占比	
户外运动器械	5	71.4%	3.55
运动玩具	13	81.2%	3.7
表演类	11	78.6%	3.19
建构类	4	80.0%	4.01
美工类	4	100.0%	3.85
音乐类	3	75.0%	3.53
阅读材料类	4	80.0%	3.89
科学探索类	2	50.0%	3.3

近三分之一的教师认为科学活动类的玩教具较为缺乏。通过对教师的问卷调查发现（见图 2-15），30.2%的教师认为在各类活动的开展过程中，用于培养儿童科学探索类的玩教具较为缺乏。其次为社会活动和表演活动的玩教具，比例分别为 20.6%和 20.5%。同时，18.7%的教师认为艺术活动所需的玩教具、材料较为缺乏，18.3%的教师认为角色游戏玩教具较为缺乏。认为健康活动、语言活动、区角游戏、建构游戏所需玩教具相对缺乏的教师比例依次为 16.7%、16.4%、12.7%和 11.2%。

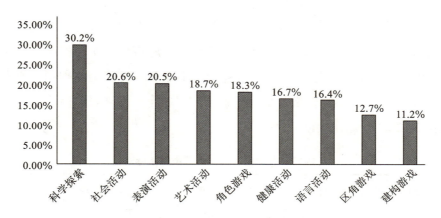

图 2-15　各类活动玩教具充足程度

（三）图书种类单一，生均图书量少

调研数据表明，从图书类别看，47.7%的幼儿园图书种类在 5 种以下，主要集中于儿童文学、社会生活、科普类。从生均图书量的数量来看（见图 2-16），半数以上的幼儿园人均图书量不足 10 本，其中 42.1%的幼儿园生均图书量在 4—6 本，18%的幼儿园生均图书量为 2—3 本，不到 10%的幼儿园生均图书量可以达到 16 本以上。从幼儿的日均阅读时间来看，幼儿平均每天用于阅读的时间不足 1 小时。

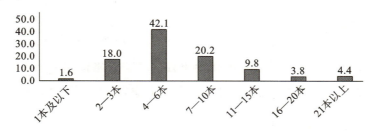

图 2-16　幼儿园生均图书量

二、幼儿园教育装备配备不协调

（一）幼儿园教育装备发展的地区差异显著

1. 东部地区幼儿园的办园条件显著优于中西部地区

我们从生均户外活动场地面积、生均活动室面积、生均洗浴室面积以及生均图书室面积等4个指标对比上海市、湖北省、贵州省的办园条件。从幼儿园收集的数据显示，在这4个指标的均值上，湖北省低于上海市和贵州省。其中，上海市的生均户外活动场地面积、生均活动室面积和生均洗浴室面积显著高于湖北省，而生均图书室面积两地的数据在统计上无显著性差异。上海市和贵州省相比，上海市仅在生均活动室面积上显著高于贵州省，其他指标不显著。对比湖北省和贵州省，湖北省生均洗浴室面积显著低于贵州省，其他指标在统计上不显著，但均值均小于贵州省（见表2-12）。

表2-12　各地区幼儿园办园条件指标对比

地区	生均室外活动场地面积		生均活动室面积		生均洗浴室面积		生均图书室面积	
	均值	T值	均值	T值	均值	T值	均值	T值
上海	9.09	1.672*	5.88	4.001***	0.94	2.095**	0.24	0.735
湖北	5.18		2.08		0.48		0.19	
上海	9.09	1.340	5.88	2.344**	0.94	0.486	0.24	0.443
贵州	5.37		2.78		0.79		0.21	
湖北	5.18	-0.224	2.08	-1.639	0.48	-1.932*	0.19	-0.351
贵州	5.37		2.78		0.79		0.21	

注：*P<0.1，**P<0.05，***P<0.01

进一步考察三个地区的室内空间布局、基础设施配备、墙面布置与环境创设发现，三个地区的幼儿园在以上三个指标的自评分在99%的置信区间内具有显著差异。对比上海市和湖北省发现，上海市在室内空间布局、基础设施配备方面的自评分均高于湖北省，两地在墙面布置和环境创设上的自评分无显著差异，均值分别为4.57分和4.35分（满分5分）。从上海市和贵州省，以及湖北省和贵州省的对比情况看，上海市和湖北省的三项指标自评分均显著高于贵州省，显著性检验P值小于0.01（见表2-13）。

表 2-13　幼儿园基础设施与环境创设的地区差异

地区	室内空间布局		基础设施配备		墙面设置与环境创设	
	均值	T 值	均值	T 值	均值	T 值
上海	4.62	3.613***	4.54	2.735***	4.57	1.300
湖北	4.02		3.99		4.35	
上海	4.62	5.848***	4.54	5.331***	4.57	4.803***
贵州	3.38		3.30		3.63	
湖北	4.02	2.945***	3.99	3.203***	4.35	4.042***
贵州	3.38		3.30		3.63	

注：*$P<0.1$，** $P<0.05$，***$P<0.01$

2. 与中西部地区比，东部地区幼儿园功能室的配备更为多样

课题组调研数据表明，幼儿园的功能室设置具有显著的地区差异，东部地区幼儿园配备的专用功能室更为多样。上海市、湖北省、贵州省配备的功能室数量均值分别为 4.4 间、3.8 间和 3.7 间，上海市显著高于湖北、贵州两省，显著性检验 P 值小于 0.1。

上海市幼儿园更注重儿童建构能力的培养（见表 2-14），94.6%的幼儿园配备了建构室，高于湖北省的 45.1%和贵州省的 43.1%。从图书室的配备情况看，上海市和湖北省的配备比例为 83.8%和 81.7%，高于贵州省的 64.7%。中西部地区幼儿园的科学室配备比例显著低于东部地区，上海市、湖北省、贵州省三地的比例依次为 45.9%、35.4%、29.0%，而在美工室和音乐舞蹈室的配备方面，湖北省和贵州省的比例显著高于上海市。

此外，上海市和贵州省均有 30%以上的幼儿园配备了其他类型的功能室，高于湖北省的 12.2%。从实际观察情况来看，上海市配备的其他类型功能室更能反映现代化和国际化，贵州省则更多地反映出地方民族特色。

表 2-14　各地区幼儿园功能室配备情况

类型	地区		
	上海市	湖北省	贵州省
建构室	94.6%	45.1%	43.1%
图书室	83.8%	81.7%	64.7%
多功能室	70.3%	65.9%	66.7%

续表

类型	地区		
	上海市	湖北省	贵州省
美工室	56.8%	78.0%	70.6%
科学室	45.9%	35.4%	29.0%
音乐舞蹈室	35.1%	67.1%	64.7%
烹饪室	8.1%	15.9%	21.6%
陶艺室	8.1%	8.5%	17.6%
其他	35.1%	12.2%	30.0%

3. 东部地区幼儿园配备的玩教具种类更为丰富、齐全

就总样本水平而言（见表2-15），湖北省达到总样本均值，贵州省处于平均值以下，上海市幼儿园玩教具的种类更为丰富、齐全，大部分类型的玩教具配备种类达到80%以上，显著高于湖北省和贵州省。具体而言，在7类户外运动器械中，上海市幼儿园平均装备6种，湖北省幼儿园平均配备5种，贵州省平均配备4种。在19类运动玩具中，上海市幼儿园平均配备了16种，湖北省幼儿园平均配备了13种，贵州省幼儿园平均配备了12种，上海市和湖北省的配备比例显著高于贵州省。从角色表演类玩教具角度看，上海市幼儿园的平均配备比例为87.5%，显著高于湖北省的78.6%和贵州省的56.3%。三个地区在建构类、美工类、音乐类的玩教具配备方面没有显著的统计差异。

表2-15 幼儿园玩教具种类

类别	总样本		上海		湖北		贵州	
	数量	占比	数量	占比	数量	占比	数量	占比
户外器械（共7类）	5	71.4%	6	85.7%	5	71.4%	4	57.1%
运动玩具（共19类）	13	81.2%	16	84.2%	13	81.2%	12	63.2%
表演类（共16类）	11	78.6%	14	87.5%	11	78.6%	9	56.3%
建构类（共5类）	4	80.0%	5	100.0%	4	80.0%	4	80.0%
美工类（共4类）	4	100.0%	4	100.0%	4	100.0%	4	100.0%
音乐类（共4类）	3	75.0%	4	100.0%	3	75.0%	3	75.0%
阅读材料类（共5类）	4	80.0%	5	100.0%	4	80.0%	4	80.0%
科学探索类（共4类）	2	50.0%	3	75.0%	3	75.0%	2	50.0%

4. 东部地区幼儿园玩教具数量更为充足、使用满意度更高

通过幼儿园园长的自评发现（见表 2-16），上海市幼儿园普遍认为各类玩教具的数量比较充足，各类玩教具数量充足度评分达到 4.39 分，显著高于湖北省和贵州省。具体而言，上海市幼儿园在各类玩教具使用满意度方面的评分均显著高于贵州省和湖北省。从湖北省和贵州省的对比来看，湖北省幼儿园在户外多功能器械、拖拉类运动玩具以及装扮表演材料等方面充足度高于贵州省，但两者整体水平均较低。

表 2-16 幼儿园玩教具数量充足度的地区比较

类别		数量充足度			显著性检验值		
		上海	湖北	贵州	上海与湖北	上海与贵州	湖北与贵州
运动器械	单一	4.46	3.51	3.15	5.087***	5.839***	1.600
	多功能	4.43	3.49	2.89	4.628***	6.324***	2.558**
运动玩具	球类	4.65	4.07	4.02	3.346***	3.077***	0.213
	车类	4.43	3.34	3.29	5.249***	4.484***	0.189
	投掷类	4.57	3.70	3.48	4.692***	5.021***	0.923
	拖拉类	4.35	3.32	2.80	4.882***	6.093***	2.036**
	其他	4.27	3.39	3.06	3.394***	4.366***	1.061
表演类	各类娃娃	4.27	3.16	3.22	3.368***	4.089***	2.044**
	装扮材料	4.41	3.22	3.29	3.943***	4.600***	2.074**
	场景道具	4.27	3.07	3.19	3.489***	3.951***	1.922
建构类		4.57	3.81	3.85	3.178***	3.039**	−0.176
美工类		4.30	3.81	3.63	2.039**	2.768***	0.755
音乐类		4.27	3.43	3.17	3.400***	4.412***	1.106
阅读材料类		4.38	3.89	3.56	2.191**	3.634***	1.534
科学探索类		4.16	3.24	2.79	4.283***	5.419***	1.822*

注：*$P<0.1$，** $P<0.05$，***$P<0.01$

从已有的玩教具使用满意度方面看，上海市幼儿园对各类玩教具的评分达到 4.5 分左右，即认为当前配备的玩教具比较好用，显著高于湖北省和贵州省。具体而言，在球类运动玩具、建构类玩教具、美工类玩教具、阅读材料方面，上海市与湖北省之间的评分在统计上无显著差异；其他类型玩教具，上海市显著高于湖北省。同时，上海市各类玩教具的使用满意度均普遍高于贵州省。湖北省各类玩教具的使用满意度高于贵州省（见表 2-17）。

表 2-17 幼儿园玩教具使用满意度的地区比较

类别		使用满意度			显著性检验值		
		上海	湖北	贵州	上海与湖北	上海与贵州	湖北与贵州
运动器械	单一功能	4.62	4.08	3.47	3.423***	5.628***	3.117***
	多功能	4.59	4.14	3.60	2.632**	4.415***	2.477***
运动玩具	球类	4.68	4.47	4.00	1.321	3.347***	2.407**
	车类	4.68	4.12	3.49	2.846***	5.051***	2.547***
	投掷类	4.68	4.18	3.59	3.310***	5.196***	2.609**
	拖拉类	4.41	3.99	3.21	1.963**	4.337***	2.885**
	其他	4.54	4.12	3.56	2.030***	3.766***	2.114**
表演类	各类娃娃	4.27	3.65	3.22	2.580***	4.221***	1.837**
	装扮材料	4.41	3.83	3.29	2.548**	4.081***	2.445**
	场景道具	4.27	3.88	3.19	1.670**	1.971**	2.949***
建构类		4.59	4.33	4.18	1.333	2.554**	0.676
美工类		4.43	4.24	3.90	1.042	2.768***	1.750*
音乐类		4.46	4.10	3.46	1.747*	4.175***	2.924***
阅读材料类		4.46	4.35	3.78	0.672	3.421***	3.304***
科学探索类		4.41	3.93	3.26	2.150**	4.227***	2.803***

注：*$P<0.1$，**$P<0.05$，***$P<0.01$

5. 东部地区幼儿园图书种类更为丰富、生均图书量更高

从图书种类看，上海市、湖北省、贵州省三个地区幼儿园图书种类在5种及以下的比例分别为39.9%、47.8%和50.1%。从生均图书量看（见图2-17），上海市75.6%

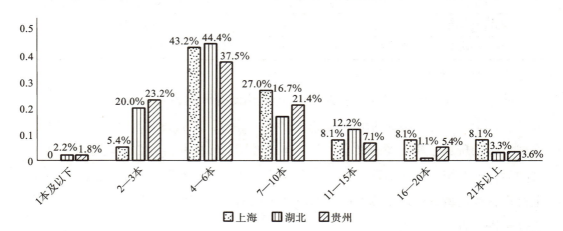

图 2-17 幼儿生均图书量的地区比较

的幼儿园生均图书量在 10 本及以下，湖北省的比例为 83.3%，贵州省的比例 83.9%。由此可见，图书种类丰富程度与生均图书量从东部到西部地区依次递减。

（二）幼儿园教育装备发展的城乡差异显著

1. 幼儿园各类活动空间面积具有显著的城乡差异

城市幼儿园的生均活动室面积显著大于县城幼儿园，显著性检验 P 值小于 0.05，同时在 90% 的置信区间内与农村幼儿园表现出显著差异。其他三项指标，城市幼儿园与县城幼儿园、农村幼儿园之间均无统计上的显著差异。从县城幼儿园和农村幼儿园对比情况看（见表 2-18），农村幼儿园在生均户外活动场地面积和生均图书室面积上显著大于县城幼儿园。此外，从各类指标的均值看，城市幼儿园的生均图书室和洗浴室面积均小于农村幼儿园，但在统计上无显著差异。形成上述现象的部分原因在于，县城幼儿园的发展受到占地面积限制，且在校生规模大于农村地区，由此导致两者在空间面积上的差异。

表 2-18 幼儿园活动空间的城乡比较

区域	生均户外活动场地面积		生均活动室面积		生均图书室面积		生均洗浴室面积	
	均值	T 值	均值	T 值	均值	T 值	均值	T 值
城市	6.73	0.987	3.96	1.735**	0.20	0.432	0.70	0.600
县城	4.26		1.99		0.18		0.55	
城市	6.73	0.266	3.96	1.954**	0.20	−1.351	0.70	−0.038
农村	6.19		2.29		0.27		0.71	
县城	4.26	−1.707*	1.99	−0.516	0.18	−1.693*	0.55	−0.682
农村	6.19		2.29		0.27		0.71	

注：*$P<0.1$，** $P<0.05$，***$P<0.01$

2. 城市幼儿园的室内空间布局、基础设施设备、环境创设显著优于县城和农村

通过幼儿园的自评分可见（见表 2-19），城市、县城、农村幼儿园的室内空间布局评分均值分别 4.19、3.78 和 3.63，城市地区和农村地区在统计上表现出显著差异，显著性检验 P 值小于 0.01。在基础设施配备方面，城市幼儿园评分显著高于县城幼儿园和农村幼儿园，县城幼儿园评分低于农村幼儿园，但在统计上无显著差异。在幼儿园墙面设置与环境创设方面，城市幼儿园的评分显著高于县城和农村幼儿园，

显著性检验 P 值小于 0.05。县城幼儿园自评分低于农村幼儿园,但两者的差异在统计上不显著。

表 2-19 幼儿园空间布局、基础设施与环境创设的城乡比较

	室内空间布局		基础设施配备		墙面设置与环境创设	
	均值	T 值	均值	T 值	均值	T 值
城市	4.19	1.599	4.14	2.476**	4.38	2.273**
县城	3.78		3.50		3.93	
城市	4.19	2.737***	4.14	2.184**	4.38	2.583**
农村	3.63		3.69		3.94	
县城	3.78	0.492	3.50	−0.608	3.93	−0.030
农村	3.63		3.69		3.94	

注:*$P<0.1$,**$P<0.05$,***$P<0.01$

3. 农村幼儿园功能室种类和数量均落后于城市幼儿园

从幼儿园配备的功能室数量看(见表 2-20),配备 5 个以上功能室的城市幼儿园占 45.4%,县城幼儿园占 41.2%,农村幼儿园的比例显著低于前两者,占 18.3%。从幼儿园配备的功能室类型看,城市幼儿园配备最多的功能室分别为图书室(86.7%)、多功能室(76%)、美工室(74.7%)。县城幼儿园配备最多的功能室分别为图书室(68.8%)、多功能室(68.8%)、美工室(59.4%)、音乐舞蹈室(59.4%)。农村幼儿园配备得最多的功能室分别为美工室(72.6%)、图书室(69.4%)、音乐舞蹈室(56.5%)。

表 2-20 幼儿园功能室配备情况

类型	城市	县城	乡镇
建构室	57.3%	56.3%	51.6%
图书室	86.7%	68.8%	69.4%
多功能室	76.0%	68.8%	54.8%
美工室	74.7%	59.4%	72.6%
科学室	44.0%	40.6%	22.6%
音乐舞蹈室	61.3%	59.4%	56.5%
烹饪室	21.3%	25.0%	1.6%
陶艺室	9.3%	28.1%	6.5%
其他	20.0%	34.4%	9.7%

4. 城市幼儿园玩教具的种类更为丰富多样，县城与农村差异不大

在各类玩教具中（见表 2-21），城市幼儿园的种类相对更为丰富、齐全，占比均在 70%以上，其中建构类和美工类玩教具的种类占比达到 100%。与县城和农村幼儿园相比，城市幼儿园的运动类、表演类、建构类、科学探索类玩教具种类更为多样，县城幼儿园与农村幼儿园在玩教具种类上无显著差异，但县城幼儿园的音乐类玩教具种类比城市和农村幼儿园多样。

表 2-21　幼儿园玩教具种类的城乡比较

类别	城市		县城		农村	
	数量	占比	数量	占比	数量	占比
户外器械（共7类）	5	71%	5	71%	5	71%
运动玩具（共19类）	14	74%	12	63%	12	63%
表演类（共16类）	12	75%	10	63%	10	63%
建构类（共5类）	5	100%	4	80%	4	80%
美工类（共4类）	4	100%	4	100%	4	100%
音乐类（共4类）	3	75%	4	100%	3	75%
阅读材料类（共5类）	4	80%	4	80%	4	80%
科学探索类（共4类）	3	75%	2	50%	2	50%

5. 相对于农村幼儿园，城市幼儿园玩教具的数量更为充足

调研数据表明（见表 2-22），城市幼儿园的运动器械比较充足，充足度评分显著高于县城幼儿园和农村幼儿园。在所有的运动类玩教具中，除球类玩教具外，城市幼儿园和县城幼儿园在数量上无显著差异，但比农村幼儿园数量充足，主要表现在球类、车类、拖拉类、投掷类玩教具方面。在表演类玩教具中，城市幼儿园的各类娃娃数量更为充足，与县城幼儿园和农村幼儿园之间有显著差异。在建构类、美工类、音乐类玩教具的数量上，城市幼儿园显著优于农村幼儿园，城市幼儿园和县城幼儿园之间无显著差异。相比于农村幼儿园，县城幼儿园的音乐类玩教具更为充足。

表 2-22　幼儿园各类玩教具数量充足度差异

类别		数量充足度			显著性检验值		
		城市	县城	农村	城市与县城	城市与农村	县城与农村
运动器械	单一功能	3.99	3.30	3.02	2.820**	4.502***	0.935
	多功能	3.87	3.03	3.10	3.080**	3.342**	−0.200

续表

类别		数量充足度			显著性检验值		
		城市	县城	农村	城市与县城	城市与农村	县城与农村
运动玩具	球类	4.46	3.90	3.77	2.123*	3.188**	0.414
	车类	3.85	3.45	3.04	1.379	3.386**	1.195
	投掷类	4.15	3.70	3.24	1.773	4.232***	1.440
	拖拉类	3.75	2.93	2.94	2.762	3.428**	−0.033
	其他	3.97	3.56	2.73	1.330	4.600***	2.037*
表演类	各类娃娃	3.55	2.87	2.69	2.452*	3.619***	0.570
	装扮材料	3.68	2.90	2.63	2.746**	4.481***	0.842
	场景道具	3.47	2.83	2.61	2.179*	3.500**	0.713
建构类		4.24	3.86	3.59	1.399	2.505*	0.756
美工类		4.10	3.73	3.44	1.417	3.077**	0.934
音乐类		3.86	3.50	2.88	1.340	4.314***	2.027*
阅读材料类		4.16	3.70	3.48	1.894	3.411**	0.764
科学探索类		3.67	2.93	2.75	2.714**	3.927***	0.529

注：*$P<0.1$，**$P<0.05$，***$P<0.01$。

在阅读材料方面，城市幼儿园的充足度评分在 4 分以上，表明城市幼儿园的阅读材料比较充足，显著高于农村幼儿园的 3.48 分。在科学探索类玩教具方面，县城幼儿园和农村幼儿园均显著落后于城市幼儿园。从充足度评分的角度看，县城和农村幼儿园在表演类和科学探索类的玩教具上的评分均不足 3 分，进一步表明县城和农村幼儿园对这两类玩教具的配备数量尚显不足。

6. 城市幼儿园各类玩教具的使用满意度显著高于县城和农村

整体而言，除各类娃娃外，城市幼儿园对其他各类玩教具使用满意度的评分在 4 分以上（见表 2-23），表明城市幼儿园对当前配备的各类玩教具比较满意。通过对城市、县城、农村三个区域之间的幼儿园自评分进行两两比较发现，城市幼儿园在运动器械、运动玩具（投掷类除外）、建构类、科学探索类玩教具的使用满意度显著高于县城幼儿园，同时各类指标显著高于农村幼儿园，主要表现在单一功能运动器械、运动玩具、表演类、音乐类和科学探索类玩教具上。

表 2-23　各类玩教具使用满意度的城乡比较

类型		好不好用			显著性检验值		
		城市	县城	农村	城市与县城	城市与农村	县城与农村
运动器械	单一功能	4.25	3.71	3.77	2.477*	2.534*	-0.195
	多功能	4.27	3.85	3.88	1.682*	1.946	-0.088
运动玩具	球类	4.55	4.14	4.16	1.859*	2.330*	-0.097
	车类	4.27	3.75	3.83	1.734*	2.099*	-0.261
	投掷类	4.35	4.14	3.63	0.967	3.106**	1.920
	拖拉类	4.15	3.36	3.58	2.365**	2.460*	-0.591
	其他	4.34	3.72	3.76	2.204*	2.505*	-0.120
表演类	各类娃娃	3.82	3.59	3.40	0.829	1.856*	0.633
	装扮材料	4.04	3.81	3.31	0.926	3.375**	1.654
	场景道具	4.00	3.44	3.50	2.054*	2.152*	-0.174
建构类		4.46	4.00	4.33	1.970*	0.666	-1.144
美工类		4.30	4.11	3.98	0.927	1.736	0.500
音乐类		4.19	3.93	3.62	1.060	2.661**	1.088
阅读材料类		4.33	4.07	4.04	1.299	1.679	0.136
科学探索类		4.09	3.59	3.51	1.909*	2.547*	0.242

注：*$P<0.1$，**$P<0.05$，***$P<0.01$。

县城幼儿园的大部分指标评分低于农村幼儿园，但两者在统计上无显著差异。造成这一现象的部分原因在于，国家大力推行学前教育三年行动计划的战略背景下，近年来乡镇地区新建了大批中心幼儿园，以保证一个乡镇至少有一所公办幼儿园，标准化建设的幼儿园在各类玩教具的配备上更为多种多样、数量充足，由此带来使用满意度自评分较高。

7. 城市幼儿园生均图书量显著高于县城和农村

从生均图书量（见图 2-18）看，在城市幼儿园中，21.8%的幼儿园生均图书量在 11 本（含）以上，68.4%的幼儿园生均图书量在 4—10 本。在县城幼儿园中，10%的幼儿园生均图书在 11 本（含）以上，55.7%的幼儿园生均图书量在 4—10 本。15.3%的农村幼儿园生均图书在 11 本（含）以上，53.9%的幼儿园在 4—10 本。相比之下，城市幼儿园生均图书量显著高于县城和农村地区，县城和农村地区的差异不显著。

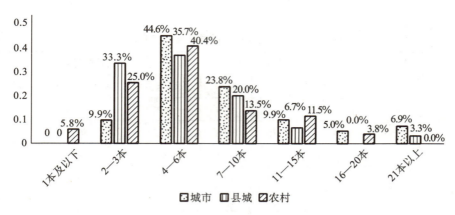

图 2-18 城乡幼儿园生均图数量

(三)幼儿园教育装备发展的园际差异显著

按照幼儿园的性质,我们将幼儿园分为公办园(公办幼儿园)、民办园(非普惠)、民办普惠园三种类型,对比三类幼儿园在教育装备发展方面的差异,主要表现在以下几个方面。

1. 公办园的评级普遍高于民办园和民办普惠园

幼儿园的等级是反映幼儿园软硬件设施发展水平的客观指标,可分为省级示范园、市级示范园、一级园、二级园、三级园等,同时包括未评级和其他等级(例如县级示范园)。调研数据(见图2-19)表明,公办园中获得示范园称号的比例为40.5%,民办园的比例为28.6%,民办普惠园的比例仅为14.3%,各相差约13个百分点。具体而言,71.6%的公办园达到了一级园及以上标准,民办园的比例为54.8%,民办普惠园的比例为42.9%。

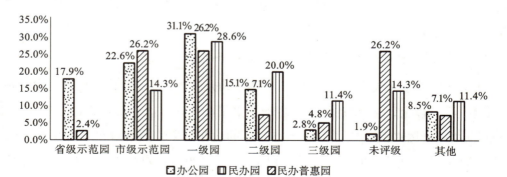

图 2-19 各类幼儿园等级分布

2. 公办园的生均活动室面积显著高于民办园

通过对比公办园和民办园的空间面积指标（见表2-24）发现，公办园的生均活动室面积为 3.88 m^2，民办园的生均活动室面积为 2.34 m^2，公办园在 5% 的显著性水平上高于民办园。民办普惠园的生均活动室面积为 1.86 m^2，公办园在统计上显著高于民办普惠园，显著性检验 P 值小于 0.01。

仅从均值水平看，公办园的生均户外活动场地面积比民办园高出 2.64 m^2，比民办普惠园高出近一倍，但在统计上无显著差异。三类幼儿园的生均图书室面积普遍较低，均值约为 0.2 m^2，表明仍有大量幼儿园缺乏专用的图书室。从生均洗浴室面积看，三类幼儿园的均值分别为 0.78 m^2、0.57 m^2、0.53 m^2，三类幼儿园在统计上无显著差异。

表 2-24 幼儿园办园条件分类比较

区域	生均户外活动场地 均值	T 值	生均活动室 均值	T 值	生均图书室 均值	T 值	生均洗浴室 均值	T 值
公办园	7.45	1.218	3.88	2.296**	0.23	0.903	0.78	0.360
民办园	4.81		2.34		0.21		0.57	
公办园	7.45	1.577	3.88	3.375***	0.23	0.972	0.78	0.967
民办普惠园	3.78		1.86		0.17		0.53	
民办园	4.81	1.375	2.34	1.025	0.21	0.239	0.57	0.568
民办普惠园	3.78		1.86		0.17		0.53	

注：*$P<0.1$，**$P<0.05$，***$P<0.01$。

3. 功能室的数量有显著的园际差异

从功能室的种类看，85.7% 的公办园配有三个以上专用功能室，76.2% 的民办园有三个以上专用功能室，民办普惠园的占比为 67.7%。从各类功能室的配备比例看（见表2-25），在公办园中配备比例最高的三个功能室分别为图书室（86.1%）、多功能室（74.3%）、美工室（67.3%）。在民办园中配备比例最高的三个功能室分别为美工室（77.5%）、图书室（67.5%）、多功能室（62.5%）。民办普惠园中配备比例最高三个功能室分别为音乐舞蹈室（86.2%）、美工室（75.9%）、图书室（58.6%）。

表 2-25　幼儿园功能室分类比较

类型	公办园	民办园	民办普惠园
建构室	65.3%	40.0%	41.4%
图书室	86.1%	67.5%	58.6%
多功能室	74.3%	62.5%	48.3%
美工室	67.3%	77.5%	75.9%
科学室	43.6%	27.5%	20.7%
音乐舞蹈室	51.5%	60.0%	86.2%
烹饪室	13.9%	22.5%	6.9%
陶艺室	13.9%	12.5%	6.9%
其他	26.7%	10.0%	3.4%

4. 公办园的运动类、表演类、科学探索类玩教具种类更为齐全

从户外运动器械看（见表 2-26），三类幼儿园均配备了 5 种类型，三者之间无显著差异。对比运动玩具发现，公办园平均比民办园和民办普惠园多 2 种。公办园的科学探索类玩教具种类更为丰富，比另两类幼儿园多 1 种。在表演类玩教具中，公办园平均配有 12 种，民办普惠园配有 10 种，民办园配有 9 种，其他各类玩教具没有显著的园际差异。

表 2-26　各类幼儿园各类玩教具种类对比

类别	公办园 数量	公办园 占比	民办园 数量	民办园 占比	民办普惠园 数量	民办普惠园 占比
户外器械（共7类）	5	71%	5	71%	5	71%
运动玩具（共19类）	14	74%	12	63%	12	63%
表演类（共16类）	12	75%	9	56%	10	63%
建构类（共5类）	5	100%	4	80%	4	80%
美工类（共4类）	4	100%	4	100%	4	100%
音乐类（共4类）	3	75%	3	75%	3	75%
阅读材料类（共5类）	4	80%	4	80%	4	80%
科学探索类（共4类）	3	75%	2	50%	2	50%

5. 公办园户外运动器械、运动玩具的数量更为充足

公办园在户外运动器械的数量方面显著高于民办普惠园和民办园。从单一功能器械数量看，公办园、民办园和民办普惠园的自评分均值分别为 3.85 分、3.17 分和 3.38 分，公办园和民办园在 1% 的水平上有显著差异，公办园和民办普惠园在 10%

的水平上有显著差异。在多功能组合器械方面，公办园与民办园、公办园与民办普惠园之间同样具有显著差异，公办园的数量更为充足。

在运动玩具中，除球类运动玩具外，公办园的各类运动玩具数量充足度均显著高于民办园。除投掷运动玩具外，公办园的各类运动玩具数量充足度均显著高于民办普惠园。投掷类、拖拉类运动玩具的显著性检验 P 值均小于 0.05，表明公办园和民办园之间的数量充足度具有显著差异，且公办园的评分高于民办园。在科学探索类玩教具的数量比较中，公办园的数量充足度显著高于民办普惠园，两者自评分的均值分别为 3.51 分和 2.88 分，显著性检验 P 值小于 0.05，公办园科学探索类玩教具的数量更为充足。

从民办园与民办普惠园的对比情况看，两类幼儿园的自评分互有高低，各项指标均为通过显著性检验，即两类幼儿园在各类玩教具的配备数量上无显著差异（见表 2-27）。

表 2-27　各类玩教具数量充足度分类比较

类别		数量充足度			显著性检验值		
		公办园	民办园	民办普惠园	公办园与民办园	公办园与民办普惠园	民办园与民办普惠园
运动器械	单一功能	3.85	3.17	3.38	2.892***	1.897*	−0.735
	多功能	3.82	3.26	2.82	2.326**	3.820***	1.350
运动玩具	球类	4.33	3.98	3.91	1.648	1.814*	0.209
	车类	3.88	3.15	3.03	2.940***	3.228***	0.330
	投掷类	3.99	3.43	3.76	2.345**	0.919	−0.986
	拖拉类	3.65	3.05	2.97	2.281**	2.432**	0.230
	其他	3.89	2.85	3.11	3.285***	2.401**	−0.595
表演类	各类娃娃	3.32	2.95	3.12	1.467	0.747	−0.530
	装扮材料	3.43	2.98	3.09	1.743*	1.161	−0.367
	场景道具	3.26	2.93	2.94	1.252*	1.097	−0.041
建构类		4.18	3.68	3.8	1.945*	1.313	−0.366
美工类		3.97	3.60	3.82	1.621	0.595	−0.703
音乐类		3.65	3.26	3.47	1.546	0.691	−0.638
阅读材料类		4.02	3.71	3.71	1.366	1.338	0.028
科学探索类		3.51	3.10	2.88	1.579	2.361**	0.666

注：*$P<0.1$，**$P<0.05$，***$P<0.01$。

6. 公办园户外运动器械、运动玩具的使用满意度高于民办园和民办普惠园

从表 2-28 可见，除表演类玩教具外，公办园各类玩教具的使用满意度评分平均在4分以上，表明公办园对各类玩教具的使用达到比较满意的水平。具体而言，在单一功能运动器械方面，公办园的满意度为4.16分，显著高于民办园的3.76分，与民办普惠园之间无显著差异。从多功能器械使用满意度看，三类幼儿园的自评分分别为4.29分、3.85分和3.72分，公办园的使用满意度显著高于民办普惠园和民办园，显著性检验 P 值小于0.05，民办园普惠园和民办园之间无显著差异。

从运动玩具方面看（见表2-28），在车类运动玩具中，公办园的使用满意度显著高于民办普惠园和民办园，而在拖拉类的运动玩具中，公办园的使用满意度与民办园之间无显著差异，但显著优于民办普惠园。除上述运动器械、运动玩具外，三类幼儿园之间的使用满意度在统计上无显著差异。

表2-28　各类玩教具使用满意度分类比较

类别		使用满意度			显著性检验值		
		公办园	民办园	民办普惠园	公办园与民办园	公办园与民办普惠园	民办园与民办普惠园
运动器械	单一功能	4.16	3.76	3.97	1.997**	0.923	−0.757
	多功能	4.29	3.85	3.72	2.097**	2.533**	0.368
运动玩具	球类	4.43	4.20	4.42	1.241	0.042	−0.904
	车类	4.28	3.66	3.84	2.833***	1.876**	−0.523
	投掷类	4.18	3.95	4.10	1.017	0.348	−0.501
	拖拉类	4.05	3.83	3.33	0.931	2.670***	1.406
	其他	4.27	3.73	3.85	2.136**	1.643	−0.306
表演类	各类娃娃	3.68	3.48	3.84	0.857	−0.589	−1.214
	装扮材料	3.92	3.58	3.68	1.441	0.990	−0.315
	场景道具	3.85	3.53	3.83	1.274	0.064	−0.927
建构类		4.41	4.21	4.38	0.892	0.132	−0.586
美工类		4.23	3.98	4.29	1.299	−0.306	−1.158
音乐类		4.02	3.79	4.13	0.981	−0.460	−1.093
阅读材料类		4.25	4.10	4.19	0.746	0.292	−0.398
科学探索类		3.92	3.74	3.76	0.717	0.568	−0.047

注：*$P<0.1$，**$P<0.05$，***$P<0.01$。

7. 幼儿园生均图书量有显著的国际差异

调研数据（见图2-20）表明，公办园、民办园、民办普惠园中，生均图书量在4—6本的幼儿园比例最高，分别为43.8%、37.2%和42.9%。生均图书量在11本以上（含）的幼儿园比例中，公办园的比例为22.9%，民办园和民办普惠园的比例分别为 16%和 8.6%。公办园、民办园、民办普惠园中，生均图书量在 4—10 本的比例分别为 66.7%、51.2%和 62.9%。此外，生均图书量在 3 本及以下的幼儿园中，公办园的比例为 10.5%，民办园的比例为 34.9%，民办普惠园的比例为 28.6%。

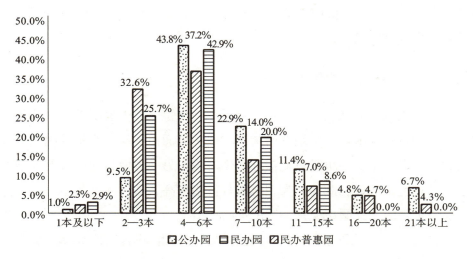

图 2-20　幼儿园生均图书量分类比较

三、幼儿园教育装备供给结构性矛盾突出

（一）政府供给的教育装备难以满足各类幼儿园发展需求

政府采购范围小、周期长、效率不高。当前，公办幼儿园大型设施设备的采购主要通过政府采购。政府采购有 2 种方式：一是由政府提供装备目录，幼儿园在有限范围内加以选择；二是幼儿园上报需求量，政府统一招标采购。对于第一种方式，幼儿园的可选择范围小，采购的玩教具难以满足幼儿园的个性化发展需求；第二种方式的采购周期长、行政效率低。在实地调研中，贵州省某幼儿园园长指出：通过政府招标采购装备，其采购周期通常在半年以上，如果是急需教育装备，则会影响幼儿园日常教育教学活动的开展。

专项项目供给的教育装备难以满足幼儿园需求，甚至可能造成资源浪费。政府专项项目也是幼儿园教育装备配备的主要渠道，由于信息不对称，专项项目有可能导致幼儿园教育装备的重复供给，造成部分教育装备的闲置和资源浪费。例如，武汉市某公办园园长指出："武汉市政府近年来加大了对幼儿园财政投入力度，多以专项项目的形式下拨各种教育装备，但事实上有的教育装备我们数量相对充足，由此造成了大量玩教具的闲置，而我们需要的玩教具又无法配齐、配足。"

相比而言，民办普惠园较难争取到政府的专项资助。贵州省某民办普惠园园长在访谈中指出："近些年来，我们园作为民办普惠园，总共只争取到政府不足5万元的教育装备专项资助。其他民办普惠园的情况也基本如此，政府的资金有限，'摊大饼'的资助方式难以满足幼儿园的发展需求。"

（二）"物美价廉"的玩教具市场供给不足

市场提供的大型玩教具千篇一律，缺乏个性化特征。大型玩教具是幼儿园办学思想和理念的客观反映。从实地调研情况看，一方面由于幼儿园受空间场地限制，大型玩教具数量不足，各班级只能错开使用时段；另一方面目前配置的大型玩教具大同小异，特色不明显。此外，大型玩教具价格过高，数万元至数十万元不等，对于公用经费不足的幼儿园来说是一笔沉重的负担。

玩教具的耐玩性不足，操作单一。有教师反映，当前购置的玩教具样式精美，质量优质，但是玩法、功能单一，难以满足儿童的操作性需求，儿童更需要的是具有灵活操作、多变化、多组合的玩具，否则难以激发儿童持久的关注兴趣。此外，部分套装性的玩教具，体积小、配件多，在儿童使用过程中容易失散，教师需要花费大量时间用于投放和回收这类桌面玩具，工作负担加重。

生产厂商提供的玩教具针对性不强。目前，幼儿园玩教具的生产厂商众多，但开发出来的玩教具却针对性不强，造成幼儿园玩教具供给上的结构性矛盾。一方面，幼儿园各活动区（如科学探索区、表演区等）需要的玩教具无厂商生产，另一方面，生产厂商提供的优质产品价格过高，造成幼儿园难以负担。湖北、贵州等地的幼儿园园长表示："现在国内有很多知名生产商上门推销各类玩教具，例如各种学习包、阅读包、运动包等，这些装备能够满足儿童发展的需要，但是过高的价格无疑会增加幼儿园的办园成本，在经费短缺的情况下，我们也是有心无力。"

市场购买的玩教具使用说明和指导不足。部分幼儿园反映，在已配置的各类玩教具中，要么使用说明过于简单，教师无法将这些玩教具与自己的课程活动设计相融合。要么使用说明过于复杂，教师在缺乏指导的情况下，难以在短期内掌握科学合理的使用方法，同时也不利于儿童自主地探索使用。

市场缺乏低结构半成品材料的供给。在上海、武汉等大城市中，优质幼儿园的个性化发展需求更大，这些城市幼儿园的园长和教师表示：在幼儿园的环境创设、各类课程活动所需的玩教具等方面，市场提供的成品玩教具难以满足教师或幼儿园的需求，而完全自制玩教具又会增加教师的工作负担，因此教师希望市场可以提供更多的半成品材料，教师可以根据实际教学需求进行灵活搭配选购，同时也可以保证自制玩教具在材质上的安全性。

（三）自制玩教具制作费时，重复使用率低

自制玩教具是幼儿园玩教具的重要组成部分，在课题组的调研数据中，全样本幼儿园的自制玩教具的平均比重约为40%。进一步分析发现，在弱势发展和优质发展的幼儿园中，自制玩教具的比例较为接近。一方面，发展薄弱的幼儿园由于经费短缺，玩教具配给不足，只能通过自制的形式满足日常教学活动需求。另一方面，优质发展的幼儿园个性化需求明显，市场供给的玩教具难以满足个性化发展需求，只能通过自制玩教具来满足特色化发展需求。

自制玩教具是幼儿园教育的重要环节，是增强师生互动，提高幼儿动手能力的有效途径。有幼儿园园长表示，即使是在经费充足的情况下，本园的自制玩教具比例也不会下降。首先，自制玩教具可以对幼儿园的自然材料进行回收利用，树立幼儿的环保意识；其次，自制玩教具也是师生互动、家园互动的有效途径；最后，自制玩教具更有利于幼儿园的个性化发展需求。

但自制玩教具也存在一定的问题，主要表现在以下几个方面。一是自制玩教具材质的安全性问题，由于大部分自制玩教具的材料取材于自然或生活废弃物，材质的安全性缺乏保证，容易对幼儿的身体健康造成侵害。二是自制玩教具不易长久保存和重复使用，大部分自制玩教具为一次性产品，材质简单，做工较为粗糙，在重复使用的过程中容易损坏、褪色、变形等。三是自制玩教具的教育性略显不足。

四、幼儿园教育装备使用中存在的问题

（一）部分玩教具的投放和收纳困难

在调研过程中，教师普遍反映当前配备的玩教具中存在收纳和投放费时、费力的问题。由于玩教具种类多、数量庞杂，在投放过程中需要老师提前做好各种准备，活动结束后还需要花费大量时间进行整理分类。例如，多种类型的桌面积木、拼图

等玩具，零件少则十余个，多则数百个，在儿童玩耍之后，教师要花费大量时间加以归类整理。

此外，有的幼儿园办园面积狭小，户外活动空间不足。幼儿园虽然配备了大量的户外活动玩具，但是缺乏足够的地方来存放这些玩教具，导致各种户外活动玩教具散落在户外活动场地的角落，磨损严重，降低了装备的使用寿命。

（二）部分玩教具的耐用性相对不足

通过对玩教具的教育性、安全性、趣味性、耐用性和适宜性等五个维度的评分发现，分数从高到低依次为安全性、教育性、趣味性、适宜性和耐用性。相对而言，幼儿园当前配备的玩教具耐用性不足。

如图 2-21 所示，幼儿园当前配备的玩教具安全性平均分达到 4.7 分，表明当前配备的玩教具基本达到了绿色环保、设计安全等要求。玩教具的教育性平均分为 4.6 分，即当前配备的玩教具具有明确的教育意义，能促进儿童的身心发展。玩教具的趣味性平均分为 4.51 分，表明当前配备的玩教具对儿童有较强的吸引力。玩教具的适宜性评分为 4.48 分，表明幼儿园的玩教具能够适应不同年龄、性别特征儿童的发展需要。玩教具的耐用性评分为 4.37 分，表明幼儿园当前配备的玩教具在坚固耐用等方面有待进一步提高。

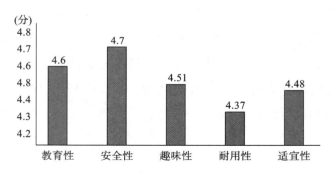

图 2-21　幼儿园玩教具的属性评分

（三）自制玩教具的地方特色反映不足

教师调查问卷数据显示，教师认为本班的玩教具中自制玩教具的比例在 40%—60%。教师自制玩教具主要用于游戏活动、环境创设与利用、学习活动、运动以及生活活动，各类活动的占比依次为 28.4%、27.5%、23.6%、14.3% 和 6.2%（见图 2-22）。此外，在自制玩教具中，有 49.81% 的教师认为当前自制的玩教具中较少或几乎没有反映地方文化特色，剩余 50.19%的教师认为自制玩教具能较多地反映地方文化或民族特色。

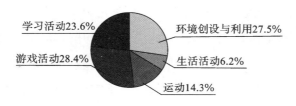

图 2-22　自制玩教具使用范围分布

（四）信息化设备更新换代快，功能重复

从幼儿园信息化设备的配置看，两极分化现象严重。一方面，发展弱势的幼儿园，仅能配齐电视机、音响广播等基本设备。从整体情况看，电脑、投影仪等设备基本普及，配备这些幼儿园的占比达到 70%以上。而电子白板、3D 打印、全息投影等前沿装备的配置比例较低，不足 30%。另一方面，当前信息化设备更新换代速度快，且存在功能重复的现象。例如，上海市某幼儿园的园长表示：政府先是给我们配备了大屏幕电视，又配备了投影仪，后来每个教室又配备了一体机，事实上这些都是放映设备，新装备的出现就导致了旧装备的闲置，具有相同功能的装备重复配置，造成资源浪费。

第四节　幼儿园教育装备发展问题成因分析

通过实证调查发现，幼儿园教育装备发展不充分、不均衡的矛盾突出，幼儿园教育装备在供给和使用等方面的问题制约了幼儿园保教质量的提升。造成上述问题的深层次原因有以下几个方面。

一、对幼儿园教育装备发展价值认识不足

2017 年 5 月，教育部等四部门颁布的《关于实施第三期学前教育行动计划的意

见》提出，到 2020 年，基本建成广覆盖、保基本、有质量的学前教育公共服务体系。由此表明，在"入园难、入园贵"等问题逐步得到缓解的前提下，学前教育发展的重心逐步向"有质量"转移。师资、课程和装备是影响幼儿园保教质量的主要因素，其中装备在幼儿园保教活动中的基础性地位日益提升，其建构性价值也不断凸显。

幼儿园教育装备具有的建构性作用是指幼儿园教育装备本身就是一种价值，既不是通过其功能的实现来彰显自身的价值，也不需要假借其他物质或事物来体现其价值。当前，对幼儿园教育装备的价值和发展定位的认识不足，导致政府、幼儿园、教师等参与活动主体只认识到了幼儿园教育装备的工具性价值，而忽略幼儿园教育装备本身所具有的建构性价值。在当前强调以儿童为中心、以游戏为基本教学形式的理念指导下，幼儿保教活动的开展强调儿童对玩教具的操作性和互动性，以玩教具为主的幼儿园教育装备是幼儿在游戏中生活、学习、成长不可或缺的"教科书"，从这一层面看，幼儿园教育装备不仅是幼儿园教育课程的物质基础和技术保障，同时也是幼儿园课程体系的有机组成部分，换而言之，装备即课程。

然而，当前政府、幼儿园、教师等主体普遍将幼儿园教育装备作为幼儿教育活动的辅助性工具，由此导致幼儿园教育装备发展不充分、不均衡。首先，各地方缺乏科学完善的教育装备配备标准，部分省级教育行政部门没有设立学前教育装备管理机构，学前教育装备管理一般由督导部门或教育装备管理部门负责，管理力量严重不足。同时，对各类幼儿园教育装备缺乏统一管理，各类幼儿园教育装备在种类、数量、质量等方面参差不齐，政府供给的幼儿园教育装备难以满足各级各类幼儿园发展的基本需求，幼儿园教育装备发展城乡差异、地区差异、园际差异显著。其次，从幼儿园的财务支出结构看，人员性经费支出是幼儿园总支出的大头，通常情况下，为控制办园成本，幼儿园往往将教育装备视为非必要性支出，仅保持达到保教活动开展的最低要求。最后，教师作为幼儿教育活动的组织者和参与主体，对幼儿园教育装备认识局限于玩教具，从而导致教师在幼儿教育活动中重玩教具配备、轻环境创设，缺乏对玩教具的教育性、适宜性、趣味性、耐用性和安全性的综合考量，同时购买、自制的玩教具千篇一律，缺乏地方特色、园本特色，幼儿园的保教质量难以满足儿童差异化、个性化的教育需求。

二、学前教育管理体制和办园体制有待理顺

随着前两期学前教育三年计划的顺利实施,在一系列综合措施的积极引导下,作为我国教育体系的薄弱环节,学前教育的发展受到中央和各地方政府的重视,财政投入力度不断加大,兴建了大量普惠性幼儿园,毛入园率显著提升。但由于基础薄弱,历史欠账多,幼儿园教育装备发展不充分、不均衡的问题依然显著。造成上述现象的主要原因有以下两个方面。

一是学前教育管理和投入主体重心太低,投入和运行保障机制尚未建立,成本分担机制尚不健全。调研数据显示,样本幼儿园在2016年用于教育装备的经费支出,最大值为100万元,最小值为1000元,均值为15万元。从幼儿园支出结构看,人员经费、公用经费支出和基本建设支出占比分别为57.6%、26.1%和16.3%,在公用经费支出中,用于购买、维护教育装备的经费占比约为11.3%。由于幼儿园用于购置、维护教育装备的费用并非固定性支出,在不同年份略有差异,将幼儿园教育装备支出置于更长的时间序列内,其占总支出的比例则会进一步降低。

此外,课题组通过对幼儿园园长的访谈发现,幼儿园在生源稳定的情况下,经费总额相对固定,而人员经费、公用经费存在此消彼长的关系。幼儿园为了保证教师队伍的稳定性,人员经费的比例逐年升高,部分幼儿园的人员经费支出占比甚至达到了80%—90%,由此导致部分幼儿园出现教育装备数量不足等现象。

2010年,国务院颁布的《关于当前发展学前教育的若干意见》中,明确提出"政府主导"的学前教育发展思路。但是,从纵向政府关系看,在"地方负责,分级管理"的学前教育管理体制下,究竟由哪一级地方政府承担学前教育的管理责任,财政投入如何分担尚未有明确定位。此外,从横向的政府关系看,学前教育涉及教育、民政、财政、妇联等多个职能部门,政出多门进一步导致学前教育管理的复杂性。在保证普惠性的有限收费约束下,由于缺乏稳定的财政投入机制,公办园和普惠性民办幼儿园经费保障不充足,幼儿园的基本运行经费主要用于人员性经费支出,以及保证日常运行。在经费短缺的情况下,加之各地社会经济发展水平的差异,幼儿园教育装备发展的地区差异、城乡差异、园际差异不断扩大。如何实现幼儿园教育装备发展均等化成为我们需要面对的重要问题之一。

二是办园体制不顺,缺乏对普惠性民办幼儿园、企事业单位办幼儿园和集体办幼儿园等公办性质幼儿园的支持政策。经过长期发展,我国基本形成"政府主导、社会参与、公办民办并举"的办园体制,但在办园体制方面仍有一些问题有待进一

步理顺。首先，在公办幼儿园中存在多方办园主体，公办幼儿园管理存在制度障碍。从我国学前教育的历史发展脉络看，公办幼儿园的办园主体主要包括教育部门、事业单位、国有企业、高等院校、军队等公共机构，随着市场化改革的推进，这些公办幼儿园逐渐向社会开放，并在管理上与原单位剥离，管理权既没有完全归入教育行政部门，也没有完全转制为民办幼儿园，权责的不明晰制约了这些公办幼儿园的发展；其次，缺乏国家统一的办学主体准入标准，导致幼儿园发展参差不齐，既有高收费的国际幼儿园，又有缺乏教育性的托儿机构，对于不具备办学资格，损害儿童权益的办学主体缺乏有效的监管和退出机制。同时，在普惠性民办幼儿园方面，政府的配套政策尚未完全落实，普惠性民办幼儿园教育装备的发展面临一系列生存与发展困境。

三、教育资源配置中的政府与市场权责利关系尚未厘清

当前，政府在投入和管理上的"缺位"，引发一系列市场失灵现象。一方面，市场提供的教育装备价格过高，经济欠发达地区和农村地区的公办幼儿园和普惠性民办幼儿园难以承担；另一方面，由于信息不对称，市场生产的教育装备难以满足幼儿园的多元需求。

随着我国学前教育规模的不断扩张，在学前教育从"数量需求"向"质量需求"的转型中，幼儿园发展的多元化、特色化趋势日益明显。在此背景下，幼儿园教育装备的供给模式应作出相应调整，以满足幼儿园发展对教育装备的基本需求和发展性需求。对于不同类型教育装备需求，政府担负着不同责任，政府应致力于保障"基本型教育装备需求"，在种类、数量、质量上满足幼儿园实现一定保教质量所需的教育装备。对于"发展性教育装备需求"，政府的主要责任是支持、监督和管理，鼓励市场力量参与。而由政府统一提供的幼儿园教育装备具有追求标准化的倾向，对幼儿园差异化的装备需求，特别是个性化、多元的教育需求供给不足。同时值得注意的是，政府承担教育供给的责任，但供给不意味着由政府公共部门直接生产装备。

市场比政府对幼儿园的教育装备需求反应更为准确与迅速，供给方式更为多样化，能为幼儿园提供个性化、可选择的教育装备。但市场供给的幼儿园教育装备往往具有逐利性，加之生产厂商、企业研发幼儿园教育装备需要付出相应的成本，由此可能导致幼儿园教育装备的市场价格过高。在当前幼儿园教育经费不足的情况下，

经济欠发达地区和农村地区幼儿园显然难以接受相应教育装备市场价格。

因此,如何让幼儿园能够有充足的资金购买所需的教育装备,同时让市场能够为幼儿园提供多样化的、可供选择的教育装备,以满足各级各类幼儿园的基本性和发展性的教育装备需求,关键在于如何厘清政府与市场的权责利关系。

四、幼儿园教育装备产业发展尚未成熟

当前,从事提供幼儿园教育装备的企业数量众多,既有提供图书材料的出版商,又有提供玩教具装备的供应商。但大多企业只是围绕行业内某一两个细分市场进行经营,企业规模小,加之缺乏统一的幼儿园教育装备行业标准,幼儿教育装备行业进入门槛相对较低,市场分散、行业割据现象严重,行业整体呈现分散的竞争格局。幼儿园教育装备产业在创新、研发、生产、销售、评估、售后服务等各个环节尚不成熟,成为制约产业发展的短板,主要表现在以下几个方面。

一是缺乏专业的教育装备研发人才,企业研发能力不足。人才是企业创新研发的基础,当前,国内各高等院校尚未开设学前教育装备等相关专业,相关领域的人才培养和供给不足。大部分幼儿园教育装备企业难以招募到相关专业的人才,研发团队缺乏对学前教育规律的把握,在产品设计和生产过程中容易忽视幼儿园教育装备的教育性以及儿童的身心发展规律。

二是幼儿园教育装备产业发展缺乏市场规范,众多缺乏创新研发能力的小企业以低价取胜,忽视质量,造成恶性竞争。同时,相关政策法规对幼儿园教育装备知识产权方面的保护制度还不健全,价高质低的山寨产品充斥市场,严重挫伤了研发型企业创新的积极性,不利于行业的长远发展。

三是幼儿园教育装备与幼儿教育课程缺乏深度融合。目前,幼儿园教育装备行业的大部分企业都属于生产型企业,运用的还是少品种、大批量的传统生产管理方式,处于产业链的底端,仅有少部分企业能够为教育装备提供教案、活动设计和使用说明。从国外经验看,教育装备与课程的高度融合是未来幼儿园教育装备发展的主要趋势。首先,强调玩教具的配套教案设计;其次,强化教育装备服务的全程化和全面化,不仅关注教育装备配备,同时注重幼儿园环境的整体设计;最后,注重提供种类丰富、容易感知、操作性强的半成品材料。

第五节 幼儿园教育装备发展的对策建议

一、政府：强化引导，为幼儿园教育装备发展提供保障

（一）完善配置标准，推动幼儿园教育装备事业发展

2010年，国家颁布《3—6岁儿童学习与发展指南》，遵循幼儿身心发展规律，面向全体幼儿，关注个体差异，坚持以游戏为基本活动，保教结合，寓教于乐，促进幼儿健康成长。游戏是幼儿获得、重组、改造经验的活动，在游戏中可以发生多种多样的学习，而玩教具则是幼儿进行游戏和学习必不可少的基础。是否配置充足的玩教具是幼儿园教育质量评价标准的重要构成要素之一。幼儿园配置的玩教具应该符合幼儿身心发展规律，适合全体幼儿，也能照顾个体差异，在此基础上体现园所特色。因此，国家出台的各项关于促进学前教育发展的文件中都明确提到玩教具、图书等教育装备，要"加强对幼儿园玩教具、幼儿图书的配备与指导，为儿童创设丰富多彩的教育环境"。

为提高幼儿园玩教具配置的合理性、科学性、适宜性等，应完善幼儿园教育装备配备标准、修改完善其他相关配套政策、提高园所负责人的政策认知与认同。

1. 完善幼儿园教育装备配备分类标准，实现教育装备的合理配置

幼儿园教育装备配备规范是对幼儿园应当如何提供包括玩教具在内的各类教育装备作出的规定。幼儿园教育装备配备规范不仅是幼儿园配置教育装备的主要依据和参考，也是教育行政部门确定幼儿园经费投入的依据，是其规范幼儿园办园行为、监督保教质量的重要指导。因此，幼儿园教育装备配备标准需要明确、科学、合理，同时充分考虑我国社会经济发展的地区差异和城乡差异，建立基本型和发展型的装备分类发展标准体系。

当前，我国各省（自治区、直辖市）所制定的幼儿园教育装备配备标准存在很大差异，部分省（自治区、直辖市）从种类和数量上制定了非常详细的配备标准，而部分省（自治区、直辖市）的配备标准则较为笼统。同时，从调研结果来看，虽然各地制定了相应的玩教具配备规范，但是政策执行效果欠佳，部分园长表示配备

玩教具时不一定按照本地的装备配备标准。这也是导致幼儿园教育装备的配置出现重复浪费、不适宜幼儿园自身发展等问题的原因所在。

因此，应该完善幼儿园教育装备配备标准，更新国家统一的教育装备配备标准作为基准，各省（自治区、直辖市）在此基础上，结合各地方社会经济发展实际，统筹城乡幼儿园发展水平，制定科学合理的配备标准，并加强督导评估，从而提升政策实施效果，促进幼儿园教育质量发展。

2. 强化政策实施督导与评估，确保配备标准落地

为了落实幼儿园教育装备配备标准，需要修改和完善各项其他相关配套政策，以保证配备标准的落实和执行。

（1）完善幼儿园教育装备经费投入的测算机制。当前，许多省（自治区、直辖市）设立了学前教育专项经费，对公办幼儿园生均经费标准作了规定，但对于教育装备经费投入的测算尚不完善。存在省（自治区）内不同市、区给公办幼儿园投入的用于教育装备配备的经费存在较大差距。过低的经费投入标准导致部分公办幼儿园日常运行缺乏充足的经费，教育装备投入缺乏经费来源。鉴于各项学前教育政策之间应当具有兼容性和互补性，教育行政部门应依据幼儿园教育装备配备标准，完善幼儿园教育装备经费投入的测算机制，并采取相应措施，在配置幼儿园教育装备前，对幼儿园教育装备经费投入进行科学的成本测算。

（2）完善各类幼儿园配置幼儿园教育装备的途径。调研发现，公办幼儿园因其性质规定，超过一定数额的教育装备购置必须通过政府采购的方式进行，因此，大部分情况下公办幼儿园购置教育装备时必须经过上报、招标、投放等一系列烦琐的程序。此外，也有部分地方教育行政部门为公办幼儿园提供教育装备目录，幼儿园在一定限额内自行挑选。

无论通过何种方式，公办幼儿园在购置教育装备时的自主决定权受到不同程度的限制，从而导致教育装备配备存在种种问题。同时，政府采购的复杂程序也给幼儿园带来很大负担。部分地区对公办幼儿园一年内用于购置教育装备的经费限制过低，导致幼儿园不能购买和投放最切合园所需要的教育装备。

因此，建议完善各类幼儿园配置幼儿园教育装备的途径，简化公办幼儿园配置教育装备的方式，合理制定对普惠性民办幼儿园的资助方式。各地政府可按照教育装备配备标准，科学地测算、核定幼儿园用于购买、添置、更新教育装备的经费预算，设立专项经费，或通过奖补资金等方式拨款到幼儿园，由园所负责人自行购买

适应园所发展需要的教育装备。

3. 提高园所负责人的政策认知与价值认同

幼儿园购置教育装备时，无论通过何种方式进行采购，园所负责人是这一过程中的主要决策人。调研过程中发现，存在园所负责人对于本省（自治区、直辖市）的教育装备配备标准不甚了解的情况，大部分园长在实际购买和投放玩教具时也很少关注和查阅相关配备规范标准。现行教育装备配备标准不便于执行是一方面影响因素，另一个影响政策有效执行的因素则是园所负责人缺乏对政策的认知和认同。因此，需要采取一定措施来宣传和解释教育装备配备标准，帮助园所负责人深刻认识并认同配备标准的意义价值和内容要求，并推动其有效执行教育装备配备标准。此外，也应加强教育行政部门管理人员对标准的理解，以便于管理工作的开展。

（二）加大财政投入，保障幼儿园教育装备基本配置

自我国实施第一期、第二期学前教育三年行动计划以来，各级政府对学前教育的财政投入持续增加，全国不少地方政府相继设立学前教育专项经费、规定财政性学前教育经费占财政性教育经费比例，以保障和加大学前教育投入，但学前教育投入不足的问题依然突出且普遍存在。

1. 提高财政性学前教育经费占比

财政投入不足制约着学前教育各方面的发展。从本次调研结果来看，幼儿园教育装备总体在种类与数量方面的缺乏、幼儿园生均图书量少、信息化设备差异大、幼儿园教育装备发展不均衡等问题，无一不是受到经费缺乏的限制。为解决这一问题，保证各级、各类幼儿园日常学习和生活活动所需教育装备的基本充足，从而推动学前教育重要意义的实现，加大财政投入仍然是幼儿园教育装备事业发展的首要任务。

《国家中长期教育改革和发展规划纲要（2010—2020年）》中明确表示要"积极发展学前教育……加大政府投入"。这是保证学前教育健康、持续发展的基本条件。基于此，各地政府应首先从多种渠道加大学前教育投入，从而提高财政性学前教育经费在同级财政性教育经费中的占比。从整体上提高我国幼儿园的财政投入，为幼儿园发展提供财政保障。

2. 制定并落实公办幼儿园经费拨付标准

在提高财政性学前教育经费在同级财政性教育经费中的占比的同时，各级政府

应该依据科学合理的成本测算，制定与完善公办幼儿园生均经费标准和生均财政拨款标准，并采取相应措施以保证将标准落到实处，通过财政拨款支持公办幼儿园的日常运营。

为解决幼儿园教育装备发展不充分、不均衡等问题，各级政府应根据当地实际情况，结合各幼儿园的发展状况、存在问题，同时制定对于公办幼儿园教育装备经费的拨付标准。拨付标准的制定必须从幼儿园实际情况出发，科学评估幼儿园所需的经费数量，合理对各级各类幼儿园进行财政拨付，避免"一刀切"，导致有需要的幼儿园在购置教育装备时出现经费短缺的情况。各级政府应落实教育装备经费拨付标准，从而推动公办幼儿园教育装备的充分发展。

3. 加大对普惠性民办幼儿园经费投入

从调研结果来看，当前我国公办幼儿园与民办幼儿园的教育装备配置情况，在不同层面存在显著差异。对于民办幼儿园而言，一方面，要鼓励社会力量办园或捐资助园；另一方面，地方政府也应制定相应的优惠政策以促进民办幼儿园的质量提升。

高收费的民办幼儿园的教育装备配置相对充足，且具有不同特点。对于此类经费相对充足的幼儿园，政府需加强监督，以保证其配置的教育装备符合幼儿所要求的安全性、适宜性、教育性等。

同时，民办幼儿园的运营经费全部依靠举办人出资和保教费收入，普惠性民办幼儿园因其普惠性质，保教费、伙食费等收入相对较少，因此对于普惠性民办幼儿园来说，能够用于购置教育装备的经费也受到极大限制。各级政府应通过多种方式给予普惠性的民办幼儿园适当的经费支持，建议各地政府通过补贴生均公用经费、以奖代补等方式，对普惠性民办幼儿园进行资助，以保障普惠性民办幼儿园有较为充足的经费用于购置必需的教育装备，促进其保教质量的提高，推动幼儿身心健康成长。

如江苏省于2018年发布的《江苏省学前教育综合奖补资金管理办法》中明确规定，学前教育财政奖补资金也覆盖普惠性民办幼儿园，经费由县财政预算安排并统筹省财政奖补资金；并明确规定奖补资金不得用于幼儿园日常公用经费，不得用于人员支出，必须用于幼儿园校舍建设改造，玩教具、图书资料及仪器设备添置。

（三）改革体制机制，实现幼儿园教育装备配置协调

整体来看，幼儿园教育装备配置的不均衡主要体现在地区差异、城乡差异。具体来说，东部沿海的经济发达地区，其幼儿园教育装备配置情况显著优于中、西部地区；城市幼儿园的教育装备配置普遍优于县城和农村幼儿园。由此可见，各地区、城乡之间经济发展水平的差距是导致幼儿园教育装备配置不均衡的根本原因。为促进幼儿园教育装备的均衡配置，必须改革体制机制，发挥中央政府的统筹作用，明确财政性学前教育经费中中央与地方各级政府的成本分担比例。

1. 强化中央政府的领导作用，缩小地区差距

首先应明确"国务院领导，省地（市）统筹，以县为主"的学前教育管理体制，按照非义务教育成本分担的要求，建立起与管理体制相适应的生均拨款、收费、资助一体化的学前教育经费投入机制，保障幼儿园正常运转和稳定发展。

要明确规定财政性学前教育经费中中央与地方各级政府所分担的比例，建立政府间有效合作、合理分担的财政投入责任关系；对于贫困区、县，省（自治区、直辖市）、市级政府应发挥统筹作用，适当向贫困地区倾斜；设立专项经费用于支持和发展学前教育的重点和难点工作，并制定相关政策以保证专项经费的专款专用，从而切实发挥专项经费的应用功能。

2. 省级统筹城乡幼儿园教育一体化发展

城乡二元结构使得我国学前教育事业城乡发展之间的不均衡现象长期存在，"地方负责、分级管理"的学前教育投入和管理体制导致学前教育事业的发展因各地经济社会与教育发展水平的不同而存在较大差异。在农村税费改革、全面取消农村税费之后，县级财政对乡级财政的控制不断加强，预算外资金逐步减少，导致乡级政府的财政状况比县级政府更困难，由此带来农村学前教育在筹资、投入和供给上的诸多问题。

《纲要》虽然指出要努力提高农村学前教育普及程度。但是，在县、乡两级政府财政困难且在可预见的短时期内无法改观的情况下，学前教育投资重心过低，必将难以保障农村学前教育的经费投入，更无法保证农村幼儿园教育装备的配置。

因此，基于2010年国务院发布的《国务院关于当前发展学前教育的若干意见》中关于努力扩大农村学前教育资源的内容，建议加大中央和省级财政对农村学前教育的投入，促进学前教育的城乡均衡发展；建议省（自治区、直辖市）、市、县各级

政府确定生均拨款标准，构建合理的分担制度，参照义务教育分项目分担的方式，将人员经费、公用经费等不同的支出项目在各级政府间按比例进行分担。

省（自治区、直辖市）级、地市级政府加强统筹，设立学前教育专项经费，通过对全省欠发达地区乡镇中心幼儿园建设以奖代补等方式，重点支持农村地区幼儿园的建设，促进农村地区学前教育事业的发展；同时也要落实县级政府主体责任，同样设立专项经费支持学前教育事业发展，将专项经费纳入地方财政预算，并根据当地经济社会发展逐步增加，从而切实改善农村幼儿园保教条件，配备基本的保教设施、玩教具、幼儿读物、信息化设备等。

3. 理清办园体制，明确责任划分

理清办园体制，将财政责任与管理责任划分清晰，明确财政性学前教育经费的覆盖范围。当前我国幼儿园的办园体制复杂，各种性质的幼儿园隶属于不同的主办单位或个人，又统一由当地教育行政部门负责监管与督导。复杂的办园体制导致经费投入困难。例如：原本由国有企业举办的幼儿园，在经济体制改革后，其经费投入究竟应由地方政府拨付，还是依然由原单位负责？政府对农村幼儿园拨款时，是否包括农村教学点附设的幼儿园？因此，应按照公办幼儿园、普惠性民办幼儿园、高收费民办幼儿园的方式划分，将前两类幼儿园纳入教育装备经费拨付、奖补的范围，从而促进各类幼儿园的共同发展。

4. 探索集团化办学，推动薄弱幼儿园发展

探索县域范围内集团化办学模式，推动薄弱幼儿园优质发展。在加大财政投入、制定和落实教育装备经费拨付标准的基础上，为缩小园际差异，建议在区域内推行集团化办园，通过优质幼儿园的带动，从各个层面推动薄弱幼儿园的优质发展。

以行政指令为主，兼顾幼儿园共同意愿，将优质幼儿园与相对薄弱幼儿园组成共同体，在教育理念、幼儿园管理、科研、信息技术、教育评价、教育装备等方面进行统一管理。这样做，一方面能够促进薄弱幼儿园教育装备的配置，另一方面，通过幼儿园之间多种形式的沟通、学习、交流，能从根本上提高薄弱幼儿园的教育理念，使其对于幼儿园教育装备的配置标准有更科学、深刻的理解。

此外，应充分发挥东部沿海经济发达地区幼儿园的引导作用，通过园长、教师培训、参观、交流等多种形式，使先进的学前教育理念辐射中、西部地区，推动中、西部地区学前教育事业的发展。

(四)加强政府引导,规范幼儿园教育装备市场

1. 加强政府指导,制定幼儿园教育装备行业规范

幼儿园教育装备相对其他教育阶段的教育装备而言具有特殊性,其种类更为多样,因为幼儿园不存在统一课程标准,因此教育装备不注重规范性。另外,由于幼儿的年龄特征,幼儿园在购置教育装备时首先考察的标准是其安全性。幼儿园教育装备的特殊性决定了市面上有许多生产针对幼儿园的各类教育装备的厂商,其产品质量和价格都存在巨大差异。而无论公办幼儿园还是民办幼儿园,通过政府采购或自行购买教育装备,都面临着从种类、数量繁多的教育装备中选择安全、富有教育意义、性价比高的教育装备这一问题。

因此,应充分发挥政府对幼儿园的指导作用,由相关教育行政部门,依据幼儿园教育装备配备标准,从各类产品中筛选出符合安全标准的教育装备,在教育性方面对幼儿园进行科学引导;必须规范政府行为,杜绝贪污受贿、私收回扣等不良现象,保证幼儿的健康成长,同时保障幼儿园的合法权益;各地政府加强对幼儿园购买行为的指导与监督,以确保幼儿园的购买过程中不存在高价购买劣质产品的现象,保证幼儿的安全与健康。

2. 完善监督机制,建立幼儿园教育装备企业准入门槛

政府加强对幼儿园教育装备的企业资质的监管,设立企业准入门槛,保证从事幼儿园教育装备事业的企业具有良好的资质、较强的研发能力、完善的销售渠道、充足的市场竞争力。同时加强对幼儿园教育装备知识产权的保护,对具有创新能力的企业予以有效激励,加强对市场不正当竞争行为的监管,强化幼儿园教育装备安全性和教育性的监督。

二、幼儿园:纠正观念,发挥幼儿园教育装备价值

(一)树立正确装备观,合理配置幼儿园教育装备

幼儿园教育装备的选择、购买、配备主要由园所负责人,即园长决定。无论是公办园通过政府招标、目录选择等途径配备幼儿园教育装备,还是民办幼儿园自行购买装备,园所负责人的装备观是否正确,是影响幼儿园教育装备配备合理性的重要因素。此外,幼儿园教师对于玩教具、材料的选择也影响幼儿园教育装备教育价

值的发挥。因此，从幼儿园层面来看，园长和教师需首先树立正确的装备观，在幼儿园教育装备配备标准出台后学习和熟悉标准的要求，理解标准制定的含义，才能充分利用有限的经费，选择真正符合本园需求的教育装备，使幼儿园教育装备的教育效果最大化。

1. 以幼儿发展的需求为中心

幼儿园教育装备本身就是幼儿园课程的一部分，其自身蕴含一定的教育价值，幼儿在园的一天时间里，身处特定的园所环境中，使用各类器械、玩教具和生活用具，开展活动、组织课程和游戏，进行大量必要的生活环节，从而促进幼儿的身心发展。因此，幼儿园教育装备的选择必须以幼儿身心发展的需求为中心，以幼儿身心发展的规律为原则，选择配备符合幼儿发展需求的幼儿园教育装备，才能真正实现幼儿园教育装备的教育意义。此外，还应该考虑幼儿的兴趣，配备能够引起幼儿注意、容易感知、受孩子欢迎的装备和材料。

2. 注重多元的文化表达

当前，我国全面发展素质教育的目标提出，发展素质教育需要以优秀的中华传统文化为基础，以先进的中国特色社会主义文化为指导，主动鉴别和吸收西方优秀的文化因素，以我为主，融合创新。要求使学生拥有开阔的文化视野，训练学生更好地应对多元化的世界趋势。

基于此，学前教育阶段也应该重视多元的文化表达。园所配备的幼儿园教育装备应该体现优秀的中华传统文化，如各省（自治区、直辖市）融入本地的传统特色，民族地区通过教育装备传承自身的民族习俗，对中华传统文化取其精华、去其糟粕，潜移默化地向幼儿传达优秀的、符合中国特色社会主义核心价值观的传统文化。

此外，注重多元文化的表达要求我们不能将外国文化拒之门外，比如在阅读材料的选择上可以适量引入体现外国文化的图书、绘本，开阔幼儿视野，培养多元的、包容的观念。

3. 避免盲目追求"高大上"

在实证调研的过程中发现，部分经济条件优越的幼儿园在配备幼儿园教育装备时出现了一味求新、求多、追求"高大上"等问题，部分幼儿园配备的幼儿园教育装备全部引进自国外知名品牌，甚至出现忽视基本需求、盲目追求名牌的现象。

经济条件有限的幼儿园在配备幼儿园教育装备时切忌攀比心理，应该切实考虑本园幼儿发展的实际需求，使用有限的经费配备本园最为适用的教育装备，保证促进幼儿身心全方面发展的"基本型教育装备"配备充足而合理。

　　经济条件较好的幼儿园在满足基本需求的基础上，对于"发展性教育装备"的选择和购买，也不应盲目追求"高大上"，仍需要充分考虑本园幼儿的兴趣、园所文化等因素，合理选择，科学配备。

（二）注重装备的使用，充分发挥装备的教育价值

　　幼儿园教育装备的价值发挥必须通过使用才能得到体现，不恰当的使用可能使其教育作用和价值无法充分发挥，合理的使用能实现幼儿园教育装备的额外价值。因此，园长和幼儿教师应该重视幼儿园教育装备的使用，充分发挥和挖掘幼儿园教育装备的价值。

1. 鼓励幼儿参与

　　幼儿园教育装备的使用不仅仅指玩教具的使用，也包括幼儿园的环境创设过程，因此鼓励幼儿参与可以是增加幼儿参与幼儿园的环境创设，如让幼儿参与活动区域的规划与设计，这一过程不仅能使活动区域的分布和设计更加符合幼儿自身的需要和喜好，而且在此过程中也培养了幼儿的自主意识和协作意识。

　　此外，针对调研过程中发现的幼儿园教育装备在使用中出现的问题，如投放和收纳困难等，部分园所提供的解决方案中也着重体现了幼儿参与的重要性。教师可以采用便于幼儿认知的方式，让幼儿参与到教育装备投放和收纳的过程中来，这样不仅发挥了教育装备本身蕴含的教育价值，也能培养幼儿的规则意识等。

2. 重视探究和创新

　　当前我国教育事业强调创新发展的理念，重视培养学生的创新意识和创造能力。在创新发展理念的引领之下，应该从幼儿园阶段开始，保护幼儿的好奇心，激发幼儿探究各种自然现象和文化表达的欲望，为幼儿创新意识和创造能力的发展打好基础。因此，在幼儿园教育装备的配备和使用过程中，也要有意识地为幼儿营造良好的创新环境。例如，在使用一种玩教具开展活动时，不仅仅单纯指导幼儿如何使用，而应该引导幼儿自主探究、鼓励幼儿的创新玩法，以帮助幼儿养成创新思维和习惯。

（三）重视过程和结果，发掘自制玩教具的教育性

　　自制玩教具是幼儿园教育装备中的重要组成部分，在对幼儿园教师进行访谈的过程中课题组了解到，幼儿园教师认知中的自制玩教具可以概括地分为两大类：第

一类是幼儿参与制作的玩教具,第二类是幼儿教师自行制作后供幼儿使用的玩教具。

第一类一般表现为较简单的制成品,如装饰画、折纸作品等。在调研过程中发现,此类自制玩教具通常在制成后仅仅作为摆设或装饰放置在活动室中。对于此类自制玩教具,由于幼儿动手能力的限制,无法承担过多复杂的教育目的,因此,幼儿教师应该设法使幼儿在参与制作的过程中尽可能发展多个领域的能力,如在制作过程中融入传统文化、培养同伴协作意识、寻求创新方法等。此外,应该考虑此类自制玩教具制成后的教育意义,使其不仅仅作为摆设,而能够应用在日常活动和游戏中,发挥其特有的教育价值。

第二类由幼儿教师制作的自制玩教具,通常更为精美,也能承载更多的教育意义。幼儿教师在制作此类自制玩教具时,首先应注重创新,不应只是某种玩教具的手工替代版本,要体现自制玩教具的特殊性;其次,注意使用卫生、环保的材料,保证幼儿使用时的安全;最后,尽可能增强自制玩教具的耐用性,延长其使用寿命,以便充分发挥自制玩教具的教育价值。

第三章 教育评价研究[①]

第一节 调研设计

一、调研目的

随着学前教育建设经费的逐年增加，我国幼儿园教育装备的数量和质量都有了明显提升。但是，由于长期以来我国没有自己的幼儿园教育装备评价标准体系或相关的政策法规，导致教育装备管理机构、教育装备生产企业、教育装备使用单位特别是幼儿园在教育装备的价值性抉择、结构性配置、过程性使用和效果性评价等方面陷入误区。因此，本次调研基于十九大关于办好学前教育及学前教育质量提升的大背景，主要从装备配置、装备使用过程、装备使用效果三个评价维度分别对我国东、中、西部具有代表性的城市进行问卷调研，调研旨在了解我国幼儿园教育装备的现状及其发展情况。

二、调研工具

为了了解我国幼儿园教育装备的发展情况，课题组研制了《幼儿园教育装备发展现状调查问卷》(如本书附录 A 所示)。本问卷共分为三大部分，分别为园所基本

---

① 霍力岩，北京师范大学教育学院。

信息、园所装备背景和评价标准。在"园所基本信息"中，下设 5 题，主要调查受访者所在园所的省（自治区、直辖市）及办园性质。在第一部分"园所装备背景"中，下设 14 题，主要调查省市有关幼儿园教育装备的政策法规、园所现有装备情况及用于装备配置经费等信息。在第二部分"评价标准"中，共有装备配置、装备使用过程、装备使用效果三个评价维度，各评价标准下设相应的评价项目和评价指标。其中，装备配置维度含 5 个评价项目，具体为园所配置、户外配置、活动室配置、软件配置、信息化配置，共有 82 个评价指标，意在调查幼儿园装备配置的基本现状；装备使用过程维度含 5 个评价项目，具体为园所装备使用过程、户外装备使用过程、活动室装备使用过程、软件装备使用过程、信息化装备使用过程，共有 65 个评价指标，意在了解幼儿园对于现有装备的真实使用及过程服务情况；装备使用效果维度含 6 个评价项目，具体为园舍使用效果、户外场地使用效果、活动室使用效果、信息化使用效果、装备使用后的幼儿发展效果、装备使用后的教师发展效果，共有 66 个评价指标，意在调查幼儿园现有装备的作用发挥。

本问卷基本信息部分和第一部分采用客观题和主观题结合的方式，试图最大限度了解园所装备的背景信息，第二部分全部使用量表形式，采用 5 点计分进行作答。

三、调研对象

本次调研采取目的抽样方式，分别对东、中、西部具有代表性的城市进行了抽样。课题组向该省（自治区、直辖市）参加国培项目的幼儿园老师发放问卷并回收 134 份，基本信息如表 3-1 所示。

表 3-1 幼儿园教育装备问卷调研抽样说明

编号	省（自治区、直辖市）	幼儿园地处			幼儿园级别						办园性质	
		城区	镇区	乡村	未评等级	二级二类	二级一类	一级二类	一级一类	示范园	公办园	民办园
1	黑龙江省	24	5	1	1	1	2	3	7	13	29	1
2	福建省	17	3	0	1	0	0	0	1	19	21	0
3	青海省	7	2	2	3	0	1	0	3	4	10	1
4	西藏自治区	2	2	0	2	2	0	0	0	0	5	0

续表

编号	省（自治区、直辖市）	幼儿园地处			幼儿园级别						办园性质	
		城区	镇区	乡村	未评等级	二级二类	二级一类	一级二类	一级一类	示范园	公办园	民办园
5	江苏省	42	17	5	3	0	0	0	7	56	64	1
	总计	92	29	8	10	3	3	3	18	92	129	3

注：有两所幼儿园没有填写办园性质；江苏省有一个园所是省优质园，已归入示范园；黑龙江省有一份问卷全部空白。

第二节　调研结果分析

根据回收的问卷，利用 SPSS 统计软件，本研究将从三个方面做出统计分析。

第一，本研究将对每个题目进行分析，也就是每一项的表现都进行分析。具体而言，在园所装备背景部分，B01—B10 将统计"有、无"情况的分布百分比；B11—B14 将统计经费分布情况的百分比。在装备配置、装备使用过程、装备使用效果三个维度上，将统计每个题目的总体平均分，即说明在该题目上，我国所处的总体发展水平，同时，还将对每个题目的分数处于不同水平（水平 1—5）的园所占百分比，即水平 1 有百分多少，水平 2 有百分多少等等。

第二，对幼儿园教育装备的三个主要维度（装备配置、装备使用过程、装备使用效果）进行统计分析。具体而言，统计每个维度的总体平均分，即说明在该维度上，我国所处的总体发展水平；统计每个维度的分数分布图，即处于不同水平（水平 1—5）的人数占百分比；统计园所基本信息变量的差异性关系分析，如东、中、西部发展水平差异，城区、镇区、乡村发展水平差异，园所等级发展差异，公办园、民办园的发展差异。

第三，将对幼儿园教育装备的总体情况进行分析。具体而言，将统计幼儿园教育装备的总体平均分，即我国幼儿园教育装备总体发展水平，处于水平 1—5 中的哪个；统计总体分数的分布图，即总体情况处于不同水平（水平 1—5）的人数占百分比；统计总体的园所基本信息变量的差异性关系分析，如东、中、西部发展水平差异，城区、镇区、乡村发展水平差异，园所等级发展差异，公办园、民办园的发展差异。

一、关于幼儿园教育装备调查中每个题项的分析

（一）幼儿园教育装备背景部分的分析

1. 幼儿园教育装备政策背景

统计发现（见表 3-2），在"园所背景部分"的 B01—B10 题目中，"有"的占比均超过"50%"。说明在所调查的幼儿园中，当地教育部门、幼儿园管理者对幼儿园教育装备给予了一定程度的重视，并采取了相关的改善措施。其中，B01、B08 题，"有"的占比大于"80%"，而"B05、B04"题，"有"的占比仅为"41.79%"和"50.75%"，说明幼儿园所在地的教育部门制定了较为明确的玩教具、装备标准，但是在装备的定期检测、评估以及反馈上的举措和行动并不明显。并且，数据显示，许多教师虽然知道有相关的文件，但对具体的评估标准和评估体系并不熟悉，由此可见，教师对幼儿园教育装备的重视程度并不高，也在一定程度上反映了相关教育部门和幼儿园本身缺乏对教师的系列培训和学习活动。

表 3-2　B01—B10 "有" "无" 分布百分比[①]

题目	有[②]		无[③]		不清楚[④]	
	份数/份	占比/（%）	份数/份	占比/（%）	份数/份	占比/（%）
B01	116	86.57	4	2.98	14	10.45
B02	98	73.13	19	14.18	17	12.69
B03	99	73.88	17	12.69	18	13.43
B04	68	50.75	39	29.10	27	20.15
B05	56	41.79	52	38.81	26	19.40
B06	69	51.49	32	23.88	33	24.63
B07	72	53.73	35	26.12	27	20.15
B08	108	80.60	6	4.48	20	14.92
B09	101	75.37	13	9.70	20	14.93
B10	81	60.45	27	20.15	26	19.40

---

① 共有问卷 134 份。
② "有"用"1"表示。
③ "无"用"2"表示。
④ "不清楚"用"0"表示。

2. 幼儿园教育装备经费投入情况

1）幼儿园生均教育经费

在所回收的 134 份问卷中，共有 52 份问卷填写了"B11"题目（幼儿园生均教育经费）。统计发现，教师所填写的金额差距较大，数据的真实性、客观性较低。在所填写的 52 份问卷中，生均教育经费为"400 元"的占比最大，为 11.54%。具体内容如表 3-3 所示。

表 3-3　B11 题目的金额占比分布

金额/元	数量/份	占比/（%）	金额/元	数量/份	占比/（%）
100	2	3.85	1200	2	3.85
200	3	5.77	1260	2	3.85
210	1	1.92	1350	1	1.92
300	3	5.77	1400	1	1.92
330	4	7.69	1700	1	1.92
350	3	5.77	1800	1	1.92
400	6	11.54	1860	2	3.85
500	5	9.62	2000	1	1.92
520	1	1.92	2191	1	1.92
600	2	3.85	3000	1	1.92
700	1	1.92	4000	1	1.92
850	1	1.92	14400	1	1.92
1000	3	5.77	100000	1	1.92
1140	1	1.92			

2）幼儿园用于幼儿园硬件配置的经费投入

在回收的 134 份问卷中，共有 24 份问卷填写了"B12"题目（幼儿园用于幼儿园硬件配置的经费投入）。统计发现，幼儿园硬件配置的经费投入差距大，其原因可能为地区差异，也可能为幼儿园教师并不清楚相关信息。其具体内容如表 3-4 所示。

表 3-4　B12 题目的金额占比分布

金额/元	数量/份	占比/（%）	金额/元	数量/份	占比/（%）
80000	1	4.17	500000—1000000	2	8.33
100000	2	8.33	1000001	3	12.5
200000	1	4.17	1100000	1	4.17
250000	1	4.17	5000000	2	8.33
500000	3	12.5	10000000	2	8.33
700000	1	4.17	15000000	1	4.17
800000	1	4.17	30000000	2	8.33

3）幼儿园软件配置的经费投入

在回收的 134 份问卷中，共有 24 份问卷填写了"B13"题目（幼儿园软件配置的经费投入）。统计发现，幼儿园软件配置的经费投入差距大，其原因可能为地区差异，也可能为幼儿园教师并不清楚相关信息。在所填写的 24 份问卷中，软件配置的经费投入为"100000 元"的占比最大，为 25%。具体内容如表 3-5 所示。

表 3-5　B13 题目的金额占比分布

金额/元	数量/份	占比/（%）	金额/元	数量/份	占比/（%）
2000	1	4.17	300000	1	4.17
2000—3000	1	4.17	500000	2	8.33
30000	1	4.17	600000	2	8.33
100000	6	25	1000000	1	4.17
150000	3	12.5	2000000	3	12.5
200000	2	8.33			

4）幼儿园信息化配置的经费投入

在回收的 134 份问卷中，共有 23 份问卷填写了"B14"题目（幼儿园信息化配置的经费投入）。统计发现，幼儿园软件配置的经费投入差距大，其原因可能为地区差异，也可能为幼儿园教师并不清楚相关信息。在所填写的 23 份问卷中，软件配置的经费投入为"200000 元"的占比最大，为 17.39%。具体内容如表 3-6 所示。

表3-6　B14题目的金额占比分布

金额/元	数量/份	占比/（%）	金额/元	数量/份	占比/（%）
20000	1	4.35	200000	4	17.39
30000	1	4.35	300000	3	13.04
60000	1	4.35	500000	1	4.35
70000—80000	1	4.35	600000	1	4.35
50000—100000	2	8.70	780000	1	4.35
100000	2	8.70	2000000	3	13.04
120000	1	4.35			

（二）幼儿园教育装备三大维度的每题总体平均分分析

1. "装备配置"每题的总体平均分分析

根据问卷规定，"不合格"，即1分，表示无；"基本合格"，即2分，表示有但不充足；"合格"，即3分，表示有且充足；"良好"，即4分，表示有且充足且质量较好；"优秀"，即5分，表示有且充足且质量很好。

1）"园所配置"每题的总体平均分分析

统计发现，"园所配置"各题目均值均大于"3"，部分题目均值大于"4"，说明在所调查的幼儿园中，园所配置总体达到"合格"水平，趋于"良好"，即园所配置有且充足。具体统计数据如表3-7所示。

表3-7　"园所配置"每题的总体平均分

题目	均值/分	水平
P01	4.17	良好
P02	3.91	合格
P03	4.25	良好
P04	3.39	合格
P05	3.65	合格
P06	3.73	合格
P07	4.24	良好
P08	3.5	合格
P09	3.95	合格
P10	4.02	良好
P11	3.31	合格
总体	3.83	合格

2)"户外配置"每题的总体平均分分析

统计发现,"户外配置"各题目均值均大于"3.5",部分题目均值大于"4",总体平均分为"3.95",接近"4"。说明在所调查的幼儿园中,户外配置总体达到"合格"水平,趋于"良好",即户外配置有且充足。具体统计数据如表3-8所示。

表3-8 "户外配置"每题的总体平均分

题目	均值/分	水平
P12	3.96	合格
P13	3.83	合格
P14	4.13	良好
P15	3.70	合格
P16	3.62	合格
P17	4.14	良好
P18	4.32	良好
总体	3.95	合格

3)"活动室配置"每题的总体平均分分析

统计发现,"活动室配置"各题目均值除"P43"(有冲淋设备)外,均大于"3",且大部分题目均值大于"4",总体平均分为"4.17"。说明在所调查的幼儿园中,冲淋设备的配置有但不充足,部分配置有且充足但质量不是很好。但活动室配置总体达到"良好"水平,即活动室配置有且充足且质量较好。具体统计数据如表3-9所示。

表3-9 "活动室配置"每题的总体平均分

题目	均值/分	水平	题目	均值/分	水平	题目	均值/分	水平
P19	4.48	良好	P30	4.52	良好	P41	3.88	合格
P20	4.41	良好	P31	4.50	良好	P42	3.85	合格
P21	4.20	良好	P32	4.86	良好	P43	2.51	基本合格
P22	4.09	良好	P33	4.34	良好	P44	4.48	良好
P23	4.45	良好	P34	4.24	良好	P45	4.62	良好
P24	4.40	良好	P35	4.29	良好	P46	3.94	合格
P25	4.36	良好	P36	4.41	良好	P47	3.98	合格
P26	4.01	良好	P37	4.49	良好	P48	3.97	合格
P27	4.21	良好	P38	4.45	良好	P49	3.95	合格
P28	4.50	良好	P39	4.34	良好	P50	3.53	合格
P29	4.44	良好	P40	4.35	良好	P51	3.22	合格

续表

题目	均值	水平	题目	均值	水平	题目	均值	水平
P52	3.39	合格	P58	4.05	良好	P64	4.46	良好
P53	3.27	合格	P59	4.21	良好	P65	4.45	良好
P54	3.98	合格	P60	4.23	良好	P66	4.30	良好
P55	4.27	良好	P61	4.18	良好	P67	4.06	良好
P56	4.17	良好	P62	4.30	良好	P68	4.08	良好
P57	4.17	良好	P63	4.64	良好	P69	4.18	良好
						总体	4.17	良好

4)"软件配置"每题的总体平均分分析

统计发现,"软件配置"各题目均值均大于"3",总体平均分为"3.52"。说明在所调查的幼儿园中,软件配置总体达到"合格"水平,即软件配置有且充足。具体统计数据如表3-10所示

表3-10 "软件配置"每题的总体平均分

题目	均值/分	水平
P70	3.54	合格
P71	3.58	合格
P72	3.52	合格
P73	3.54	合格
P74	3.46	合格
P75	3.49	合格
P76	3.50	合格
总体	3.52	合格

5)"信息化配置"每题的总体平均分分析

统计发现,"信息化配置"各题目均值均大于"3.5",且有一项大于"4"(自动监控警报系统),总体平均分为"3.84"。说明在所调查的幼儿园中,"自动监控警报系统"有且充足且质量较好,信息化配置总体达到"合格"水平,趋于"良好",即信息化配置有且充足。具体统计数据如表3-11所示。

表 3-11 "信息化配置"每题的总体平均分

题目	均值/分	水平
P77	3.71	合格
P78	3.83	合格
P79	3.62	合格
P80	3.89	合格
P81	3.78	合格
P82	4.21	良好
总体	3.84	合格

6)"装备配置"维度的总体分析

"装备配置"下共有 5 个测查部分,分别为园所配置、户外配置、活动室配置、软件配置和信息化配置。根据统计,5 个测查部分的总体平均分均大于"3.5",且"活动室配置"大于"4","装备配置"维度总体平均分为"3.86"。说明在所调查的幼儿园中,"装备配置"总体达到"合格"水平,趋于"良好",即装备配置有且充足。但在 5 个测查部分中,"园所配置"的水平最低,"活动室配置"的水平最高。具体数据如表 3-12 所示。

表 3-12 "装备配置"各部分的总体平均分

配置类型	均值/分	水平
园所配置	3.83	合格
户外配置	3.95	合格
活动室配置	4.17	良好
软件配置	3.52	合格
信息化配置	3.84	合格
总体	3.86	合格

2."园所装备使用过程"每题的总体平均分分析

1)"园所装备使用过程"每题的总体平均分分析

统计发现,"园所装备使用过程"各题目均值均大于"3.5",部分题目均值大于"4",总体平均分为"4.06"。其中,"题目 S05(合理使用厨房)"得分最高,为"4.26"。而"S02(合理使用衣帽及教具储藏室)"得分最低,为"3.80"。说明在所调查的幼儿园中,"园所装备使用过程"总体达到"良好"水平,即园所装备使用过程有且充足且质量较好。具体统计数据如表 3-13 所示。

表 3-13 "园所装备使用过程"每题的总体平均分

题目	均值/分	水平
S01	4.20	良好
S02	3.80	合格
S03	4.25	良好
S04	3.90	合格
S05	4.26	良好
S06	3.94	合格
S07	4.20	良好
S08	4.18	良好
S09	3.84	合格
S10	4.08	良好
总体	4.06	良好

2)"户外装备使用过程"每题的总体平均分分析

统计发现,"户外装备使用过程"各题目均值均大于"3.5",大部分题目均值大于"4",总体平均分为"4.07"。其中,"题目 S12(合理使用游戏运动场地)"得分最高,为"4.25"。而"S13(合理使用沙地或玩水区)"得分最低,为"3.89"。说明在所调查的幼儿园中,"户外装备使用过程"总体达到"良好"水平,即户外装备使用过程有且充足且使用良好。具体统计数据如表 3-14 所示。

表 3-14 "户外装备使用过程"每题的总体平均分

题目	均值/分	水平
S11	4.06	良好
S12	4.25	良好
S13	3.89	合格
S14	3.93	合格
S15	4.23	良好
总体	4.07	良好

3)"活动室装备使用过程"每题的总体平均分分析

统计发现,"活动室装备使用过程"各题目均值均大于"3",90%题目均值大于"4",即 90%的活动室装备使用过程处于良好水平,总体平均分为"4.23"。其中,"题目 S20(合理使用保温桶/饮水机)"得分最高,为"4.83"。而"S33(合理使用冲淋设备)"得分最低,为"3.31"。说明在所调查的幼儿园中,"活动室装备使用过程"总体达到"良好"水平,即活动室装备使用过程有且充足且使用良好。但在"合理使用冲淋设备""合理使用舞台灯光""合理使用镜子与把杆"上仅处于"合格"水平。具体统计数据如表 3-15 所示。

表 3-15 "活动室装备使用过程"每题的总体平均分

题目	均值/分	水平	题目	均值/分	水平	题目	均值/分	水平
S16	4.22	良好	S30	4.40	良好	S44	4.32	良好
S17	4.35	良好	S31	3.99	合格	S45	4.27	良好
S18	4.26	良好	S32	3.97	合格	S46	4.37	良好
S19	4.35	良好	S33	3.31	合格	S47	4.22	良好
S20	4.83	良好	S34	4.30	良好	S48	4.34	良好
S21	4.42	良好	S35	4.07	良好	S49	4.32	良好
S22	4.44	良好	S36	4.19	良好	S50	4.28	良好
S23	4.45	良好	S37	4.16	良好	S51	4.26	良好
S24	4.44	良好	S38	4.09	良好	S52	4.30	良好
S25	4.40	良好	S39	3.49	合格	S53	4.31	良好
S26	4.41	良好	S40	3.63	合格	S54	4.41	良好
S27	4.42	良好	S41	3.54	合格	S55	4.41	良好
S28	4.41	良好	S42	4.24	良好	总体	4.23	良好
S29	4.36	良好	S43	4.34	良好			

4)"软件装备使用过程"每题的总体平均分分析

统计发现,"软件装备使用过程"各题目均值均大于"3.5",总体平均分为"3.74"。说明在所调查的幼儿园中,"软件装备使用过程"总体达到"合格"水平,趋于"良好",即软件装备使用过程有且充足。具体统计数据如表 3-16 所示。

表 3-16 "软件装备使用过程"每题的总体平均分

题目	均值/分	水平
S56	3.66	合格
S57	3.67	合格
S58	3.87	合格
总体	3.74	合格

5)"信息化装备使用过程"每题的总体平均分分析

统计发现,"信息化装备使用过程"各题目均值均大于 3.8,除"S64(合理使用闭路电视系统)"均值为"3.87"外，其余6项的平均分均大于"4"，总体平均分为"4.03"。统计结果说明在所调查的幼儿园中，"信息化装备使用过程"总体达到"良好"水平，即信息化装备使用过程有且充足且质量良好。具体统计数据如表3-17所示。

表3-17 "信息化装备使用过程"每题的总体平均分

题目	均值/分	水平
S59	4.02	良好
S60	4.04	良好
S61	4.03	良好
S62	4.02	良好
S63	4.04	良好
S64	3.87	合格
S65	4.18	良好
总体	4.03	良好

6)"装备使用过程"维度的总体分析

"装备使用过程"下共有5个测查部分，分别为园所装备使用过程、户外装备使用过程、活动室装备使用过程、软件装备使用过程和信息化装备使用过程。根据统计，5个测查部分的总体平均分均大于"3.7"，除"软件装备使用过程"均值为"3.74"外，其余4项均大于"4"，其中，"活动室装备使用过程"的均值最高，为"4.23"。"装备使用过程"维度总体平均分为"4.03"。统计结果说明，在所调查的幼儿园中，"装备使用过程"总体达到"良好"水平，即装备使用过程有且充足且质量较好。但"软件装备使用过程"的水平较低，有待进一步提升。具体数据如表3-18所示。

表3-18 "装备使用过程"各部分的总体平均分

配置使用过程类型	均值/分	水平
园所装备使用过程	4.06	良好
户外装备使用过程	4.07	良好
活动室装备使用过程	4.23	良好
软件装备使用过程	3.74	合格
信息化装备使用过程	4.03	良好
总体	4.03	良好

3. "装备使用效果"每题的总体平均分分析

1)"园舍使用效果"每题的总体平均分分析

统计发现,"园舍使用效果"各题目均值均大于"4",总体平均分为"4.12"。统计结果说明,在所调查的幼儿园中,"园舍使用效果"总体达到"良好"水平,即园舍使用效果良好,能够保证幼儿拥有充足且适合的游戏和睡眠的空间。具体统计数据如表3-19所示。

表3-19 "园舍使用效果"每题的总体平均分

题目	均值/分	水平
X01	4.21	良好
X02	4.17	良好
X03	4.02	良好
X04	4.10	良好
总体	4.12	良好

2)"户外场地使用效果"每题的总体平均分分析

统计发现,"户外场地使用效果"各题目均值均大于"4",总体平均分为"4.31"。统计结果说明,在所调查的幼儿园中,"户外场地使用效果"总体达到"良好"水平,即户外场地使用效果良好、空间开阔、器械丰富、安全性较高。具体统计数据如表3-20所示。

表3-20 "户外场地使用效果"每题的总体平均分

题目	均值/分	水平
X05	4.42	良好
X06	4.33	良好
X07	4.35	良好
X08	4.31	良好
X09	4.35	良好
X10	4.08	良好
总体	4.31	良好

3)"活动室使用效果"每题的总体平均分分析

统计发现,"活动室使用效果"各题目均值均大于"4","X15(幼儿卫生间整洁、干净,幼儿能够如厕和盥洗)"均值最高,为"4.48",总体平均分为"4.26"。

统计结果说明，在所调查的幼儿园中，"活动室使用效果"总体达到"良好"水平，即活动室使用效果良好、空间适宜、材料丰富、区域分明、环境整洁卫生，较为适合幼儿的游戏和生活。具体统计数据如表 3-21 所示。

表 3-21 "活动室使用效果"每题的总体平均分

题目	均值/分	水平	题目	均值/分	水平	题目	均值/分	水平
X11	4.44	良好	X17	4.33	良好	X23	4.29	良好
X12	4.39	良好	X18	4.12	良好	X24	4.23	良好
X13	4.39	良好	X19	4.09	良好	X25	4.24	良好
X14	4.43	良好	X20	4.13	良好	总体	4.26	良好
X15	4.48	良好	X21	4.05	良好			
X16	4.10	良好	X22	4.20	良好			

4）"信息化使用效果"每题的总体平均分分析

统计发现，"信息化使用效果"各题目均值均大于"4"，总体平均分为"4.15"。统计结果说明，在所调查的幼儿园中，"信息化使用效果"总体达到"良好"水平，即信息化使用效果良好，教师经常并熟练使用多媒体技术等信息化手段来与幼儿进行交流学习，幼儿也能给予较好的反馈。具体统计数据如表 3-22 所示。

表 3-22 "信息化使用效果"每题的总体平均分

题目	均值/分	水平
X26	4.26	良好
X27	4.06	良好
X28	4.14	良好
总体	4.15	良好

5）"装备使用后的幼儿发展效果"每题的总体平均分分析

统计发现，"装备使用后的幼儿发展效果"各题目均值均大于"4"，总体平均分为"4.14"，其中"X38(幼儿园教育装备能够支架幼儿在艺术领域发展)"均值最高，为"4.23"。统计结果说明，在所调查的幼儿园中，"装备使用后的幼儿发展效果"总体达到"良好"水平，即装备使用后的幼儿发展效果良好，幼儿园的教育装备较好地支持了幼儿的学习与发展。具体统计数据如表 3-23 所示。

表 3-23 "装备使用后的幼儿发展效果"每题的总体平均分

题目	均值/分	水平	题目	均值/分	水平
X29	4.11	良好	X35	4.05	良好
X30	4.09	良好	X36	4.08	良好
X31	4.12	良好	X37	4.08	良好
X32	4.10	良好	X38	4.23	良好
X33	4.05	良好	总体	4.10	良好
X34	4.10	良好			

6)"装备使用后的教师发展效果"每题的总体平均分分析

统计发现,"装备使用后的教师发展效果"各题目均值均大于"3.5",超过一半的题目均值大于"4",总体平均分为"4.01"。其中,"X58(您能够注意户外游戏活动的安全,为幼儿创设安全的环境)"均值最高,为"4.32",说明幼儿园教师在关注幼儿户外游戏安全方面意识较强,且行动力较强。"X40(您掌握幼儿园装备的使用概念、理论基础和要求等理论知识)"和"X66(您能够熟练制作基于网络的幼儿园园本课程、微课程)"这两项得分最低,均为"3.57",说明幼儿园教师在专业理论知识掌握及新媒体技术运用方面仍存在着较大的欠缺,有待提升。总体均值为"4.01",说明在所调查的幼儿园中,"装备使用后的教师发展效果"总体达到"良好"水平,即装备使用后的教师发展效果良好,教师的专业理念、专业知识、专业技能有了较大的提升,教师逐渐成为幼儿学习和发展的研究者和支持者。具体统计数据如表 3-24 所示。

表 3-24 "装备使用后的教师发展效果"每题的总体平均分

题目	均值/分	水平	题目	均值/分	水平	题目	均值/分	水平
X39	3.58	合格	X49	4.23	良好	X59	4.24	良好
X40	3.57	合格	X50	4.12	良好	X60	4.20	良好
X41	3.71	合格	X51	4.13	良好	X61	4.14	良好
X42	3.67	合格	X52	4.24	良好	X62	4.15	良好
X43	3.83	合格	X53	4.19	良好	X63	4.09	良好
X44	3.72	合格	X54	4.27	良好	X64	3.96	合格
X45	3.59	合格	X55	4.26	良好	X65	3.84	合格
X46	4.02	良好	X56	4.15	良好	X66	3.57	合格
X47	4.08	良好	X57	4.20	良好	总体	4.01	良好
X48	4.17	良好	X58	4.32	良好			

7)"装备使用效果"维度的总体分析

"装备使用效果"下共有6个测查部分,分别为园舍使用效果、户外场地使用效果、活动室使用效果、信息化使用效果、装备使用后的幼儿发展效果和装备使用后的教师发展效果。根据统计,6个测查部分的总体平均分均大于"4"。其中,"户外场地使用效果"的均值最高,为"4.31"。"装备使用效果"维度总体平均分为"4.16",说明在所调查的幼儿园中,"装备使用效果"总体达到"良好"水平,即装备使用效果良好,为幼儿创设了安全、整洁、卫生、丰富的物质环境,较为有效地支持了幼儿的学习和发展,也较为有效地支持了教师专业知识和能力的提升。但是,教师在理论知识的掌握以及新技术的运用、研究方面仍存在着一定的不足。具体数据如表3-25所示。

表3-25 "装备使用效果"各部分的总体平均分

装备使用效果类型	均值/分	水平
园舍使用效果	4.12	良好
户外场地使用效果	4.31	良好
活动室使用效果	4.26	良好
信息化使用效果	4.15	良好
装备使用后的幼儿发展效果	4.10	良好
装备使用后的教师发展效果	4.01	良好
总体	4.16	良好

(三)幼儿园教育装备三大维度的每题分数分布情况

1. "装备配置"每题的分数分布情况

1)"园所配置"每题的分数分布情况

"园所配置"下共有11项评价指标,即11个题目。根据统计(见表3-26),各题目的调查结果均以水平5为主,所占百分比均超过各题目的35%。其中,P01、P03、P07、P09、P10中水平5所占比例均超过了50%;尤以P03(有单独的卫生间)和P07(有单独的厨房)中水平5所占百分比最大,分别达到了61.36%和62.60%;而P04(有单独的衣帽及教具储藏室)和P11(有单独的洗衣房)中水平5所占比例较低,分别为37.59%和37.40%。就各题目分数的分布情况来看,P05(有单独的音体活动室)、P08(有单独的教职工餐厅)和P11(有单独的洗衣房)大致呈现"U"形分布状况，其余各题目的数量分布大致呈现以水平 5 为主，数量占比呈现随水平增加逐渐增加的趋势。由此可知，在所调查的幼儿园内，园所配置水平相对较高，大部分幼儿园均具有充足且质量很好的单独的厨房和卫生间，但在单独的衣帽及教具储藏室和单独的洗衣房两方面的配置相对不够完善。而各题目分数的大致分布情况显示各幼儿园在单独的音体教室、单独的教职工餐厅和单独的洗衣房三个方面的配置水平存在较大差异。

表 3-26 "园所配置"每题的分数分布情况

题目	水平等级									
	水平 1		水平 2		水平 3		水平 4		水平 5	
	数量	占比	数量	占比	数量	占比	数量	占比	数量	占比
P01	3	2.27%	12	9.09%	16	12.12%	29	21.97%	72	54.55%
P02	8	6.11%	13	9.92%	23	17.56%	26	19.85%	61	46.56%
P03	5	3.79%	7	5.30%	18	13.64%	21	15.91%	81	61.36%
P04	19	14.29%	26	19.55%	22	16.54%	16	12.03%	50	37.59%
P05	22	17.05%	15	11.63%	11	8.53%	22	17.05%	59	45.74%
P06	15	11.63%	15	11.63%	20	15.50%	19	14.73%	60	46.51%
P07	5	3.82%	13	9.92%	10	7.63%	21	16.03%	82	62.60%
P08	27	20.77%	12	9.23%	12	9.23%	27	20.77%	52	40.00%
P09	11	8.40%	11	8.40%	19	14.50%	23	17.56%	67	51.15%
P10	9	6.82%	10	7.58%	22	16.67%	20	15.15%	71	53.79%
P11	29	22.14%	13	9.92%	26	19.85%	14	10.69%	49	37.40%

2）"户外配置"每题的分数分布情况

"户外配置"下共有 7 项评价指标，即 7 个题目。根据统计（见表 3-27），各题目的调查结果均以水平 5 为主，所占百分比均超过各题目的 40%。其中，P12、P14、P17、P18 中水平 5 所占比例均超过了 50%；尤以 P18（有单独的户外中大型器械）中水平 5 所占百分比最大，达到了 62.41%；而 P16(有单独的种植或饲养区)中水平 5 所占比例较低，为 41.98%。从各题目分数的分布情况来看，大部分题目水平 1 占比都相对较少，处于 6% 以下，且各水平占比呈现随水平增加而增加的趋势。而 P13（有单独的跑道）、P15（有单独的沙地或玩水区）和 P16（有单独的种植或饲养区）中位于水平 1 的百分比相对较多，对应水平 5 占比也相对较少，说明在调查的幼儿园内，户外配置水平相对较高，大部分幼儿园均具有充足且质量很好的单独的户外中大型器械，但在单独的种植或饲养区方面的配置相对不够完善。而各题目分数的横向分布情况显示各幼儿园在有单独的跑道、单独的沙地或玩水区和单独的种植或饲养区三个方面的配置水平存在较大差异，分层较为明显。

表3-27 "户外配置"每题的分数分布情况

题目	水平等级									
	水平1		水平2		水平3		水平4		水平5	
	数量	占比	数量	占比	数量	占比	数量	占比	数量	占比
P12	7	5.34%	16	12.21%	19	14.50%	22	16.79%	67	51.15%
P13	11	8.33%	15	11.36%	25	18.94%	16	12.12%	65	49.24%
P14	5	3.82%	12	9.16%	18	13.74%	22	16.79%	74	56.49%
P15	17	12.88%	13	9.85%	25	18.94%	15	11.36%	62	46.97%
P16	17	12.98%	18	13.74%	20	15.27%	21	16.03%	55	41.98%
P17	5	3.79%	15	11.36%	16	12.12%	17	12.88%	79	59.85%
P18	1	0.75%	9	6.77%	20	15.04%	20	15.04%	83	62.41%

3)"活动室配置"每题的分数分布情况

"活动室配置"下共有51项评价指标，即51个题目（见表3-28）。除P43（有冲淋设备）水平5所占比例最少，为16.67%，水平1所占百分比最多，为41.27%外，其余题目（50个）均以水平5为主，所占百分比均超过了39%，其中P45（有毛巾每生1条）水平5所占百分比最大，为77.86%。由此可知，在调查的幼儿园中，活动室配置水平相对较高，大部分幼儿园均能满足每个幼儿至少一条毛巾，但大部分幼儿园不具有冲淋设备。

表3-28 "活动室配置"每题的分数分布情况

题目	水平等级									
	水平1		水平2		水平3		水平4		水平5	
	数量	占比	数量	占比	数量	占比	数量	占比	数量	占比
P19	1	0.76%	5	3.82%	15	11.45%	19	14.50%	91	69.47%
P20	1	0.75%	10	7.52%	12	9.02%	21	15.79%	89	66.92%
P21	5	3.76%	9	6.77%	19	14.29%	22	16.54%	78	58.65%
P22	10	7.87%	7	5.51%	15	11.81%	24	18.90%	71	55.91%
P23	4	3.03%	5	3.79%	14	10.61%	14	10.61%	95	71.97%

续表

题目	水平等级									
	水平1		水平2		水平3		水平4		水平5	
	数量	占比	数量	占比	数量	占比	数量	占比	数量	占比
P24	1	0.75%	8	6.02%	15	11.28%	22	16.54%	87	65.41%
P25	3	2.27%	6	4.55%	19	14.39%	17	12.88%	87	65.91%
P26	10	7.69%	9	6.92%	19	14.62%	24	18.46%	68	52.31%
P27	2	1.53%	10	7.63%	17	12.98%	31	23.66%	71	54.20%
P28	1	0.75%	4	3.01%	14	10.53%	22	16.54%	92	69.17%
P29	3	2.29%	4	3.05%	15	11.45%	19	14.50%	90	68.70%
P30	3	2.27%	4	3.03%	12	9.09%	15	11.36%	98	74.24%
P31	2	1.50%	6	4.51%	13	9.77%	14	10.53%	98	73.68%
P32	4	3.05%	5	3.82%	13	9.92%	11	8.40%	98	74.81%
P33	5	3.76%	6	4.51%	15	11.28%	20	15.04%	87	65.41%
P34	4	3.03%	9	6.82%	17	12.88%	23	17.42%	79	59.85%
P35	4	3.03%	7	5.30%	17	12.88%	23	17.42%	81	61.36%
P36	2	1.52%	5	3.79%	15	11.36%	25	18.94%	85	64.39%
P37	0	0.00%	7	5.26%	15	11.28%	17	12.78%	94	70.68%
P38	2	1.50%	7	5.26%	12	9.02%	20	15.04%	92	69.17%
P39	3	2.26%	9	6.77%	14	10.53%	21	15.79%	86	64.66%
P40	2	1.50%	11	8.27%	13	9.77%	20	15.04%	87	65.41%
P41	17	13.18%	12	9.30%	12	9.30%	16	12.40%	72	55.81%
P42	16	12.21%	12	9.16%	14	10.69%	22	16.79%	67	51.15%
P43	52	41.27%	16	12.70%	21	16.67%	16	12.70%	21	16.67%
P44	1	0.76%	8	6.06%	13	9.85%	14	10.61%	96	72.73%
P45	0	0.00%	3	2.29%	15	11.45%	11	8.40%	102	77.86%
P46	8	6.11%	17	12.98%	18	13.74%	20	15.27%	68	51.91%
P47	6	4.58%	16	12.21%	19	14.50%	24	18.32%	66	50.38%
P48	8	7.92%	11	10.89%	12	11.88%	15	14.85%	55	54.46%
P49	14	10.77%	10	7.69%	17	13.08%	17	13.08%	72	55.38%
P50	27	20.77%	11	8.46%	17	13.08%	16	12.31%	59	45.38%
P51	37	28.46%	13	10.00%	15	11.54%	14	10.77%	51	39.23%
P52	29	22.48%	13	10.08%	22	17.05%	9	6.98%	56	43.41%
P53	34	25.95%	12	9.16%	22	16.79%	10	7.63%	53	40.46%
P54	9	6.98%	14	10.85%	19	14.73%	15	11.63%	72	55.81%
P55	5	3.79%	10	7.58%	16	12.12%	15	11.36%	86	65.15%
P56	3	2.29%	15	11.45%	16	12.21%	20	15.27%	77	58.78%

续表

题目	水平等级									
	水平1		水平2		水平3		水平4		水平5	
	数量	占比	数量	占比	数量	占比	数量	占比	数量	占比
P57	9	6.87%	11	8.40%	13	9.92%	14	10.69%	84	64.12%
P58	9	6.87%	12	9.16%	18	13.74%	17	12.98%	75	57.25%
P59	8	6.11%	9	6.87%	13	9.92%	18	13.74%	83	63.36%
P60	8	6.11%	8	6.11%	14	10.69%	17	12.98%	84	64.12%
P61	11	8.46%	6	4.62%	14	10.77%	16	12.31%	83	63.85%
P62	6	4.55%	7	5.30%	16	12.12%	16	12.12%	87	65.91%
P63	7	5.30%	6	4.55%	17	12.88%	18	13.64%	84	63.64%
P64	0	0.00%	6	4.55%	18	13.64%	17	12.88%	91	68.94%
P65	0	0.00%	6	4.55%	19	14.39%	16	12.12%	91	68.94%
P66	1	0.77%	9	6.92%	20	15.38%	20	15.38%	80	61.54%
P67	0	0.00%	15	11.36%	24	18.18%	31	23.48%	62	46.97%
P68	2	1.56%	13	10.16%	24	18.75%	23	17.97%	66	51.56%
P69	0	0.00%	11	8.40%	26	19.85%	23	17.56%	71	54.20%

4)"软件配置"每题的分数分布情况

"软件配置"下共有7项评价指标，即7个题目（见表3-29）。P70、P71、P72、P73题目中水平5所占百分比最高，均超过了27%，其中P70（幼儿园装备培训满足幼儿园的培训需求，制定适宜的培训次数，每年不少于5次培训活动）和P73（幼儿园装备培训的时间符合教师的安排和需求）占比最多，为30%；P74、P75、P76题目中水平3所占百分比最高，均超过了29%，水平5所占百分比相对较少，其中P74（幼儿园装备培训的组织形式符合教师的兴趣和需求）水平5占比最少，为26.92%。从各题目的纵向比较来看，各水平间的数量差异相对较小；从同一水平不同题目的横向比较来看，各题目间的数量差异较小。由此可知，在所调查的幼儿园中，软件配置水平以中上为主，幼儿园装备培训基本满足幼儿园的培训需求，培训的时间也较为符合教师的安排和需求，但在一定程度上还未能满足大多数教师的兴趣和需求。

表 3-29 "软件配置"每题的分数分布情况

题目	水平等级									
	水平 1		水平 2		水平 3		水平 4		水平 5	
	数量	占比	数量	占比	数量	占比	数量	占比	数量	占比
P70	11	8.46%	16	12.31%	34	26.15%	30	23.08%	39	30.00%
P71	7	5.38%	19	14.62%	34	26.15%	32	24.62%	38	29.23%
P72	8	6.20%	19	14.73%	36	27.91%	30	23.26%	36	27.91%
P73	9	6.92%	19	14.62%	34	26.15%	29	22.31%	39	30.00%
P74	9	6.92%	18	13.85%	42	32.31%	26	20.00%	35	26.92%
P75	8	6.15%	19	14.62%	41	31.54%	25	19.23%	37	28.46%
P76	8	6.30%	19	14.96%	38	29.92%	26	20.47%	36	28.35%

5)"信息化配置"每题的分数分布情况

"信息化配置"下共有 6 项评价指标,即 6 个题目(见表 3-30)。6 个题目均以水平 5 为主,所占比例均超过 37%,其中 P82(自动监控报警系统)所占百分比最多,为 65.63%,P79(办公自动化管理系统基本实现无纸化办公)所占百分比最少,为 37.21%。各题目不同的水平的百分比分布大致呈现随水平增加占比增加的趋势,但 P81(闭路电视系统)例外,呈现"U"形趋势。由此可知,在所调查的幼儿园中,信息化配置水平较高,大部分已经实现高质量的自动监控报警系统,但办公自动化管理系统无纸化办公程度相对较低。各幼儿园在是否安装闭路电视系统这一方面差异相对较大。

表 3-30 "信息化配置"每题的分数分布情况

题目	水平等级									
	水平 1		水平 2		水平 3		水平 4		水平 5	
	数量	占比	数量	占比	数量	占比	数量	占比	数量	占比
P77	6	4.58%	20	15.27%	29	22.14%	27	20.61%	49	37.40%
P78	4	3.03%	19	14.39%	29	21.97%	24	18.18%	56	42.42%
P79	10	7.75%	20	15.50%	27	20.93%	24	18.60%	48	37.21%
P80	9	6.87%	13	9.92%	25	19.08%	20	15.27%	64	48.85%
P81	19	14.73%	9	6.98%	20	15.50%	14	10.85%	67	51.94%
P82	7	5.47%	13	10.16%	10	7.81%	14	10.94%	84	65.63%

2. "装备使用过程"每题的分数分布情况

1)"园所装备使用过程"每题的分数分布情况

"园所装备使用过程"下共有 10 项评价指标,即 10 个题目(见表 3-31)。10 个题目均以水平 5 为主,占比均在 44% 以上,其中 S05(合理使用厨房)占比最大,为 59.09%,S03(合理使用音体活动室)占比最小,为 44.96%。就各题目的水平差异的纵向比较而言,S06(合理使用教职工餐厅)和 S09(合理使用洗衣房)水平 1 占比较大,分别为 12.31% 和 12.50%,相较于其他题目,水平分层现象较为明显。由此可知,在所调查的幼儿园中,园所装备使用情况较为良好,大部分能够很好地使用厨房,但在合理使用音体活动室上水平相对较低。各幼儿园在合理使用教职工餐厅和合理使用洗衣房两个方面差异相对较大。

表 3-31 "园所装备使用过程"每题的分数分布情况

题目	水平等级									
	水平 1		水平 2		水平 3		水平 4		水平 5	
	数量	占比	数量	占比	数量	占比	数量	占比	数量	占比
S01	2	1.52%	14	10.61%	16	12.12%	24	18.18%	76	57.58%
S02	9	6.87%	16	12.21%	26	19.85%	21	16.03%	59	45.04%
S03	10	7.75%	12	9.30%	23	17.83%	26	20.16%	58	44.96%
S04	8	6.15%	12	9.23%	26	20.00%	23	17.69%	61	46.92%
S05	3	2.27%	9	6.82%	17	12.88%	25	18.94%	78	59.09%
S06	16	12.31%	7	5.38%	14	10.77%	25	19.23%	68	52.31%
S07	4	3.03%	11	8.33%	18	13.64%	21	15.91%	78	59.09%
S08	9	6.82%	6	4.55%	15	11.36%	24	18.18%	78	59.09%
S09	16	12.50%	8	6.25%	22	17.19%	17	13.28%	65	50.78%
S10	7	5.38%	12	9.23%	17	13.08%	22	16.92%	72	55.38%

2)"户外装备使用过程"每题的分数分布情况

"户外装备使用过程"下共有 5 项评价指标,即 5 个题目(见表 3-32)。各题目均以水平 5 为主,水平 5 占比均在 44% 以上,其中 S12(合理使用游戏运动场地)水平 5 占比最大,为 58.33%,S33(合理使用冲淋设备)水平 5 占比最小,为 44.70%。就各题目的水平差异的纵向比较而言,S13(合理使用沙地或玩水区)水平 1 占比较大,为 9.30%,相较于其他题目,水平分层现象较为明显。由此可知,在所调查的幼儿园中,户外装备使用情况较为良好,大部分能高效实用游戏运动场地,但在合理使用种植或饲养区上水平相对较低。各幼儿园在合理使用沙地或玩水区上差异相对较大。

表 3-32 "户外装备使用过程"每题的分数分布情况

题目	水平等级									
	水平 1		水平 2		水平 3		水平 4		水平 5	
	数量	占比	数量	占比	数量	占比	数量	占比	数量	占比
S11	7	5.38%	10	7.69%	19	14.62%	26	20.00%	68	52.31%
S12	2	1.52%	12	9.09%	14	10.61%	27	20.45%	77	58.33%
S13	12	9.30%	7	5.43%	23	17.83%	28	21.71%	59	45.74%
S14	10	7.58%	10	7.58%	18	13.64%	35	26.52%	59	44.70%
S15	2	1.53%	8	6.11%	19	14.50%	31	23.66%	71	54.20%

3)"活动室装备使用过程"每题的分数分布情况

"活动室装备使用过程"下共有 40 项评价指标,即 40 个题目(见表 3-33)。各题目均以水平 5 为主,水平 5 占比均在 38% 以上,其中 S23(合理使用消毒柜)水平 5 占比最大,为 67.67%,S33(合理使用冲淋设备)水平 5 占比最小,为 38.02%。就各题目的水平差异的纵向比较而言,S33(合理使用冲淋设备)水平 1 占比较大,为 25.62%,相较于其他题目,水平分层现象较为明显。由此可知,在所调查的幼儿园中,活动室装备使用过程较为良好,大部分能高效实用消毒柜,但在合理使用冲淋设备上水平相对较低。各幼儿园在合理使用冲淋设备上差异相对较大。

表 3-33 "活动室装备使用过程"每题的分数分布情况

题目	水平等级									
	水平 1		水平 2		水平 3		水平 4		水平 5	
	数量	占比	数量	占比	数量	占比	数量	占比	数量	占比
S16	5	3.79%	6	4.55%	19	14.39%	27	20.45%	75	56.82%
S17	1	0.75%	6	4.51%	20	15.04%	24	18.05%	82	61.65%
S18	5	3.82%	7	5.34%	15	11.45%	26	19.85%	78	59.54%
S19	2	1.50%	6	4.51%	18	13.53%	25	18.80%	82	61.65%
S20	1	0.75%	3	2.26%	18	13.53%	23	17.29%	88	66.17%
S21	2	1.50%	4	3.01%	17	12.78%	23	17.29%	87	65.41%
S22	2	1.50%	5	3.76%	15	11.28%	22	16.54%	89	66.92%
S23	1	0.75%	7	5.26%	13	9.77%	22	16.54%	90	67.67%

续表

题目	水平等级									
	水平1		水平2		水平3		水平4		水平5	
	数量	占比	数量	占比	数量	占比	数量	占比	数量	占比
S24	2	1.50%	5	3.76%	15	11.28%	22	16.54%	89	66.92%
S25	4	3.05%	3	2.29%	16	12.21%	21	16.03%	87	66.41%
S26	2	1.50%	6	4.51%	14	10.53%	25	18.80%	86	64.66%
S27	2	1.53%	3	2.29%	19	14.50%	21	16.03%	86	65.65%
S28	3	2.29%	4	3.05%	13	9.92%	27	20.61%	84	64.12%
S29	1	0.76%	4	3.03%	21	15.91%	27	20.45%	79	59.85%
S30	1	0.75%	6	4.51%	15	11.28%	28	21.05%	83	62.41%
S31	13	10.24%	7	5.51%	17	13.39%	21	16.54%	69	54.33%
S32	12	9.30%	9	6.98%	16	12.40%	26	20.16%	66	51.16%
S33	31	25.62%	10	8.26%	17	14.05%	17	14.05%	46	38.02%
S34	2	1.52%	7	5.30%	18	13.64%	27	20.45%	78	59.09%
S35	6	4.58%	10	7.63%	18	13.74%	32	24.43%	65	49.62%
S36	4	3.03%	9	6.82%	18	13.64%	28	21.21%	73	55.30%
S37	7	7.00%	6	6.00%	11	11.00%	16	16.00%	60	60.00%
S38	9	7.03%	7	5.47%	18	14.06%	23	17.97%	71	55.47%
S39	29	23.39%	8	6.45%	16	12.90%	15	12.10%	56	45.16%
S40	21	16.41%	13	10.16%	17	13.28%	18	14.06%	59	46.09%
S41	28	22.05%	9	7.09%	15	11.81%	16	12.60%	59	46.46%
S42	3	2.27%	8	6.06%	18	13.64%	28	21.21%	75	56.82%
S43	1	0.75%	8	6.02%	16	12.03%	28	21.05%	80	60.15%
S44	2	1.53%	9	6.87%	15	11.45%	24	18.32%	81	61.83%
S45	3	2.31%	8	6.15%	17	13.08%	25	19.23%	77	59.23%
S46	0	0.00%	10	7.63%	14	10.69%	25	19.08%	82	62.60%
S47	4	3.10%	10	7.75%	15	11.63%	25	19.38%	75	58.14%
S48	1	0.76%	9	6.87%	12	9.16%	31	23.66%	78	59.54%
S49	3	2.34%	6	4.69%	15	11.72%	27	21.09%	77	60.16%
S50	3	2.33%	9	6.98%	15	11.63%	24	18.60%	78	60.47%
S51	7	5.43%	4	3.10%	16	12.40%	24	18.60%	78	60.47%
S52	3	2.29%	8	6.11%	17	12.98%	22	16.79%	81	61.83%
S53	5	3.82%	4	3.05%	19	14.50%	21	16.03%	82	62.60%
S54	0	0.00%	4	3.01%	22	16.54%	22	16.54%	85	63.91%
S55	0	0.00%	4	3.01%	21	15.79%	24	18.05%	84	63.16%

4)"软件装备使用过程"每题的分数分布情况

"软件装备使用过程"下共有 3 项评价指标,即 3 个题目(见表 3-34)。各题目均以水平 5 为主,水平 5 占比均在 32%以上,其中 S58(幼儿园装备培训经费得到有效使用)水平 5 占比最大,为 41.54%,S57(您能够合理选择幼儿园装备培训课程的方式)水平 5 占比最小,为 32.06%。由此可知,在所调查的幼儿园中,软件装备使用过程较为良好,大部分能有效使用幼儿园装备培训经费,但在合理选择幼儿园装备培训课程的方式上水平相对较低。

表 3-34 "软件装备使用过程"每题的分数分布情况

题目	水平等级									
	水平 1		水平 2		水平 3		水平 4		水平 5	
	数量	占比	数量	占比	数量	占比	数量	占比	数量	占比
S56	9	6.87%	11	8.40%	40	30.53%	26	19.85%	45	34.35%
S57	6	4.58%	15	11.45%	37	28.24%	31	23.66%	42	32.06%
S58	5	3.85%	16	12.31%	24	18.46%	31	23.85%	54	41.54%

5)"信息化装备使用过程"每题的分数分布情况

"信息化装备使用过程"下共有 7 项评价指标,即 7 个题目(见表 3-35)。各题目均以水平 5 为主,水平 5 占比均在 46%以上,其中 S65(合理使用自动监控报警系统)水平 5 占比最大,为 55.38%,S64(合理使用闭路电视系统)水平 5 占比最小,为 46.51%。就各题目的水平差异的纵向比较而言,S64(合理使用闭路电视系统)水平 1 占比较大,为 8.53%,相较于其他题目,水平分层现象较为明显。说明在调查的幼儿园内,信息化装备使用过程较为良好,大部分能高效使用自动监控报警系统,但在合理使用闭路电视系统上水平相对较低。各幼儿园在合理使用闭路电视系统上差异相对较大。

表 3-35 "信息化装备使用过程"每题的分数分布情况

题目	水平等级									
	水平 1		水平 2		水平 3		水平 4		水平 5	
	数量	占比	数量	占比	数量	占比	数量	占比	数量	占比
S59	4	3.08%	11	8.46%	25	19.23%	29	22.31%	61	46.92%
S60	3	2.27%	10	7.58%	28	21.21%	29	21.97%	62	46.97%
S61	2	1.55%	12	9.30%	27	20.93%	27	20.93%	61	47.29%

续表

题目	水平等级									
	水平1		水平2		水平3		水平4		水平5	
	数量	占比	数量	占比	数量	占比	数量	占比	数量	占比
S62	3	2.29%	14	10.69%	22	16.79%	31	23.66%	61	46.56%
S63	9	6.87%	7	5.34%	21	16.03%	27	20.61%	67	51.15%
S64	11	8.53%	11	8.53%	22	17.05%	25	19.38%	60	46.51%
S65	6	4.62%	7	5.38%	17	13.08%	28	21.54%	72	55.38%

3."装备使用效果"每题的分数分布情况

1)"园舍使用效果"每题的分数分布情况

"园舍使用效果"下共有4项评价指标，即4个题目（见表3-36）。各题目均以水平5为主，水平5占比均在51%以上，其中X01（幼儿能够在活动室自由活动）水平5占比最大，为56.06%，X03（幼儿能够在音体室自由活动）水平5占比最小，为51.16%。由此可知，在所调查的幼儿园中，园舍使用效果较好，大部分能较好地让幼儿在活动室自由活动。

表3-36 "园舍使用效果"每题的分数分布情况

题目	水平等级									
	水平1		水平2		水平3		水平4		水平5	
	数量	占比	数量	占比	数量	占比	数量	占比	数量	占比
X01	3	2.27%	11	8.33%	15	11.36%	29	21.97%	74	56.06%
X02	2	1.50%	12	9.02%	19	14.29%	29	21.80%	71	53.38%
X03	9	6.98%	8	6.20%	21	16.28%	25	19.38%	66	51.16%
X04	5	3.82%	14	10.69%	15	11.45%	26	19.85%	71	54.20%

2)"户外场地使用效果"每题的分数分布情况

"户外场地使用效果"下共有6项评价指标，即6个题目（见表3-37）。各题目均以水平5为主，水平5占比均在48%以上，其中X05（幼儿能够使用中大型器械）水平5占比最大，为63.64%，X10（天气不适宜户外活动时，幼儿能够在室内得到一样的锻炼）水平5占比最小，为48.85%。就各题目的水平差异的纵向比较而言，X10（天气不适宜户外活动时，幼儿能够在室内得到一样的锻炼）水平1占比较大，为3.05%，其余题目水平1占比均低于1%，相较于其他题目，水平分层现象较为明显。由此可知，在调查的幼儿园中，基本都能有效使用户外场地，大部分能为幼儿提供中大型器械，但在天气不适宜时为幼儿提供室内锻炼的水平相对较低，各幼儿园的在这一方面的差异也相对较大。

表 3-37 "户外场地使用效果"每题的分数分布情况

题目	水平等级									
	水平 1		水平 2		水平 3		水平 4		水平 5	
	数量	占比	数量	占比	数量	占比	数量	占比	数量	占比
X05	0	0.00%	6	4.55%	16	12.12%	26	19.70%	84	63.64%
X06	1	0.76%	6	4.55%	20	15.15%	27	20.45%	78	59.09%
X07	0	0.00%	9	6.82%	16	12.12%	27	20.45%	80	60.61%
X08	1	0.77%	9	6.92%	15	11.54%	29	22.31%	76	58.46%
X09	1	0.76%	6	4.55%	19	14.39%	26	19.70%	80	60.61%
X10	4	3.05%	10	7.63%	22	16.79%	31	23.66%	64	48.85%

3）"活动室使用效果"每题的分数分布情况

"活动室使用效果"下共有 15 项评价指标，即 15 个题目（见表 3-38）。各题目均以水平 5 为主，水平 5 占比均在 48% 以上，其中 X15（幼儿卫生间整洁、干净，幼儿能够如厕和盥洗）水平 5 占比最大，为 66.92%，X21（幼儿能够喜欢读书，并沉浸其中）水平 5 占比最小，为 48.85%。就各题目的水平差异的纵向比较而言，X16（幼儿能够使用音体活动室的器材）水平 1 占比较大，为 3.85%，相较于其他题目，水平分层现象较为明显。由此可知，在所调查的幼儿园中，活动室使用效果较为良好，大部分能保证幼儿卫生间整洁、干净，幼儿能够如厕和盥洗，但在帮助幼儿喜欢读书，并沉浸其中的水平相对较低。各幼儿园在保证幼儿能够使用音体活动室的器材上差异相对较大。

表 3-38 "活动室使用效果"每题的分数分布情况

题目	水平等级									
	水平 1		水平 2		水平 3		水平 4		水平 5	
	数量	占比	数量	占比	数量	占比	数量	占比	数量	占比
X11	1	0.75%	5	3.76%	14	10.53%	28	21.05%	85	63.91%
X12	1	0.76%	8	6.06%	13	9.85%	26	19.70%	84	63.64%
X13	0	0.00%	9	6.82%	13	9.85%	27	20.45%	83	62.88%
X14	0	0.00%	7	5.30%	14	10.61%	26	19.70%	85	64.39%
X15	0	0.00%	5	3.76%	15	11.28%	24	18.05%	89	66.92%

续表

题目	水平等级									
	水平1		水平2		水平3		水平4		水平5	
	数量	占比	数量	占比	数量	占比	数量	占比	数量	占比
X16	5	3.85%	11	8.46%	18	13.85%	28	21.54%	68	52.31%
X17	1	0.76%	14	10.61%	21	15.91%	31	23.48%	65	49.24%
X18	1	0.76%	12	9.16%	26	19.85%	23	17.56%	69	52.67%
X19	0	0.00%	18	13.85%	18	13.85%	28	21.54%	66	50.77%
X20	2	1.50%	11	8.27%	26	19.55%	23	17.29%	71	53.38%
X21	2	1.53%	14	10.69%	24	18.32%	27	20.61%	64	48.85%
X22	1	0.78%	10	7.81%	22	17.19%	25	19.53%	70	54.69%
X23	2	1.50%	6	4.51%	18	13.53%	32	24.06%	75	56.39%
X24	1	0.76%	11	8.40%	16	12.21%	32	24.43%	71	54.20%
X25	1	0.75%	8	6.02%	21	15.79%	31	23.31%	72	54.14%

4)"信息化使用效果"每题的分数分布情况

"信息化使用效果"下共有3项评价指标,即3个题目(见表3-39)。各题目均以水平5为主,水平5占比均在46%以上,其中X26(幼儿能够被教师播放的多媒体素材所吸引(包括音频、视频、图片等))水平5占比最大,为55.73%,X27(幼儿能够使用多媒体与教师、同伴进行交互(包括电脑、多媒体视频、电子白板等))水平5占比最小,为46.92%。就各题目的水平差异的纵向比较而言,X27(幼儿能够使用多媒体与教师、同伴进行交互(包括电脑、多媒体视频、电子白板等))水平1占比较大,为3.08%,相较于其他题目,水平分层现象较为明显。由此可知,在所调查的幼儿园中,信息化使用效果良好,大部分能确保幼儿能够被教师播放的多媒体素材所吸引,但在幼儿能够使用多媒体与教师、同伴进行交互的水平上相对较低,各幼儿园在这一方面的差异也相对较大。

表3-39 "信息化使用效果"每题的分数分布情况

题目	水平等级									
	水平1		水平2		水平3		水平4		水平5	
	数量	占比	数量	占比	数量	占比	数量	占比	数量	占比
X26	2	1.53%	6	4.58%	21	16.03%	29	22.14%	73	55.73%
X27	4	3.08%	7	5.38%	27	20.77%	31	23.85%	61	46.92%
X28	3	2.29%	10	7.63%	21	16.03%	29	22.14%	68	51.91%

5)"装备使用后的幼儿发展效果"每题的分数分布情况

"装备使用后的幼儿发展效果"下共有 10 项评价指标,即 10 个题目(见表 3-40)。各题目均以水平 5 为主,水平 5 占比均在 43%以上,其中 X29(幼儿园教育装备能够支架幼儿形成积极主动的良好学习品质)和 X31(幼儿园教育装备能够支架幼儿形成不怕困难的良好学习品质)水平 5 占比最大,为 46.62%,X38(幼儿园教育装备能够支架幼儿在艺术领域发展)水平 5 占比最小,为 43.18%。就各题目的水平差异的纵向比较而言,各题目水平 1 的占比均在 1%以下,各题目水平分层不明显。由此可见,在所调查的幼儿园中,装备使用后的幼儿发展效果总体较好,大部分能保证幼儿园教育装备能够支架幼儿形成积极主动和不怕困难的良好学习品质,但在支架幼儿在艺术领域发展的水平相对较低。

表 3-40 "装备使用后的幼儿发展效果"每题的分数分布情况

题目	水平等级									
	水平 1		水平 2		水平 3		水平 4		水平 5	
	数量	占比	数量	占比	数量	占比	数量	占比	数量	占比
X29	1	0.75%	11	8.27%	23	17.29%	36	27.07%	62	46.62%
X30	1	0.75%	11	8.27%	22	16.54%	40	30.08%	59	44.36%
X31	0	0.00%	10	7.52%	26	19.55%	35	26.32%	62	46.62%
X32	0	0.00%	11	8.33%	25	18.94%	36	27.27%	60	45.45%
X33	1	0.75%	13	9.77%	24	18.05%	36	27.07%	59	44.36%
X34	0	0.00%	11	8.27%	24	18.05%	39	29.32%	59	44.36%
X35	0	0.00%	13	9.77%	25	18.80%	37	27.82%	58	43.61%
X36	0	0.00%	11	8.33%	26	19.70%	37	28.03%	58	43.94%
X37	1	0.76%	10	7.58%	26	19.70%	36	27.27%	59	44.70%
X38	1	0.76%	8	6.06%	27	20.45%	39	29.55%	57	43.18%

6)"装备使用后的教师发展效果"每题的分数分布情况

"装备使用后的教师发展效果"下共有 28 项评价指标,即 28 个题目(见表 3-41)。除 X39(您掌握幼儿园装备的重要性,包括功能、价值等理论知识)、X40(您掌握幼儿园装备的使用概念、理论基础和要求等理论知识)、X41(您掌握幼儿园装备的使用规范、使用指南,知道不同年龄段幼儿适宜的装备材料)、X42(您掌握幼儿园装备的存储概念、理论基础和要求等理论知识)以水平 4 为主外,其余题目均以水平 5 为主,其中 X58(您能够注意户外游戏活动的安全,为幼儿创设安全的环境)水平 5 占比最大,为 57.89%,X40(您掌握幼儿园装备的使用概念、理论基础和要求等理论知识）水平 5 占比最小，为 21.80%。就各题目的水平差异的纵向比较而言，X66（您能够熟练制作基于网络的幼儿园园本课程、微课程）水平 1 占比较大，为 6.11%，相较于其他题目，水平分层现象较为明显。由此可知，在所调查的幼儿园中，装备使用后的教师发展效果主要位于水平 3 和水平 5，大部分教师能够注意户外游戏活动的安全，为幼儿创设安全的环境，但在掌握幼儿园装备的使用概念、理论基础和要求等理论知识上相对较低，各幼儿园在教师能够熟练制作基于网络的幼儿园园本课程、微课程这一方面的差异也相对较大。

表 3-41 "装备使用后的教师发展效果"每题的分数分布情况

题目	水平等级									
	水平 1		水平 2		水平 3		水平 4		水平 5	
	数量	占比	数量	占比	数量	占比	数量	占比	数量	占比
X39	6	4.55%	15	11.36%	39	29.55%	41	31.06%	31	23.48%
X40	3	2.26%	19	14.29%	39	29.32%	43	32.33%	29	21.80%
X41	3	2.29%	16	12.21%	32	24.43%	45	34.35%	35	26.72%
X42	2	1.50%	19	14.29%	33	24.81%	46	34.59%	33	24.81%
X43	2	1.53%	14	10.69%	31	23.66%	41	31.30%	43	32.82%
X44	3	2.26%	20	15.04%	29	21.80%	40	30.08%	41	30.83%
X45	4	3.01%	21	15.79%	36	27.07%	36	27.07%	36	27.07%
X46	2	1.50%	12	9.02%	25	18.80%	37	27.82%	57	42.86%
X47	3	2.26%	8	6.02%	26	19.55%	35	26.32%	61	45.86%
X48	2	1.50%	6	4.51%	24	18.05%	36	27.07%	65	48.87%
X49	1	0.76%	7	5.30%	22	16.67%	32	24.24%	70	53.03%
X50	2	1.50%	7	5.26%	27	20.30%	34	25.56%	63	47.37%
X51	1	0.75%	10	7.52%	24	18.05%	34	25.56%	64	48.12%
X52	1	0.76%	7	5.34%	23	17.56%	29	22.14%	71	54.20%
X53	1	0.75%	9	6.77%	25	18.80%	27	20.30%	71	53.38%
X54	1	0.75%	6	4.51%	24	18.05%	27	20.30%	75	56.39%
X55	2	1.50%	7	5.26%	19	14.29%	32	24.06%	73	54.89%
X56	1	0.75%	8	6.02%	25	18.80%	35	26.32%	64	48.12%
X57	0	0.00%	9	6.77%	23	17.29%	33	24.81%	68	51.13%
X58	1	0.75%	6	4.51%	20	15.04%	29	21.80%	77	57.89%
X59	1	0.75%	8	6.02%	21	15.79%	31	23.31%	72	54.14%
X60	0	0.00%	6	4.55%	26	19.70%	35	26.52%	65	49.24%
X61	1	0.76%	7	5.30%	24	18.18%	41	31.06%	59	44.70%
X62	0	0.00%	8	6.11%	26	19.85%	36	27.48%	61	46.56%

续表

题目	水平等级									
	水平1		水平2		水平3		水平4		水平5	
	数量	占比	数量	占比	数量	占比	数量	占比	数量	占比
X63	1	0.78%	9	7.03%	29	22.66%	27	21.09%	62	48.44%
X64	2	1.54%	13	10.00%	25	19.23%	38	29.23%	52	40.00%
X65	3	2.33%	14	10.85%	29	22.48%	38	29.46%	45	34.88%
X66	8	6.11%	17	12.98%	35	26.72%	34	25.95%	37	28.24%

二、关于幼儿园教育装备调查中每个装备维度的分析

（一）三个维度总体平均分分析

1. "装备配置"总体平均分分析

"装备配置"下共有5个测查部分，分别为园所配置、户外配置、活动室配置、软件配置和信息化配置。根据统计，5个测查部分的总体平均分均大于"3.5"，且"活动室配置"大于"4"，"装备配置"维度总体平均分为"3.86"。由此可知，在所调查的幼儿园中，"装备配置"总体达到"合格"水平，趋于"良好"，即装备配置有且充足。但在5个测查部分中，"园所配置"的水平最低，"活动室配置"的水平最高。具体数据如表3-42所示。

表3-42 "装备配置"的总体平均分

装备配置类型	均值/分	水平
园所配置	3.83	合格
户外配置	3.95	合格
活动室配置	4.17	良好
软件配置	3.52	合格
信息化配置	3.84	合格
总体	3.86	合格

2. "装备使用过程"总体平均分分析

"装备使用过程"下共有5个测查部分，分别为园所装备使用过程、户外装备使用过程、活动室装备使用过程、软件装备使用过程和信息化装备使用过程。根据

统计，5 个测查部分的总体平均分均大于"3.7"，除"软件装备使用过程"均值为"3.74"外，其余 4 项均大于"4"，其中，"活动室装备使用过程"的均值最高，为"4.23"。"装备使用过程"维度总体平均分为"4.03"。由此可知，在所调查的幼儿园中，"装备使用过程"总体达到"良好"水平，即装备使用过程有且充足且质量较好。但"软件装备使用过程"的水平较低，有待进一步提升。具体数据如表 3-43 所示。

表 3-43 "装备使用过程"的总体平均分

装备使用过程类型	均值/分	水平
园所装备使用过程	4.06	良好
户外装备使用过程	4.07	良好
活动室装备使用过程	4.23	良好
软件装备使用过程	3.74	合格
信息化装备使用过程	4.03	良好
总体	4.03	良好

3. "装备使用效果"总体平均分分析

"装备使用效果"下共有 6 个测查部分，分别为园舍使用效果、户外场地使用效果、活动室使用效果、信息化使用效果、装备使用后的幼儿发展效果和装备使用后的教师发展效果。根据统计，6 个测查部分的总体平均分均大于"4"。其中，"户外场地使用效果"的均值最高，为"4.31"。"装备使用效果"维度总体平均分为"4.16"。由此可知，在所调查的幼儿园中，"装备使用效果"总体达到"良好"水平，即装备使用效果良好，为幼儿创设了安全、整洁、卫生、丰富的物质环境，较为有效地支持了幼儿的学习和发展，也较为有效地支持了教师专业知识和能力的提升。但是，教师在理论知识的掌握以及新技术的运用、研究方面仍存在着一定的不足。具体数据如表 3-44 所示。

表 3-44 "装备使用效果"的总体平均分

装备使用效果类型	均值/分	水平
园舍使用效果	4.12	良好
户外场地使用效果	4.31	良好

续表

装备使用效果类型	均值/分	水平
活动室使用效果	4.26	良好
信息化使用效果	4.15	良好
装备使用后的幼儿发展效果	4.14	良好
装备使用后的教师发展效果	4.01	良好
总体	4.16	良好

（二）三个维度的分数分布情况

1. "装备配置"的分数分布情况

"装备配置"下共有5个测查部分，分别为园所配置、户外配置、活动室配置、软件配置和信息化配置。总体分数分布中（见表3-45），水平5分所占比例最大，为54.49%，说明教师对幼儿园装备配置总体评价较高，幼儿园装备配置有且充足且质量较好。其中，"活动室配置"中，水平5所占比例在几个部分中最高，可见幼儿园对活动室配置的重视程度最高，且效果良好。与此相反，"软件配置"中，水平5所占比例很低，仅28.70%，说明幼儿园软件配置的水平还比较低，有待提升。

表3-45 "装备配置"的分数分布情况

部分	水平等级									
	水平1		水平2		水平3		水平4		水平5	
	数量	占比	数量	占比	数量	占比	数量	占比	数量	占比
园所配置	153	10.62%	147	10.20%	199	13.81%	238	16.52%	704	48.85%
户外配置	63	6.83%	98	10.63%	143	15.51%	133	14.43%	485	52.60%
活动室配置	399	5.99%	465	6.98%	834	12.52%	944	14.17%	4018	60.33%
软件配置	60	6.62%	129	14.24%	259	28.59%	198	21.85%	260	28.70%
信息化配置	55	7.05%	94	12.05%	140	17.95%	123	15.77%	368	47.18%
总体	730	6.82%	933	8.71%	1575	14.71%	1636	15.28%	5835	54.49%

2. "装备使用过程"分数分布情况

"装备使用过程"下共有5个测查部分,分别为园所装备使用过程、户外装备使用过程、活动室装备使用过程、软件装备使用过程和信息化装备使用过程。总体分数分布中(见表3-46),水平5所占比例最大,为55.47%,说明教师对幼儿园装备使用过程总体评价较高,幼儿园装备使用过程良好。其中,"活动室装备使用过程"中,水平5所占比例在几个部分中最高,可见幼儿园对活动室装备使用过程的重视程度最高,且效果良好。与此相反,"软件装备使用过程"中,水平5所占比例很低,仅为35.97%,说明幼儿园软件装备培训的内容、方式及频率,以及教师的选择和学习能力还有待提升。

表3-46 "装备配置"的分数分布情况

部分	水平等级									
	水平1		水平2		水平3		水平4		水平5	
	数量	占比	数量	占比	数量	占比	数量	占比	数量	占比
园所装备使用过程	84	6.43%	107	8.19%	194	14.85%	228	17.46%	693	53.06%
户外装备使用过程	33	5.05%	47	7.19%	93	14.22%	147	22.48%	334	51.07%
活动室装备使用过程	231	4.45%	271	5.22%	661	12.72%	952	18.33%	3080	59.29%
软件装备使用过程	20	5.10%	42	10.71%	101	25.77%	88	22.45%	141	35.97%
信息化装备使用过程	38	4.17%	72	7.89%	162	17.76%	196	21.49%	444	48.68%
总体	406	4.80%	539	6.37%	1211	14.32%	1611	19.04%	4692	55.47%

3. "装备使用效果"分数分布情况

"装备使用效果"下共有6个测查部分,分别为园舍使用效果、户外场地使用效果、活动室使用效果、信息化使用效果、装备使用后的幼儿发展效果和装备使用后的教师发展效果。总体分数分布中（见表 3-47），水平 5 所占比例最大，为 48.67%，说明教师对幼儿园装备使用效果总体评价较高，幼儿园装备使用效果良好。其中，"装备使用后的幼儿发展效果"和"装备使用后的教师发展效果"中，水平 5 所占的比例较低，分别为 44.72%和 42.73%。由此可知，教师在使用幼儿园教育装备来研究和支持幼儿的学习与发展上的能力还较为缺乏，有待通过学习和培训等方式提升。

表 3-47 "装备使用效果"的分数分布情况

部分	水平等级									
	水平 1		水平 2		水平 3		水平 4		水平 5	
	数量	占比	数量	占比	数量	占比	数量	占比	数量	占比
园舍使用效果	19	3.62%	45	8.57%	70	13.33%	109	20.76%	282	53.71%
户外场地使用效果	7	0.89%	46	5.83%	108	13.69%	166	21.04%	462	58.56%
活动室使用效果	18	0.91%	149	7.55%	279	14.13%	411	20.82%	1117	56.59%
信息化使用效果	9	2.30%	23	5.87%	69	17.60%	89	22.70%	202	51.53%
装备使用后的幼儿发展效果	5	0.38%	109	8.22%	248	18.70%	371	27.98%	593	44.72%
装备使用后的教师发展效果	57	1.54%	308	8.33%	761	20.58%	992	26.83%	1580	42.73%
总体	115	1.32%	680	7.81%	1535	17.64%	2138	24.56%	4236	48.67%

（三）三个维度与园所基本信息变量的差异性关系分析

1. 东、中、西部发展水平差异[①]

1）装备配置与东、中、西部发展水平差异

在装备配置这个维度上（见表 3-48），东、中、西部发展水平存在差异，其中

---

① 注：东部记为 3，中部记为 2，西部记为 1。

东部与中部和西部的差异非常显著,中、西部之间的差异不显著。

表 3-48　多重比较（1）

因变量：P 均

	(I) 东、中、西部	(J) 东、中、西部	平均差(I−J)	标准差	显著性	95% 信赖区间	
						下限	上限
Scheffe 法	1	2	−1.07716*	0.27164	0.001	−1.7497	−0.4046
		3	−1.41320*	0.23848	0.000	−2.0037	−0.8227
	2	1	1.07716*	0.27164	0.001	0.4046	1.7497
		3	−0.33604	0.18551	0.198	−0.7954	0.1233
	3	1	1.41320*	0.23848	0.000	0.8227	2.0037
		2	0.33604	0.18551	0.198	−0.1233	0.7954
LSD	1	2	−1.07716*	0.27164	0.000	−1.6145	−0.5398
		3	−1.41320*	0.23848	0.000	−1.8850	−0.9414
	2	1	1.07716*	0.27164	0.000	0.5398	1.6145
		3	−0.33604	0.18551	0.072	−0.7030	0.0310
	3	1	1.41320*	0.23848	0.000	0.9414	1.8850
		2	0.33604	0.18551	0.072	−0.0310	0.7030
Bonferroni 法	1	2	−1.07716*	0.27164	0.000	−1.7359	−0.4184
		3	−1.41320*	0.23848	0.000	−1.9915	−0.8349
	2	1	1.07716*	0.27164	0.000	0.4184	1.7359
		3	−0.33604	0.18551	0.217	−0.7859	0.1139
	3	1	1.41320*	0.23848	0.000	0.8349	1.9915
		2	0.33604	0.18551	0.217	−0.1139	0.7859

注：*为平均值差异在 0.05 层级显著。

2）装备使用过程与东、中、西部发展水平差异

在装备使用过程这个维度上（见表 3-49），东中西部发展水平存在差异，其中东部与中部和西部的差异非常显著,中、西部之间的差异不显著。

表 3-49 多重比较（2）

因变量： S 均

	(I)东、中、西部	(J)东、中、西部	平均差(I-J)	标准差	显著性	95%信赖区间	
						下限	上限
Scheffe 法	1	2	−1.08573*	0.28033	0.001	−1.7798	−0.3916
		3	−1.40906*	0.24611	0.000	−2.0184	−0.7997
	2	1	1.08573*	0.28033	0.001	0.3916	1.7798
		3	−0.32333	0.19145	0.244	−0.7974	0.1507
	3	1	1.40906*	0.24611	0.000	0.7997	2.0184
		2	0.32333	0.19145	0.244	−0.1507	0.7974
LSD	1	2	−1.08573*	0.28033	0.000	−1.6403	−0.5312
		3	−1.40906*	0.24611	0.000	−1.8959	−0.9222
	2	1	1.08573*	0.28033	0.000	0.5312	1.6403
		3	−0.32333	0.19145	0.094	−0.7021	0.0554
	3	1	1.40906*	0.24611	0.000	0.9222	1.8959
		2	0.32333	0.19145	0.094	−0.0554	0.7021
Bonferroni 法	1	2	−1.08573*	0.28033	0.001	−1.7656	−0.4059
		3	−1.40906*	0.24611	0.000	−2.0059	−0.8122
	2	1	1.08573*	0.28033	0.001	0.4059	1.7656
		3	−0.32333	0.19145	0.281	−0.7876	0.1410
	3	1	1.40906*	0.24611	0.000	0.8122	2.0059
		2	0.32333	0.19145	0.281	−0.1410	0.7876

注：*为平均值差异在 0.05 层级显著。

3）装备使用效果与东、中、西部发展水平差异

在装备使用效果这个维度上（见表 3-50），东、中、西部发展水平存在差异，其中东部与中部和西部的差异非常显著，中、西部之间的差异不显著。

表 3-50 多重比较（3）

因变量：X 均

	(I) 东、中、西部	(J) 东、中、西部	平均差(I−J)	标准错误	显著性	95% 信赖区间	
						下限	上限
Scheffe 法	1	2	−1.00387*	0.26557	0.001	−1.6614	−0.3463
		3	−1.26277*	0.23315	0.000	−1.8401	−0.6855
	2	1	1.00387*	0.26557	0.001	0.3463	1.6614
		3	−0.25891	0.18137	0.364	−0.7080	0.1902
	3	1	1.26277*	0.23315	0.000	0.6855	1.8401
		2	0.25891	0.18137	0.364	−0.1902	0.7080
LSD	1	2	−1.00387*	0.26557	0.000	−1.5292	−0.4785
		3	−1.26277*	0.23315	0.000	−1.7240	−0.8015
	2	1	1.00387*	0.26557	0.000	0.4785	1.5292
		3	−0.25891	0.18137	0.156	−0.6177	0.0999
	3	1	1.26277*	0.23315	0.000	0.8015	1.7240
		2	0.25891	0.18137	0.156	−0.0999	0.6177
Bonferroni 法	1	2	−1.00387*	0.26557	0.001	−1.6479	−0.3598
		3	−1.26277*	0.23315	0.000	−1.8282	−0.6974
	2	1	1.00387*	0.26557	0.001	0.3598	1.6479
		3	−0.25891	0.18137	0.467	−0.6987	0.1809
	3	1	1.26277*	0.23315	0.000	0.6974	1.8282
		2	0.25891	0.18137	0.467	−0.1809	0.6987

注：*为平均值差异在 0.05 层级显著。

2. 城区、镇区、乡村发展水平差异①

1）装备配置与城区、镇区、乡村发展水平差异

在装备配置这一维度上（见表 3-51），城区和乡村发展水平存在显著差异，而城区和镇区之间没有显著的差异。

---

① 注：城区记为 1，镇区记为 2，乡村记为 3。

表 3-51　多重比较（4）

因变量：P 均

	(I) 城区、镇区、乡村	(J) 城区、镇区、乡村	平均差 (I-J)	标准差	显著性	95% 置信区间	
						下限	上限
Scheffe 法	0	1	−0.57358	0.40204	0.567	−1.7123	0.5652
		2	−0.30423	0.42780	0.917	−1.5159	0.9075
		3	0.47223	0.51513	0.840	−0.9869	1.9313
	1	0	0.57358	0.40204	0.567	−0.5652	1.7123
		2	0.26935	0.20340	0.626	−0.3068	0.8455
		3	1.04581*	0.35175	0.035	0.0495	2.0421
	2	0	0.30423	0.42780	0.917	−0.9075	1.5159
		1	−0.26935	0.20340	0.626	−0.8455	0.3068
		3	0.77646	0.38092	0.250	−0.3025	1.8554
	3	0	−0.47223	0.51513	0.840	−1.9313	0.9869
		1	−1.04581*	0.35175	0.035	−2.0421	−0.0495
		2	−0.77646	0.38092	0.250	−1.8554	0.3025
LSD	0	1	−0.57358	0.40204	0.156	−1.3690	0.2218
		2	−0.30423	0.42780	0.478	−1.1506	0.5421
		3	0.47223	0.51513	0.361	−0.5469	1.4914
	1	0	0.57358	0.40204	0.156	−0.2218	1.3690
		2	0.26935	0.20340	0.188	−0.1331	0.6717
		3	1.04581*	0.35175	0.004	0.3499	1.7417
	2	0	0.30423	0.42780	0.478	−0.5421	1.1506
		1	−0.26935	0.20340	0.188	−0.6717	0.1331
		3	0.77646*	0.38092	0.044	0.0229	1.5301
	3	0	−0.47223	0.51513	0.361	−1.4914	0.5469
		1	−1.04581*	0.35175	0.004	−1.7417	−0.3499
		2	−0.77646*	0.38092	0.044	−1.5301	−0.0229
Bonferroni 法	0	1	−0.57358	0.40204	0.936	−1.6507	0.5036
		2	−0.30423	0.42780	1.000	−1.4504	0.8419
		3	0.47223	0.51513	1.000	−0.9079	1.8524
	1	0	0.57358	0.40204	0.936	−0.5036	1.6507
		2	0.26935	0.20340	1.000	−0.2756	0.8143
		3	1.04581*	0.35175	0.021	0.1034	1.9882

续表

	(I) 城区、镇区、乡村	(J) 城区、镇区、乡村	平均差 (I-J)	标准差	显著性	95% 置信区间 下限	95% 置信区间 上限
Bonferroni 法	2	0	0.30423	0.42780	1.000	−0.8419	1.4504
		1	−0.26935	0.20340	1.000	−0.8143	0.2756
		3	0.77646	0.38092	0.261	−0.2441	1.7970
	3	0	−0.47223	0.51513	1.000	−1.8524	0.9079
		1	−1.04581*	0.35175	0.021	−1.9882	−0.1034
		2	−0.77646	0.38092	0.261	−1.7970	0.2441

注：*为平均值差异在 0.05 层级显著。

2）装备使用过程与城区、镇区、乡村发展水平差异

在装备使用过程这一维度上（见表 3-52），城区、镇区和乡村发展水平不存在显著差异。

表 3-52 多重比较（5）

因变量：S 均

	(I) 城区、镇区、乡村	(J) 城区、镇区、乡村	平均差(I-J)	标准差	显著性	95% 置信区间 下限	95% 置信区间 上限
Scheffe 法	0	1	−0.53153	0.41549	0.652	−1.7084	0.6453
		2	−0.23888	0.44211	0.961	−1.4911	1.0134
		3	0.38840	0.53237	0.912	−1.1195	1.8963
	1	0	0.53153	0.41549	0.652	−0.6453	1.7084
		2	0.29264	0.21020	0.587	−0.3028	0.8880
		3	0.91993	0.36352	0.099	−0.1097	1.9496
	2	0	0.23888	0.44211	0.961	−1.0134	1.4911
		1	−0.29264	0.21020	0.587	−0.8880	0.3028
		3	0.62729	0.39367	0.471	−0.4878	1.7423
	3	0	−0.38840	0.53237	0.912	−1.8963	1.1195
		1	−0.91993	0.36352	0.099	−1.9496	0.1097
		2	−0.62729	0.39367	0.471	−1.7423	0.4878
LSD	0	1	−0.53153	0.41549	0.203	−1.3535	0.2905
		2	−0.23888	0.44211	0.590	−1.1135	0.6358
		3	0.38840	0.53237	0.467	−0.6648	1.4416

续表

	(I) 城区、镇区、乡村	(J) 城区、镇区、乡村	平均差(I-J)	标准差	显著性	95% 置信区间	
						下限	上限
LSD	1	0	0.53153	0.41549	0.203	−0.2905	1.3535
		2	0.29264	0.21020	0.166	−0.1232	0.7085
		3	0.91993*	0.36352	0.013	0.2008	1.6391
	2	0	0.23888	0.44211	0.590	−0.6358	1.1135
		1	−0.29264	0.21020	0.166	−0.7085	0.1232
		3	0.62729	0.39367	0.113	−0.1515	1.4061
	3	0	−0.38840	0.53237	0.467	−1.4416	0.6648
		1	−0.91993*	0.36352	0.013	−1.6391	−0.2008
		2	−0.62729	0.39367	0.113	−1.4061	0.1515
Bonferroni 法	0	1	−0.53153	0.41549	10.000	−1.6447	0.5817
		2	−0.23888	0.44211	10.000	−1.4234	0.9456
		3	0.38840	0.53237	10.000	−1.0379	1.8147
	1	0	0.53153	0.41549	10.000	−0.5817	1.6447
		2	0.29264	0.21020	0.997	−0.2705	0.8558
		3	0.91993	0.36352	0.075	−0.0540	1.8939
	2	0	0.23888	0.44211	10.000	−0.9456	1.4234
		1	−0.29264	0.21020	0.997	−0.8558	0.2705
		3	0.62729	0.39367	0.681	−0.4274	1.6820
	3	0	−0.38840	0.53237	10.000	−1.8147	1.0379
		1	−0.91993	0.36352	0.075	−1.8939	0.0540
		2	−0.62729	0.39367	0.681	−1.6820	0.4274

注：*为平均值差异在 0.05 层级显著。

3）装备使用效果与城区、镇区、乡村发展水平差异

在装备使用效果这一维度上（见表 3-53），城区、镇区和乡村发展水平不存在显著差异。

表 3-53 多重比较（6）

因变量：X 均

	(I) 城区、镇区、乡村	(J) 城区、镇区、乡村	平均差(I-J)	标准差	显著性	95% 置信区间	
						下限	上限
Scheffe 法	0	1	−0.57114	0.39068	0.546	−1.6777	0.5354
		2	−0.26448	0.41571	0.939	−1.4420	0.9130
		3	0.15065	0.50058	0.993	−1.2672	1.5685

续表

	(I) 城区、镇区、乡村	(J) 城区、镇区、乡村	平均差(I-J)	标准差	显著性	95% 置信区间	
						下限	上限
Scheffe 法	1	0	0.57114	0.39068	0.546	−0.5354	1.6777
		2	0.30666	0.19765	0.495	−0.2532	0.8665
		3	0.72179	0.34181	0.221	−0.2464	1.6899
	2	0	0.26448	0.41571	0.939	−0.9130	1.4420
		1	−0.30666	0.19765	0.495	−0.8665	0.2532
		3	0.41513	0.37016	0.739	−0.6333	1.4636
	3	0	−0.15065	0.50058	0.993	−1.5685	1.2672
		1	−0.72179	0.34181	0.221	−1.6899	0.2464
		2	−0.41513	0.37016	0.739	−1.4636	0.6333
LSD	0	1	−0.57114	0.39068	0.146	−1.3440	0.2018
		2	−0.26448	0.41571	0.526	−1.0869	0.5579
		3	0.15065	0.50058	0.764	−0.8397	1.1410
	1	0	0.57114	0.39068	0.146	−0.2018	1.3440
		2	0.30666	0.19765	0.123	−0.0844	0.6977
		3	0.72179*	0.34181	0.037	0.0456	1.3980
	2	0	0.26448	0.41571	0.526	−0.5579	1.0869
		1	−0.30666	0.19765	0.123	−0.6977	0.0844
		3	0.41513	0.37016	0.264	−0.3172	1.1474
	3	0	−0.15065	0.50058	0.764	−1.1410	0.8397
		1	−0.72179*	0.34181	0.037	−1.3980	−0.0456
		2	−0.41513	0.37016	0.264	−1.1474	0.3172
Bonferroni 法	0	1	−0.57114	0.39068	0.877	−1.6179	0.4756
		2	−0.26448	0.41571	1.000	−1.3783	0.8493
		3	0.15065	0.50058	1.000	−1.1905	1.4918
	1	0	0.57114	0.39068	0.877	−0.4756	1.6179
		2	0.30666	0.19765	0.739	−0.2229	0.8362
		3	0.72179	0.34181	0.220	−0.1940	1.6376
	2	0	0.26448	0.41571	1.000	−0.8493	1.3783
		1	−0.30666	0.19765	0.739	−0.8362	0.2229
		3	0.41513	0.37016	1.000	−0.5766	1.4069
	3	0	−0.15065	0.50058	1.000	−1.4918	1.1905
		1	−0.72179	0.34181	0.220	−1.6376	0.1940
		2	−0.41513	0.37016	1.000	−1.4069	0.5766

注：*为平均值差异在 0.05 层级显著。

3. 园所等级发展水平差异[①]

1)装备配置与园所等级发展水平差异

在装备配置这一维度上(见表 3-54),一级园及以上的优质园和二级园以下的幼儿园之间存在非常显著的差异,但是一级园、示范园与二级园没有显著差异。

表 3-54 多重比较(7)

因变量:P 均

	(I) 园所级别	(J) 园所级别	平均差(I−J)	标准差	显著性	95% 置信区间	
						下限	上限
Scheffe 法	1	2	−0.55716	0.52344	0.569	−1.8533	0.7390
		3	−1.03819*	0.25548	0.000	−1.6708	−0.4056
	2	1	0.55716	0.52344	0.569	−0.7390	1.8533
		3	−0.48103	0.47317	0.598	−1.6527	0.6907
	3	1	1.03819*	0.25548	0.000	0.4056	1.6708
		2	0.48103	0.47317	0.598	−0.6907	1.6527
LSD	1	2	−0.55716	0.52344	0.289	−1.5927	0.4784
		3	−1.03819*	0.25548	0.000	−1.5436	−0.5328
	2	1	0.55716	0.52344	0.289	−0.4784	1.5927
		3	−0.48103	0.47317	0.311	−1.4172	0.4551
	3	1	1.03819*	0.25548	0.000	0.5328	1.5436
		2	0.48103	0.47317	0.311	−0.4551	1.4172
Bonferroni 法	1	2	−0.55716	0.52344	0.867	−1.8267	0.7124
		3	−1.03819*	0.25548	0.000	−1.6578	−0.4186
	2	1	0.55716	0.52344	0.867	−0.7124	1.8267
		3	−0.48103	0.47317	0.934	−1.6286	0.6666
	3	1	1.03819*	0.25548	0.000	0.4186	1.6578
		2	0.48103	0.47317	0.934	−0.6666	1.6286

注:*为平均值差异在 0.05 层级显著。

2)装备使用过程与园所等级发展水平差异

在装备使用过程这一维度上(见表 3-55),一级园及以上的优质园和二级园以下的幼儿园之间存在非常显著的差异,但是一级园、示范园与二级园没有显著差异。

[①] 注:示范园和一级园记为 3,二级园记为 2,二级园以下记为 1。

表 3-55 多重比较（8）

因变量： S 均

	(I) 园所级别	(J) 园所级别	平均差(I−J)	标准差	显著性	95% 置信区间	
						下限	上限
Scheffe 法	1	2	−0.85424	0.51715	0.259	−2.1348	0.4263
		3	−1.35416*	0.25241	0.000	−1.9792	−0.7291
	2	1	0.85424	0.51715	0.259	−0.4263	2.1348
		3	−0.49992	0.46749	0.566	−1.6575	0.6577
	3	1	1.35416*	0.25241	0.000	0.7291	1.9792
		2	0.49992	0.46749	0.566	−0.6577	1.6575
LSD	1	2	−0.85424	0.51715	0.101	−1.8774	0.1689
		3	−1.35416*	0.25241	0.000	−1.8535	−0.8548
	2	1	0.85424	0.51715	0.101	−0.1689	1.8774
		3	−0.49992	0.46749	0.287	−1.4248	0.4249
	3	1	1.35416*	0.25241	0.000	0.8548	1.8535
		2	0.49992	0.46749	0.287	−0.4249	1.4248
Bonferroni 法	1	2	−0.85424	0.51715	0.303	−2.1085	0.4000
		3	−1.35416*	0.25241	0.000	−1.9664	−0.7420
	2	1	0.85424	0.51715	0.303	−0.4000	2.1085
		3	−0.49992	0.46749	0.861	−1.6338	0.6339
	3	1	1.35416*	0.25241	0.000	0.7420	1.9664
		2	0.49992	0.46749	0.861	−0.6339	1.6338

注：*为平均值差异在 0.05 层级显著。

3）装备使用效果与园所等级发展水平差异

在装备使用效果这一维度上（见表 3-56），一级园及以上的优质园和二级园以下的幼儿园之间存在非常显著的差异，但是，一级园、示范园与二级园没有显著差异。

表 3-56　多重比较（9）

因变量：X 均

(I) 园所级别		(J) 园所级别	平均差(I-J)	标准差	显著性	95% 置信区间	
						下限	上限
Scheffe 法	1	2	−0.90021	0.48267	0.180	−2.0954	0.2950
		3	−1.29464*	0.23559	0.000	−1.8780	−0.7113
	2	1	0.90021	0.48267	0.180	−0.2950	2.0954
		3	−0.39443	0.43632	0.665	−1.4749	0.6860
	3	1	1.29464*	0.23559	0.000	0.7113	1.8780
		2	0.39443	0.43632	0.665	−0.6860	1.4749
LSD	1	2	−0.90021	0.48267	0.064	−1.8551	0.0547
		3	−1.29464*	0.23559	0.000	−1.7607	−0.8286
	2	1	0.90021	0.48267	0.064	−0.0547	1.8551
		3	−0.39443	0.43632	0.368	−1.2576	0.4688
	3	1	1.29464*	0.23559	0.000	0.8286	1.7607
		2	0.39443	0.43632	0.368	−0.4688	1.2576
Bonferroni 法	1	2	−0.90021	0.48267	0.193	−2.0709	0.2704
		3	−1.29464*	0.23559	0.000	−1.8660	−0.7233
	2	1	0.90021	0.48267	0.193	−0.2704	2.0709
		3	−0.39443	0.43632	1.000	−1.4527	0.6638
	3	1	1.29464*	0.23559	0.000	0.7233	1.8660
		2	0.39443	0.43632	1.000	−0.6638	1.4527

注：*为平均值差异在 0.05 层级显著。

4. 公办园、民办园发展水平差异[①]

1) 装备配置与公办园、民办园发展水平差异

在装备配置这一维度上（见表 3-57），公办园和民办园没有显著差异。

---

① 注：公办园记为 1，民办园记为 2。

表 3-57 多重比较 (10)

因变量：P 均

	(I) 公 1 民 2	(J) 公 1 民 2	平均差(I−J)	标准差	显著性	95% 置信区间	
						下限	上限
Scheffe 法	0	1	−1.74252*	0.68755	0.043	−3.4449	−0.0401
		2	−1.40224	0.88082	0.285	−3.5832	0.7787
	1	0	1.74252*	0.68755	0.043	0.0401	3.4449
		2	0.34028	0.56352	0.834	−1.0550	1.7356
	2	0	1.40224	0.88082	0.285	−0.7787	3.5832
		1	−0.34028	0.56352	0.834	−1.7356	1.0550
LSD	0	1	−1.74252*	0.68755	0.012	−3.1027	−0.3824
		2	−1.40224	0.88082	0.114	−3.1447	0.3402
	1	0	1.74252*	0.68755	0.012	0.3824	3.1027
		2	0.34028	0.56352	0.547	−0.7745	1.4551
	2	0	1.40224	0.88082	0.114	−0.3402	3.1447
		1	−0.34028	0.56352	0.547	−1.4551	0.7745
Bonferroni 法	0	1	−1.74252*	0.68755	0.037	−3.4099	−0.0751
		2	−1.40224	0.88082	0.341	−3.5383	0.7339
	1	0	1.74252*	0.68755	0.037	0.0751	3.4099
		2	0.34028	0.56352	1.000	−1.0263	1.7069
	2	0	1.40224	0.88082	0.341	−0.7339	3.5383
		1	−0.34028	0.56352	1.000	−1.7069	1.0263

注：*为平均值差异在 0.05 层级显著。

2）装备使用过程与公办园、民办园发展水平差异

在装备使用过程这一维度上（见表 3-58），公办园和民办园没有显著差异。

表 3-58　多重比较（11）

因变量：S 均

	(I) 公 1 民 2	(J) 公 1 民 2	平均差(I-J)	标准差	显著性	95% 置信区间	
						下限	上限
Scheffe 法	0	1	-1.99017*	0.70082	0.020	-3.7254	-0.2549
		2	-2.09175	0.89782	0.070	-4.3148	0.1313
	1	0	1.99017*	0.70082	0.020	0.2549	3.7254
		2	-0.10157	0.57440	0.984	-1.5238	1.3206
	2	0	2.09175	0.89782	0.070	-0.1313	4.3148
		1	0.10157	0.57440	0.984	-1.3206	1.5238
LSD	0	1	-1.99017*	0.70082	0.005	-3.3766	-0.6038
		2	-2.09175*	0.89782	0.021	-3.8679	-0.3156
	1	0	1.99017*	0.70082	0.005	0.6038	3.3766
		2	-0.10157	0.57440	0.860	-1.2379	1.0347
	2	0	2.09175*	0.89782	0.021	0.3156	3.8679
		1	0.10157	0.57440	0.860	-1.0347	1.2379
Bonferroni 法	0	1	-1.99017*	0.70082	0.016	-3.6897	-0.2906
		2	-2.09175	0.89782	0.064	-4.2691	0.0856
	1	0	1.99017*	0.70082	0.016	0.2906	3.6897
		2	-0.10157	0.57440	1.000	-1.4946	1.2914
	2	0	2.09175	0.89782	0.064	-0.0856	4.2691
		1	0.10157	0.57440	1.000	-1.2914	1.4946

注：*为平均值差异在 0.05 层级显著。

3）装备使用效果与公办园、民办园发展差异

在装备使用效果这一维度上（见表 3-59），公办园和民办园没有显著区别。

表 3-59　多重比较（12）

因变量：X 均

	(I) 公1民2	(J) 公1民2	平均差(I-J)	标准差	显著性	95% 置信区间	
						下限	上限
Scheffe 法	0	1	-2.04251*	0.65216	0.009	-3.6573	-0.4278
		2	-2.23485*	0.83549	0.031	-4.3035	-0.1662
	1	0	2.04251*	0.65216	0.009	0.4278	3.6573
		2	-0.19234	0.53452	0.937	-1.5158	1.1311
	2	0	2.23485*	0.83549	0.031	0.1662	4.3035
		1	0.19234	0.53452	0.937	-1.1311	1.5158
LSD	0	1	-2.04251*	0.65216	0.002	-3.3326	-0.7524
		2	-2.23485*	0.83549	0.008	-3.8876	-0.5821
	1	0	2.04251*	0.65216	0.002	0.7524	3.3326
		2	-0.19234	0.53452	0.720	-1.2497	0.8651
	2	0	2.23485*	0.83549	0.008	0.5821	3.8876
		1	0.19234	0.53452	0.720	-0.8651	1.2497
Bonferroni 法	0	1	-2.04251*	0.65216	0.006	-3.6241	-0.4609
		2	-2.23485*	0.83549	0.025	-4.2610	-0.2087
	1	0	2.04251*	0.65216	0.006	0.4609	3.6241
		2	-0.19234	0.53452	1.000	-1.4886	1.1039
	2	0	2.23485*	0.83549	0.025	0.2087	4.2610
		1	0.19234	0.53452	1.000	-1.1039	1.4886

注：*为平均值差异在 0.05 层级显著。

三、关于幼儿园教育装备调查中园所装备总体发展情况的分析

（一）幼儿园教育装备的总体平均分分析

"幼儿园教育装备"下共分为 3 个维度，分别为装备配置、装备使用过程和装备使用效果。3 个维度的均分均大于"3.5"，其中，"装备配置"均值最低，为 3.86，装备使用效果均值最高，为"4.16"，总体均值为"4.02"。由此可知，在所调查的幼儿园中，幼儿园教育装备总体达到"良好"水平，即有且充足且质量较好。但是，在"装备配置"方面仍存在一定不足，有待提升。具体数据如表 3-60 所示。

表 3-60 "幼儿园教育装备"的总体平均分

维度	均值/分	水平
装备配置	3.86	合格
装备使用过程	4.03	良好
装备使用效果	4.16	良好
总体	4.02	良好

（二）幼儿园教育装备的总体分数分布情况

"幼儿园教育装备"下共分为 3 个维度，分别为装备配置、装备使用过程和装备使用效果。3 个维度中，水平 5 的所占比例除了"装备使用效果"外，均大于 50%。总体分数分布中（见表 3-61），水平 5 的占比为 52.97%，说明幼儿园教育装备总体良好，有且充足且质量较好。但也存在着装备配置不充分、质量低、地区差异大；使用不当、使用效果不佳、教师利用装备以研究和支持幼儿学习和发展的能力缺乏等现象。

表 3-61 "幼儿园教育装备"的总体分数分布

水平等级		维度			总体
		装备配置	装备使用过程	装备使用效果	幼儿园教育装备
水平 1	数量	730	406	115	1251
	占比	6.82%	4.48%	1.32%	4.49%
水平 2	数量	933	539	680	2152
	占比	8.71%	6.37%	7.81%	7.72%
水平 3	数量	1575	1211	1535	4321
	占比	14.71%	14.32%	17.64%	15.50%
水平 4	数量	1636	1611	2138	5385
	占比	15.28%	19.04%	24.56%	19.32%
水平 5	数量	5835	4692	4236	14763
	占比	54.49%	55.47%	48.67%	52.97%

（三）装备总体发展情况与园所基本信息变量的差异性关系分析

1. 教育装备总体情况与东、中、西部发展水平差异

从幼儿园教育装备的总体情况上看（见表 3-62），东、中、西部发展水平存在

差异，其中东部与中部和西部的差异非常显著，中、西部之间的差异不显著。

表3-62 多重比较（13）

因变量：总均

	(I) 东、中、西部	(J) 东、中、西	平均差(I-J)	标准差	显著性	95% 置信区间	
						下限	上限
Scheffe 法	1	2	-1.05925*	0.26305	0.000	-1.7106	-0.4079
		3	-1.36854*	0.23094	0.000	-1.9403	-0.7967
	2	1	1.05925*	0.26305	0.000	0.4079	1.7106
		3	-0.30929	0.17965	0.231	-0.7541	0.1355
	3	1	1.36854*	0.23094	0.000	0.7967	1.9403
		2	0.30929	0.17965	0.231	-0.1355	0.7541
LSD	1	2	-1.05925*	0.26305	0.000	-1.5796	-0.5389
		3	-1.36854*	0.23094	0.000	-1.8254	-0.9117
	2	1	1.05925*	0.26305	0.000	0.5389	1.5796
		3	-0.30929	0.17965	0.087	-0.6647	0.0461
	3	1	1.36854*	0.23094	0.000	0.9117	1.8254
		2	0.30929	0.17965	0.087	-0.0461	0.6647
Bonferroni 法	1	2	-1.05925*	0.26305	0.000	-1.6972	-0.4213
		3	-1.36854*	0.23094	0.000	-1.9286	-0.8085
	2	1	1.05925*	0.26305	0.000	0.4213	1.6972
		3	-0.30929	0.17965	0.262	-0.7450	0.1264
	3	1	1.36854*	0.23094	0.000	0.8085	1.9286
		2	0.30929	0.17965	0.262	-0.1264	0.7450

注：*为平均值差异在0.05层级显著。

2. 幼儿园教育装备总体情况与城区、镇区、乡村发展水平差异

在装备配置这一维度上（见表3-63），在LSD项中，城区和乡村发展水平存在显著差异，而城区和镇区之间没有显著的差异。而使用其他方法的结论为城区、镇区和乡村发展水平没有显著差异。

表 3-63 多重比较（14）

因变量：总均

	(I) 城区、镇区乡村	(J) 城区、镇区、乡村	平均差(I-J)	标准差	显著性	95% 置信区间	
						下限	上限
Scheffe 法	0	1	−0.55773	0.39127	0.567	−1.6660	0.5505
		2	−0.27136	0.41634	0.935	−1.4506	0.9079
		3	0.34831	0.50134	0.922	−1.0717	1.7683
	1	0	0.55773	0.39127	0.567	−0.5505	1.6660
		2	0.28637	0.19795	0.555	−0.2743	0.8471
		3	0.90604	0.34233	0.077	−0.0636	1.8757
	2	0	0.27136	0.41634	0.935	−0.9079	1.4506
		1	−0.28637	0.19795	0.555	−0.8471	0.2743
		3	0.61967	0.37072	0.428	−0.4304	1.6697
	3	0	−0.34831	0.50134	0.922	−1.7683	1.0717
		1	−0.90604	0.34233	0.077	−1.8757	0.0636
		2	−0.61967	0.37072	0.428	−1.6697	0.4304
LSD	0	1	−0.55773	0.39127	0.156	−1.3318	0.2164
		2	−0.27136	0.41634	0.516	−1.0950	0.5523
		3	0.34831	0.50134	0.488	−0.6435	1.3402
	1	0	0.55773	0.39127	0.156	−0.2164	1.3318
		2	0.28637	0.19795	0.150	−0.1053	0.6780
		3	0.90604*	0.34233	0.009	0.2288	1.5833
	2	0	0.27136	0.41634	0.516	−0.5523	1.0950
		1	−0.28637	0.19795	0.150	−0.6780	0.1053
		3	0.61967	0.37072	0.097	−0.1138	1.3531
	3	0	−0.34831	0.50134	0.488	−1.3402	0.6435
		1	−0.90604*	0.34233	0.009	−1.5833	−0.2288
		2	−0.61967	0.37072	0.097	−1.3531	0.1138
Bonferroni 法	0	1	−0.55773	0.39127	0.939	−1.6060	0.4906
		2	−0.27136	0.41634	1.000	−1.3868	0.8441
		3	0.34831	0.50134	1.000	−0.9949	1.6915
	1	0	0.55773	0.39127	0.939	−0.4906	1.6060
		2	0.28637	0.19795	0.902	−0.2440	0.8167
		3	0.90604	0.34233	0.055	−0.0111	1.8232

续表

	(I) 城区、镇区乡村	(J) 城区、镇区、乡村	平均差(I-J)	标准差	显著性	95% 置信区间	
						下限	上限
Bonferroni 法	2	0	0.27136	0.41634	1.000	−0.8441	1.3868
		1	−0.28637	0.19795	0.902	−0.8167	0.2440
		3	0.61967	0.37072	0.582	−0.3736	1.6129
	3	0	−0.34831	0.50134	1.000	−1.6915	0.9949
		1	−0.90604	0.34233	0.055	−1.8232	0.0111
		2	−0.61967	0.37072	0.582	−1.6129	0.3736

注：*为平均值差异在 0.05 层级显著。

3. 幼儿园教育装备总体情况与园所级别发展水平差异

从幼儿园教育装备的总体情况来看（见表 3-64），一级园及以上的优质园和二级园以下的幼儿园之间存在非常显著的差异，但是一级园、示范园与二级园没有显著差异。

表3-64 多重比较（15）

因变量：总均

	(I) 园所级别	(J) 园所级别	平均差(I-J)	标准差	显著性	95% 置信区间	
						下限	上限
Scheffe 法	1	2	−0.75275	0.49383	0.316	−1.9756	0.4701
		3	−1.21237*	0.24103	0.000	−1.8092	−0.6155
	2	1	0.75275	0.49383	0.316	−0.4701	1.9756
		3	−0.45961	0.44641	0.590	−1.5650	0.6458
	3	1	1.21237*	0.24103	0.000	0.6155	1.8092
		2	0.45961	0.44641	0.590	−0.6458	1.5650
LSD	1	2	−0.75275	0.49383	0.130	−1.7297	0.2242
		3	−1.21237*	0.24103	0.000	−1.6892	−0.7355
	2	1	0.75275	0.49383	0.130	−0.2242	1.7297
		3	−0.45961	0.44641	0.305	−1.3428	0.4235
	3	1	1.21237*	0.24103	0.000	0.7355	1.6892
		2	0.45961	0.44641	0.305	−0.4235	1.3428
Bonferroni 法	1	2	−0.75275	0.49383	0.390	−1.9505	0.4449
		3	−1.21237*	0.24103	0.000	−1.7969	−0.6278
	2	1	0.75275	0.49383	0.390	−0.4449	1.9505
		3	−0.45961	0.44641	0.915	−1.5423	0.6231

续表

(I) 园所级别	(J) 园所级别	平均差(I-J)	标准差	显著性	95% 置信区间	
					下限	上限
3	1	1.21237*	0.24103	0.000	.6278	1.7969
	2	0.45961	0.44641	0.915	−0.6231	1.5423

注：*为平均值差异在 0.05 层级显著。

4. 幼儿园教育装备总体情况与公办园、民办园发展差异

从幼儿园总体教育装备的情况来看（见表 3-65），公办园和民办园没有显著差异。

表 3-65 多重比较（16）

因变量：总均

	(I)公1民2	(J)公1民2	平均差(I-J)	标准差	显著性	95% 置信区间	
						下限	上限
Scheffe 法	0	1	−1.91046*	0.66176	0.018	−3.5490	−0.2719
		2	−1.86906	0.84778	0.092	−3.9682	0.2300
	1	0	1.91046*	0.66176	0.018	0.2719	3.5490
		2	0.04139	0.54238	0.997	−1.3015	1.3843
	2	0	1.86906	0.84778	0.092	−0.2300	3.9682
		1	−0.04139	0.54238	0.997	−1.3843	1.3015
LSD	0	1	−1.91046*	0.66176	0.005	−3.2196	−0.6013
		2	−1.86906*	0.84778	0.029	−3.5462	−0.1920
	1	0	1.91046*	0.66176	0.005	0.6013	3.2196
		2	0.04139	0.54238	0.939	−1.0316	1.1144
	2	0	1.86906*	0.84778	0.029	0.1920	3.5462
		1	−0.04139	0.54238	0.939	−1.1144	1.0316
Bonferroni 法	0	1	−1.91046*	0.66176	0.014	−3.5153	−0.3056
		2	−1.86906	0.84778	0.088	−3.9250	0.1869
	1	0	1.91046*	0.66176	0.014	0.3056	3.5153
		2	0.04139	0.54238	1.000	−1.2739	1.3567
	2	0	1.86906	0.84778	0.088	−0.1869	3.9250
		1	−0.04139	0.54238	1.000	−1.3567	1.2739

注：*为平均值差异在 0.05 层级显著。

第三节　调研问题与建议

一、幼儿园教育装备背景的问题与建议

（一）存在问题

（1）幼儿园定期被告知装备监测评估报告的比重低、覆盖面不广，而幼儿园收到装备的监测评估报告后并未告知每位教师（幼儿园定期被告知装备的监测评估报告仅占66%，而幼儿园收到装备的监测评估报告后告知每位教师仅占53.47%，仅过半数）。

（2）幼儿园所在省（自治区、直辖市）定期开展幼儿园装备监督检查并有幼儿园装备的问责机制的覆盖比重欠佳（幼儿园所在省（自治区、直辖市）定期开展幼儿园装备监督检查并有幼儿园装备的问责机制仅占70%）。

（3）对幼儿园装备进行解读，包括安装指南、使用指南、培训要求和培训守则等对于幼儿园硬件设施的发展极为重要，而现实情况是对幼儿园装备从安装指南、使用指南、培训要求和培训守则等这些方面的幼儿园进行解读的比重较低（有对幼儿园装备的解读，包括安装指南、使用指南、培训要求和培训守则等仅占76.24%）。

（4）幼儿园生均教育经费的填写情况不容乐观，说明各园的生均教育经费的公开不够透明，且单位不统一，教育经费的填写基本以年/学期/月为单位。幼儿园用于幼儿园硬件配置、软件配置和信息化配置的填写情况同生均教育经费一致，无填写情况较多，说明填写问卷的园长、老师对此情况不熟悉，也反映出幼儿园并未公示，填写单位也同样不统一。

（二）改进建议

（1）提高幼儿园定期被告知装备的监测评估报告的比重，并加强幼儿园收到装备的监测评估报告后告知每位教师的意识，尊重每位教师，保证园内每位教师了解目前园所装备的配备情况与提升空间。

（2）幼儿园所在省（自治区、直辖市）应确保定期开展幼儿园装备监督检查并

建立健全幼儿园装备的问责机制，全方位覆盖辖区内的所有幼儿园。

（3）幼儿园所在省（自治区、直辖市）应对全省（自治区、直辖市）的幼儿园，就幼儿园装备从安装指南、使用指南、培训要求和培训守则等这些方面对进行解读，并可培训幼儿园骨干教师对于幼儿园园所装备的规则、标准进行专业掌握，并在园内对其他教师进行进一步培训。

（4）各幼儿园应将幼儿园生均经费、硬件配置经费、软件配置经费和信息化配置经费在园所对园内所有员工、幼儿家长进行公示，做到公开、透明。各省（自治区、直辖市）应对省（自治区、直辖市）内所有幼儿园的生均经费、硬件配置经费、软件配置经费和信息化配置经费进行最低标准的规定，以及对各园所制定经费投入计划的经费单位进行规定，以便统计于考核。

二、幼儿园教育装备配置的问题与建议

（一）存在问题

1. 幼儿园所处地对幼儿园装备配置影响大

从数据分析中可以看出，幼儿园的所处地对幼儿园装备配置影响很大，主要表现在城区、镇区和乡村在园所配置、户外配置、活动室配置、软件配置和信息化配置上都存在着差异。幼儿园所处地不同，在上述那些方面的配置情况也不同。例如，在信息化配置上，提到了"办公自动化管理系统基本实现无纸化办公"和"教育教学资源系统有基本满足教育教学需要的信息化教学资源及其管理平台""这样的条目，在城区、镇区和乡村，就存在着显著的不同。

城区、镇区、乡村不同的经济发展水平和地理位置造成了三者之间发展不均衡的问题，所以，要想解决这个问题，就要着力促进当地经济发展，多向发达地区学习，逐步提升幼儿园装备配置水平。

2. 幼儿园级别严重影响幼儿园装备配置

从数据分析中可以看出，幼儿园级别已经严重影响到了幼儿园的装备配置，不同级别的幼儿园在装备配置上存在着显著的差异。级别，可以说是影响幼儿园装备配置的一个重要因素。示范园、一级一类幼儿园、一级二类幼儿园、二级一类幼儿园、二级二类幼儿园、未评等级幼儿园的装备配置都存在着不同。在园所配置、户外配置、活动室配置、软件配置和信息化配置上，级别不同的幼儿园所配置的内容

也是不同的。例如，在园所配置上提到"有单独的教职工餐厅"和"有单独的衣帽及教具储藏室"这样的条目，不同级别的幼儿园就在这上面存在着显著差异。幼儿园级别严重影响幼儿园装备配置的情况是不利于整体装备配置发展的，因此，要缩小因为幼儿园级别所造成的装备配置发展不均衡的问题，全面提升整体装备配置水平。

（二）改进建议

1. 缩小城乡差距，为偏远幼儿园提供基本装备

由于幼儿园所处地理位置不同，距离城市远近不同，造成了其经济发展上存在的差距。经济条件较好的幼儿园，就有可能提供一些层级较高的如多媒体信息技术类的装备，但是，一些经济条件较为落后的地方，连基本的幼儿园装备都不能保证，那么多媒体信息技术类的装备就不可能得到保证。

因此，对于一些经济条件较差的幼儿园，政府可以给予适当支持，首先保证他们的基本配备得到保证，然后再逐步补充完善其他装备。对于那些经济条件比较好的幼儿园，可以继续完善装备配置。

逐步缩小城乡差距，鼓励经济落后地区的幼儿园向经济发展较好的幼儿园学习，采取互帮互助模式，共同促进园所装备配置的提升与发展。

2. 支持级别较低的幼儿园完善装备配置

级别较低的幼儿园没有示范园或者一级一类幼儿园那么良好的条件，所以，装备配置水平处于较低的水平。

从政府层面看，政府要多支持这些级别较低幼儿园的装备配置发展，适当提供经济或者物质支持，可以针对本区域的实际水平，制定装备配置标准。这个区域内所有幼儿园都必须达到这个标准。对于那些达标困难的园所，政府要给予适当帮助，帮助其不断完善装备配置水平。

从幼儿园自身层面看，幼儿园要认识到装备配置对幼儿发展的重要性，这些硬件是保证教育教学工作顺利开展的前提条件，只有这些硬件条件达到标准之后，才能继续软件的开发。所以，幼儿园要充分认识到装备配置的重要性，尽自己的最大努力，使幼儿园装备配置达到规定标准，并且努力发展完善自己园所的装备配置。

三、幼儿园教育装备使用过程的问题及建议

近年来,学前教育事业的飞速发展,对当今的学前教育教育装备又提出了新的要求。同时,装备价值的体现很大程度上取决于科学、合理地使用装备。使用是关键,没有使用,装备只是一个摆设,更体现不出它的价值。教育装备使用过程是连接教育投入和教育结果的桥梁,是教育装备真正发挥其教育价值的重要一环。

(一)存在问题

1. 幼儿园软件装备使用过程普遍落后

装备使用过程分成园所装备使用过程、户外装备使用过程、活动室装备使用过程、软件装备使用过程、信息化装备使用过程等 5 个子维度。结果显示,在这 5 个子维度中,活动室装备使用过程子维度各园自评打分相对较高,软件装备使用过程子维度各园自评打分相对较低。可见,各幼儿园在合理使用活动室各类装备的过程子维度情况最好,而在软件装备使用过程子维度情况落后。幼儿园在软件装备使用过程子维度分数较低,表现在幼儿园不能合理选择幼儿园装备培训课程的内容和培训方式,并且幼儿园装备培训经费没有得到合理利用。该问题在现实中的表现如下。首先,幼儿园教师在使用装备前缺乏培训或是培训简单化,导致教师不知道如何使用装备或者错误使用装备。其次,幼儿园的装备采购等相关服务人员自身都不知道该如何使用装备,在装备购置之后仅提供分发、安装、登记等工作,缺乏对幼儿园教师使用装备的培训和检核,导致幼儿园装备无法推广和很好地投入使用。

2. 幼儿园装备使用过程的地区差距明显

幼儿园装备使用过程受到多方面因素影响。例如,地区经济水平影响教育投入,而教育投入影响幼儿园教育装备的配备,进而影响其使用。幼儿园教师是幼儿园装备的直接操作者,教师对于教育装备的认知水平和教育水平直接影响了装备的使用过程,不同地区的教师对教育装备的认知存在一定差异,从而影响了幼儿园教育装备的使用。调查结果显示,园所装备使用过程维度在地理位置上存在显著差异,且城区分数最高,镇区居中,乡村最后。位于城区的幼儿园由于其教育资源充足、教育装备完善、师资水平较高,故其在拥有完善的教育装备前提下也能很好地使用装备。而教育整体水平相对落后的乡村幼儿园,教育装备配备本身就较为匮乏,加之幼儿园教师水平有待提升,故乡村地区幼儿园的教育装备使用过程情况欠佳。

3. 不同等级幼儿园装备使用过程差距明显

不同等级的幼儿园在其办园条件、园务管理、安全卫生、教育工作等方面均有不同，从未评级类幼儿园到示范园，上述几方面的质量逐级提高。调查结果显示，不同等级幼儿园（未评级类、二级二类、二级一类、一级二类、一级一类、示范园）的装备使用过程差距明显，特别是活动室装备使用过程子维度相较其他子维度差异极其显著。综合来看，示范园的装备使用过程情况最好，未评级类幼儿园情况最差。

（二）改进建议

1. 建立针对幼儿园装备服务人员和幼儿园教师的专业培训

对于幼儿园软件装备使用过程普遍落后的问题，建议开展针对两个群体的专业培训。首先，建议教育装备提供方开展针对幼儿园装备服务人员（如负责装备选购的人员等）的多样化培训，确保培训的科学性和实用性，帮助幼儿园装备服务人员了解装备的使用过程，为其后续开展针对一线教师的培训提供基础性支持。其次，建议幼儿园开展针对一线教师的培训。建议幼儿园装备服务人员在其职能范围内增加对教育装备的培训工作，建立一整套系统的涵盖教育装备培训目标、培训内容、培训方法、培训效果评价的培训体系及后续检核流程、方法，或幼儿园单独安排专门人员对幼儿园一线教师装备使用过程提供支持性系统培训和检核，以确保教师了解教育装备的使用情境、使用方法等，并能在实际教育教学中有效使用。

2. 加大落后地区幼儿园教育装备投入，提升教师对于教育装备的理论认知和实践水平

针对幼儿园教育装备使用过程的地区差距明显的问题，建议加大落后地区幼儿园教育装备投入，并同时采取一定手段切实提升教师对于教育装备的理论认知和实践水平，从硬件和软件两方面改善幼儿园教育装备的使用过程。从硬件方面来说，幼儿园教育装备的不完善阻碍了教师在教育教学过程中的使用，建议地区主管部门加大对教育装备的投入，完善装备的配置，保证硬件的完备。从软件方面来说，建议通过多样化的方式提升教师对于教育装备的理论认知和实践水平，使得幼儿园在硬件装备完善的基础上能够得到合理使用。

3. 采取一定手段缩小不同等级幼儿园之间教育装备使用过程的差距

针对不同等级幼儿园教育装备使用过程差距明显的问题，建议采取一定促进手段缩小这一差距。比如，可以采取"姐妹园互助"的方式，加强园所间关于装备使

用过程的交流合作，互相学习如何更好地使用各种教育装备。针对不同等级幼儿园间差异较为明显的活动室装备使用过程，各地区教育主管部门可以组织专题培训活动，从理论和实践层面给予幼儿园一定支持，促进不同等级幼儿园在装备使用过程上的发展。

四、幼儿园教育装备使用效果的问题及建议

幼儿园装备的使用效果是决定教师"教"和幼儿"学"的重要一环。但是，我国目前在教育装备使用的效果层面还存在一定问题。

（一）存在问题

1. 幼儿园教育装备使用效果城乡存在差异

我国幼儿园教育装备使用效果在城乡层面存在差异。城区的装备使用效果略好于乡村的使用效果，不同地区的教育装备使用效果不均衡，这会造成我国部分幼儿园的教育装备使用效果较差、幼儿得不到发展支持等，从而导致更严重的城乡教育差异。我国很多省（自治区、直辖市）尚未完全重视教育装备的使用效果，但是，部分发达地区已经开始了相关研究，如北京市某区县会定期组织教师对幼儿园区域游戏材料的提供方式进行研究和研讨。由此可见，城乡的幼儿园教育装备使用效果会逐渐存在更严重的差异，目前已有的使用差异应得到广泛重视。

2. 不同级类幼儿园教育装备使用效果存在差异

我国不同级别的幼儿园在教育装备使用效果层面存在差异。根据调查显示，示范园和一级一类园在教育装备的使用效果上优于一级二类及以下幼儿园。示范园在装备使用上注重对教师的提升和发展、注重对幼儿学习效果的观察和提升，如上海市某示范幼儿园会定期组织教师参加教育信息化相关的培训，组织教师学习最新的多媒体运用技术等，而一些无级类幼儿园接触到的资源较少、对教育装备使用的重视度不足。由此可见，不同级别的幼儿园在教育装备的使用效果上存在一定差异，较好的幼儿园往往更重视教育装备的使用效果。

3. 不同性质的幼儿园教育装备使用效果存在差异

我国不同性质的幼儿园教育装备使用效果存在差异。根据调查显示，公办园在教育装备的使用效果上略低于民办园，公办园虽然教育装备资源较多，但是，在装

备使用效果上却不如民办园的使用效果。由此存在着一些社会问题，如教育装备资源浪费现象，政府拨款却使用效果不佳等。

（二）改进建议

1. 加强对乡村幼儿园教育装备使用的指导和培训

幼儿园教育装备有好的使用效果需要幼儿园、幼儿园教师能够重视教育装备、了解教育装备、掌握装备的使用。我国应加强对幼儿园教育装备使用的指导和培训，特别是乡村地区幼儿园，教师只有知道如何使用装备，才能更好地在教学中提升装备的利用率、使用装备辅助教学等。同时，幼儿园教育装备培训应该是教师职后培训的重要一课，在乡村幼儿园中经常可以看到班里有多媒体显示屏，但是利用率却不如小黑板。这样的现象表明，教师不能够熟练掌握装备的使用，因而造成装备的浪费。所以，提升幼儿园教育装备的使用应该从加强教师的使用指导和培训做起，教师能否熟练使用装备是检验其效果的首要一关。

2. 加强对各级别幼儿园教师装备使用的考核和监管

我国应加强对幼儿园教师装备使用的考核和监管，将其作为幼儿园评级评类的重要考察点。幼儿园教育装备不是幼儿园的陈列品，而是幼儿生活的环境、幼儿互动的学材，因此，我国应从政府层面加强对幼儿园教育装备使用的考核和监管。我国尚存在着教育装备监督指导薄弱的问题，应该明确规范幼儿园教育装备的使用程度、使用模式等问题，改善幼儿园教育装备装而不用的问题。同时，定期对幼儿园进行教育装备使用的抽查和整改，切实对教育装备的使用进行监督管理，让教育装备真正促进幼儿园的"教"和"学"。

3. 促进公办园、民办园对教育装备使用的交流和展示

我国应促进公办园和民办园对教育装备使用的分享交流，公办园和民办园各有教育装备选择、使用上的利弊，应支持不同性质幼儿园互通有无，共同促进我国学前教育装备使用质量的提升。特别是我国现在公办园和民办园的教育装备使用效果不平均，园际交流能够促进幼儿园之间的互相学习、共同进步。因此，我国教育装备部门应定期提供不同地区、不同性质幼儿园对教育装备使用的分享和展示，促进不同性质园所的互相学习。

第四章 安全规范质量标准[①]

从 2016 年 3 月开始实施的《幼儿园工作规程》(简称《规程》)首次提出:幼儿园的设备设施、装修装饰材料、用品用具和玩教具材料等,应当符合国家相关的安全标准和环保要求。

那么,我国幼儿园的设备设施、装修装饰材料、用品用具和玩教具材料等方面有哪些安全标准和环保要求?如何对幼儿园教育活动起到条件性安全保障作用?幼儿园玩教具(包括幼儿园户外运动器械及设施设备、用品用具和玩教具材料等)安全,涉及各类安全标准,种类庞多,内容复杂,非专业人士难以识别挑选,更无法运用。对幼儿园实施玩教具安全保障,需要从我国幼儿园教育实践出发,建立起一套符合幼儿园教育需求的玩具安全标准体系。

针对以上问题,我们对国内外相关标准进行了系统性梳理,对相关内容进行了教育实践验证。围绕我国幼儿园教育实际,课题组从幼儿园户外运动器械、室内游戏活动玩具材料、自制玩教具、幼儿桌椅配备几个方面,研究目前存在的问题,介绍我国现行相关安全标准的规范要求。

[①] 何建闽、樊汝来、张晓、孙古、盛瑛,教育部教育装备研究与发展中心。

第一节 我国玩具安全标准现状

一、我国标准化体系

按照《中华人民共和国标准化法》的规定，我国标准分为国家标准、行业标准、地方标准、企业标准四级。国家标准是在全国范围内统一的技术要求。国家标准分为强制性国家标准（代号：GB）和推荐性国家标准（代号：GB/T）。强制性国家标准是保障人体健康、人身财产安全的标准和法律及行政法规规定强制执行的国家标准。推荐性国家标准是指在生产、交换、使用等方面，通过经济手段或市场调节而自愿采用的国家标准，推荐性国家标准一经接受并采用，或各方商定同意纳入经济合同中，就成为各方必须共同遵守的技术依据，具有法律上的约束性。行业标准是由我国各主管部、委（局）批准发布，在该部门范围内统一使用的标准。教育行业标准主管部门为国家教育部标准的起草工作主要由"全国专业标准化技术委员会"归口、负责。教育行业标准由教育部审批、编号、发布。

二、玩具安全标准

玩具安全标准，是针对各种玩具的安全性制定的标准，以法规的形式强制玩具企业执行。由于某些玩具存在不安全因素，因此世界许多国家都制定了玩具安全标准。玩具须经检验，符合安全标准的，在产品上注明标记，否则不准生产、销售和进口。

我国于2003年10月由国家质量监督检疫总局国家标准化管理委员会发布了一个强制性国家标准——GB 6675—2003《国家玩具安全技术规范》，并于2004年10月1日正式实施。

2014年，GB 6675—2003《国家玩具安全技术规范》修订为GB 6675—2014《玩具安全》，规定了玩具产品必须遵循的机械物理性能、燃烧性能、小零件要求、可迁移化学元素、标识和说明等强制性技术要求。

三、玩具安全执行情况

2005年，国家质量监督检验检疫总局、国家认证认可监督管理委员会联合发布第198号公告，对部分玩具产品实施强制性产品认证，即玩具CCC（China Compulsory Certification）认证，包括对童车、电玩具、弹射玩具、金属玩具、娃娃玩具、塑胶玩具等6类玩具实施强制性认证、强制性产品认证。CCC认证是国家依法对涉及人类健康安全、动植物生命安全和健康，以及环境保护和公共安全的产品实行统一的强制性产品认证制度，它要求产品必须符合国家标准和技术法规。

在幼儿园教育实践活动中，GB 6675—2014《玩具安全》是最重要、最基础的安全标准，但不是唯一的标准。

第二节　幼儿园玩教具及设施设备安全标准

《规程》第30条提出，幼儿园应当将环境作为重要的教育资源，合理利用室内外环境，创设开放的多样的区域活动空间，提供适合幼儿年龄特点的丰富的玩具操作材料和幼儿读物，支持幼儿自主选择和主动学习，激发幼儿学习的兴趣与探究的愿望。第35条提出，幼儿园应当有与其规模相适应的户外活动场地，配备必要的游戏和体育活动设施。第36条提出，幼儿园应当配备适合幼儿特点的桌椅、玩具架、盥洗卫生用具，以及必要的玩教具、图书和乐器等；玩教具应当具有教育意义并符合安全、卫生要求、幼儿园应当因地制宜，就地取材，自制玩教具。

幼儿园户外游戏活动中，运动器械和设施设备有哪些安全标准？在各种区域游戏活动中，玩具和操作材料有哪些安全规范要求？幼儿园的幼儿桌椅、玩具架等，怎样才既适合幼儿特点，具有教育意义，又符合安全卫生要求？幼儿园自制玩教具是否存有安全隐患？

一、我国幼儿园玩教具配备的基本内容

1992年,国家教委颁布了《幼儿园玩教具配备目录》。2012年10月,教育部正式颁布了《3—6岁儿童学习与发展指南》,以此为依据,我们从户外运动、科学、角色表演、艺术、阅读、儿童桌椅及通用设施设备、自制玩教具等7个方面来确定幼儿园玩教具配备的基本内容如表4-1所示。

表4-1 幼儿园玩教具配备的基本内容

编号	类别	基本内容
一、户外运动		
1	大型运动器械	户外组合运动器械、滑梯、攀登架、爬网、秋千、荡船、荡桥、跷跷板、钻筒等
2	中小型运动器械	钻圈、拱形门、平衡木、梅花桩、过河石、高跷、小跨栏、羊角球、小推车、三轮车、滑板车等
3	手持轻器械	沙包、飞盘(碟)、圈、绳、皮球、篮球、足球等
二、科学		
1	科学探究玩教具	磁铁、平面镜、放大镜、手电筒、秤、量杯、尺子、钟表(指针式)等
2	沙水玩教具	沙水箱、沙水玩具配件等
3	益智玩教具	棋类、牌类、配对、接龙、拼图、镶嵌、套叠、迷宫、计数材料、七巧板、图形拼板、套筒、骰子及等分类、守恒类玩具等
4	积木	大型积木、中型积木、小型积木
5	接插构造玩教具	片、块、管、粒状材料等
6	穿编玩教具	串珠、穿板、编织等
三、角色表演		
1	角色游戏	娃娃家、医院、交通、超市、美容美发店、餐厅、邮局等
2	表演游戏	木偶、头饰、服装、道具等
四、艺术		
1	音乐	铃鼓、串铃、碰钟、响筒、响板、沙锤、鼓、钹、锣、三角铁等
2	美术	画板、画笔、画纸、颜料、儿童剪刀、手工纸、彩泥、胶水(或胶棒)、美工制作配件等
五、阅读		
1	图书	含故事、童话、儿歌集、动植物、交通工具、天文、地理、人文等儿童百科类图书
2	其他	挂图、点读笔、多媒体资料(如儿歌、故事、歌曲、乐曲等,科学探索类纪录片、动画片、儿童剧、儿童歌舞)等

续表

编号	类别	基本内容
六、儿童桌椅及通用设施设备		
1	基本家具	儿童桌、儿童椅、玩具架(柜)、书架、材料架、展示架等
2	通用设备	收录机、计算机、液晶电视、投影仪、单反相机、书写板等
七、自制玩教具		
1		运动、科学、益智、建构、艺术、综合等

二、户外运动器械、设施设备及活动场地安全标准

(一)器械及设施设备对幼儿的发展意义

《规程》明确要求,在正常情况下,幼儿户外活动时间(包括户外体育活动时间)每天不得少于 2 小时,幼儿园应当积极开展适合幼儿的体育活动,充分利用日光、空气、水等自然因素以及本地自然环境,有计划地锻炼幼儿肌体,增强身体的适应和抵抗能力;正常情况下,每日户外体育活动不得少于 1 小时。适宜的运动场地及运动器械,有助于从幼儿兴趣和需要出发,开展体育活动,促进幼儿身心健康成长,同时能减少由于使用器械造成的伤害,保护幼儿生命安全。

(二)户外运动器械及设施设备对幼儿可能造成的伤害及原因

美国消费品安全委员会(CPSC)发布的一项调查表明:人们在使用运动器械时存在潜在的危害,美国每年有超过 20 万名儿童受到伤害。户外运动器械产生的伤害,主要是跌落伤害、挤压伤害、碰撞伤害等三种伤害,其中,跌落伤害比重最大,占 44%;儿童户外游戏中的挤压碰撞伤害占意外伤害的 27%。还有一些研究发现,儿童从器械上跌落下来造成的伤害占户外活动场地所有伤害的 60%—80%。我国幼儿园的意外事故时有发生,例如,2007 年 1 月,广西某幼儿园 4 岁女孩在玩滑梯时,衣服帽子上的绳子纽扣被滑梯缝隙卡住,绳子挂住颈部,导致窒息死亡;2010 年 12 月,温州一名 4 岁男孩在幼儿园滑滑梯时,高领衫后领被钩在滑梯上,导致窒息死亡;2011 年,江西上饶一名 3 岁男童,因一端帽绳卡在滑梯上,一端缠绕颈部,导致窒息死亡;2012 年 11 月,东莞一名 5 岁的小朋友,在幼儿园的滑梯上玩耍时,衣领一条带结的绳子卡在了滑梯处,并勒住了其脖子,造成窒息死亡;2013 年 9 月,河

南太康县一名3岁的男童浩浩滑滑梯时，衣服风帽上的绳子扭结在一起勒住脖子，导致食管反流，食道内的东西反流到气管里，孩子被呛死。

研究表明，除了幼儿的年龄性别等个体因素外，器械本身的特点也尤为重要。以跌落伤害为例，器械下方的防护地面、运动器械的类型和器械的高度与跌落伤害的发生率关系最为密切。无冲击力的地垫对幼儿从高处跌落后造成的伤害是有冲击力的地垫对幼儿从高处跌落后造成伤害的两倍。器械之间的间距也是造成伤害的重要原因。

户外运动器械可能对幼儿造成伤害的其他因素还包括：物理性伤害，如小零件伤害、突出物外观伤害、挤夹伤害等；有害物质伤害，如重金属超标造成的伤害；环境引起的伤害，如设施跌落空间与其他设施产生重叠给幼儿带来伤害；振动及载荷造成的伤害，如超过承载人数等问题，造成连接件或零部件的松脱现象，引起人身伤害甚至危及生命；包装、运输、安装、贮存存在的危险和伤害，如野蛮装卸、长期露天存放，加速产品老化及变形，因而在使用过程中造成人身伤害等；还有标志缺失引发的伤害，如因标志缺失造成器材使用不当，发生人身伤害事件等。

（三）户外运动器械及设施设备安全标准及规范要求

我国现行的与幼儿园常用的户外运动器械相关的主要安全标准如表4-2所示。

表4-2 户外运动器械安全标准

序号	标准代号	标准名称
1	GB 6675.12—2014	《玩具安全 第12部分：玩具滑板车》
2	GB/T 28711—2012	《无动力类游乐设施 秋千》
3	GB/T 27689—2011	《无动力类游乐设施 儿童滑梯》
4	GB/T 14747—2006	《儿童三轮车安全要求》
5	GB/T 22868—2008	《篮球》
6	GB/T 22892—2008	《足球》

（1）GB 6675.12—2014《玩具安全 第12部分：玩具滑板车》属于国家强制性标准，由中国轻工业联合会提出，由全国玩具标准化技术委员会归口，国家质量监督检验检疫总局、国家标准化管理委员会于2014年12月发布。该标准适用于设计和预定供14岁以下、体重不超过50千克的儿童玩耍的玩具滑板车，包括可折叠和不可折叠两种形式；不适用于设计和预定用于运动目的的滑板车，可用电力驱动的

滑板车。标准对滑板车材料质量、易燃性能、小零件、边缘、尖端、突出部件、孔、机械装置的可触及性以及把立管强度、弹簧强度、刹车、车轮尺寸等内容作了规定和要求。

（2）GB/T 28711—2012《无动力类游乐设施 秋千》由全国索道与游乐设施标准化技术委员会提出并归口，于 2012 年 9 月发布，适用于跌落高度不超过 3000 毫米的秋千（注：跌落高度是指当秋千荡起坐板在最高点时离地面的垂直高度）。此标准对儿童秋千的定义和要求也进行了规定：儿童秋千是供身高不超过 1200 毫米的儿童娱乐使用的跌落高度不超过 1200 毫米的秋千。此标准规定了不同型号的秋千的材料、塑料件的理化性能、悬挂链接方式尺寸要求、防碰撞保护要求、跌落高度、地面缓冲材料和防碰撞区域要求、秋千座椅的防撞击要求等内容。

（3）GB/T 27689—2011《无动力类游乐设施 儿童滑梯》由全国索道与游乐设施标准化技术委员会提出并归口，于 2011 年 12 月发布，规定了儿童滑梯的术语和定义、分类、型号和基本参数、技术要求、安全要求和实验方法等内容。明确规定适用于 3 周岁至 14 周岁儿童娱乐用的无动力类游乐设施儿童滑梯（简称儿童滑梯）。标准将儿童滑梯按照形状、滑行轨迹、滑道表面形状进行了分类。对滑梯高度要求为不大于 3000 毫米。标准对滑梯的不同部件和空间距离防碰撞区域以及地面材料进行了规定，对不同滑梯的滑道起始段、滑行段出口段的尺寸、高度和夹角进行了要求，对滑梯通道、站台、扶手、护栏、围栏等部件的相关参数进行了要求，对滑梯周边防碰撞区域的大小以及防碰撞区域地面材料进行了规定。

（4）GB/T 14747—2006《儿童三轮车安全要求》属于国家推荐性标准，由中国轻工业联合会提出，由全国玩具标准化技术委员会归口，于 2006 年 2 月发布。适用于供一名儿童或多名儿童乘坐的儿童三轮车，不适用于玩具三轮车或设计用于其他特殊目的的三轮车(如游乐三轮车)。标准对儿童三轮车的材料、机械强度、锐利边缘、稳定性、零件作了要求，规定了材料特定可迁移元素最大限量；零部件禁止使用易燃材料；儿童三轮车在正常使用和可预见的非正常使用的情况下，其任何零部件均不应出现断裂或肉眼可见的裂纹；儿童三轮车上不应存在任何可触及的危险锐利边缘和锐利尖端；不应有任何可造成伤害的挤压点；所有用来连接或紧固用的螺栓、螺钉、螺母等，不应出现断裂、松脱、肉眼可见的裂纹或失去应有的功效。

（5）GB/T 22868—2008《篮球》和 GB/T 22892—2008《足球》由全国皮革工业标准化技术委员会提出并归口，于 2008 年 12 月发布。两项标准分别适用于各种材料制成的竞赛用和日常活动用篮球或足球。标准对儿童篮球和儿童足球进行了要求，如对篮球/足球的原料、外观要求、质量、圆周长、圆周差、气密性、反弹高度、耐冲击性能、耐热性等内容进行了规定。

（四）户外活动场地及设施设备设置规范要求

我国现行的与幼儿园户外活动场地及设施设备设置相关的安全标准主要有《托儿所、幼儿园建筑设计规范》，它规定了托儿所、幼儿园应设独立的室外活动场地，场地周围应采取隔离措施，活动场地范围内应采取防止物体坠落措施。室外活动场地应符合以下规定：

（1）每班应设专用室外活动场地，面积不宜小于60平方米，各班活动场地之间宜采取分隔措施；

（2）应设全园共用活动场地，人均面积不应小于2平方米；

（3）地面应平整、防滑、无障碍、无尖锐突出物，并宜采用软质地坪；

（4）共用活动场地应设置游戏器具、沙坑、30米跑道、洗手池等，宜设戏水池，储水深度不应超过0.30米；游戏器具下面及周围应设软质铺装；

（5）室外活动场地应有1/2以上的面积在标准建筑日照阴影线之外；

（6）托儿所、幼儿园场地内绿地率不应小于30%，宜设置集中绿化用地。绿地内不应种植有毒、带刺、有飞絮、病虫害多、有刺激性的植物。

（五）幼儿园安全防护

户外运动器械安全防护主要包括器械下方地面安全防护、防护栏安全防护以及器械之间距离和防碰撞区域设置，本研究将在后文中详细阐述。

三、幼儿园室内游戏活动中的玩教具安全标准

（一）室内游戏活动的基本内容

室内游戏活动是幼儿园开展游戏活动的重要形式。在游戏活动中提供丰富适宜的玩具、操作材料，能有效支持幼儿自主选择和主动学习，激发幼儿学习的兴趣与探究的愿望。常见的幼儿游戏活动区包括科学类、建构类、阅读类、美术类、角色表演类等内容。

（二）室内游戏活动玩教具对幼儿可能造成的伤害及原因

幼儿园室内游戏活动区中常见的玩具安全问题主要由提供不适宜或不合格玩具引发。常见问题包括：小零件问题，可能会对儿童造成摄入或吸入窒息伤害；拼缝拉力不合格的问题，拼缝物可能被儿童拉开，内部填充物外露，会造成儿童窒息；化学超标的问题，化学超标通常是看不见的，要经过一段时间或较长时间才有相应症状显现；还有超过一定限量的重金属元素的伤害问题，严重的甚至危害幼儿的生命安全，等等。

（三）室内游戏活动中玩教具的安全标准及规范要求

如前所述，GB 6675—2014《玩具安全》是最基础和最重要的国家玩具标准。GB 6675.1—2014《玩具安全　第 1 部分：基本规范》是关于玩具的基本规范：明确了通用安全和不允许可能对儿童造成任何伤害的定性要求，以及根据国情提出的特定安全要求，如增塑剂的限量要求、仿真枪的限制要求等；还明确了对于玩具安全标准强制执行的相关措施，包括国家强制性认证、监督抽查、召回等标准。同时指出：从事玩具科研、生产、经营的单位和个人，应严格执行本部分，不符合本部分的产品，禁止生产、销售和进口；国家机关、企事业单位及全体公民有权检举、申诉、投诉违反本部分的行为；国家对玩具（产品）质量实施以抽查为主要方式的监督检查制度；对于存在同一性的、危及儿童健康和安全的不合理危险的玩具，按《儿童玩具召回管理规定》执行。

GB 6675.2—2014《玩具安全　第 2 部分：机械与物理性能》、GB 6675.3—2014《玩具安全　第 3 部分：易燃性能》、GB 6675.4—2014《玩具安全　第 4 部分：特定元素的迁移》是关于玩具机械与物理性能、易燃性能、特定元素迁移的通用安全要求。此 3 项标准针对 GB 6675.1—2014 的定性要求展开，包括了限量值和检测方法。

《玩具安全　第 2 部分：机械与物理性能》规定了可接受的玩具结构特征的要求，包括形状尺寸、轮廓、间隙（如摇铃玩具、小零件、锐利尖端、锐利边缘、铰链等）及某些玩具性能的参数要求，以及对材料、小零件、边缘、突出物、尖端、金属丝、弹性绳、弹簧、非弹性头弹射物的最大动能，某些乘骑玩具的最小倾倒角等的要求。

《玩具安全　第 3 部分：易燃性能》规定了在所有玩具上禁止使用的易燃材料的类别及某些可能接触小型火源的玩具的易燃性能要求。

《玩具安全　第 4 部分：特定元素的迁移》规定了玩具材料和玩具部件中可迁移

元素。锑、砷、钡、镉、铬、铅、汞和硒的最大限量要求。取样方法，以及测试试样的制备和提取程序均有规定。

根据幼儿园开展游戏活动的方式，我们列出了以下几种常见的玩教具安全标准。

1. 学类玩教具相关安全标准

我国现行的与幼儿园常用的科学类玩教具相关的主要安全标准包括表 4-3 中的 6 项内容。

表 4-3　幼儿园科学类玩教具标准

序号	标准代号	标准名称
1	GB 6675.1—2014	《玩具安全　第 1 部分：基本规范》
2	GB 21746—2008	《教学仪器设备安全要求总则》
3	GB 19865—2005	《电玩具的安全》
4	QB/T 2360—1998	《发条玩具通用技术条件》
5	QB/T 2362—1998	《电动玩具通用技术条件》
6	QB/T 2361—1998	《惯性玩具通用技术条件》

GB 21746—2008《教学仪器设备安全要求总则》属于强制性国家标准，于 2008 年 5 月发布。适用于一般各类学校用的教学仪器设备，以及儿童用室内运动器材和特殊情况下室外使用，由学校装备的器材。教学仪器设备是具有教学特点，体现教学思想，在教学和培训中使用的器具和装置。"教学"可以是学前、学龄和成人培训各阶段。标准规定了教学仪器设备安全卫生原则，对教学仪器设备的使用、设计，如防护技术措施、使用过程中的危险和有害因素、材料中的有害物、机械性安全等内容作了技术要求。

GB 19865—2005《电玩具的安全》属于强制性国家标准，于 2005 年 9 月发布。适用于至少有一种功能需要使用电玩具的安全，范围覆盖了小到纽扣电池驱动的灯具，大到铅酸电池供电的骑乘玩具等所有电玩具。

2. 角色表演类玩教具相关安全标准

我国现行的与幼儿园常用的角色表演类玩教具相关的主要安全标准如表 4-4 所示。

表 4-4 幼儿园角色表演类玩教具标准

序号	标准代号	标准名称
1	GB 6675.2—2014	《玩具安全 第 2 部分：机械与物理性能》
2	GB 6675.3—2014	《玩具安全 第 3 部分：易燃性能》
3	GB/T 9832—2007	《毛绒、布制玩具》

GB/T 9832—2007《毛绒、布制玩具》属于推荐性国家标准，于 2007 年 12 月发布。适用于以纺织品为主要面料、内含各种填充物的玩具，该标准包括有服饰和无服饰的玩具。规定了毛绒玩具的缝纫质量、缝纫拼缝及布绒牢度、装配牢度、缝纫质量、成品外表、填充物、破洞、颗粒填充物内胆等要求。

3. 建构类玩教具相关安全标准

我国现行的与幼儿园常用的建构类玩教具相关的安全标准主要有 JY0134—1991《积木》。该标准属于推荐性行业标准，于 1991 年 2 月发布，适用于幼儿园使用的积木。该标准规定了积木的产品分类、各种类型积木的尺寸、形体品种、规格数量、质量要求、承载量要求、表面要求等内容。

4. 美工类材料相关安全标准

我国现行的与幼儿园常用的美工类材料相关的主要安全标准如表 4-5 所示。

表 4-5 幼儿园美工类材料标准

序号	标准代号	标准名称
1	GB 6675.14—2014	《玩具安全 第 14 部分：指画颜料技术要求及测试方法》
2	GB 6675.4—2014	《玩具安全 第 4 部分：特定元素的迁移》
3	GB/T 26704—2011	《铅笔》
4	GB/T 22833—2008	《图画纸》
5	GB/T 22830—2008	《水彩画纸》
6	QB/T 1336—2000	《蜡笔》
7	QB/T 2915—2007	《画架》
8	QB/T 2960—2008	《彩泥》
9	QB/T 1749—1993	《画笔》
10	QB/T 4106—2010	《固体水彩画颜料》
11	QB/T 1335.2—2000	《水彩画颜料》
12	QB/T 1335.3—1991	《广告画颜料》

GB 6675.14—2014《玩具安全 第14部分：指画颜料技术要求及测试方法》属于强制性国家标准，于2014年12月发布。适用于14岁以下儿童使用的指画颜料中的物质和材料，规定了指画颜料中允许使用的着色剂、防腐剂、填充剂、保湿剂和表面活性剂，并对pH值、特定元素的可迁移限量作了要求。

GB/T 26704—2011《铅笔》属于推荐性国家标准，于2011年12月发布。适用于石墨铅笔和彩色铅笔。规定了铅笔的分类，对笔芯及笔杆的性能、直径、长度以及铅笔，笔杆上的涂层和铅芯中可迁移元素含量作了要求。

GB/T 22833—2008《图画纸》属于推荐性国家标准，于2008年12月发布。适用于铅笔绘画或彩画用的图画纸，对图画纸的尺寸、外观作了要求和规定。

GB/T 22830—2008《水彩画纸》属于推荐性国家标准，合会提出，由全国制笔标准化技术委员会归口，于2008年12月发布。适用于供水彩画创作或练习用纸，规定了水彩画纸的分类，并对水彩画纸的技术指标、尺寸、外观作了要求。

QB/T 1335.2—2000《水彩画颜料》属于行业推荐性标准，于2000年6月发布。适用于美术绘画，专业创作及学生绘画用的水彩画颜料，不适用于固体水彩画颜料和具有特殊用途的水彩画颜料。该标准规定了水彩画颜料的分类与命名，对颜料的色泽、细度、耐热性、耐寒性、耐光性、厚度、软管作了技术要求，并对有害物质限量作了规定。

QB/T 1335.3—1991《广告画颜料》属于行业推荐性标准，于1991年11月发布。适用于绘制广告设计图案、美术绘画以及环境布置等用的广告画颜料(又名水粉画颜料)。规定了广告画颜料的产品分类，对颜料的色泽、细度、厚度、耐寒性、耐光性、耐热性、遮盖性、软管、瓶及瓶盖作了技术要求。

5. 音乐类用品用具安全标准

我国现行的与幼儿园常用的音乐类用品用具相关的安全标准主要有 GB/T 28489—2012《乐器有害物质限量》属于强制性国家标准，于2012年6月发布。适用于乐器、乐器配件及置于室内的乐器包装物，对乐器中对人体有害物质的限量、分类、要求及包装标志作了要求和规定。

6. 玩教具材料安全标准

表4-6中的安全标准适用于幼儿园各类玩教具材料。涵盖了竹木和硬塑材料通用条件、机械与物理性能、易燃性能、表面涂层、填充物等各方面的内容。

表 4-6　幼儿园玩教具材料标准

序号	标准代号	标准名称
1	GB 6675.1—2014	《玩具安全　第 1 部分：基本规范》
2	GB 6675.2—2014	《玩具安全　第 2 部分：机械与物理性能》
3	GB 6675.3—2014	《玩具安全　第 3 部分：易燃性能》
4	GB 6675.4—2014	《玩具安全　第 4 部分：特定元素的迁移》
5	GB 24613—2009	《玩具用涂料中有害物质限量》
6	GB/T 22753—2008	《玩具表面涂层技术条件》
7	GB/T 28495—2012	《竹木玩具通用技术条件》
8	GB/T 29777—2013	《玩具镀层通用技术条件》
9	GB/T 28022—2011	《玩具适用年龄判定指南》
10	QB/T 30400—2013	《玩具填充物安全和卫生要求》

GB 24613—2009《玩具用涂料中有害物质限量》属于国家强制性标准，于 2009 年 11 月发布。适用于各类玩具用涂料，规定了玩具用涂料中对人体和环境有害的物质容许限量的要求。

GB/T 22753—2008《玩具表面涂层技术条件》属于国家推荐性标准，于 2008 年 12 月发布。适用于各种具有装饰和防护等功能的玩具表面涂层。规定了玩具表面涂层的技术要求，如外观、附着力、硬度、防腐蚀能力、特定元素的迁移等内容。

GB/T 28495—2012《竹木玩具通用技术条件》属于国家推荐性标准，于 2012 年 9 月发布。适用于以木材、竹等为主制造的竹木玩具，不包括能承载儿童体重的竹木玩具。标准对竹木玩具的外观、材质要了要求，如玩具应该纹理清楚、颜色均匀、无霉变、虫蛀、死节、无明显影响使用功能的变形，并对特定玩具作了特殊要求，如积木玩具、贴纸玩具、拼板玩具、组装玩具、拖拉玩具、计算玩具、声响玩具等。

GB/T 29777—2013《玩具镀层通用技术条件》属于国家推荐性标准，于 2013 年 10 月发布。适用于各种玩具（包括童车）具有装饰和防护等功能的表面镀层。标准规定了在玩具（包括童车）金属基体表面镀层的外观、镀层厚度、结合强度、耐腐蚀等要求。

四、幼儿园儿童桌椅及通用设施设备安全标准

幼儿桌椅是幼儿园最为基础的设备，其适宜性、舒适度，关乎幼儿一日生活质量，关乎幼儿生长发育。

我国在 1983 年制定了 GB/T 3976—1983《学校课桌椅功能尺寸》国家标准，对中小学学前儿童的桌椅的尺寸等内容进行了规定和要求，并在 2002 年参考 ISO 5970—1979《家具-教育机构-功能尺寸》，对标准进行了修订。2014 年，国家卫生和计划生育委员会将国家标准 GB/T 3976—2002《学校课桌椅功能尺寸》修订为 GB/T 3976—2014《学校课桌椅功能尺寸及技术要求》，该标准适用于高等院校、中小学校学生用课桌椅以及托幼机构学前儿童桌椅。该标准对"学前儿童桌椅"作了详细规定，对儿童桌的品种与型号、主要尺寸、儿童椅的尺寸等内容进行了规定，并要求按该标准生产的儿童桌和儿童椅，附着永久性标牌，标明型号和儿童身高范围。也就是说，幼儿园幼儿桌椅要符合 GB/T 3976—2014《学校课桌椅功能尺寸及技术要求》。

我们在走访中发现，幼儿园园长和教师并不了解该项标准要求，有的幼儿园虽然给不同年龄班配备了不同高度的桌椅，但基本都是全班桌椅统一尺寸。有的幼儿园配备了可调节高度的儿童桌，但每个年龄班还是统一使用同一种高度的桌椅，并不会根据幼儿身高需要调节高度，基本上从购买或是配备了该桌椅以来从来没有调整过高度。幼儿园在选择桌椅时，主要依靠经验，或者由厂家提供集中型号来选择。

课题组通过对北京市几所示范园进行随机测查发现，依据现行标准，有 80%的幼儿桌高度不适合，偏高、偏低的情况都存在。

为了进一步查找上述现象背后可能存在的问题，课题组一行进行了实证研究，详见本书第七章。

与幼儿一日生活及教育活动开展较为密切的标准还包括一些通用设施设备标准，如表 4-7 所示。

表 4-7 通用设施设备标准

序号	标准代号	标准名称
1	GB 28007—2011	《儿童家具通用技术条件》
2	GB/T 3976—2014	《学校课桌椅功能尺寸及技术要求》
3	QB 2453.1—1999	《家用的童床和折叠小床 第一部分：安全要求》

GB 28007—2011《儿童家具通用技术条件》属于强制性国家标准，于 2011 年 10 月发布。适用于设计或预定供 3—14 岁儿童使用的家具产品，规定了儿童家具的一般要求、安全要求、警示标识、试验方法、检测规则及标志、使用说明、包装、运输、贮存。标准中除了对儿童家具质量作了要求外，特别针对儿童家具的安全要求作了较为全面的规定。

（1）结构安全。儿童家具不应有危险锐利边缘及危险锐利尖端，棱角及边缘部位应经倒圆或倒角处理；不应有危险突出物，如存在危险突出物，则应用合适的方法对其加以保护；可接触的活动部件的间隙不应小于 5 毫米或大于等于 12 毫米；除门、盖、推拉件及其五金件外，不应在正常使用载荷下产生危险的挤压、剪切点。

（2）力学性能。儿童家具零部件应无断裂、豁裂或脱落；无严重影响使用功能的磨损或变形；用手揿压某些应为牢固的部件，应无永久性松动；连接部件应无松动；活动部件(门、抽屉等)开关应灵活；五金件应无明显变形、损坏或脱落；软体家具应面料无破损、无断簧，缝边无脱线，铺垫料无破损或移位；稳定性试验时，产品应无倾翻。

（3）其他。儿童家具应满足以下要求：除在离地面高度或儿童站立面高度 1600 毫米以上的区域外，不应使用玻璃部件；管状部件外露管口端应封闭；抽屉、键盘托等推拉件应有防拉脱装置，防止儿童意外拉脱造成伤害；所有高桌台及高度大于 600 毫米的柜类家具，应提供固定产品于建筑物上的连接件，并在使用说明中明示安装使用方法；除转椅外，安装有脚轮的家具应至少有 2 个脚轮能被锁定或至少有 2 个非脚轮支撑脚；转椅气动杆不应自动升降或升降不顺，气动杆与其他配件应配合良好；纺织面料 pH 值应在 4.0—7.5 之间；皮革 pH 值应在 3.5—6.0 之间。

（4）有害物质限量。儿童家具材料中有害物质限量应符合表 4-8 要求。

表 4-8　儿童家具材料中有害物质限量

材料	项目		指标
表面涂层	可迁移元素	锑 Sb	≤60 mg/kg
		砷 As	≤25 mg/kg
		钡 Ba	≤1000 mg/kg
		镉 Cd	≤75 mg/kg
		铬 Cr	≤60 mg/kg
		铅 Pb	≤90 mg/kg
		汞 Hg	≤60 mg/kg
		硒 Se	≤500mg/kg
纺织面料	游离甲醛		≤30 mg/kg
	可分解芳香胺		禁用
皮革	游离甲醛		≤30 mg/kg
	可分解芳香胺		禁用
塑料	邻苯二甲酸酯（DBP、BBP、DEHP、DNOP、DINP 和 DIDP 的总量）		≤0.1%

（5）警示标识。应在使用说明中明确标示产品适用年龄段，即"3—6 岁""3 岁及以上"或"7 岁及以上"；如果产品需安装，应在使用说明中标示"注意！只允许成人安装，儿童勿近"的警示语；如果产品有折叠或调整装置，应在产品适当位置标示"警告！小心夹伤"的警示语；如果是有升降气动杆的转椅，应在产品适当位置标示"危险！请勿频繁升降玩耍"的警示语；以上警示语中"危险"、"警告"、"注意"等安全警示字体不小于四号黑体字，警示内容不应小于五号黑体字。

五、幼儿园自制玩教具中的安全要求

对照上述标准我们不难发现，幼儿园自制玩教具中存在诸多安全隐患。比如，使用易燃包装泡沫材料作为玩教具替代品；使用盛装过化学成分的塑料瓶子或是玻璃瓶子作为玩教具；使用易碎的玻璃镜片作为科学玩教具；使用尖锐的大头针固定墙饰；使用尖锐的牙签制作装饰品；使用灵活而尖锐的大头针自制指南针教具，等等。

近年来，幼儿园开始盛行使用废旧的工业橡胶轮胎开展幼儿园户外运动，用橡胶轮胎布置幼儿园户外环境，等等。使用之广泛，幼儿接触之密切，令人担忧。幼儿园是否想过，工业废弃物的材料安全吗？

有资料显示，轮胎中含有铜化合物、锌化合物、镉、铅、酸溶液或固态酸有机卤化合物、卤素丁基橡胶等危险物质。当轮胎磨损时，就会释放含有多环芳烃的颗粒。多环芳烃是含有两个以上苯环的碳氢化合物，是一类典型的持久性有机污染物，通常存在于石化产品。橡胶、塑胶、润滑油、防锈油、不完全燃烧的有机化合物等物质中，是环境中重要致癌物质之一，被人类吸入或通过空气传播到土地和水源中，会对人类健康和环境造成损害，并有持久性、生物累积性和致癌性。

第二篇 幼儿园教育装备热点问题研究

第五章 新技术的应用[①]

第一节 信息技术在年幼儿童发展与教育中的应用
——基于 WOS 数据库 1982—2018 年的文献分析

一、问题提出

信息技术在儿童发展与教育中的应用是一柄双刃剑,尤其在年幼儿童群体中信息技术的应用一直是极具争议的话题。研究表明,信息技术的应用对儿童语言、认知以及创造力等方面的发展有所裨益,但技术的使用也存在导致肥胖、睡眠问题、攻击性行为等负面影响的潜在风险,技术对于儿童而言利弊如何尚未有定论。尽管如此,随着信息技术的迅猛发展,信息技术的应用年龄已然呈现出明显的下沉趋势,婴幼儿接触信息技术的途径拓宽、使用频率增加,接触的技术类型也日益广泛,这些现象表明信息技术已经渗透至年幼儿童生活的方方面面。如何利用信息技术的优势,在规避风险的同时发挥其在支持和促进儿童健康成长中的积极作用已经成为教育学、心理学、医学和技术学科等诸多领域研究者共同关注的重点。多年来,以西方为主的世界各国研究者开展了大量实证研究,对此研究经验的梳理和总结,能为我们更全面地理解信息技术在年幼儿童发展与教育中的应用提供线索和依据,可作为进一步开展研究的借鉴,也能为管理和实践部门把握信息技术应用的发展方向提

[①] 郭力平、李姗姗、何婷,华东师范大学教育学部。

供参考。

鉴于此,本研究主要运用文献计量方法对 1982—2018 年间科学信息研究所(Institute for Scientific Information,ISI)的 Web of Science(WOS)核心合集数据库相关研究文献进行分析,梳理此 36 年间信息技术在儿童发展与教育领域的应用特点,总结该领域的主要研究方法与研究成果,并对该领域的研究发展历程以及趋势有所把握。

二、研究方法

(一)数据准备

1. 数据来源

从研究的科学性和文献分析的便利性考虑,本研究以 WOS 核心合集数据库作为文献来源,确定主题为信息技术在年幼儿童发展与教育中的应用。此处将年幼儿童定义为 0—6 岁儿童。为确保数据的精确性和完整性,本研究以标题类型(TI)进行文献检索,具体从"对象年龄"和"主题内容"两个方面设定条件进行关键词检索,并确定检索式。检索条件尽可能涵盖所有符合研究主题的文献记录,入库时间选择"所有年份"[①],共得到 1355 条数据。数据获取时间为 2018 年 3 月 24 日。由于"信息技术""儿童"等词汇在英文文献中可能还存在其他表述,或者其他相关文献题目中未直接出现目标词,因此,所得数据未必是该领域全部数据。

2. 数据筛选

为了确保数据的有效性,兹根据研究目标制定数据筛选标准,采用人工方式逐条对数据进行筛查。其中,纳入有效数据的标准是:①信息技术在年幼儿童健康发展与教育中的应用,涉及的内容包括信息技术在年幼儿童中的直接应用、媒体环境的影响以及与儿童发展密切相关的家长教育能力的提升、教师专业发展等方面的内容。②儿童社会交往发展迟缓、语言发展迟缓以及自闭症谱系障碍等非医院环境中的干预与支持等。剔除数据标准是:①儿童特定病症的治疗、评价或检测等医疗技术的应用。②研究对象未包括 6 岁以下儿童(或家长/教师)。依据此标准剔除无效数据 599 条,最终得到有效数据 756 条。

---

① WOS 数据库核心合集中的所有年份为 1982—2018 年。

（二）数据处理

本研究数据处理包括两个方面。一是基于 CiteSpace 工具的数据处理。通过绘制 36 年来信息技术在年幼儿童发展与教育领域应用研究的关键词共现聚类网络图谱、文献共被引网络图谱，探测该领域多年来的研究热点与发展历程。二是基于特定内容对文献进行编码处理。第一，研究对象的年龄分段，具体分为 0—3 岁、3—6 岁以及 0—6 岁。①第二，研究涉及的领域，主要参考我国《3—6 岁儿童学习与发展指南》进行划分，此外，考虑到部分研究文献同时涉及多个领域，故增加"综合"一项。第三，作者对其研究内容于年幼儿童发展与教育的影响预期：积极影响、消极影响以及中性或不确定。

三、研究结果与分析

（一）文献出版年份

756 条文献按照年发文量进行统计，结果如图 5-1 所示。20 世纪 80—90 年代有关信息技术在年幼儿童发展与教育中应用的研究文献尚比较稀少，年均文献数量在 20 篇以内。从 2002 年起，该领域的发文量呈现稳步增长的趋势，尤其在 2015—2017 年每年的文献量都在 80 篇以上。相关文献的增长态势，这一方面表明研究者对信息技术在年幼儿童发展与教育中作用的关注度提升，另一方面也表明信息技术应用的广度和深度有了明显的拓展。

（二）年龄分布特征以及主要研究主题

按照研究的年龄段，即研究涉及的领域进行统计（见表 5-1）。从研究的年龄段来看，研究对象为 3—6 岁儿童的文献最多，占到总体的 60%以上，且研究对象中包含 3 岁及以上年龄段儿童的文献占比达到 75%以上。涉及婴儿和学步儿的研究占比 39.8%，其中专门针对 0—3 岁儿童的研究占全部文献的 1/4。3 岁以上儿童一直是研究者们重点关注的对象，但随着信息技术的普及，研究者所关注的年龄段也呈现出下沉趋势，针对 0—3 岁儿童的研究逐步突显出来。

---

① 研究对象年龄段的划分：①研究对象为 3 岁以内的儿童(包括研究对象群体的最大年龄为 3 岁或 36 个月)。②研究对象为 3—6 岁儿童(研究对象群体的最小年龄为 3 岁或 36 个月；如果研究对象只有 3 岁或 36 个月的儿童，也属于该年龄段)。③如果研究对象既包括 3 岁以下的儿童，也包括 3 岁以上的儿童，则为 0—6 岁年龄段。

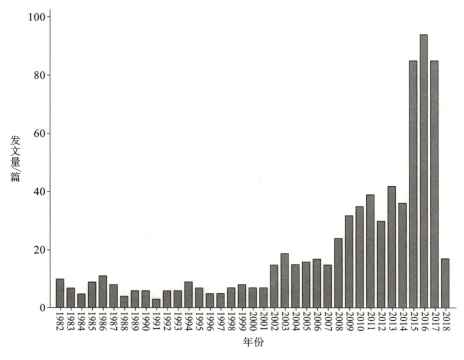

图 5-1　出版年份分布图

从研究的领域来看，研究重点关注了信息技术应用与健康发展的关系，专门针对健康领域的文献占到总体的 29.7%，其次为认知领域，语言领域和社会领域也得到研究者一定的关注。但是，目前信息技术应用与艺术领域发展及教育的关系，尚未有充分的科学研究成果。另外，有 1/5 以上的文献同时涉及两个及两个以上领域的研究。

综合年龄段及研究领域的分析可以发现，在婴幼儿阶段，信息技术对儿童健康的影响是研究者们关注的焦点。随着儿童年龄的增长，研究领域逐步拓展到儿童认知、语言、社会性发展等方面，更多探讨信息技术对儿童学习的支持作用。

表 5-1　文献研究年龄及领域分布表

年龄	领域						百分比
	健康	语言	社会	认知	艺术	综合	
0—3 岁	68	26	38	26	1	21	23.8%
3—6 岁	100	72	50	102	5	111	58.2%
0—6 岁	49	11	9	7	0	35	14.7%
百分比	28.7%	14.4%	12.8%	17.9%	0.8%	22.1%	

（三）研究热点

词频分析法是通过在文献信息中提取能够表达文献核心内容的关键词或呈现主题词频次的高低分布来研究该领域发展动向和研究热点的方法。本研究设定节点类型为关键词，分析项目选择方法为 TOP=50[①]，绘制该领域关键词共现聚类可视化网络图谱（见图 5-2），该图谱共产生 69 个聚类，$Q = 0.735$，$S = 0.601$。[②]图谱中节点的大小代表该聚类文献数量的多少，聚类#0 至聚类#6 节点数共 270 个。本研究选取排名前 7 个聚类作为 36 年来信息技术在儿童发展与教育中应用领域的研究热点。

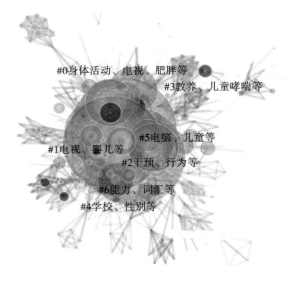

图 5-2　关键词共现网络聚类图谱

排名第一位的是聚类#0，共有 57 个节点，该聚类重要的标签词有身体活动、电视、肥胖等。排名第二的聚类是#1，共有 48 个节点，该聚类重要的标签词有电视、婴儿、年幼儿童、模仿、学步儿等。排名第三的是#2，共有 40 个节点，该聚类重要的标签词有干预、行为、自闭症等。排名第四的是#3，共有 33 个节点，该聚类重要的标签词有教养、儿童哮喘、患病率、家庭等。排名第五的是#4，共有 32 个节点，该聚类重要的标签词有学校、性别、种族、经验、幼儿园等。排名第六

---

① CiteSpace 中，分析项目选择方法(Selection Criteria)TOP=50，表示选择每一个时间段中被引频次或出现频次最高的 50 个节点数据。

② 评价聚类图谱合理性有两个指标，标记是否适宜聚类的指标 Modularity Q 值(模块值)和聚类内部相似程度的指标 Silhouette 值(平均轮廓值 S)。Q 值在区间[0，1]内，说明划分的结构显著；S 值为 0.5 时，说明聚类合理，S 值为 0.7 时，说明聚类效果最佳。

的是#5，共有32个节点，该聚类重要的标签词有电脑、儿童、学前期、媒体使用、电子游戏等。排名第七的是#6，共有28个节点，该聚类重要的标签词有能力、词汇、单词、习得等。

对应的热点分别有以下几个方面。

热点一：电视等媒体对儿童健康（包括肥胖、生活方式、身体质量指数等）的影响。

热点二：电视对年幼儿童（包括婴儿、学步儿）模仿学习的作用。

热点三：信息技术用于自闭症儿童干预（包括语言、动作、社会性等）研究。

热点四：信息技术支持下的家庭教养研究。

热点五：信息技术在教育教学场景中的应用。

热点六：电脑、电子游戏等媒体使用对年幼儿童早期的影响。

热点七：信息技术在儿童语言发展中的应用。

（四）研究发展历程及特点

采用CiteSpace关键词突发性变化（Burst值）考察研究的发展趋势。将"Burstness"的模型参数设置为6.0、2.0、2、0.05、3，得到27个突现词。结合图5-3的关键词突现的起始年份以及此阶段所突现主题，可将36年来信息技术在年幼儿童发展及教育的研究历程划分为5个阶段。

第一阶段：1982—1991年，电视商业广告对儿童发展的影响研究。

该阶段的突现词是电视商业广告（commercial），突现值为1.7918，突现时间为1982—1991年。随着20世纪70—80年代电视在家庭中的普及，针对年幼儿童的电视广告也越发普遍。20世纪80年代该领域关注的重点为儿童对电视广告的理解以及广告内容对儿童认知的影响。其中，关键文献包括Levin对儿童区分电视节目和广告能力的研究。该研究发现，尽管多数3岁儿童已经能够理解"广告"和"节目"的含义并能通过听觉和视觉线索准确区分，但这并不意味着年幼儿童真正理解广告的目的和内容。Stutts和Hunnicutt在前人的基础上将注意力转向广告中的免责声明，免责声明用于减少夸大的广告效果导致的错误印象。他们的研究发现，准确理解免责声明对绝大多数年幼儿童是较为困难的，他们建议免责声明应充分考虑在表达上更适宜目标儿童的发展特点。

第二阶段：1992—1999年，电脑在儿童教育中的运用研究。

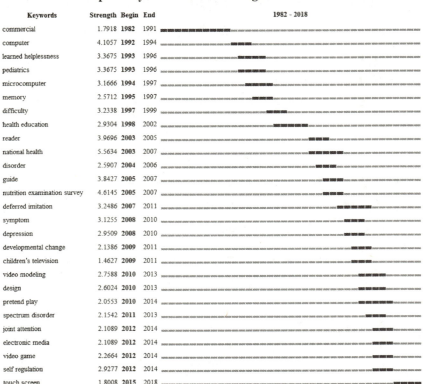

图 5-3　高被引关键词突现图

该阶段的突现词是电脑（计算机）。20世纪90年代以后，计算机技术在教育场景中的应用逐步普及。这一时期涌现出系列探究儿童使用电脑、学习简单编程语言的可能性以及使用电脑对儿童学习带来的潜在影响的研究。Alloway 研究了学龄前儿童输入设备的使用情况，包括键盘、鼠标和操作杆等，以及儿童在自由活动中的偏好。研究发现儿童操作最熟练的是鼠标，其次是操作杆，最难以操作的是键盘。Bernhard 考察了 3—6 岁儿童的性别、对电脑的态度及其使用能力之间的关系。Bergin 等人则对年幼儿童使用电脑进行学习时的动机以及社会交往行为进行了研究，其研究结果表明如果在学前阶段引入电脑的使用和学习，能够改善小学期间男孩在电脑使用上占据主导的状况。

第三阶段：2000—2008 年，基于屏幕的媒体技术与儿童健康发展的关系研究。

该阶段的突现词包括健康教育（health education）、全民健康（national health）和营养调查（nutrition examination survey）等都与健康关系密切，且出现了障碍和症状等与疾病有关的词汇。尽管计算机技术在这一时期有了长足的发展，但是电视仍然是年幼儿童媒体接触的主要技术设备，且对儿童的身心发展产生重要影响。这一阶段，研究者更广泛深入地探讨了电视对年幼儿童的影响，尤其是健康方面的影响。这一时期有关屏幕媒体与儿童健康的关系主要从两个方面展开：一是电视等视屏观看对儿童身体健康带来的不良后果，如肥胖等；二是信息技术应用于特殊需要儿童干预治疗中的作用。

Mendoza 和 Zimmerman 探讨了儿童使用电子设备与体重之间的关系。研究发现，每天观看电视等视频超过 2 个小时与体重超标和肥胖症之间存在显著的相关性。研究强调，年幼儿童观看电视的时间已经超过了 AAP（美国儿科学会）建议的时间，对其健康成长造成隐患。Miller 和 Marks 探讨观看电视是否会导致注意力不集中和过度亢奋等问题，其结果证实观看电视的时长与多动症之间存在一定的相关性。

这一阶段也出现了利用视频对特殊儿童进行干预的诸多实验研究。Bellini 等人探讨视频示范是否能改善自闭症儿童的社会参与，并发现视频干预技术能够有效地改善自闭症儿童的社会参与情况。Gena 等人的研究同样证实视频示范在改善自闭症儿童行为方面与现场示范有相同的效果。可以发现，研究开始重视信息技术手段对于特殊需要儿童干预的积极作用。

第四阶段：2009—2011 年，基于信息技术的学习环境对儿童社会性发展的影响研究。

这一阶段的突现词有儿童电视（children's television）、依恋、共同注意和视频模仿等。儿童电视仍是研究的主题，但研究的领域从儿童健康过渡到儿童社会性的发展，尤其关注家庭中的电视观看对亲子关系的影响。

Kalinauskiene 等人的研究发现，视频反馈干预能显著提升母亲对婴儿的敏感性。但是，当电视等信息技术在家庭环境中呈现时，也可能会干扰亲子互动。Courage 等人的研究发现，当电视机处于开启状态时，家长与年幼儿童的交流和互动明显少于电视机关闭时的状态，电视作为背景会对亲子交流造成负面影响。Richert 等人的研究则发现，对于婴幼儿而言，电视中的角色无法直接支持儿童的社会性发展，但是在电视观看期间家长与儿童的交流以及相关信息的讨论能够有效地促进儿童语言、认知及社会性的发展。此类研究表明，在家庭环境中，家长作为中介因素如果能够积极引导年幼儿童的电视观看，对儿童社会性发展具有重要的积极作用。

第五阶段：2012—2018 年，新媒体技术对儿童学习与生活产生的影响研究。

该阶段的突现词包含电子媒体（electronic media）和电子游戏（video game）。

随着信息技术发展的不断深化，儿童生活和学习中所接触到的媒体不再限于电视和电脑，而是在互联网的加入下变得更加丰富多样。以智能手机、平板电脑为代表的移动触摸屏技术的发展，使得技术更具互动性，新媒体技术在年幼儿童生活和学习中的作用得到越来越多的关注。

Hinkley等人对3604名2—6岁儿童进行了为期三年的追踪研究，以确定早期电子媒体使用与长期的健康状况之间的关系。其中，电子媒体的使用包括看电视、玩网络游戏和使用电脑等。研究发现，尽管存在一定的性别差异，但是电子媒体的使用程度能够预测之后的健康情况，使用媒体的时间越多，越容易出现不良的身体状况。相较于网络游戏和电脑使用，电视的观看更可能导致不良后果。而且，媒体使用也更易导致儿童情绪问题的出现。

这一阶段也有一些研究探讨了电子游戏等技术手段在教育教学中的运用、对促进儿童学习和发展的可能性。247名儿童在教师指导下操作一款针对数学和几何能力发展的计算机软件进行为期21周的学习，Foster等人考察了技术支持5—6岁儿童数学能力发展的效果。对照实验表明，计算机辅助教学条件下儿童有关数量认知和应用题问题解决的后测分数明显高于对照组。Chmiliar则探究了平板电脑帮助特殊儿童提升学习效果的可能性。研究通过系统观察、测试以及教师和家长的访谈，证实平板电脑在提高特殊儿童的图形和颜色认知、字母识别等方面均有积极效果。

（五）高被引、高突现文献研究特点

高被引与高突现文献能够反映研究领域的主要特点。本研究通过绘制文献被共引网络图谱，定位并分析排名前十位的高被引文献和高突现文献，以探测信息技术在年幼儿童发展与教育中应用的发展特点。

从研究主题来看，文献多以电视为主，探究电视与儿童身心发展之间的关系。电视作为研究主题呈现出跨年代的稳定性，一直是（尤其是2010年之前）信息技术应用领域的主要研究内容。究其原因，是因为电视在年幼儿童生活中应用的广泛性。突现率最高的文献为Bar-On等人发表在《Pediatrics》杂志上的文章《Children，Adolescents，& Television》，聚焦的正是观看电视可能对儿童及青少年带来的不良影响，包括暴力或攻击性行为、药物滥用、肥胖以及低出勤率等问题。除了电视分级系统和V-Chip制度（保护年幼儿童避免受到电视上暴力、色情内容污染的过滤制度）之外，该报告还提出对儿童进行媒体教育是一项能够有效防止媒体潜在危险的手段。

从研究者所持的态度来看，这些文献中研究者认为针对年幼儿童的信息技术应用应当保持较为谨慎的态度。Schmidt 和 Kirkorian 采用同样的范式分别对电视作为背景与亲子互动的频次、亲子互动质量和儿童游戏行为之间的关系进行了研究。两项研究均发现年幼儿童，尤其对婴儿而言，被动处于电视播放的环境中会造成亲子互动质量的下降；电视作为背景也会缩短儿童游戏行为中的注意力时长。Robinosn 的研究发现减少电视观看时间能够缓解儿童肥胖症状，而 Certeain 和 Kahn 也就电视等媒体对儿童身体的影响进行了探讨，发现电视会导致久坐，从而更易导致肥胖或其他病症的出现。尽管也有研究者从电视或视频对语言学习和社会参照方面，发现电视有益于儿童学习的结论，但更多的探究年幼儿童与电视之间关系的研究者认为，尽管教育性视频内容对儿童而言存在学习的契机，但应该合理运用，避免信息技术对年幼儿童带来的潜在伤害。

结合 756 篇文献作者研究取向的编码分析，发现所有涉及健康领域的 217 篇文献中，研究者预期消极影响的数量最多，占到总数的 43.3%；而在认知、语言及社会性领域的研究中，研究者预期积极影响的数量更多，分别占到该领域文献总数的 55.6%、71.6%和 66.1%。因此，涉及健康领域的文献更多地考虑到信息技术的消极影响，而关注认知等领域的研究则对信息技术抱有更积极的态度。在高突现、高被引文献中，也呈现出与此一致的研究取向。

从研究对象的年龄特点来看，研究对象为 0—3 岁儿童的共 8 篇，占到 57%；而针对 0—6 岁儿童的文章共 2 篇，占到 14%。由此可以看到，这些文献专门针对婴儿、学步儿阶段的居多，说明信息技术应用的下沉得到了研究者的广泛关注。从内容来看，研究者对 2 岁以前儿童接触电视等媒体的态度尤为审慎，基于大量数据调查，研究者建议应遵照美国儿科学会的建议，避免让 2 岁以下的儿童接触电视或其他屏幕媒体。

从研究方法来看，目前被引量较高以及高突现的研究以基于数据的调查和实验研究为主，也有部分为追踪研究。调查类研究范围广、规模大，结果具有一定的代表性。例如，Christakis 等人对 1454 名婴幼儿和青少年的电视及媒体使用情况进行的调查，Rideout 等人通过对超过 1000 名儿童的家长进行电话访谈了解 6 岁以下儿童的屏幕媒体使用情况等。追踪研究的报告亦十分突出，Christakis 和 Zimmerman 基于全国样本对 3—5 岁儿童进行追踪研究，重点考察了 3—5 岁儿童的电视观看与其六七岁时的认知发展之间的关系。研究的客观性、实证性和代表性，是研究质量的体现。

从文献发表的时间来看，主要集中在2002—2011年，尤以2010年前的文献居多。这一方面反映出科学研究引文有一定的滞后性，另一方面，高共引文献中仅有一篇是2002年之前发表的，这也表明信息技术的应用研究与诸多传统学科高被引文献往往为时间久远的经典文献不同，反映了信息技术领域研究的发展速度快、研究成果具有较高更迭性的特点。

（六）针对追踪研究的分析

追踪研究是真正意义上的发展研究，基于大样本和长时间的追踪研究能够更准确地反映研究对象的特点。本研究从756篇研究中筛选出具有一定代表性的大样本追踪研究（见表5-2），对其研究特点和结论进行归纳和总结。

12篇追踪研究，研究追踪历时均在1年以上，历时最长为15年。样本量均在百人以上，最多达到11038人。研究所属国是以美国为主的欧美等国及澳大利亚等发达国家，在WOS英文数据库中尚未见到亚洲国家开展的追踪研究报告。

从研究特点来看，12篇追踪研究可分为两类：一类主要调查儿童媒体使用的时间、状况随年龄增长的变化特点，为描述性研究；另一类考察儿童早期的媒体使用经验对后期的影响，为因果关系的研究，且研究主要集中在对健康发展的影响，也有部分研究涉及认知及社会性发展的影响。从研究结论来看，有关儿童媒体使用情况的追踪研究得出的结论较为一致，即随着儿童年龄的增长，其媒体接触类型越来越多，且使用的时长也随之增加，而且独立使用媒体的时间更多。但有关早期媒体使用对后期影响的研究则因研究领域的不同所得结论亦有所差异，就健康领域而言，早期媒体接触会带来消极的影响；就社会性发展而言，早期接触暴力电视内容更易导致后期攻击性行为的增加；就认知发展而言，追踪研究发现，电视观看容易导致后期学业成绩不佳、注意力不集中等问题，但教育媒体的合理使用能为儿童带来积极的影响。

表5-2 追踪研究文献的列表

文章标题	发表时间	研究主题	时间跨度/年	样本量/篇	结论	国家
A Longitudinal Study of the Effect of Computers on the Cognitive Development of Low-income African American Preschool Children	2017年	班级电脑的使用与学龄前儿童认知发展之间的关系	2	208	班级电脑的使用对儿童认知发展有益	美国

续表

文章标题	发表时间	研究主题	时间跨度/年	样本量/篇	结论	国家
The Factors Associated with Toddlers' Screen Time Change in the Steps Study: A two-year Follow-up	2016年	学步儿屏幕使用时间变化趋势及影响因素分析	2	1827	从13个月到36个月间，儿童平均使用屏幕时间增加了55分钟，父母的运动时间与儿童使用屏幕时间无关，母亲受教育程度高或父亲的久坐程度低的儿童屏幕使用时间随年龄增加的幅度较小	芬兰
Bidirectional Relationships Between Sleep Duration and Screen Time in Early Childhood	2014年	学龄前媒体使用对睡眠时间的影响	4	3427	睡眠时间与学龄前儿童媒体使用之间有关，更多的媒体使用可能导致较短的睡眠时长	澳大利亚
Young Children's Screen Activities, Sweet Drink Consumption and Anthropometry: Results from a Prospective European Study	2014年	电视或其他媒体使用情况、含糖饮料饮用与身体健康指数之间的关系	2	11038	电视观看和其他屏幕媒体的使用会导致含糖饮料饮用的增加，导致BMI指数增加，相应也会增加中心性肥胖的可能性，且电视相较于其他媒体更易导致不健康的身体状况	瑞典

续表

文章标题	发表时间	研究主题	时间跨度/年	样本量/篇	结论	国家
Cross-sectional and Longitudinal Associations Between Parents' and Preschoolers' Physical Activity and Television Viewing: The HAPPY Study	2013年	家长身体运动和电视观看情况对儿童的影响	3	450	家长的身体运动和电视观看情况对儿童有显著影响,且与儿童性别相同的家长对其影响更重大也更长远	澳大利亚
Long-term Efficacy of an Internet-based Intervention for Infant and Toddler Sleep Disturbances: One Year Follow-Up	2011年	基于网络的婴儿和学步儿睡眠干预方式的有效性	1	171	基于网络的早期睡眠干预能够提升儿童和母亲的睡眠情况,且这种效果在一年后仍能保持	美国
Prospective Associations Between Early Childhood Television Exposure and Academic, Psychosocial, and Physical Well-being by Middle Childhood	2010年	早期电视观看与四年级时学业、心理发展以及生活方式之间的关系	8	1314	早期的电视观看对青少年时期的亚健康状态有潜在的影响,对课堂参与程度、数学学业成绩、运动参与等都有不良影响	加拿大
Association of Duration of Television Viewing in Early Childhood with the Subsequent Development of Asthma	2009年	童年期电视观看与后期哮喘症状之间的关系	8	7488	3—5岁时电视观看时间越长,越有可能导致童年晚期出现哮喘症状	英国

续表

文章标题	发表时间	研究主题	时间跨度/年	样本量/篇	结论	国家
Longitudinal Relations between Children's Exposure to TV Violence and Their Aggressive and Violent Behavior in Young Adulthood：1977—1992	2003年	儿童电视观看与成年期攻击性和暴力行为之间的关系	15	450	儿童早期观看暴力的电视内容与成年期的攻击性有关，且无性别差异，对含有暴力内容的电视中角色的辨认以及对暴力行为真实性的理解均与后期的暴力行为有关	美国
How Young Children Spend Their Time：Television and Other Activities	1999年	儿童用于观看电视的闲暇时间的变化	3	118	电视观看时间随儿童年龄的增长而减少，母亲受教育程度以及家庭环境质量能预测儿童电视节目的类别	美国
Television and Families — What Do Young Children Watch with Their Parents	1991年	家庭对儿童电视观看的影响	2	271	多数情况下，儿童电视观看均没有家长陪伴，多数成人节目是在家长陪伴下观看的，共同观看时间随年龄增长而减少	美国

续表

文章标题	发表时间	研究主题	时间跨度/年	样本量/篇	结论	国家
Development of Television Viewing Patterns in Early-childhood—A Longitudinal Investigation	1990年	儿童早期电视观看发展规律及环境对其的影响	2	326	教育类电视观看随年龄增长而减少，观看卡通和戏剧的时间增加，其他类型电视节目无变化。随年龄增长，儿童观看的电视节目对认知要求更高，内容更为复杂	美国

四、结论

信息技术在我国幼儿教育中的应用呈现欣欣向荣之势，但是，在技术应用繁荣发展的同时，我们也发现该领域中基础研究的欠缺。通过对近年来中文数据库的检索，我们看到其中有针对性的、实证性的、高质量的研究非常之少。然而，有效运用信息技术，推进幼儿园教育质量的提升离不开高质量研究的引领。因此，对1982—2018年WOS数据库内相关科学研究进行系统分析，希望借助756篇有关信息技术应用于年幼儿童发展与教育的文献分析，对信息技术在我国幼儿教育中的有效应用有所启示。

（1）信息技术在年幼儿童发展与教育中的应用备受研究关注，尤其在近十年来发文数量增速迅猛。这说明信息技术已然成为年幼儿童生活环境不可或缺的一部分，探讨信息技术与年幼儿童之间的关系成为迫切的诉求，且该领域所涉学科广泛，从已有研究可以看到，跨学科合作研究的局面正在形成。这些发展态势都表明，有针对性的深度研究必将进一步拓展，无论是理论研究还是应用研究，都有广阔的发展空间。

（2）探讨信息技术在年幼儿童时期的应用需保持审慎态度。尽管信息技术在数十年间发生了巨大变化，从电视频道的不断丰富，到个人电脑进入千家万户、互联网连接整个世界，再到移动智能设备的广泛使用，年幼儿童接触信息技术呈现出多样化的繁荣态势。但我们应当注意到，无论在哪个时期，研究者对年幼儿童信息技术的应用始终保持着审慎的态度。并非所有的技术都适合年幼儿童，研究者们对视频媒体在年幼儿童中的应用就敲了警钟，无论是在健康领域，还是认知、社会性发展上，视频对年幼儿童的影响都不是单向积极的。这提示我们，信息技术的应用要且行且研究，我们必须尽可能通过研究审视新技术、新媒体的应用，避免其对年幼儿童及其未来发展带来的潜在的风险和伤害。

（3）要重视实证研究。通过文献分析，我们看到英文文献中不仅有扎实的实验研究，也涌现出越来越多的追踪研究。研究方法和研究手段不断丰富，量化研究和质性研究相得益彰，诸多研究都为政策的制定提供了前瞻性的建议。研究硕果得益于科研政策的大力支持，同时，研究成果又能为管理和实践部门把握信息技术应用的发展方向提供扎实的科学基础。但研究的深入也不能操之过急，尽管不断有新技术的出现，但数十年间电视一直是西方有关信息技术应用于年幼儿童的重点研究主题，数十载的坚持和投入才会有今日如此丰富的成果，也才能把电视及视频媒体的应用前景看得透彻。因此，应重视实证研究，把握研究节奏，脚踏实地，逐步推进，相信只有循证的政策才能带来可持续发展的信息技术应用。

（4）可以预期的是，信息技术的进一步发展势必会使其在年幼儿童的生活和学习中扮演着越来越重要的角色。但我们也应当看到对年幼儿童而言，信息技术的适宜性发展还远远不够。信息技术的更新迭代需要我们能以更前瞻的眼光来探寻未来更适合年幼儿童学习与发展的信息技术应用。物联网技术的发展或许是未来该领域新的亮点。在憧憬技术的同时我们更希望，未来孩子们拥抱的不仅是一个概念，更是审慎理性的爱与护卫。

第二节　创建新的学习场景：体感交互技术在幼儿教育中的应用[①]

近年来，体感交互技术、云计算、大数据、移动互联网等技术飞速发展，不仅推动了社会经济的巨大变革，也给教育的发展带来了重大机遇和挑战。在"互联网+"和信息技术高速发展的时代，幼儿教育如何接受这一轮技术变革浪潮的洗礼，是一个值得深入研究的课题。其中，体感交互技术在幼儿教育中的应用就是一个值得我们深入研究的问题。

一、体感交互技术的概念与发展：以 Kinect 为例

（一）体感交互技术的概念

体感交互技术是指人们能够直接运用手势、肢体动作、语音、眼球转动等方式与计算机及其相关设备进行互动的新型自然交互技术。体感交互技术强调创造性地运用手势、肢体动作、语音等方式与计算机进行交互，无需为实现人机互动而额外学习，从而减轻了人们学习鼠标、键盘等非自然操控方式的负担，使用户关注于任务本身。体感交互技术的出现在人机交互技术发展进程中具有里程碑意义。继键盘、鼠标和多点触摸人机交互方式之后，体感交互被称为"第三次人机交互革命"。

在体感交互技术发展过程中，Kinect 的出现具有十分重要的意义。Kinect 是微软公司开发的一款姿态传感输入设备。从词源上看，Kinect 一词是 Kinectics（动力学）和 Connect（连接）的合成。Kinect 主要由一个彩色摄像头、一对深度传感器、一组麦克风及一个马达构成。作为 XBOX360 外接的 3D 体感摄影机和新一代体感设备，它具有即时动态捕捉、影像辨别、麦克风输入、语音辨识、社群互动等功能，能够捕捉使用者的动作、面部表情、语音等，从而让用户摆脱传统输入设备的束缚，实现直接通过自己的身体控制终端的目的。

[①] 杨宁，华南师范大学教育科学学院。

Kinect 体感交互技术是人机自然交互技术的重大发展，Kinect 实现的"手势、深度和骨骼追踪"是人机自然交互技术最基础、最实用的内容。"手势、深度和骨骼追踪"的组合，对个体基本姿势进行了定义和匹配，从而实现了通过身体的自然交互控制计算机的目的。与传统输入设备如键盘、鼠标等不同，Kinect 直接通过用户的身体来控制终端，用一种最自然、最自由也是最柔软的方式与装置和环境产生交互，有效减少了硬件设备对用户的束缚，进而降低了用户的认知负荷，提高了用户的参与度，加深了用户的情感体验等。因此，Kinect 具有巨大的应用潜力。

基于 Kinect 体感交互技术的教育产品是一种情境化的、自然交互的学习工具，可以为学习者提供与现实世界相似的虚拟或仿真情景，让学习者"身临其境"地获得拟真实的、鲜活的学习体验，真正实现寓教于乐、寓教于动。

（二）体感交互技术的发展和应用前景

2008 年，在美国举行的国际消费电子展（CES）上，比尔·盖茨提出了自然用户界面（Natural User Interface，NUI）的概念，并预言人机交互将在未来几年内有很大的发展，键盘和鼠标将逐步被更自然的触摸式、视觉型以及语音控制等技术所代替。与此同时，"有机用户界面"也悄然兴起，主要包括生物识别传感器、皮肤显示器等，实现大脑与计算机的直接对接。这些技术无疑会对人类生活产生重大影响。从比尔·盖茨提出 NUI 概念到现在不过短短时间，一系列人机交互新技术，包括第六感设备、增强现实、多点触摸、追影技术、虚拟现实、语音识别、体感操作和脑机接口等相继诞生，从二维空间扩展到三维空间，从接触式逐渐转变为非接触式。体感交互已经从众多人机交互技术中脱颖而出，成为前沿科学研究领域之一。

体感交互技术的使用非常广泛，涉及虚拟应用（如体感试衣）、3D 建模、机械控制、虚拟乐器、虚拟娱乐、虚拟实验、游戏操控、康复训练等多个领域。Kinect 已被广泛用于教育及医疗康复领域。中国台湾地区的 Chiang 等人运用 Kinect 体感交互技术训练老年人的手眼协调能力；美国明尼苏达大学儿童发展研究所的研究人员借助 Kinect 体感交互技术收集和跟踪儿童的语言和行为，协助开展自闭症的相关研究；美国罗彻斯特理工学院的 Darren Stanley 通过 Kinect 体感交互技术收集被试在持续性操作测验中肢体和头部的姿势以及动作来测试其注意力水平。体感交互技术在教育上的应用是一个特别值得关注的问题。

二、体感教育：体感交互技术在幼儿教育中的应用

（一）体感教育的概念

体感教育目前还没有统一的定义，本书尝试将其界定为：以体验式学习理论、情境化学习理论和具身认知理论为基础，将体感交互技术以及其他多媒体技术、3D技术和AR技术等应用于教育的过程。其中，幼儿教育中体感教育通常是指让幼儿通过各种身体动作，如挥手、伸展、奔跑、跳跃等操控三维场景中的人和物，并与三维场景中的人和物进行互动，将学习、体验、探索、运动和游戏融为一体。体感教育有一个特别的优势，它可以通过体感交互技术将幼儿原本无法直接体验的内容，如海底探索、太空旅行、火灾防范、地震防范等，以接近真实的三维场景呈现给幼儿，让幼儿获得拟真实的体验。

体感交互技术给人们带来了全新的体验：拟真实的情境、身体的直接参与等。它有助于学习者（包括幼儿）获得更为丰富的认知和情感体验，帮助学习者开展深度浸入式的学习以及角色扮演式学习等，从而弥补学习者无法在真实情境中体验学习的缺憾。体感教育出现不过短短几年，已经引起了广泛关注。2011年美国佛罗里达科技教育峰会上，来自佐治亚州社区学校的教育学家Janice Sinclair分享了他将AR技术应用于幼儿教育的心得。他认为，在幼儿教育中运用3D产品颇受幼儿的欢迎。幼儿非常喜欢和拟真实的虚拟环境中的动物们交流、玩耍，乐此不疲，原本枯燥的学习变得非常有趣。卡内基梅隆大学人机交互研究所最新的一项研究显示，Kinect游戏是比手机游戏或平板电脑游戏更有效的学习方式。幼儿通过Kinect搭建积木比通过移动平台游戏的效果更好。他们在测试中分别给两组幼儿分别发放了平板电脑或笔记本电脑以及Kinect体感交互技术装置和专用的投影大屏幕，结果发现，使用Kinect体感交互技术装置的幼儿学习效率更高，搭建的作品更稳固，而且幼儿非常喜欢Kinect游戏。由此可以看出，游戏和拟真实情境的结合对提高幼儿的学习能力具有积极的作用。

（二）体感教育的特点

1. 沉浸性

体感交互技术创造的拟真实情境，打破了幼儿和学习对象之间的隔阂，幼儿被"嵌入"游戏场景中，"身临其境"地获得真实体验。游戏过程中，幼儿所有的感觉

器官和注意力被调动，通过特定的角色扮演，完全投入学习活动中，从而进入心理学家米哈里·齐克森米哈里所说的"心流"状态。

2. 交互性

体感交互技术条件下的人机互动，是使用者（幼儿）与计算机产生的 3D 虚拟环境的实时互动。此外，还包括虚拟环境中多人游戏时自发出现的同伴互动、师幼互动和亲子互动。

3. 娱乐性

游戏是体感教育的主要途径，因此，体感教育具有较强的娱乐性和游戏性，对幼儿具有极强的吸引力，可以充分激发幼儿的兴趣并保持幼儿的注意力。

（三）体感教育的作用

首先，体感教育可以拓展幼儿体验和操作的范围。《3—6 岁儿童学习与发展指南》指出，幼儿的学习以直接经验为基础，在游戏和日常生活中进行。成人应理解幼儿的学习方式和特点，珍视游戏和生活的独特价值，为幼儿创设丰富的教育环境，最大限度地支持和满足幼儿通过直接感知、实际操作和亲身体验获取经验的需要。然而，现实生活中，特别是在现代化城市生活条件下，幼儿能够直接感知体验的对象十分有限，而海底世界、航空航天、天文现象、水下探险、史前文明、恐龙时代等更不可能直接感知。体感教育可以创造出接近真实的三维场景，让幼儿化身宇航员遨游浩瀚的宇宙，穿上潜水服畅游神奇的海底世界，还可以用肢体动作操控猎豹在非洲大草原上捕猎。这种情景式、沉浸式的学习方式，打破了时间和空间的限制，能充分满足幼儿的好奇心和求知欲，培养他们的想象力、冒险精神和探索精神。

其次，体感教育可以成为幼儿开展运动、锻炼身体的有效途径。与电脑游戏、手机游戏相比，体感交互技术与运动高度关联。体感教育活动的设计也多将动作和运动嵌入整个教育活动中。美国田纳西大学的一项研究表明，体感游戏将成为幼儿锻炼身体的绝佳途径。该大学健康饮食和体育实验室的哈利雷纳博士表示，体感游戏比缺乏科学指导的户外活动的锻炼强度大，锻炼效果也更佳。2010 年 10 月，美国心脏协会对购买体感游戏设备的玩家进行调查后发现，体感游戏不但可以让玩家在游戏的同时进行运动，还能在无意中改变玩家非游戏时间的运动习惯。参加调查的 2284 名玩家中，有 58% 表示，他们现在不仅在游戏中运动，在平时生活中也增加了户外运动，例如慢跑、散步或打网球等；68% 的玩家认为，他们每天应该进行更多的体力活动。此外，体感教育也将改善由传统网络游戏带来的诸多问题，如网瘾、长期保持不变的坐姿和盯着屏幕看可能对躯体和眼睛带来的伤害等。

再次，体感教育可以使幼儿的科学教育"活"起来。体感交互设备可以使幼儿园的科学活动室真正"动"起来。一直以来，科学教育都令幼儿园教师头疼，因为缺乏相应的科学知识、科学教育资源以及专门的培训，幼儿园科学教育活动往往很难有效开展。许多幼儿园的科学活动室装修豪华，却几乎沦为摆设。体感交互设备的引入可以帮助幼儿园教师有效开展科学教育活动，例如，幼儿可以"穿上"潜水服在神奇的海底世界与海豚、海龟、鲸鱼互动，也可以直观地了解地震、火灾等自然灾害，等等。体感交互设备能够大大提高幼儿园科学活动室的利用率，使幼儿园的科学教育落到实处。

最后，体感教育有助于幼儿园安全教育的有效开展。引入体感交互设备，幼儿园的安全教育不再仅仅停留在书面，教师可以让幼儿在虚拟的真实场景中体验特定的安全情境，自然地形成安全意识。例如，"消防安全"体感课程就可以帮助幼儿学习如何灭火及逃离火场，"地震逃生"课程则可以帮助幼儿了解地震时正确的应对方法。

三、体感交互技术应用于幼儿教育的问题与展望

毫无疑问，和任何新生事物一样，体感交互技术应用于幼儿教育面临诸多质疑和挑战。"我们之所以需要人工物，是因为自然物不能满足我们的需要，人工情感的制造也是基于同样的理由。由此我们可以持这样一种态度，即人工情感如果实在对我们有用，能用它来解决我们的困难，产生出真实的人性的效果，其真假问题也就退居其次了。"[①]体感教育也同样如此。

体感交互技术不仅可以应用于幼儿教育，还可以广泛用于基础教育、特殊教育、职业教育以及康复训练等诸多领域。值得注意的是，体感交互技术仍处于发展初期，存在诸多有待解决的问题，如动作错误识别、过度识别、输入延迟等，这些都严重影响着人机交互的流畅性。同时，现有的体感交互技术平台普遍缺乏触觉反馈体验，这是一个比较大的体验黑洞。此外，现有的体感交互设备缺乏生理疲劳监测与反馈，教师和家长无法有效监控幼儿的运动量。如何增强体感交互设备对幼儿动作敏感性

---

① 肖峰. 人工情感:技术与人文的新融合[J]. 马克思主义与现实，2012 (1).

的促进作用，如何让幼儿在利用体感交互设备游戏时实现钻、爬等复杂动作，如何增强体感教育活动的黏性，如何在同一时间增加更多玩家或满足多人操作需求等，都是需要进一步探索的问题。体感教育活动的设计也面临实际困难和伦理风险，特别是在如何将教育、游戏和运动加以有机整合等方面仍面临诸多困难和挑战。

总之，体感交互技术以及体感教育还是刚刚出现的新生事物，它不是要取代幼儿在真实情境中的体验和操作，而是起到拓展、丰富和补充的作用。我们相信，随着体感交互技术的进一步发展，体感教育将呈现出更大的活力和更为广阔的发展前景。

第六章 户外教育装备安全规范研究与应用

第一节 幼儿园户外活动场地研究的现状、问题及建议[①]

《幼儿园教育指导纲要（试行）》（2001年）（以下简称《纲要》）明确指出，幼儿每天开展户外活动的时间至少为2小时，寄宿制幼儿园为3小时。《3—6岁儿童学习与发展指南》也提出，保证幼儿的户外活动时间，提高幼儿适应季节变化的能力，例如，每天为幼儿安排不少于2小时的户外活动，其中体育活动时间不少于1小时，季节交替时要坚持。《上海市学前教育课程指南（试行）》（以下简称《课程指南》）则明确提出，保证幼儿每天有2小时的户外活动时间，其中1小时的运动时间要分段进行；教师对幼儿活动时的场地、设施、器械、服饰，以及擦汗、喝水等问题都要予以关注。上述一系列国家或地方政策性文件都对幼儿园户外活动提出了明确要求，充分说明户外活动对幼儿的学习与发展具有重要意义和价值，是幼儿园一日生活的基本环节，是保证幼儿园其他活动顺利开展的基石。

幼儿园户外活动包括户外观察与学习、户外游戏与运动、户外休闲等在幼儿园以内、活动室之外所开展的活动。[②]我国较为重视室内静态的认知活动，而较轻视户外的游戏和运动。多数人认为，户外活动只不过是身体的运动，而不是头脑的运动，

[①] 毕甜甜、邹海瑞. 幼儿园户外活动场地研究的现状、问题及建议[J]. 幼儿教育. 2016(1-2).
[②] 张加蓉. 幼儿园户外活动新视点[J]. 学前教育研究，1996 (6).

即户外活动的最大价值在于促进幼儿的身体发育，户外活动场地也只是供幼儿在活动室外锻炼身体的运动场或操场。[①]事实上，对幼儿来说，户外活动中蕴含着大量学习机会，它可为幼儿提供各种观察、操作和探究的空间，能有效促进幼儿的身心发展，提高幼儿的社会适应能力和生活自理能力，强化幼儿的安全意识和规则意识，并丰富幼儿的认知、情绪体验及对美的感受与表现等。户外活动的场地类型、空间设计、活动时间、材料投放以及教师观念等都会对幼儿园户外活动的顺利开展产生影响。只有高质量的户外活动环境才能真正发挥户外活动的价值，帮助幼儿获得健康、全面、和谐的发展。

场地包括实现场地功能所需要的一切设施。具体来说，包括：自然环境，如水、土地、气候、地形等；人工环境，即建成的空间环境，如街道等；社会环境，如历史环境、文化环境以及小社会构成等。[②]本研究将幼儿园户外活动场地界定为在幼儿园范围内、建筑物以外的，可用于开展户外活动的地面，以及能够满足户外活动开展所需的一切物质、心理条件，包括道路、操场、集体活动区、沙地、水池、绿化用地、游戏材料、运动器械、配套设施、同伴关系、师幼关系、教师教育观念、幼儿园氛围、家长支持等。《课程指南》指出，因地制宜地创设适合儿童发展的、积极的、支持性的环境是幼儿园课程实施的中心环节，应通过环境的创设和利用，有效促进幼儿的发展。[③]可见，户外活动场地作为课程实施的重要组成部分，直接决定了幼儿户外活动的质量。本研究旨在通过梳理我国幼儿园户外活动场地的相关研究，分析当前研究存在的不足，并对未来的相关研究提出建议。

一、研究现状

为了厘清我国幼儿园户外活动场地相关研究的基本脉络，本研究对户外活动场地类型、空间设计、材料投放、场地使用、安全等内容进行了梳理，以便深入了解当前相关研究的现状。

---

① 刘焱. 儿童游戏通论[M]. 北京:北京师范大学出版社，2004.
② 刘磊. 场地设计[M]. 北京:中国建材工业出版社，2007.
③ 华爱华. 《上海市学前教育课程指南》解读[M]. 上海:上海教育出版社，2005.

(一)场地类型

当前,幼儿园户外活动场地类型相关研究主要有以下5种观点:其一,根据《城市幼儿园建筑面积定额(试行)》(1988年)(以下简称《建筑面积定额》),将户外活动场地分为分班活动场地和共用活动场地两个部分。其中,共用活动场地包括大型活动器械、沙坑以及直跑道等。其二,根据材料和设施特点,户外活动场地可分为大型组合运动器械区、车道、玩水区、玩沙区、种植或养殖区、自然区、角色游戏区、表演游戏区、游戏小屋和美工区等。其三,根据场地功能,可分为户外公共活动场地、集体游戏活动场地、固定游戏器械活动场地、沙土游戏场地、戏水池和游泳池等。其四,根据区域特点,可分为全园共用活动场地、分班活动场地、园区道路、绿化用地等。其五,根据地理形态特点,可分为平地、坡地、楼顶平台、软质地面、硬质地面等。显然,选择不同的划分依据,就会产生不同的户外活动场地分类。不同类型的户外活动场地具备不同的场地特征,能够发挥不同的场地功能,从而实现对幼儿发展的不同价值。

(二)空间设计

幼儿园户外活动场地空间设计相关研究集中于地面面积、地面材料和区域划分三个方面。

1. 地面面积

《托儿所、幼儿园建筑设计规范》(1987年)(以下简称《建筑设计规范》)和《建筑面积定额》是中华人民共和国成立以来国家颁布的关于幼儿园园舍建设的法规。《建筑设计规范》规定,托儿所、幼儿园必须设置各班专用的室外游戏场地,每班的游戏场地面积应不小于60平方米;应有全园共用的室外游戏场地,其面积不宜小于以下计算值:$M^2=180+20(N-1)$(N为班数)。《建筑面积定额》规定,室外活动场地,包括分班活动场地和共同活动场地两部分,分班活动场地为每名幼儿2平方米,共用活动场地为每名幼儿2平方米,绿化用地每名幼儿不少于2平方米。这两个法规对幼儿园室外活动场地面积所作的规定应该理解为是达标线,低于这个标准便是不合格。

充足的户外活动场地面积是开展户外活动的基本保障。有研究者对6种不同类型幼儿园的户外活动场地面积进行了比较,结果发现,场地的生均面积差异较大,从大到小排列依次为部队园、机关园、企业园、学校园、民办园、农村园。值得注意的是，农村园的生均面积不仅位于最后，而且达不到规定的每名幼儿 2 平方米。①事实上，无论是幼儿还是教师，抑或是家长，都更青睐宽敞开阔、贴近大自然的户外活动场地。

2. 地面材料

地面材料既直接关系幼儿的人身安全，也影响幼儿户外活动的质量。有研究表明，国内大部分幼儿园户外场地地面材料是软塑或者硬塑，只有极少数是泥地或草地。户外活动场地普遍缺乏自然元素，对于幼儿身体素质、探索能力的发展极为不利。幼儿园户外活动场地地面采用人工材料最主要的目的是保障幼儿的安全。然而，有研究者指出，满铺塑胶其实是以降低活动质量来换取安全，最好的地面材料应该是草坪。②

3. 区域划分

户外活动场地对幼儿的活动具有一定的暗示作用，集体运动场、大型组合运动器械区、玩沙区、玩水区、种植或养殖区、自然区、投掷区、攀爬区、美工涂画区、表演游戏区、游戏小屋、车道等不同区域，能引发幼儿不同的行为和体验，从而获得不同的发展。幼儿身心处于不断发展的阶段，无论使用何种区域划分方法，该区域的材料、设施、活动形式、活动内容、功能定位等都不该固定不变，应因时、因地、因内容而变化，以满足幼儿不同的发展需要。

（三）材料投放

《纲要》指出，幼儿园要提供丰富的、可操作的材料，为每个幼儿都能运用多种感官、多种方式进行探索提供条件。户外活动场地材料是教师根据教育教学内容，在户外活动中有目的地为幼儿提供的各类材料。不同的活动需要不同的材料，如何利用材料是开展户外活动最为关键的一环。有很多研究从材料的数量、类型、投放方式、设计与配备以及自然材料等方面进行了探讨。

1. 材料的数量

有研究表明，材料的数量、种类、复杂性、新颖性等都能影响儿童的游戏行为。充分、新颖的材料可以减少幼儿等候、闲逛和攻击等行为，并能显著提高幼儿的学

---

① 廖志丹. 长沙地区幼儿园户外体育活动场地现状调查研究[D]. 长沙:湖南师范大学，2009.
② 程晓明. 奔跑在天地之间:幼儿园室外活动场地建设[M]. 南京:南京师范大学出版社，2014.

习效率。因此，应该为幼儿提供数量充足、功能多样，符合幼儿兴趣爱好的操作材料。

2. 材料的类型

有研究表明，幼儿在大型、组合器械上活动时比在小型、单一功能器械上活动时表现出更多的象征性游戏和竞争性游戏。由此可知，活动器械的类型影响着幼儿的行为。此外，不同类型的游戏材料也对幼儿的游戏产生影响。游戏材料对幼儿的游戏选择具有定向功能，游戏材料的提供在某种意义上起到了暗示作用。不同年龄阶段的幼儿与材料接触时会产生不同的体验，建构出不同的经验，从而获得不同程度的发展。因此，给予幼儿尽可能多的自主选择机会，让幼儿根据需要自行选择游戏材料是必要的。此外，不应将材料的类别分得过细，因为只有对多种材料进行多种组合，才能帮助幼儿获得更多的游戏经验。

3. 材料的投放方式

幼儿通过操作游戏材料实现游戏的娱乐功能和教育功能，游戏材料的投放方式直接影响幼儿的游戏行为。因此，材料的投放应关注对幼儿的可接近性，可接近性一方面会影响幼儿使用材料的频率，另一方面也会影响幼儿注意力集中的时间以及教师对幼儿的指导。除此之外，静态活动材料和动态活动材料应分开放置，以避免活动间的相互干扰。值得注意的是，幼儿对活动材料的选择虽然存在个体差异，但不同年龄的幼儿都偏爱能活动、可操作的活动材料。

4. 材料的设计与配备

关于幼儿园户外活动场地材料的配备，国家和部分地方政府都有相应的标准，例如，《幼儿园玩教具配备目录》对幼儿园配备体育器械有详细规定。随着社会和经济的不断发展，各地都依据当地发展状况，在国家标准的基础上，制定了适合当地的幼儿园玩教具配备标准。

游戏材料应根据游戏、环境与设施构造等特征作整体性思考与设计，单元化的游戏材料不仅有利于进行弹性组装，还体现了经济性、灵活性。幼儿园的户外活动器械并非只有购买这一渠道，很多设施、材料的功能可以在场地建设中实现，如利用土坡设置多种变化的台阶。除此之外，还应尽可能多地使用低结构、自制的户外活动器械。

5. 自然材料

自然材料包括自然界随处可寻得的材料（如石子、树叶、贝壳、木片、果核等），以及日常生活中的废旧物品（如塑料小瓶、废纸盒等）。幼儿天性热爱自然，喜欢自然材质的玩具，如水、泥沙、植物、木头、石头等。自然材料能够增加游戏场地的亲切感。充分运用原木、绳索等自然材料不仅能体现自然野趣，也符合环保要求，是未来游戏材料发展的趋势。然而，实际情况并非如此，幼儿园的户外大型玩具中，用有色工程塑料和塑料加钢管材料制作的最多，其次是玻璃钢与钢管、铁制与水泥材质，木制最少。由此可见，幼儿园提供的游戏材料与幼儿亲近自然的发展需要相矛盾，这对于幼儿的身心健康成长极为不利。因此，幼儿园应尽可能多地为幼儿提供简单、易操作、可移动、玩法多样的自然材料。

（四）场地使用

户外活动场地及场地器材数量不足、利用率不高是我国幼儿园普遍存在的问题。很多幼儿园不能保证幼儿每日的户外活动时间和活动量，而幼儿体质不佳的重要原因之一就是幼儿园户外活动的场地和器械不足。

在提高户外活动场地的利用率方面，有研究者提出，可用油漆在场地上画上各种适合幼儿年龄特点的图案，以供幼儿练习走、跑、跳、投掷等基本动作时使用。此外，可错开不同班级的户外活动时间，还可进行混龄、混班的户外活动；利用墙壁、柱子、过道等开展集体性强、活动量小的体育活动等，这些都是教师在实际教育教学中尝试并总结出的提高场地利用率的有效措施。还有研究者指出，应让幼儿在一定程度上参与户外活动场地的创设。

（五）安全

幼儿园户外活动场地的安全问题主要涉及地面安全、材料和器械安全以及教师心理压力等三个方面。

1. 地面安全

1998年，中国学前教育研究会学前儿童健康教育专业委员会对上海市、天津市、成都市和广州市的幼儿园调查发现，幼儿园体育活动场地中，水泥地占比最高，约为45%，是草地、泥地、塑胶地等其他类型场地的总和，这不利于幼儿的安全（冷小刚，2006）。随着人们对幼儿园安全问题的重视，幼儿园正努力改进场地的地面材料，以确保幼儿户外活动时的安全。后来，有研究发现，幼儿园集体活动场地地面主要是浇注式塑胶、拼塑铺垫和水泥地了，其中浇注式塑胶占比最高，水泥地占比最低，大型组合运动器械区四周均铺上了拼塑铺垫。

2. 材料和器械安全

幼儿年龄小，自我保护意识差，幼儿园应将器械和材料的安全、卫生问题始终放在第一位。因此，应采用固定性较好、不易破碎、无毒、无细小零件脱离的自制材料，尽可能做到坚固、轻巧、美观、无锐利边角。活动器械应适应幼儿的身心发展特点；应坚固耐用，保障幼儿安全；应美观、轻巧，便于安装和维护；还应有防跌、防撞等防护措施，防止幼儿跌落、撞伤。此外，幼儿园还需建立健全材料和器械管理制度，配备专人进行管理和维护，定期检查，以及时排除安全隐患，保障幼儿的安全。

3. 教师心理压力

鉴于社会与家长对幼儿安全的高度关注，幼儿园非常重视安全工作。在将伤害和事故率降到最低的宗旨下，幼儿园对出现伤害和事故的处罚较为严厉，因此，幼儿园教师在安全问题上普遍存在着较大的心理压力。出于对责任的回避和自我保护，教师会或多或少、有意无意地减少幼儿的户外活动时间和活动量，并限制幼儿的活动范围，但这不利于户外活动的高质量开展。幼儿园教师应正确认识户外活动的安全问题，不能因为害怕幼儿受伤，减少甚至剥夺幼儿的户外活动机会。

二、研究存在的问题及建议

我国幼儿园户外活动场地研究起步较晚，受传统思想观念、社会、经济、文化等多方面影响较明显，已有研究虽然取得一定的进展，但仍然存在一些问题。

（一）研究范式：大多采用单一量化研究或质性研究，极少采用混合方法研究

目前，教育研究中常用的研究范式有量化研究、质性研究和混合方法研究。本书所梳理的研究大多是单一量化研究或质性研究，只有极少数研究使用了混合方法研究。质性研究与量化研究是教育研究中的两种基本范式，它们风格各异，可互为补充。混合方法研究则是将质性研究与量化研究相结合。在实际研究过程

中，研究者应从实际出发，综合考虑各方面因素，从而选择最合适的研究范式。混合方法研究整合了质性研究和量化研究的各自优势，弥补了各自的不足，能够对相关问题进行较为深入的研究。例如，"幼儿园户外活动场地空间设计"的相关研究中，对地面面积、地面材料、区域划分等问题的探讨只使用量化研究进行现状描述，仅仅回答了"是什么"的问题，对于"为什么"以及"如何做"等问题缺乏深入的阐释。

（二）研究视域方面：大多数通过单一视域进行研究

研究视域方面，已有研究绝大多数是体育学、建筑学、教育学等单一视域的研究。事实上，幼儿园户外活动场地相关研究应该更多地进行多学科视域的交叉融合。因此，未来的研究可以从心理学、社会学、生态学、文化学、经济学等多视域出发进行整合研究。例如，"材料设计和配备"这一问题的探讨就可以从教育学、心理学、社会学、经济学、文化学等多视域进行整合分析。

（三）研究视角：大多从成人的视角出发，较少顾及幼儿的实际需要

相关研究大多从成人的视角出发，较少顾及幼儿的实际需要和内心感受。例如，"幼儿园户外活动场地的区域划分"相关研究，大多倾向于根据材料和设施的类型进行划分，各个区域内材料和设施的数量、种类及玩法相对固定、缺少变化，忽视了幼儿的兴趣爱好和发展需要。又如，"材料的设计和配备"相关研究普遍关注材料的功能性、安全性和多样性，与幼儿关注的多玩性和挑战性形成极大反差。在未来的相关研究中，应该多从儿童视角出发，融入儿童的游戏世界，探讨真正具有支持性、启发性、适宜性的户外活动场地。

（四）研究"逻辑起点"：户外活动场地仅仅发挥了运动场或操场的运动功能

相关研究的"逻辑起点"存在偏差，大部分研究重视正规的体育活动，如早操、器械操、户外体育活动等，此类活动大多是教师预设、结构化较高的体育活动。事实上，户外活动场地除了可供开展正规的体育教学活动，发挥运动场或操场的运动功能之外，还可兼顾游戏、教学、休闲和人际交往等功能，特别是游戏功能和教学功能。一方面，游戏是幼儿园的基本活动，是幼儿最适宜、最基本的活动，游戏功

能也应是户外活动场地的基本功能；另一方面，户外活动场地还是幼儿园各领域教育教学活动的重要载体，可发挥重要的教学功能。例如，可根据不同的教育教学内容就地取材，充分挖掘幼儿园户外环境当中的教育资源，让幼儿获得最直观的知识经验。因此，未来研究要将幼儿园户外活动场地作为供幼儿自由奔跑、尽情释放、大胆探索的"游戏场"，探讨其游戏、教学、运动、休闲和人际交往等方面的功能和作用。

第二节　悬垂器械教育适宜性指标的实证研究[①]

在我国，由于幼儿参与的走、跑、跳等户外运动较多，形成了下肢力量的明显优势。儿童臂力和耐力的锻炼对体质发展有十分重要的作用，但受到儿童生理发育特点的影响，幼儿园是否要开展相关活动以及如何开展此项活动一直有争议。

《3—6岁儿童学习与发展指南》要求不同年龄段的儿童具有一定的力量和耐力，要求3—4岁儿童能双手抓杠悬空吊起10秒左右，4—5岁儿童能双手抓杠悬空吊起15秒左右，5—6岁儿童能双手抓杠悬空吊起20秒左右。刘馨等学者则进一步建议，幼儿园可通过开展走、跑、跳、投掷、攀登、钻、爬、悬垂、球类等体育游戏，来实现幼儿身体素质发展目标，即在幼儿园利用悬垂器械等开展相关活动。在幼儿园，用于儿童臂力和耐力锻炼的悬垂器械一般为单杠、双杠、云梯、吊环等，其规范性指标包括悬垂器械横档（或称吊挂）离地面的高度、横档握手处的直径和受力程度、悬垂器械的地面要求、安装规定等内容。其中，悬垂器械的受力程度、地面和安装要求等在国家标准GB 19272《室外健身器材的安全通用要求》和GB/T 27689—2011《无动力类游乐设施　儿童滑梯》中都有规定。

根据幼儿园教育实践活动需要，儿童使用悬垂器械时，要求既能够到其横档、又能在手握住横档的状态下双脚适当悬空。因此，适宜的悬垂器械应做到高度适宜，握手直径合适。本研究从悬垂器械横档离地面的高度和横档握手处的直径入手开展

[①] 何建闽、樊汝来，教育部教育装备研究与发展中心。

实证研究，探讨幼儿园悬垂器械的教育适宜性指标。

一、关于悬垂器械高度的研究

由于未查阅到适用于 3—6 岁儿童使用的悬垂器材高度的国家标准和要求，因此，本研究中对悬垂器械高度的确定主要依据儿童的身高和使用方式。

（一）确定 3—6 岁儿童使用悬垂器材的基本要求

由于 3—6 岁儿童胳臂、手腕耐力较差，过度牵拉易造成关节脱臼伤害。为此，课题组通过文献研究及对幼教专家和幼儿园进行访谈，把悬垂器材的高度上限确定为"儿童稍踮起脚尖、伸直双臂，能够到横档"，横档离地面高度的下限是"儿童双脚平放在地面，双臂向上稍微弯曲，能够到横档"。其上限高度的设定是为了让儿童在运动时不会因过度牵拉而导致各种伤害。并对此内容进行了实测，过程如下：

（1）选取不同身高的儿童和适宜的器材。课题组从北京两所幼儿园随机抽取 17 名不同身高的儿童进行测试。从低到高，每隔 50 毫米选取 2—3 名儿童，即身高为 1000 毫米、1050 毫米、1100 毫米、1150 毫米、1200 毫米、1250 毫米、1300 毫米和 1350 毫米。同时选取高度可上下自由调整的悬垂器材。

（2）测试过程。依次让身高不同的儿童使用悬垂器材，由低到高调整悬垂器材横档离地面的高度，观察儿童正常使用悬垂器材时的情况，记录儿童的身高以及悬垂器材高度的上限和下限。

当横档的高度刚好满足儿童伸直双臂能抓住横档时，悬垂器械的高度是适宜的。因为这既能让儿童独立抓住横档，又能让儿童悬空吊起。同时，儿童双脚平放在地面，双臂向上稍微弯曲，也能够到悬垂器械横档。

上述测试表明，"悬垂器械横档离地面高度的上限是儿童稍踮起脚尖、伸直双臂，能够到横档；横档离地面高度的下限是儿童双脚平放在地面，双臂向上稍微弯曲，能够到横档"。可以作为本项研究 3—6 岁儿童使用悬垂器材的基本要求。

（二）探索 3—6 岁儿童使用悬垂器械的适宜高度

对上述 17 名儿童使用器械的适宜高度行记录，如表 6-1 所示。

表 6-1　实测不同身高的儿童使用悬垂器械的上限高度和下限高度

单位：mm

身高	适宜器械的高度下限	适宜器械的高度上限
1000	1100	1250
1050	1150	1300
1100	1200	1350
1150	1250	1400
1200	1300	1450
1250	1350	1500
1300	1400	1550
1350	1450	1600

根据以上数据推算，3—6 岁儿童使用悬垂器械基本高度是：上限为儿童身高加上约 250 毫米；下限为儿童身高加上约 100 毫米。

（三）测算 3—6 岁儿童使用悬垂器械的高度数据

依据我国的《中国 7 岁以下儿童生长发育参照标准》，我们选取了 3—6 岁儿童身高的中位数进行测算。

由于男童身高比同龄女童的身高要高，故本研究取女童身高的中位数来推算横档的高度，如表 6-2 所示。整理不同年龄儿童适宜的悬垂器械高度，得到图 6-1 所示数据。

表 6-2　不同年龄段儿童使用悬垂器械的高度下限和上限

单位：mm

年龄	身高中位数	使用悬垂器械高度下限	使用悬垂器械上限
3 周岁	963	1063	1213
4 周岁	1031	1131	1281
5 周岁	1102	1202	1352
6 周岁	1166	1266	1416

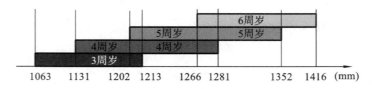

图 6-1　不同年龄段儿童使用悬垂器械的高度下限和上限区间示意图

通过图 6-1 得出,3 岁和 4 岁儿童使用悬垂器械重叠的数据为 1131—1213 毫米，4 岁和 5 岁儿童使用悬垂器械重叠的数据为 1202—1281 毫米，5 岁和 6 岁儿童使用悬垂器械重叠的数据为 1266—1352 毫米。

经初步测算，3—4 岁儿童可使用高度约为 1100—1200 毫米的悬垂器械；4—5 岁儿童可使用高度约为 1200—1300 毫米的悬垂器械；5—6 岁儿童可使用高度约为 1300—1350 毫米的悬垂器械。

二、关于横档握手直径的研究

关于握手的直径，国家标准 GB/T 27689—2011《无动力类游乐设施 儿童滑梯》中规定了 3—14 岁儿童云梯、吊环握手的直径为 25—32 毫米。幼儿园的实地测查结果显示，幼儿园实际使用的悬垂器械横档握手的直径约为 28 毫米，基本适合儿童使用。因此，根据儿童的手的大小和 GB/T 27689—2011《无动力类游乐设施 儿童滑梯》的规定，我们认为幼儿园使用的悬垂器械握手的直径以 25—32 毫米为宜。

三、研究结论

上述研究表明，供幼儿园 3—6 岁儿童使用的悬垂器械教育适宜性指标包括以下几个方面。

（1）基本要求。儿童使用的悬垂器械横档离地面高度的上限是儿童稍踮起脚尖、伸直双臂，能够到横档；横档离地面高度的下限是儿童双脚平放在地面，双臂向上稍微弯曲，能够到横档。

（2）适宜高度。3—6 岁儿童使用悬垂器械高度的上限是儿童身高加上约 250 毫米，下限是儿童身高加上约 100 毫米。

（3）高度测算。3—4 岁儿童可使用高度约为 1100—1200 毫米的悬垂器械；4—5 岁儿童可使用高度约为 1200—1300 毫米的悬垂器械；5—6 岁儿童可使用高度约为 1300—1350 毫米的悬垂器械。

（4）横档握手直径。垂器械横档握手的直径以 25—32 毫米为宜。

四、总结

本研究是通过对 17 名儿童进行测试并进行数据推算初步得出的结论,仅为幼儿园运动器械的适宜性指标提供参考。研究旨在进一步探讨开展学前教育装备教育实证性研究的基本方法。

幼儿园教育实践活动中,应根据儿童生理心理发展特点,有效选用适宜的运动器械,有效组织开展教育活动,避免关节脱臼、肌肉拉伤等运动伤害。至于幼儿园应选用何种悬垂器械、如何开展有关臂力和耐力的锻炼,以及是否需要在幼儿园开展此项运动等,非本研究话题,在此不以赘述。

第三节　滑梯安全规范应用研究[①]

滑梯是幼儿园常见的户外大型运动器械之一,有 96.6%的幼儿园配有滑梯,儿童几乎每天都在利用滑梯进行各种户外活动。滑梯给儿童带来了身心娱乐、体能锻炼、平衡和协调感,让孩子们学会谦让和等待,促进了社会交往能力的发展。但是,滑梯使用不当也会带来安全问题,造成如跌落、挤压和碰撞等各种伤害。若滑梯太高,滑梯下方没有地面缓冲材料或者缓冲材料厚度不够时,儿童从滑梯上摔下来致伤、致残的可能性就会增加。

研究表明,在所有的儿童意外伤害中跌落伤害比例最大,约占 44%。因此,滑梯安全是国际社会普遍关注的基本安全问题,许多国家都制定了相应的滑梯安全标准。如欧盟发布的 EN1176 游乐设备与地面设施系列标准中专门有一部分规定了滑梯的特殊附加安全要求和测试标准,英国、德国、法国、意大利、丹麦、西班牙等欧盟国家已将其转化为本国的滑梯标准。

我国国家标准化管理委员会也于 2011 年发布了滑梯标准 GB/T27689—2011《无动力类游乐设施　儿童滑梯》(简称《滑梯》标准),但该标准适用于 3—14 岁儿童,

---

① 何建闽、孙古、樊汝来、盛瑛,教育部教育装备研究与发展中心。

而非专门针对幼儿园 3—6 岁的儿童。本研究从儿童年龄特点和幼儿园教育实践需要出发,以《滑梯》标准为依据,对幼儿园滑梯安全现状进行了初步调研,初步探讨了适宜我国幼儿园 3—6 岁儿童使用的滑梯安全规范内容,以及滑梯安全在幼儿园教育实践中的具体运用。

一、幼儿园滑梯安全现状

我们选取了《滑梯》标准中与幼儿园教育教学活动关系较密切且容易测量的 9 项内容,对北京市某城区 6 所幼儿园的 26 架滑梯共 68 个滑道(见表 6-3)进行初步测试,并与幼教工作者进行访谈。

表 6-3 6 所幼儿园的滑梯情况

序号	幼儿园	滑梯数/架		滑道数/个		
		组合滑梯	独立滑梯	组合滑梯		独立滑梯
				直滑道	螺旋滑道	
1	A	2	2	7	2	3
2	B	2	3	7	2	3
3	C	1	2	4	1	3
4	D	4	3	8	4	3
5	E	2	2	7	2	4
6	F	1	2	3	1	4
小计	6	12	14	36	12	20
总计	6	26		68		

注:本书只研究了直滑道和螺旋滑道两种滑道情况。

(一)《滑梯》标准中的内容要求

(1) 滑梯高度:滑道起始段最高点离地面的垂直距离。《滑梯》标准对滑梯高度的要求是:限高 3000 mm。

(2) 滑行段与水平面夹角:滑行段任何部位在滑行方向和水平面的夹角。《滑梯》标准对滑道与水平面夹角的要求是:最大值不大于 60°,夹角的平均值应不大于 40°。

(3) 滑道宽度:在距离滑道侧边上端面深 100 mm 处测得的滑道的宽度为有圆弧过渡的滑道距离。《滑梯》标准对滑道宽度的要求是:滑梯高度不大于 1200 mm 时,宽度范围应是 300—700 mm,滑梯高度为 1200—3000 mm 时,宽度范围应是

400—700 mm。

（4）滑道深度：滑道侧边上端面到滑梯底部的垂直距离。《滑梯》标准对滑道宽度的要求是滑梯高度为 1200—1800 mm 时，滑道深度不小于 150 mm，滑梯高度为 1800—2500 mm 时，滑道深度不小于 200 mm。

（5）滑梯出口段长和距地面距离：使用者的滑行速度减慢，以便可以从滑道上安全离开的滑道的一段。《滑梯》标准对出口段的要求是：滑行段长度不大于 1500 mm 时，出口段长度不小于 300 mm，出口段到地面距离不大于 200 mm；滑行段长度为 1500—7500 mm 时，出口段长度大于 500 mm，出口段到地面距离不大于 350 mm。

（6）防碰撞区域地面材料及厚度：《滑梯》标准规定了不同跌落高度的防碰撞区域地面材料可以为草坪、表层土、树皮、木屑、沙子、沙砾、橡胶地垫等。具体要求如表 6-4 所示。

表 6-4 《滑梯》标准中规定的常用的防碰撞区域地面材料及厚度

材料[a]	描述	最小厚度[b]/mm	适用高度/mm
草坪/表层土			≤1000
树皮	颗粒大小为 20—80 mm	200 200	≤2000 ≤3000
木屑	颗粒大小为 5—30 mm	200 300	≤2000 ≤3000
沙子[c]	颗粒大小为 0.2—2 mm	200 300	≤2000 ≤3000
沙砾[c]	颗粒大小为 2—8 mm	200 300	≤2000 ≤3000
橡胶地垫	现场浇筑或成品	25 50	≤2000 ≤3000

注：a—在使用前材料应恰当地准备。
　　b—对于松散的材料，要在最小厚度上增加 100 mm，以便补偿可能出现的材料偏移。
　　c—不允许有淤泥或黏土。

（7）防碰撞区域：其大小是指对使用者经由下落空间跌落后，可能碰撞的区域。《滑梯》标准对防碰撞区域大小的规定是：当高度在 500—1500 mm 时，碰撞区域的最小尺寸为 1500 mm，高度（y）大于 1500 mm 时，碰撞区域最小尺寸（x）按公式 $x=2/3y+500$ 计算。《滑梯》标准要求防碰撞区域空间范围内不得有障碍物。

（8）滑梯栏杆间距：《滑梯》标准中对栏杆间距并未作直接要求，栏杆间距测试棒的直径为 100—130 mm。可以理解为，为避免幼儿头部卡住和从滑梯上摔下，栏杆最大间距不能超过 100 mm。

（9）滑梯台阶:《滑梯》标准对台阶高度的要求是:台阶高度范围为 50—200 mm,推荐选用的台阶高度范围为 100—150 mm。

（二）幼儿园滑梯安全现状

（1） 表 6-5 为 6 所幼儿园滑梯高度的测试结果,可以看出这 6 所幼儿园所有的 26 架滑梯高度都在 3 m 以下,均符合《滑梯》标准要求。这 6 所幼儿园所有 26 架滑梯的 56 个直滑道高度都在 1500 mm（含 1500 mm）以下,所有 26 架滑梯的 12 个螺旋滑道高度都在 1500 mm 以上、3000 mm 以下。

表 6-5 滑梯高度

滑梯高度/mm	直滑道个数/个	螺旋滑道个数/个
≤800	19	0
801—1500	37	0
1501—2000	0	10
2001—3000	0	2
>3000	0	0
总数	56	12

（2） 经测试,这 6 所幼儿园所有 26 架滑梯下方的地面材料均不符合《滑梯》标准要求。滑梯下方防碰撞区域材料主要为地毯、橡胶地垫或塑胶,厚度都在 5—20 mm 之间,没有达到《滑梯》标准规定的不小于 25 mm 的要求。

（3） 表 6-6 为滑梯出口段长和距地面高度的测试结果,可以看出 6 所幼儿园均有独立滑梯的出口段长度和距地面高度不符合《滑梯》标准的现象。主要发生在高度不大于 800 mm 的独立滑梯中,所有组合滑梯出口段长和距地面高度都符合标准。

（4） 表 6-7 为 6 所幼儿园均有滑梯防碰撞区域空间设置不符合《滑梯》标准的情况,主要问题集中在组合滑梯防碰撞区域的空间设置上。

（5） 测试结果表明,26 架滑梯均有相关内容不符合《滑梯》标准要求,主要集中在防碰撞区域地面材料厚度、出口段长和距地面高度、防碰撞区域空间大小的设置。

（6）《滑梯》标准 9 项内容中,不符合标准的 4 项内容（见表 6-8）表明,6 所幼儿园的 26 架滑梯中防碰撞区域地面材料厚度、独立滑梯出口段和距地面高度、防碰撞区域大小以及滑梯滑道深度都存在不符合《滑梯》标准要求的情况。

表 6-6　滑梯出口段长和距地面高度

幼儿园	出口段长和距地面高度不符合标准的独立滑梯数量		出口段长和距地面高度不符合标准的组合滑梯数量
	≤800 mm	>800 mm	
A	1	0	0
B	0	1	0
C	2	0	0
D	1	0	0
E	0	1	0
F	1	0	0
总计	7		0

表 6-7　滑梯防碰撞域区的空间设置情况

幼儿园	滑梯数量	不符合标准的滑梯数量		防碰撞域区不符合标准的具体情况
		组合滑梯	独立滑梯	
A	4	1	0	防碰撞区域内有墙体、树干、井盖、路牙
B	5	1	1	器械之间距离不足
C	3	1	0	防碰撞区域内有墙体、路牙
D	7	2	1	器械之间距离不足
E	4	1	1	防碰撞区域内有树干、墙体
F	3	1	0	防碰撞区域内有路牙、墙体
总计	26	7	3	

表 6-8　不符合《滑梯》标准中 4 项内容滑梯数量

幼儿园	独立滑梯出口段长和距地面高度/架	防碰撞区域地面材料厚度/架	防碰撞区域大小/架		道深度/个
			组合滑梯	独立滑梯	
A	1	4	1	0	1
B	1	5	1	1	0
C	2	3	1	0	0
D	1	7	3	0	1
E	1	4	2	0	0
F	1	3	1	0	1
总计	7	26	9	1	3

（7）《滑梯》标准9项内容中符合标准的5项内容（见表6-9）表明，6所幼儿园的26架滑梯高度、滑行段与水平面夹角、滑梯栏杆间距、滑道宽度、台阶长度宽度和高度5项标准均符合《滑梯》标准的要求。

表6-9 符合《滑梯》标准中5项内容的滑梯数量

幼儿园	滑梯高度/架	滑行段与水平面夹角/架	滑梯栏杆间隙/架	滑道宽度/架	台阶长度、宽度和高度/架
A	4	4	4	4	4
B	5	5	5	5	5
C	3	3	3	3	3
D	7	7	7	7	7
E	4	4	4	4	4
F	3	3	3	3	3
总计	26	26	26	26	26

上述情况表明：

（1）虽然《标准》中规定的滑梯高度可达3000 mm，但这6所幼儿园均未选用高度超过1500 mm的直滑道滑梯，这种情况值得进一步研究。

（2）防碰撞区域地面材料厚度、防碰撞区域空间设置是幼儿园普遍不加以注意的内容，有必要加强实践性运用研究。

（3）小于800 mm的小滑梯的出口段长和距地面高度不符合标准要求，这一现象要加以重视。

（4）虽然所有幼儿园所有滑梯的防护栏间距都符合《滑梯》标准的要求，但近年来因防护栏间距设置不合理而造成的各种伤害事件时有发生，为有效保护儿童安全，有必要进一步加强研究。

二、幼儿园滑梯安全规范性研究

我们依据我国GB/T 27689—2011《无动力类游乐设施　儿童滑梯》标准，参考国外相关标准，分析适合我国幼儿园滑梯安全设置的基本要求，进一步提出相关建议。

（一）幼儿园滑梯的适宜高度研究

滑梯的高度是指滑道起始段最高点离地面的垂直距离。《滑梯》标准对滑梯高度的要求是不高于 3000 mm。但该标准是针对 3—14 岁儿童的，缺少专门针对幼儿园 3—6 岁儿童的滑梯高度的标准要求。国际滑梯标准对 14 岁以下儿童使用的滑梯限高是 2500 mm。美国消费品安全委员会于 2010 年颁布的《户外场地安全手册》规定 2—5 岁幼儿滑梯限高是 1500 mm，新西兰哈特谷地区卫生委员会颁布的《早期教育中的操场环境发展》推荐，5 岁以下幼儿攀爬类设施最大高度为 1500 mm。美国、新西兰针对 2—5 岁幼儿滑梯的高度要求为 1500 mm 以下。

调研发现，我国幼儿园普遍存在滑梯下方防碰撞区域地面材料厚度较薄不符合标准要求的情况。如果幼儿从较高滑梯上不慎摔下，会造成摔伤。此外，大多数幼儿园开展户外体育活动时是整个班级同时进行，幼儿人数多，教师难以照顾到每个幼儿。当幼儿玩较高滑梯时，就存在从滑梯上摔落的安全隐患。

2011 年 9 月，卫生部发布了《儿童跌倒干预技术指南》，指出：跌倒死亡率与跌倒时的高度成正比，将器械的高度降到 1500 mm 以下时，从游乐设施跌倒，发生急诊就诊的危险降低 45%。也就是说，当滑梯高度超过 1500 mm 时，幼儿在户外伤害性事故发生的可能性就增加。

《幼儿园滑梯安全现状与教育运用（上）》通过对北京 6 所幼儿园的 26 架滑梯，68 个滑道高度测试结果发现，尽管我国标准规定滑梯限高 3000 mm，但 6 所幼儿园不约而同地都选择了高度在 1500 mm 或 1500 mm 以下的直滑道滑梯。

但是，我们在幼儿园教育实践活动中通过与教师座谈了解到，幼儿（特别是大班的幼儿）总玩 1500 mm 以下的滑梯会感觉枯燥，没有挑战性。为提高幼儿对户外体育活动的兴趣，增强挑战性、趣味性，培养幼儿动作灵活性及协调性和勇敢精神，是否可以配备较高滑梯？当然，关键是要使安全保护与锻炼同步，才能为幼儿形成健全的体魄打好基础。

综上所述，我们建议幼儿园配备直滑道滑梯的高度宜在 1500 mm 以下。若幼儿园配备的直滑道高度超过 1500 mm，在滑道起始段下方以及滑道出口段一定要有教师看护，以免发生危险。

其他类型滑梯情况较为复杂，本书暂不作研究。

（二）关于出口段的长度和距地面高度研究

出口段是指使用者的滑行速度减慢，以便可以从滑道上安全离开的滑道的一段。距地面的高度是指滑道出口段到地面的垂直距离。出口段对幼儿使用滑梯的安全性影响较大，过短或距地面高度不适当均容易对幼儿造成伤害。

美国消费品安全委员会颁布的《户外场地安全手册》规定滑梯的出口面与地面平行长度大于或等于 16 英寸（420 mm），出口面本身高于地面 9—15 英寸（230—380 mm）。

欧盟标准《游乐场设备和地面设施　第三部分：滑梯的附加安全要求和测试方法》规定：滑行段长度小于等于 1500 mm 时，出口段长度不小于 300 mm，出口段到地面距离小于等于 200 mm；滑行段长度大于 1500 mm 且小于等于 7500 mm 时，出口段长度大于 500 mm，出口段到地面距离小于或等于 350 mm；当滑行段大于 7500 mm 时，出口段长度大于 1500 mm，出口段到地面距离小于等于 350 mm。

我国《滑梯》标准规定基本与欧盟标准一致。

《幼儿园滑梯安全现状与教育运用（上）》在对 6 所幼儿园 26 架滑梯出口段长和距地面高度实测中发现，12 架组合滑梯全部符合《滑梯》标准，14 架独立滑梯中有 7 架出口段长度和距地面高度不符合标准，不合格率为 50%。

若出口段长度过短，当幼儿下滑速度过快时，幼儿得不到有效缓冲，容易冲出滑道导致屁股直接撞击地面；出口段距地面高度不适当容易导致幼儿在滑出滑道时屁股直接磕到地面造成挫伤。而符合《滑梯》标准的滑梯则能够有效避免上述伤害事故的发生。

因此，建议幼儿园使用的滑梯中：当滑行段长度小于等于 1500 mm 时，出口段长度不小于 300 mm，出口段到地面距离小于等于 200 mm；当滑行段长度大于 1500 mm 小于等于 7500 mm 时，出口段长度不小于 500 mm，出口段到地面距离小于等于 350 mm；当滑行段大于 7500 mm 时，出口段长度大于 1500 mm，出口段到地面距离小于等于 350 mm。

（三）关于防碰撞区域地面材料及厚度研究

在防碰撞区域内铺设具有缓冲功能的地面材料可以有效避免幼儿从高处跌落造成的伤害。防碰撞区域的地面防护是一个容易被忽视的安全因素。从表面看，地面防护好像与运动器械没什么关系，但实际上地面防护却起着保护生命安全的重要作用。

据调查，户外活动中最常发生的意外伤害事故就是从运动器械上跌落造成的骨折、挫伤、擦伤、扭伤，甚至是脑损伤，约占到所有事故的 60%—80%。事故发生的原因跟运动器械的类型、高度等因素都有关系，而关键的因素之一是运动器械下方及周围缺乏地面防护。具有良好的弹性缓冲的地面更能有效减缓高处跌落的加速度和冲击，从而降低发生严重头部伤害的概率，而头部伤害最可能威胁生命安全。

现实中，地面防护是幼儿园最薄弱的地方。调研发现：有的幼儿园将滑梯等运动器械直接架设在水泥或沥青等硬质地面上，没有做任何地面防护；有的幼儿园虽然铺设了橡胶地垫，但地垫厚度只有 10 mm 左右，未达到《滑梯》标准中关于防碰撞区域地面材料最基本厚度的要求，存在幼儿摔伤骨折等安全隐患；有个别幼儿园甚至在大型运动器械下方及四周铺设了硬质地面，完全不具有防护作用。

地面防护材料最重要的作用是缓冲跌落造成的冲击，避免发生脑损伤等危及生命的意外事故。因此，像水泥地面、沥青地面等硬质地面起不到任何缓冲作用，是最不适宜使用的。

美国消费品安全委员会颁布的《户外场地安全手册》规定高度在 3000 mm 以下的滑梯应铺 228.6 mm 厚的树皮、152.4 mm 厚的橡胶地垫、228.6 mm 厚的木屑或 228.6 mm 厚的沙子。

新西兰室外运动器械标准指南规定：3000 mm 以下跌落高度应铺颗粒大小 20—80 mm 的树皮，颗粒大小 5—30 mm 的木屑，颗粒大小 0.2—2 mm 的沙子，颗粒大小 2—8 mm 的砂砾或颗粒大小 5—50 mm 的木制纤维，则最小厚度均为 300 mm。

英国标准《游乐场设备和铺面——第一部分：一般安全要求与实验方法》规定：滑梯跌落高度小于等于 1000 mm 时，可铺设天然草坪或土层；高度为 2000 mm 以下的滑梯下如铺颗粒大小 20—80 mm 的树皮，颗粒大小 5—30 mm 的木屑，颗粒大小 0.2—2 mm 的沙子或颗粒大小 2—8 mm 的砂砾，铺设的最小厚度均为 200 mm。

我国《滑梯》标准规定基本与英国标准一致，且规定若铺设橡胶地垫（现场浇注或者成品）最小厚度为 25 mm。

国内外安全标准一致推荐使用的地面防护材料可分为 4 类：①天然草坪；②土层；③松散的填充物；④橡胶地垫类的单一合成物。

松散的填充材料包括木屑、树皮、沙子、沙砾等，都是由小颗粒构成。它们是通过颗粒间的位移或压缩颗粒间的空气来达到缓冲冲击的效果。一般来说，松散填充材料的初始安装相对简单、成本相对较低，但是由于易受天气状况和使用频率的影响，后期需要经常性的维护以保持其缓冲性能。此外，需要注意的是，这里的材料都应该是专门为户外活动场地设计和生产，并经过相关部门检验的。橡胶屑有时也会被幼儿园用作松散填充物，这样的橡胶屑也必须是经过检验的产品。幼儿园自制的木屑、树皮、橡胶屑等，在原材料、尺寸、理化性能上都无法达到专业水平，也不能发挥很好的保护作用，因此不推荐幼儿园自制地面防护材料。

单一合成物主要是橡胶地垫类地面防护材料。从研究结果来看，橡胶地垫的缓冲性能相对更好，受天气影响小，维护成本低。橡胶地垫的初始安装较为费时，成本较高，但安装后橡胶地垫的性能可以保持较长时间。橡胶地垫与近来热议的"毒跑道"一样，一些不良厂商违规采用大量有毒有害的低价劣质原料生产产品，在塑胶原料中添加甲苯、二甲苯、丙酮以及含过量重金属的低劣稀释剂、催化剂、溶剂等。因此，幼儿园在选购时应要求厂商提供正规检测报告，或自行将产品样品送检，确保其中各项化学物质含量在国家标准许可的范围内，以防地垫在阳光暴晒时挥发大量有害物质，损害幼儿身体健康。

为了更好地保护幼儿的安全，建议幼儿园在配备、安装运动器械时，特别注意地面的防护材料及厚度，按照《滑梯》标准，根据器械的跌落高度、园所的需求，选择适宜的材料，并铺设相应的厚度，将安全隐患减到最低，真正为幼儿铺起一张"生命安全网"。

建议：当滑梯跌落高度小于等于 1000 mm 时，滑梯下方及防碰撞区域内材料可选用天然草坪或土层；当滑梯跌落高度大于 1000 mm，小于等于 2000 mm 时，滑梯下方及防碰撞区域内材料若为树皮时颗粒大小为 20—80 mm，若为木屑时颗粒大小为 5—30 mm，若为沙子时颗粒大小为 0.2—2 mm，若为沙砾时颗粒大小为 2—8 mm，且铺设的最小厚度都为 200 mm；若是现场浇筑或成品橡胶地垫，最小厚度为 25 mm。

（四）关于滑梯防碰撞区域的大小研究

滑梯若没有设置足够的防碰撞区域会对幼儿产生碰撞伤害。对滑梯碰撞区域进行良好的布设可以在一定程度上减少意外伤害事故的发生。

目前，幼儿园大型运动器械防碰撞区域的设置中存在着不同程度的安全隐患。例如：滑梯的滑道距墙体过近，幼儿玩滑梯时若跌落会碰撞到墙体；滑梯下方及四周和滑道出口段防碰撞区域设置不规范，有树干、马路牙等障碍物。

欧盟标准《游乐场设备和地面设施　第三部分：滑梯的附加安全要求和测试方法》规定，在滑梯出口段的两侧至少要提供 1000 mm 的防跌落区域，滑道出口段前方防跌落区域的长度至少 2000 mm。

美国消费品安全委员会颁布的《户外场地安全手册》规定，设备四周（下方）及从设备向各方向延伸至少 6 英尺，即 1800 mm。

英国标准《游乐场设备和铺面——第一部分：一般安全要求与实验方法》规定，设备四周（下方）及从设备向各方向延伸 1500 mm 以上。

为了更好地保护幼儿使用滑梯时的安全，建议幼儿园在配备、安装运动器械时，要注意设置必要的防碰撞区域。按照我国《滑梯》标准，儿童滑梯防碰撞区域的范围是：当自由下落高度在 600—1500 mm 时，滑梯下方及四周向各方向延伸 1500 mm，滑道出口段前方防碰撞区域应不小于 2000 mm，防碰撞区域内不得有障碍物。

（五）关于滑梯防护栏栏杆的间距研究

造成滑梯防护栏卡夹幼儿头颈及幼儿从滑梯上跌落的关键技术指标是滑梯栏杆之间的间距。2013 年 10 月，湖北襄阳一女童在玩耍时不慎将头卡在儿童滑梯的栏杆内无法移动，消防官兵将栏杆破拆后救出幼童；2015 年 11 月，贵州镇宁两名儿童在玩滑梯时被护栏卡住脖子，幸好民警和老师配合成功将他们解救。设置不当的防护栏栏杆所暗藏的安全隐患不该被我们忽视。

对此，我国《滑梯》标准规定，滑梯防护栏栏杆间距为 110 mm。通过查阅国外的相关标准发现，美国消费品安全委员会的《户外场地安全手册》中将 3.5—9 英寸（约为 90—230 mm）的宽度定义为容易造成头部卡夹的危险宽度，即栏杆的间距不应设置为 90—230 mm 之间的数值，相较国内的 110 mm 的标准而言更为严格。

卫生部 2009 年 9 月发布的《中国 7 岁以下儿童生长发育参照标准》中关于幼儿头围的数据见表 6-10。我国 99.7%（±3SD）的 3 岁男童的头围在 457—535 mm 之间（直径约为 145.5—170.3 mm），99.7%（±3SD）的 3 岁女童的头围在 448—526 mm 之间（直径约为 142.6—167.4 mm），4—6 岁幼儿的头围依次增大。据此推算，3—6 岁幼儿头围的范围在 448—535 mm 之间，直径约为 142.6—170.3 mm，这一数据刚好位于 90—230 mm 的区间内。

表 6-10 《中国 7 岁以下儿童生长发育参照标准》中幼儿头围标准值摘录

单位：mm

年龄	月龄	男童头围						
		−3SD	−2SD	−1SD	中位数	+1SD	+2SD	+3SD
3 岁	36	457	470	483	496	509	522	535
4 岁	48	465	478	490	503	516	529	542
5 岁	60	472	484	497	510	522	536	549
6 岁	72	478	490	502	515	528	541	554
年龄	月龄	女童头围						
		−3SD	−2SD	−1SD	中位数	+1SD	+2SD	+3SD
3 岁	36	448	460	473	485	498	512	526
4 岁	48	457	469	481	494	506	520	533
5 岁	60	463	475	487	500	513	526	539
6 岁	72	468	480	492	505	518	531	544

考虑到防护栏的作用是为了防止幼儿从高处跌落，因此栏杆间的间距不宜过宽。而为了防止头部卡夹事故的发生，综合幼儿头围的数据及相关的标准，滑梯防护栏栏杆的间距规定为不大于 90 mm 为宜。

三、研究结论

综合以上，为了更好地保护幼儿使用滑梯时的安全，建议幼儿园在配备、安装运动器械时，要加强对滑梯跌落高、出口段长度和距地面高度、防碰撞区域设置、滑梯防碰撞区域地面材料及厚度、滑梯防护栏栏杆间距等内容的关注。各项指标相关建议可参见表 6-11。

表 6-11 幼儿园滑梯各项指标建议

滑梯指标	建议要求
高度	直滑道滑梯高度宜在 1500 mm 以下
出口段长度和距地面高度	当滑行段长度小于等于 1500 mm 时，出口段长度不小于 300 mm，出口段到地面距离小于等于 200 mm；当滑行段长度大于 1500 mm 小于等于 7500 mm 时，出口段长度大于 500 mm，出口段到地面距离小平等于 350 mm；当滑行段大于 7500 mm 时，出口段长度大于 1500 mm，出口段到地面距离小于等于 350 mm

续表

滑梯指标	建议要求
滑梯防碰撞区域地面材料及厚度	当滑梯跌落高度小于等于 1000 mm 时，滑梯下方及防碰撞区域内材料可选用天然草坪或土层。当滑梯跌落高度大于 1000 mm，小于等于 2000 mm 时，滑梯下方及防碰撞区域内材料若为树皮，颗粒大小为 20—80 mm，若为木屑，颗粒大小为 5—30 mm，若为沙子，颗粒大小为 0.2—2 mm；若为沙砾，颗粒大小为 2—8 mm，其铺设的最小厚度 200 mm；若为现场浇筑或成品橡胶地垫，最小厚度为 25 mm
防碰撞区域大小	滑梯出口段的两边应提供半径不小于 1000 mm 的防碰撞区域，滑梯下方及四周向各方向延伸 1500 mm，滑道出口段前方防碰撞区域不应小于 2000 mm，防碰撞区域内不得有障碍物
防护栏栏杆间距	滑梯防护栏栏杆间距不大于 90 mm

第四节 运动器械中防护栏栏杆的安全防护设置[①]

防护栏是幼儿园常见的起保护性作用的设施。不同样式的防护栏栏杆随处可见，例如，运动器械平台上方的围栏、幼儿园四周的围墙护栏、楼道台阶的扶手等。防护栏设立的初衷是为了保护幼儿的安全，防止其从高处跌落，或者误入危险区域。然而，设置不当的防护栏也可能变身"夺命陷阱"，卡住幼儿的头部和身体：2013 年 10 月，湖北襄阳一女童在玩耍时不慎将头卡在儿童滑梯的栏杆内无法移动，消防官兵将栏杆破拆后救出幼童；2014 年 5 月，福建福州一 6 岁女童在试图穿过幼儿园围墙护栏时，头部被卡住，后经消防官兵及时救援成功脱困；2015 年 11 月，贵州镇宁两名儿童在玩滑梯时被护栏卡住脖子，幸好在民警和老师的配合下成功将他们解救。幸运的是，这些报道中的幼儿都得到了及时有效的救援，而没有因此失去宝贵的生命，但设置不当的防护栏栏杆所暗藏的安全隐患不该被我们忽视。那么我们应该做些什么来防止意外事故的再次发生？

---

① 张晓，教育部教育装备研究与发展中心。

一、为什么防护栏易变"夺命陷阱"

由于防护栏的作用是保护幼儿的安全，因此多设置在与幼儿生活、游戏相关的地方。由于幼儿的好奇心较强，对危险的警觉性不高，他们有时会试图穿越栏杆，或仅仅出于好奇的心理而把头探入栏杆之间。此时，一旦栏杆的间距设置不合理，很容易造成幼儿头部的卡夹，而无法自行挣脱。上述报道中的儿童能够成功脱困的一个原因是，事故多发生在两端封闭的竖直栏杆之间。而之前也有多起新闻报道，老人、孕妇等在公交站扶着交通护栏休息时，无意间头部滑入栏杆间隙，后因无法求救或救治不及时而死亡。这种夺命栏杆多为一端开口，人的颈动脉、颈静脉、颈动脉窦压力感受器等由于被压而导致脑部缺血、脑出血、反射性呼吸、心跳骤停等不同原因造成的严重后果。因此，一端开口的防护栏不推荐幼儿园使用（见图6-2）。

二、怎样的防护栏相对更安全

造成防护栏卡夹幼儿头颈的关键技术指标是栏杆之间的间距。对此，《住宅设计规范》规定：阳台栏杆设计必须采用防止儿童攀登的构造，栏杆的垂直杆件间净距不应大于110 mm。《托儿所、幼儿园建筑设计规范》中规定：楼梯除设成人扶手外，并应在靠墙一侧设幼儿扶手，其高度不应大于600 mm，楼梯栏杆垂直线饰间的净距不应大于110 mm。而关于户外运动器械的标准 GB 19272—2011《室外健身器材的安全　通用要求》中仅规定"扶手和栏杆高度应大于700 mm，小于950 mm"，但没有对栏杆的间距作出具体的要求。

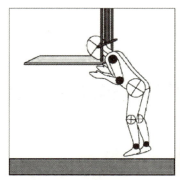

图6-2　栏杆间距不当易造成头部卡夹事故的发生

（图片来源：U.S.CPSC.《Public Playground Safety Handbook》）

查阅国外的相关标准发现，美国消费品安全委员会的《户外场地安全手册》中将 3.5—9 英寸的宽度定义为容易造成头部卡夹的危险宽度，换算之后约为 90—230 mm，即栏杆的间距不应设置为 90—230 mm 之间的数值，相较我国的 110 mm 的标准而言更为严格。

这一数据是否科学呢？我们进行了如下验证。

根据《中国 7 岁以下儿童生长发育参照标准》中关于幼儿头围的数据，3—6 岁幼儿的头围依次增大，其中 99.7%（±3SD）的 3—6 岁男童的头围在 457—554 mm 之间（估算直径约为 145.5—176.4 mm），99.7%（±3SD）的 3—6 岁女童的头围在 448—544 mm 之间（估算直径约为 142.6—173.2 mm）。据此推算，3—6 岁幼儿头部的直径约为 142.6—176.4 mm。

这一数值与我国标准中的"不大于 110 mm"及美国标准中的"90—230 mm"都是不冲突的。但考虑到幼儿头部的形状、特殊数值的存在可能，特别是幼儿头部的柔软性特性，建议取最小值以保证绝对安全。因此，建议幼儿园防护栏栏杆间距在不得超过 110 mm 的情况下，尽可能达到不超过 90 mm 的数值。

除了栏杆之间的间距外，栏杆与地面或其他平面间的距离也应满足这一条件。

三、小结

防护栏是幼儿园非常常见且重要的设施，但如果设置不合理也可能造成严重的意外事故，尤其是因为栏杆间距不合理容易造成幼儿的头部卡夹。为了预防类似事故的发生，建议幼儿园检查园内各处的防护栏栏杆设置，将栏杆间距控制在 90 mm 以内，并教育幼儿不要试图穿越护栏或将头部探入护栏中玩耍。

第五节　防碰撞区域安全防护设置[①]

安全适宜、布局良好的户外活动场地是幼儿顺利开展户外活动的前提，大型户

---

① 孙古，教育部教育装备研究与发展中心。

外运动器械的防碰撞区域的设置尤为重要。

幼儿园户外活动场地中常见的大型运动器械主要包括多功能组合滑梯、秋千、攀登架、爬网等。若防碰撞区域设置不规范,会发生各种意外伤害事故。调研中发现,幼儿园大型运动器械防碰撞区域的设置中,存在着不同程度的安全隐患。例如,滑梯的滑道距墙体过近,幼儿玩滑梯时若跌落会碰撞到墙体(见图6-3);秋千下方有井盖(见图6-4);秋千没有设置防碰撞区域(见图6-5);滑梯下方及四周和滑道出口段防碰撞区域设置不规范,有树干、马路牙等障碍物(见图6-6)。

图6-3 滑梯旁有墙体

图6-4 秋千下方有井盖

图6-5 秋千没有设置防碰撞区域

图6-6 滑梯下方有障碍物

图6-3至图6-6均是因为幼儿园户外运动器械防碰撞区域的设置不适宜造成的。

碰撞区域是指使用者经由下落空间跌落后,可能发生碰撞的区域。防碰撞区域就是对这一区域的安全范围进行规定。大型运动器械若没有设置足够的防碰撞区域会对幼儿产生碰撞伤害。对大型运动器械碰撞区域进行良好的布设可以在一定程度上减少意外伤害事故的发生。我国于2011年和2012年分别发布了GB/T 27689—2011《无动力类游乐设施 儿童滑梯》和GB/T 28711—2012《无动力类游乐设施 秋千》两个国家推荐标准。对儿童滑梯、儿童秋千的高度以及防碰撞区域和地面材料作了明确规定。

下面举例说明,幼儿园应如何设置这两种大型运动器械的防碰撞区域。

一、幼儿园户外滑梯防碰撞区域的设置方法

《无动力类游乐设施　儿童滑梯》标准中规定，儿童滑梯碰撞区域的范围是：当自由下落高度在 600—1500 mm 时，碰撞区域的最小尺寸为 1500 mm；自由下落高度 y 大于 1500 mm 时，碰撞区域最小尺寸 x 按公式 $x=(2/3 \times y+500)$ mm 计算（见图 6-7）。

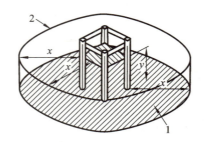

图 6-7　幼儿园户外滑梯防碰撞区域的设置方法

注：1—碰撞区域，是指使用者经由下落空间跌落后，可能发生碰撞的区域。

　　2—下落空间，是指使用者从设备上某一高度跌落时所经过的设备内部、上部或周围的空间，下落空间从自由下落高度开始。

　　x—防碰撞区域的最小尺寸，单位为 mm。

　　y—自由下落高度，单位为 mm，是指从身体的支撑最高处到下方碰撞区域的最大垂直距离。

例如，高度为 1800 mm 的滑梯，其防碰撞区域的设置方法如图 6-8 所示。

图 6-8　幼儿园户外滑梯防碰撞区域的设置方法

A—滑体高（自由下落高度）；B—防碰撞区域

当滑梯高度（y）大于 1500 mm 时，碰撞区域最小尺寸（x）的计算公式为 $x=(2/3 \times y+500)$ mm$=(2/3 \times 1800+500)$ mm$=1700$ mm。

此外，《无动力类游乐设施　儿童滑梯》标准中还要求，滑梯四周（下方及从设

备向各方向）延伸至少 1700 mm 范围内无障碍物。对于跌落高度大于 600 mm 的滑梯，滑道出口段前方防碰撞区域不应小于 2000 mm。

对滑梯防碰撞区域内地面的要求是：应有着陆缓冲层，应没有锋利的边角、突出物及可能造成伤害的障碍物，同时应不存在挤夹危险。应根据滑梯的自由下落高度，确定缓冲材料和厚度。作为室外运动器械，其防碰撞区域的材料底层应设置漏水层，以便有效排除积水。

二、幼儿园户外秋千防碰撞区域的设置方法

《无动力类游乐设施　秋千》标准中规定：防碰撞区域长度 $L=0.867\,h+2250$；秋千的防碰撞区域宽度 W 应至少为 1750 mm。如果秋千座椅宽度超过 500 mm，防碰撞区域宽度还需增加秋千座椅实际宽度减去 500 mm 的数值。设置方法如图 6-9 所示。

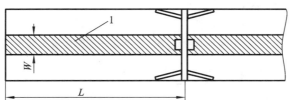

图 6-9　幼儿园户外秋千防碰撞区域的设置方法

1—防碰撞区域，L—防碰撞区域长度，W—防碰撞区域宽度

秋千悬挂高度 h 是指从旋转轴中心到秋千座椅上表面的最高点的距离。例如，悬挂高度为 1300 mm，两个座椅宽度为 550 mm 的秋千，其防碰撞区域的设置方法如图 6-10 所示。

图 6-10　幼儿园户外秋千防碰撞区域的设置方法

A—悬挂高度，B—座椅宽度，C—座椅间距离，D—防碰撞区域

按照《无动力类游乐设施　秋千》对防碰撞区域的要求，秋千下方防碰撞区域长度应不小于：$L=(0.867 \times 1300)+2250=3380$ mm，前后延伸长度应不小于 6760 mm，座椅下方防碰撞区域宽度不应小于：550–500+1750=1800 mm。在这些区域内确保无障碍物。

若秋千架需要和其他设备一起安装，两者之间应增加 1500 mm 的环形区域，或安装隔离装置将两者隔开（见图 6-11）。安装的隔离装置为安全栅栏时，安全栅栏高度不低于 1100 mm，栅栏的间隙和距离地面的间隙不大于 120 mm。应为竖向栅栏，不宜使用横向或斜向的结构。安全栅栏应分别设置进、出口。同时规定秋千不能与其他设备安装在一起。

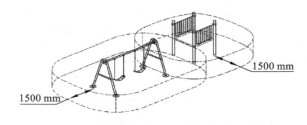

图 6-11　秋千架与其他设备被安装在一起时应设置隔离装置

在《无动力类游乐设施　秋千》的标准中，对防碰撞区域内地面的要求与滑梯标准的相关要求是一致的。

三、结束语

综上所述，幼儿园户外运动器械防碰撞区域是由运动器械跌落高度决定的，随着跌落高度的增加，防碰撞区域要相应扩大。幼儿园要按照国家有关标准要求设置户外运动器械防碰撞区域，以保证幼儿身心健康成长。

第七章 儿童桌椅标准的实证性研究及教育应用[①]

一、幼儿园儿童桌椅高度相关标准及配置现状

儿童桌椅是幼儿园班级内的基础设施,与幼儿一日生活密切相关,日常活动中的书写、阅读、游戏以及就餐等环节都需要依托儿童桌椅。舒适的儿童桌椅能营造轻松快乐的教育环境,提高书写、游戏时的舒适度,并有助于儿童养成正确的坐姿,有利于儿童身心健康成长。

3—6岁正是儿童身体生长发育的关键时期,不适合的桌椅会造成不良坐姿,对幼儿自然生理曲线弧度造成损害。儿童桌过低,幼儿使用时会头部前倾、脊柱弯曲、胸部受压;儿童桌过高,幼儿需双手架在桌子上,肩部高耸,桌沿压迫着小臂下方的血管,易造成血流不畅,且眼睛调节相对紧张,容易使眼睛发生疲劳,久而久之容易发生近视。桌椅太高太低都易造成儿童不良的姿势体位,加重身体疲劳,影响学习效率。

国际标准化组织总结各国经验,在1979年提出一项ISO 5970—1979《家具-教育机构-功能尺寸》国际标准,对儿童桌、儿童椅的功能尺寸进行了要求。多年来,许多国家不同程度地采用或参考这一标准制定了本国标准。

我国在1983年制定了《学校课桌椅功能尺寸》国家标准,并在2002年参考国际标准ISO 5970—1979《家具-教育机构-功能尺寸》的内容,对标准进行了修订。2014年,国家卫生和计划生育委员会将GB/T 3976—2002《学校课桌椅功能尺寸》标准修订为《学校课桌椅功能尺寸及技术要求》,该标准对"学前儿童桌椅"作了详

[①] 樊汝来,教育部教育装备研究与发展中心。

细规定，对儿童桌的品种与型号、主要尺寸、儿童椅的尺寸等内容进行了要求。

2012年，教育部颁布了《3—6岁儿童学习与发展指南》，其中对桌椅的要求是：桌、椅要合适，椅子的高度以幼儿写画时双脚能自然着地、大腿基本保持水平状为宜；桌子的高度以写画时身体能坐直，不驼背、不耸肩为宜。

我们在走访中发现，幼儿园园长和教师普遍不了解桌椅配备的标准和要求。有的幼儿园虽然对不同年龄班配有不同高度的桌椅，但基本都是全班桌椅统一尺寸；有的幼儿园虽然配备了可调节高度的儿童桌，但每个年龄班还是统一使用同一种高度的桌椅，并不会根据儿童身高的需要调节高度，基本上从购买或是配备了该桌椅以来从来没有调整过高度。选择儿童桌椅时主要根据幼儿园经验，或者由厂家提供集中型号来选择，没有依据一定的标准和规范。

调研过程中我们随机选取了一所幼儿园，对幼儿园的桌椅高度进行测查。测查主要依据国家的《学校课桌椅功能尺寸及技术要求》标准，以及椅子的高度以幼儿写画时双脚能自然着地、大腿基本保持水平状为宜；桌子的高度以书写时身体能坐直，不驼背、不耸肩为宜的要求。根据这所幼儿园幼儿的实际身高，我们发现大、中、小班儿童桌高度普遍不适合，大、中、小班不适合率分别占95.7%、64.5%、82.5%，全园不适合率为80%。儿童椅高度也存在不适合的情况，高度偏高偏低的状态都存在，大、中、小班不适合率分别占17.4%、6.6%、9.9%，全园不适合率占10.9%（见表7-1）。

表7-1　某幼儿园儿童桌椅高度不适合率调查结果

	大班	中班	小班	全园
儿童桌	95.7%	64.5%	82.5%	80.0%
儿童椅	17.4%	6.6%	9.9%	10.9%

这类情况在相关研究中也有所显示，2008年发表的调查研究表明，重庆市主城区民办幼儿园桌椅普遍偏高，偏高高度为30—80 mm。其中，各级幼儿园大、小班的桌面高适合率较低，分别为4.1%和2.9%。2011年，深圳宝安区卫生监督所与宝安区教育局联合开展的学校卫生工作专项监督检查显示，调查的31所中小学幼儿园中，课桌椅配备适合率偏低，尤其是小学类适合率不到两成。重庆市2010年部分区县调查显示，小学课桌椅的适合率仅为14.8%。

为什么幼儿园桌椅配备不适合率如此之高？是《学校课桌椅功能尺寸及技术要

求》数据的问题还是实施过程的问题？我们从标准和实证测量的角度对桌椅高度问题进行了研究，以期找到问题所在，并提出与幼儿身高相适合的儿童桌椅的要求和数据，为幼儿园配备儿童桌椅提供科学依据和合理建议。

二、桌椅高度的实测数据与对比

国内外相关研究表明，高度适宜的椅子应满足儿童坐着时大腿水平、小腿垂直、双脚平放在地面上，使腘窝下没有明显压力的舒适坐姿。高度适宜的桌子应满足儿童不抬手肘能够放在桌子上、不弯腰、不用抬肩肘为宜。

依据以上研究结论和要求，我们选取了具有代表性的不同身高的儿童和桌椅，对《学校课桌椅功能尺寸及技术要求》中桌椅高度要求的适宜性进行验证。

（1）选取了身高为 97.5 cm、105 cm、112.5 cm、120 cm 和 127.5 cm 的 5 名儿童，分别让这 5 名儿童坐在高度为 24 cm、27 cm 和 29 cm 的座椅上，观察记录每名儿童试坐不同高度椅子时大腿和小腿的姿势，并从侧面拍照，以便后期观测评价。随后按照"高度应满足儿童坐着时大腿水平、小腿垂直、双脚平放在地面上"的标准，分别选出适合 5 名儿童身高的座椅。

（2）让 5 名儿童坐在选出的高度最适合的座椅上，并分别使用高度为 40 cm、43 cm、46 cm、49 cm、52 cm、55 cm、58 cm、60 cm 共 8 组不同高度的桌子。观察记录每名儿童试坐不同高度桌子的坐姿，并从侧面拍照，以便后期观测评价。按照不抬手肘能够放在桌子上，不弯腰、书写时身体能坐直，不驼背，不耸肩为宜的标准，分别选出最适合这 5 名儿童身高的桌子。

（3）测试结果显示：身高为 97.5 cm、105 cm、112.5 cm、120 cm、127.5 cm 的儿童最适合的座椅高度分别是 24 cm、24 cm、27 cm、29 cm、29 cm。

（4）最适合的桌子高度分别是 43 cm、46 cm、49 cm、52 cm、55 cm。我们将验证的结果与《学校课桌椅功能尺寸及技术要求》对儿童课桌椅高度进行了记录和对比，具体数据见表 7-2。

表 7-2　儿童桌椅实测数据与《学校课桌椅功能尺寸及技术要求》数据对比

实测数据			《学校课桌椅功能尺寸及技术要求》的要求			
幼儿身高/cm	座面高/cm	桌面高/cm	儿童身高范围/cm	标准身高/cm	座面高/cm	桌面高/cm
97.5	24	43	90—104	97.5	23	43

续表

实测数据			《学校课桌椅功能尺寸及技术要求》的要求			
幼儿身高/cm	座面高/cm	桌面高/cm	儿童身高范围/cm	标准身高/cm	座面高/cm	桌面高/cm
105.0	24	46	98—112	105.0	25	46
112.5	27	49	105—119	112.5	27	49
120.0	29	52	113—127	120.0	29	52
127.5	29	55	120—134	127.5	30	55

将实测数据和《学校课桌椅功能尺寸及技术要求》进行对比分析，可以看出：

（1）关于桌面高度。实测数据中最适合的桌面高度分别为 43 cm、46 cm、49 cm、52 cm、55 cm，标准中要求的桌面高度亦为 43 cm、46 cm、49 cm、52 cm、55 cm，即实测数据与标准要求的数据是完全等同和一致的。

（2）关于座椅高度。实测数据中身高为 112.5 cm、120 cm 的幼儿最适合的桌面高度和标准中要求的桌面高度数据是一致的。身高为 97.5 cm、105 cm 的幼儿最适合的桌面高度与国家标准中的要求相差 1 cm。

研究表明，儿童使用高度上下浮动 1.0 cm 的座椅时，良好的读写姿势没有变化，我们实测的数据大部分与标准要求的数据一致，数据不一致的身高为 112.5 cm、120 cm 的幼儿适宜的座面高度差也在 1.0 cm 的范围内。

综上所述，实测数据总体上与《学校课桌椅功能尺寸及技术要求》规定的儿童桌椅高度的数据基本等同和对应，也即国家标准《学校课桌椅功能尺寸及技术要求》规定的幼儿课桌椅高度与儿童身高对应的范围是适合的。

三、结论与建议

上述研究表明，《学校课桌椅功能尺寸及技术要求》对 3—6 岁儿童是适宜的。

依据《学校课桌椅功能尺寸及技术要求》及"桌椅高差在 2 个型号范围（身高相差 15 cm）内波动时，良好的读写姿势没有变化"的原则，在教育实践中，我们可以这样表述表 7-2 的内容，即身高在 90—104 cm 的儿童，宜使用高为 23 cm 的座椅、43 cm 的桌子；身高在 98—112 cm 的儿童，宜使用高为 25 cm 的座椅、46 cm 的桌子；身高 105—119 cm 的儿童，宜使用高为 27 cm 的座椅、49 cm 的桌子；身高在 113—127 cm 的儿童，宜使用高为 29 cm 的座椅、52 cm 的桌子；身高在 120

—134 cm 的儿童，宜使用高为 30 cm 的座椅、55 cm 的桌子。也就是说，身高在 110 cm 的儿童既可使用高为 25 cm 的座椅、46 cm 的桌子，也可以使用高为 27 cm 的座椅、49 cm 的桌子。儿童身高与桌椅对应关系如图 7-1 所示。

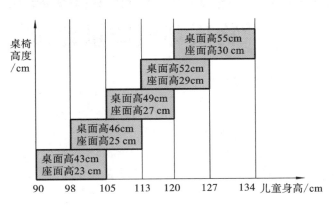

图 7-1　儿童身高与桌椅对应示意图

由于儿童正处于身高增长较快的时期，按照卫生部 2009 年发布的《中国 7 岁以下儿童生长发育参照标准》数据，3—6 岁儿童平均每年增长 7 cm 左右。为了让每名儿童都能使用与自己身高相适应的桌椅，建议幼儿园定期检测幼儿身高发育情况，根据儿童身高变化，适时地调换高度适宜的桌椅，帮助儿童养成正确的坐姿，营造舒适良好的学习和游戏环境。

第八章 基于儿童视角的幼儿园物质环境质量评价[①]

一、问题提出

在人类社会的发展历史上，儿童一直被放置在成人的语境里，他们的声音经常被社会所忽视，直到20世纪80年代，人们才逐渐意识到应当尊重儿童的观点。1989年11月20日，联合国大会通过了《儿童权利公约》（简称《公约》），该《公约》第12条提出，缔约国应确保有主见能力的儿童有权对影响到其本人的一切事项自由发表自己的意见。此后，从儿童的视角研究儿童的问题日渐成为一种研究取向。这种取向下的儿童研究以理解儿童的经验、理解儿童对自己生活的解释为目的。迪恩·苏姆认为，以往采用实验法、量表法等研究方法的儿童研究并不试图了解儿童自身的观点，即便是访谈法、问卷法也依赖父母或儿童看护者。教师和教育工作者作为儿童的代表来提供儿童的信息。儿童视角下的研究对象是整体的、生活中的、拥有内在独立精神世界的儿童，而不再是部分的、表征个体发展规律的、他人眼中的儿童。但是，由于成人与儿童的视角在其本质上有着根本的区别，儿童的经验在成人的语境中永远无法被还原，而只能被理解，因此，儿童视角下的研究的目的并非是还原儿童的经验，而是不断地为理解儿童的经验观点和行为作出努力。

1993年，丽莲·凯兹提出了研究幼儿园质量的多种视角：一是自上而下的上级管理者或者方案审批者视角，主要针对可测量的要素，如儿童人均空间、设备配备标准等；二是自下而上的儿童视角，主要关注儿童的真实体验；三是由外到内的家长视角，即托幼机构服务满足家长需求的程度；四是内部工作人员的视角，从保教

[①] 王小英、陈欢，东北师范大学。

人员与同事儿童家长和资助机构的关系及自身体验来评价幼儿园的质量；五是外部的社区、社会视角，更多地反映社会发展对托幼机构的需求被满足的程度。本研究是基于"儿童视角"的"幼儿园物质环境质量"的研究，其评价角度和标准来源于儿童，包括儿童对幼儿园物质环境喜好程度的评价及其所做的相关说明或解释，而所谓幼儿园物质环境，在本研究中指幼儿园内专门为儿童创设的、与儿童的学习和生活息息相关的户外环境、区角环境、墙面环境和生活环境。

二、研究方法

（一）收集数据资料的方法

两所公立幼儿园（A、B）各2个大班，逐一拍摄为儿童创设的物质环境。两园共拍摄照片299张，主要依据我国1992年颁布的《幼儿园玩教具配备目录》进行编码。每班先随机抽取10名儿童进行预访谈，然后根据其语言表达能力与参与意愿进行目的抽样，最终确定男女孩各16名共32名作为访谈对象。

英国全国儿童会[①]在其2011年的一份年度研究报告中指出，针对6岁以下的儿童进行访谈的技巧包括：①单独询问儿童的喜好、期待等；②小组讨论，并记录每名儿童对研究者或对其他儿童所说的话；③用不同的方式与儿童交流，包括符号、图画、照片、绘本、关键词讨论等手段；④让儿童不受约束地使用录音笔、照相机等工具记录他们喜欢的场景或声音。在多次预访谈后，结合研究对象的特点最终确定如下数据收集过程：访谈时依照片呈现的顺序逐一询问儿童："对这张照片，你会给个什么脸？"让儿童从笑、无表情、哭这三种他们能够理解其意义的图片中挑选一张，表达他们对所询问的幼儿园物质环境的满意程度，然后问儿童为什么选这种表情的图片。访谈时间一般为25分钟，在被访者知情的情况下对访谈全过程录音，并现场记录访谈情况。

数据分析结束后，研究者再次回到班级进行回访。回访的内容包括：①让儿童将幼儿园和班级内主要场所的照片按照喜好程度进行排序，在验证先前所得数据的可靠性的同时就存在疑惑的地方进行追问；②针对数据分析所得结果与教师进行交流，尤其是就儿童普遍表示喜欢或者不喜欢的场地材料、设施等询问教师的观点。

---

① 英国全国儿童会系英国儿童慈善组织，成立于1963年。

这一方面是为了分析制约儿童对物质环境质量评价态度的可能因素，另一方面是通过教师与儿童观点之间的抗衡与冲突来了解儿童视角的独特性。

（二）分析数据资料的方法

本研究所获数据分为两种：一是儿童对幼儿园物质环境的满意度，二是儿童对满意度的解释。满意度分为满意、一般、不满意三个等级，分别用笑、无表情、哭脸的图片表示，并分别记为 3 分、2 分、1 分。对满意度解释的分析过程主要包括以下几个步骤。首先，对原始资料进行转录编码整理与补充。其次，反复阅读、推敲、辨析，在准确把握儿童语言含义的基础上，提炼儿童每一次解释的关键词。再次，对这些关键词进行分类、归纳、抽象，发现儿童经常提及的 7 个因素分别是：难度、功能、物理特征、配备量、布置、维护与清洁、使用的机会与时间。这 7 个因素又分别属于材料、规划、管理三个不同的维度，由此构成如图 8-1 所示的关系。

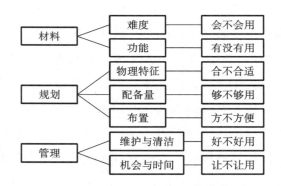

图 8-1　儿童对幼儿园物质环境满意度解释的主要因素

三、研究结果与分析

（一）儿童视角下的幼儿园物质环境总体情况

如表 8-1 所示，儿童对幼儿园户外环境的总体满意度平均为 2.47 分，对区角环境的总体满意度平均为 2.37 分，对墙面环境的总体满意度平均为 2.19 分，对生活环境的总体满意度平均为 2.50 分，女孩对各类幼儿园物质环境的平均满意度略高于男孩。

表 8-1　儿童对幼儿园各类物质环境的平均满意度

环境类别	户外环境	区角环境	墙面环境	生活环境
总体平均满意度/分	2.47	2.37	2.19	2.50
男孩平均满意度/分	2.45	2.29	2.14	2.49
女孩平均满意度/分	2.49	2.45	2.24	2.51

（二）儿童对幼儿园户外环境的评价

户外环境由户外场地和户外设施组成，A、B 两园户外设施的配备情况如图 8-2 所示。

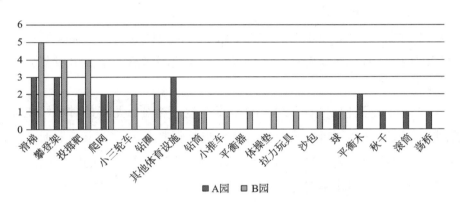

图 8-2　A、B 两园户外设施的配备情况

在儿童的满意度解释中，难度因素出现的频次最多，占据了总数的 50%；功能因素位列第二，占 19%；其余各因素共占 31%（见图 8-3）。

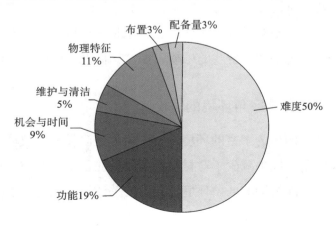

图 8-3　儿童对户外环境满意度解释中各因素频次比

（1）难度。在儿童谈及难度的满意度解释中，59%难度适宜，30%难度过高，其余11%难度过低。儿童认为户外场地或设施难度适宜时表现出以下特点：①强调胜任感，频繁使用赢和晋级等字眼；②强调速度，频繁使用快、没影儿等字眼。有的儿童即使认为难度适宜仍提出改进建议，例如"如果（秋千）坐凳的后面有软的靠背，你的头靠过去就能接住了，更舒服"。

（2）功能。对非体育设施和户外场地，儿童认为功能有效的情况占83%。当某些设施在儿童一日生活中发挥着重要作用时，儿童会关注其基本功能，如音乐播放器、器械储存柜。反之，则比较关注其游戏功能，如"秋天的时候可以去那里（杏树林）玩树叶雨"，尤其是狭窄空间作为秘密之处的功能，如"我们有时候跑去那里（走廊），把那里当作我们的家"。

儿童对走廊、凉亭等场地的满意程度最低，因其既无游戏功能又未在一日生活中发挥重要作用。但在教师看来，这些场地是幼儿园建筑的重要组成部分，也是儿童休憩的必要场所。

（3）其他。儿童比较关注尺寸和外观两个物理特征，尤其是对刚好能容下自己身体的洞口有浓厚兴趣。机会与时间因素仅与受限制有关，如家长催促离园、幼儿园限制户外自由活动时间、教师指定户外活动场所等都是主要的限制因素。不过，这些限制并未直接影响儿童对户外环境的满意度，只有当儿童完全没有使用经验时其满意度才是较低的。教师表示，限制儿童使用的原因主要包括非课程内容。在指定地方活动是为了避免混乱和确保儿童安全等。对于维护和清洁因素，儿童也仅谈及负面情况，并且儿童所关注的不当之处往往容易被成年人忽略。例如，"我害怕，到处都是蚂蚁，老师你是看不着的，要爬上去才能看到。"对此，多数教师坦言并不了解这方面的情况，甚至有教师认为各类昆虫也是户外乐趣的一部分。此外，儿童对布置因素的关注首先是增加游戏的乐趣，如"靠得近就可以一起玩"。

（三）儿童对幼儿园区角环境的评价

区角环境是幼儿园最为丰富的环境，其中角色表演类材料数量最多，音乐类材料最少。儿童在区角环境中减少了对材料难度的关注，大幅增加了对功能机会与时间等因素的关注对不同类别的区角环境，儿童的关注重点也有所不同。具体情况如图8-4和图8-5所示。

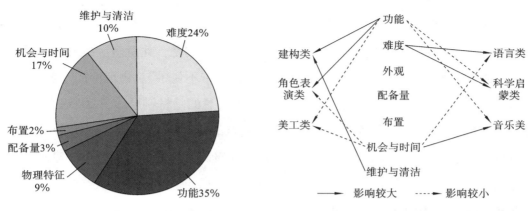

图 8-4　区角环境儿童满意度解释各因素频次比　　图 8-5　各因素影响儿童区角环境满意度解释的差异

（1）功能。儿童主要关注材料基本功能的有效性和充分性。功能的有效性被基本肯定，而功能不充分的原因在儿童看来主要包括：①缺少关键功能，例如"要是这个电话真能说话就好了，不是真的拨出去但是能真的说话"。②受外形限制，例如"这个只能搭房子，啥都搭不了"。另外，儿童认为应增设一些角色扮演材料，以弥补功能缺失，如"最好是小朋友能够得着，有一个钩子（勾住输液器），那样医生就不用一直举着了""医院里还应该有糖，小孩子打完针都会哭，而且药很苦，应该放点糖，他吃了就不哭了"。对于这些现象，教师均表示并未加以注意，原因是儿童太多，无法关注所有人的使用情况。还有教师认为，从儿童的参与来看，功能缺失并未影响儿童开展游戏。

（2）难度。这是影响儿童对语言类材料满意度的主要因素。研究结果发现，儿童认为语言类材料普遍由于识字量过大而难度过高，尤其是双语和全英文的书籍；图画类书籍难度适宜。对此，教师表示图书多为幼儿园统一购置，主要是为了配合英语类课程的需要而配置了双语书籍，并且教师会带领全班幼儿阅读大部分图书，以便让幼儿理解书籍内容。对于空间关系、排序、比较类科学启蒙材料，儿童普遍认为难度适宜，不过也存在难度过高的情况，其原因包括：①内容过难，如"我不喜欢加减法，加减法比数学难，数学就是数数字"。这主要是针对运算和运用数学知识解决问题的材料而言的。②使用方式不明确，如"对这些棍子我也不知道我拿它们干什么，不知道怎么玩"。访谈中，教师承认科学启蒙类材料的难度不好把握，过难或过易的情况时有出现。

（3）其他。机会与时间因素仍以受限制的情况为主，儿童提得最多的是教师限制美工和音乐类材料的使用机会，至于角色扮演类材料，则主要是角色选择两方面受到限制，其他材料的限制为使用时间不够。对于使用方法的限制，教师表示是为了让儿童更好地理解岗位职责，而时间的限制则是无奈之举。在维护与清洁因素方面，儿童主要提到性能的维护情况。此外，值得一提的是，儿童多次提及建构材料性能的维护，如"这个插得很慢，插进去还总掉，卡不住了"。物理特征因素方面，儿童主要比较满意材料的造型和颜色等外观，不满意的是材料尺寸，如"锅太小了，什么东西也装不进去"。配备量方面以儿童不满意的情况居多，原因主要是数量过多或过少、面积不适宜、配件不足。此外，儿童普遍认为角色区面积过小，建构类、角色表演类、科学启蒙类材料也有儿童对布置不满意的情况，而美工类材料则以满意居多。针对这些情况，教师的解释是，数量过少主要是受班级硬性条件限制，而对数量过多给儿童带来的困扰则未曾留意过。

（四）儿童对幼儿园墙面环境的评价

《幼儿园玩教具配备目录》没有对墙面环境的配备进行说明，研究者根据已有文献将其按功能分为 5 个类别，A、B 两个幼儿园在此方面的配备情况如图 8-6 所示。

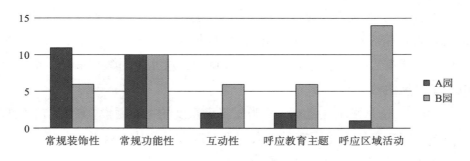

图 8-6　A、B 两园墙面环境配备情况

总体而言，儿童对常规装饰性墙面环境的平均满意度最低（1.98 分），对呼应教育主题类的墙面环境平均满意度最高（2.51 分）。儿童的满意度解释如图 8-7 所示。

（1）功能。儿童对常规功能性墙面环境的认同度较高，尤其是经常使用的值日表等，儿童对其功能不满的原因如图 8-8 所示主要有：①不理解，例如"这是墙上的主题，贴在那儿不知道干吗用的，她（老师）每天都在桌上弄这个东西然后贴墙上"；②理解但认为无用，例如"欢迎小朋友一点也没用，老师看看我们欢迎不就得了"，主要针对装饰性墙面环境；③未使用或不再使用，例如"奖励我们的，但是现在不奖励了"。

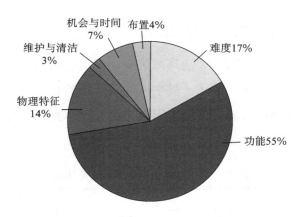

图 8-7　儿童对墙面环境满意度解释中各因素频次比

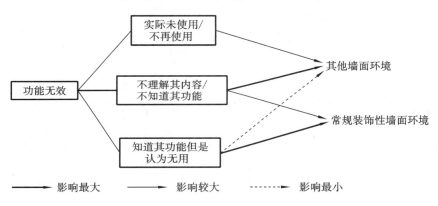

图 8-8　儿童认为墙面环境功能无效的原因

对此，教师的解释是，部分环境为原来班级所布置，故不再使用；至于儿童不理解主题墙则反映出主题教学成效仍有待提高；对于被儿童认为无用的环境，如欢迎小朋友的标语，教师则表示对营造温馨、愉快的班级氛围还是有用的。

（2）难度。此因素占了 17%，以难度过高为主，其原因主要为高于幼儿的识字水平，如"不知道，我们都不认识字"；还有一小部分原因为高于幼儿的认知水平。在教师看来，利用物质环境为大班儿童提供大量的识字机会是必要的，一方面可以刺激儿童养成好问的习惯，另一方面也是幼小衔接的重要内容。

（3）其他。物理特征因素以外观满意为主，不过也有个别儿童提到墙面环境的字过小，不容易辨识。机会与时间因素方面，无使用的经验占三分之二，对儿童的满意度有重要影响；受限制占三分之一，对儿童的满意度影响不大布置因素方面均为负面评价，主要包括：①过道、走廊、楼梯等较为拥挤，这种情况主要出现在空间狭窄的 A 园；②高度太高，这种情况主要出现在空间宽裕的 B 园。维护与清洁因素占 3%，均为负面评价。

（五）儿童对幼儿园生活环境的评价

儿童对如表 8-2 所示的两园生活环境的平均满意度最高，且差异值最小。其满意度解释的具体情况如图 8-9 所示，其中不明因素指的是儿童仅表示方便、挺好用的、没什么不好，即便访谈者进一步追问也无所补充，且仅出现在儿童满意的情况中。

表 8-2　A、B 两园生活环境配备情况

项目	A 园	B 园	项目	A 园	B 园
安全应急袋	×	√	午睡室	√	√
擦手巾	√	√	洗手台	√	√
餐盒	√	√	洗碗池	×	√
马桶	√	√	消毒柜	√	√
地面指示	×	√	小垫子	×	√
个人置物柜	√	√	鞋架	√	√
工作服	×	√	药品及其他置物盒	×	√
湿巾	×	√	值日生水盆	√	×
水杯架	√	√	桌上照片	×	√
水桶	√	√			

注：√为配备；×为未配备。

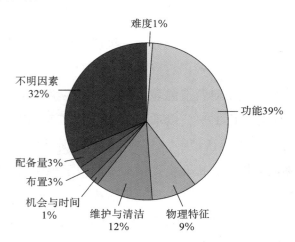

图 8-9　儿童对生活环境满意度解释中各因素频次比

从图 8-9 可知，儿童主要关注生活设施的基本功能，并且以满意为主，不满意的原因主要是该设施不再使用或自己并未使用。维护与清洁因素方面以儿童的不满为主，这同样是成年人容易忽略之处。物理特征因素在儿童生活环境满意度解释中

占9%，儿童主要关注尺寸而非外观。配备量因素占3%，儿童对面积小和数量少表示不满。布置因素占3%，儿童对使用不便表示不满。难度因素仅占1%，如置物柜过重、推拉式午睡床过重等。教师认可儿童就生活环境提出的问题，但受限于幼儿园条件，只能进行适当的改善。

四、讨论

全美幼教协会于1988年发布标准指出，高质量的幼儿园物质环境能够促进师幼关系、幼幼关系和家园关系。英国威尔士立法会政府2001年颁布的《3—7岁儿童基础阶段建议书》也提出儿童在室内、室外的游戏材料与场所对儿童个人能力和社会性的发展具有重要作用。正因为幼儿园物质环境拥有丰富的教育意义，才有必要了解儿童本人对幼儿园物质环境的评价，这是全面审视进而有效提高幼儿园物质环境质量的重要依据。

（一）户外环境的难度

户外环境是儿童最喜欢的环境。在儿童对户外环境满意度的解释中，难度因素占50%，但其中仅有59%为难度适宜的情况，并且即便是对于满意的设施，儿童仍提出了诸多增加难度的建议。海伦等人在观察了悉尼的幼儿园和社区中儿童的游戏后认为，当前的户外环境并未较好地支持儿童的冒险游戏。在本研究中，儿童对户外环境的满意度及其满意度解释验证了上述成果，大部分5岁儿童拥有较为强烈的冒险游戏的意愿，但实际上却受到了户外环境的限制，尤其是滑梯、荡桥、秋千、爬网桥等设施普遍被儿童认为难度过低。限制儿童的冒险行为虽然在短期内保护了他们的安全，却可能导致儿童缺乏自我保护能力，从而有更长期的危险。一些儿科医学专家指出，冒险游戏经验能帮助儿童学习掌控周围环境，学会认识、评估、预测、防止和应对危险。艾伦于2011年发表在全球权威学术期刊《进化心理学》上的一篇文章认为，早期的冒险经验有助于激起儿童对恐惧感的知觉，让儿童学会对行动的安全性负责。另外，冒险经验与儿童的创造力和自信心有关，过度保护的户外环境被广泛认为不利于儿童多方面的发展。本研究也发现，在体育设施相对简单的A园，儿童表示户外设施难度过高的比例高于体育设施相对较难的B园，该现象显示幼儿园户外环境的难度越低，儿童的运动能力与冒险精神可能越小。

（二）墙面环境的功能

墙面环境具有重要的教育功能。早在 20 世纪末，沃威尔就提出墙面环境应当作为学习环境的一部分，采用儿童感兴趣的形式，以调动儿童多种感官的参与。我国幼儿园墙面环境的创设长期以来存在着对外观的过度重视，以及唯美误区。本研究发现，儿童十分关注环境功能的有效性，他们最重视墙面环境的实用功能，其次是游戏或学习功能，最后是装饰功能。静态展示、看不懂的文字、与学习或情境关联不大（如张贴的卡通人物）等因素常常导致儿童认为墙面环境无用，即功能无效。可见，儿童对墙面环境主要采取实用态度，并且以难度适宜为前提。一个被幼儿所理解、在其一日学习生活中发挥着实际作用的墙面环境才是儿童喜欢的墙面环境。

（三）设施材料的布置

儿童关注设施设备的布置情况可分为视野和便利性两个维度，对材料布置的关注则主要是摆放秩序维度。在户外环境中，儿童喜欢高处的视野、旁观的视野，他们喜欢爬上游戏设施的顶部俯视幼儿园，还喜欢在围栏旁的休息亭、活动区周围的休息区观察过往车辆、人群和其他幼儿的游戏。而对于不同设施之间的布置，儿童则希望首先不要距离班级太远，其次这些设施距离较近时可用诸如石头小路之类相连，以增加使用的便利和游戏的便利。在区角环境中，儿童主要关注材料摆放的秩序性，包括材料的分类摆放和布置整齐，少数儿童提到区角位置的便利性，尤其是建构区。在墙面环境中，儿童主要关注墙面布置是否适于其身高与驻足欣赏。较为拥挤的走廊、楼梯等地方不适合对墙面环境的欣赏或与之互动。在生活环境中，儿童希望需要共同使用的生活设施，如洗手和喝水设施距离较近。已有研究主要关注材料布置的秩序性，强调材料摆放整齐分门别类、放置在儿童能够方便取用的地方等。

（四）设施材料的维护与清洁

在区角环境和生活环境中，儿童对材料或设施的维护与清洁关注较多。就建构类材料而言，儿童关注建构材料是否容易拼插、建构作品是否容易保存；对美工、科学启蒙类材料，儿童关注其是否维持在最佳的使用状态；对美工材料、沙池等，儿童还关注使用后的自我清洁。日本对幼儿园玩具曾如此规定：在选择上要注意没有危险、没有棱角、卫生、结实，选择能够长时间使用的玩具，偶人需要是不怕洗的。其中特别强调了玩教具的耐用性。从儿童的观点来看，他们并不关心成年人所进行的定期检查、消毒等工作，而更多的注意他们所使用的玩教具本身的性能和使用状态，如建构材料是否硬实、玩教具是否有损坏、生活设施是否性能良好与正常使用等。

（五）不同性别儿童物质环境满意度的比较

从儿童对幼儿园物质环境满意度的性别差异来看，男孩的满意度普遍低于女孩。从儿童对物质环境满意度解释的性别差异来看，各因素在不同性别儿童的满意度解释中比例基本一致。这意味着性别对儿童的物质环境满意度产生着更为隐性的影响，即虽然不同性别儿童对物质环境满意度的思考方式基本一致，但实际上满意程度不同。幼儿园男性教师短缺是世界性的问题，我国幼儿园男性教职工占幼儿园教职工总数不足，而真正从事教学工作的还不足万人。性别结构的严重失衡导致幼儿园教育的女性化特征明显，从而使得幼儿园物质环境有可能难以满足男孩的心理需求。

（六）儿童视角与成人视角的冲突

儿童视角的独特性是与他者视角相对而言的，由于教师与儿童的经验世界拥有本质差异，只能减少而无法完全规避二者视角的冲突。从本研究的结果来看，儿童的视角往往聚焦于游戏与生活的实际，教师理解儿童的视角离不开生活性。生活性是日本教育家仓桥物三在"诱导保育"理论中提出的观点。他认为，拥有生活性的教师，不仅能着眼于儿童细致入微的实际游戏与生活，还能用其生活积累、丰富儿童的经验，其视角与儿童视角的冲突自然较少。相反，缺乏对儿童经验的观察与了解则会导致教师忽视甚至轻视儿童的视角，形成较大冲突。当然，儿童视角也有其局限性。这是儿童视角需要与教师视角相互补充的重要根源，不过尊重和倾听儿童的意见与建议，无疑是有利于促进教育目标的达成的。

五、教育建议

难度和功能是儿童对幼儿园物质环境满意度解释中的重要因素。其中，难度因素对户外环境中的体育设施、区角环境中的语言类和科学启蒙类材料、各类墙面环境的儿童满意度有重要影响;功能因素对户外环境中的非体育设施、区角环境中的角色扮演类材料、各类墙面环境和生活环境的儿童满意度有重要影响。配备量、布置、物理特征、机会与时间、维护与清洁等因素是儿童满意度解释中的次要因素。除物理特征中的外观外,各因素均以负面评价为主。与难度和功能因素不同的是,负面评价并不直接导致儿童满意度低(见图 8-10)。基于以上研究结果,幼儿园物质环境创设可以从下几个方面进行改进。

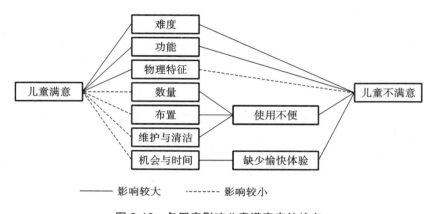

图 8-10 各因素影响儿童满意度的特点

第一,关注能力差异,构建挑战性环境。难度是儿童视角中制约幼儿园物质环境质量的重要因素,不同能力水平的儿童对同一物质环境难度的感知各不相同,故应当建设让不同能力水平的儿童都能感到胜任且具有一定挑战性的具有阶梯度的物质环境,特别是户外环境应该增强大型运动设施的难度阶梯,游戏材料的投放也应遵循这一要求。

第二,减少单纯装饰,打造实用性环境。儿童喜欢"有用"的环境,无论是在一日生活还是在游戏中,他们都希望物质环境在其中发挥一定的功能或价值。因此,应当以实用为原则进行环境创设,减少单纯装饰性场地或材料。例如,在户外环境中,应提高自然场地尤其是草地、树林的利用率;在室内环境中,应提高墙面环境的互动性,让其在儿童的学习与游戏中切实发挥作用。应赋予儿童材料布置的自主权,允许儿童自行将游戏中暂时不需要的材料放置一旁,或增加游戏中需要的材料;应避免将美工材料作为摆设,注意区分教师用材和儿童用材。

第三,便于儿童游戏,提供耐用性材料。材料的耐用性以及细节处的维护体现着对儿童操作与游戏的尊重。具体而言,建构类材料不可过软,建构成果要易于保留；不要为儿童提供用单张普通书写纸剪裁的角色扮演玩具。对于已经投入使用的材料或设施，应当注意细节处的维护，尤其是那些容易影响儿童操作的细节。此外，值得一提的是，物质环境的创设是教育理念外化于物的结果，科学的决策只能来源于多视角。综上所述，幼儿园应该努力在教育目标与儿童需要之间找到一个恰当的平衡点，在满足儿童生活与游戏需要的同时，促进儿童身心健康和谐发展。

第九章 自制玩教具的安全规范、教育设计与教育评价摘要[①]

一、自制玩教具的评价标准

(一)往届全国幼儿园自制玩教具展评活动

2007—2014 年,教育部教育装备研究与发展中心(原教育部教学仪器研究所)主办了三届"全国幼儿园优秀自制玩教具展评活动"。首届展评活动的宗旨是进一步推进幼儿教育改革,充分发挥自制玩教具在幼儿园教育教学中的作用,调动广大幼教工作者设计制作和运用玩教具的积极性与创造性;第二届展评活动是在贯彻落实全国教育工作会议精神和《国家中长期教育改革和发展规划纲要》的背景下组织举办的;第三届展评活动是在《第二期学前教育三年行动计划(2014—2016 年)》颁布实施的背景下组织的,以"落实《3—6 岁儿童学习与发展指南》,倡导游戏活动"为主题,旨在调动广大幼教工作者因地制宜开展自制玩教具活动的积极性与创造性,引导和推动幼儿园自制玩教具活动健康、科学地发展,促进幼儿园教育质量进一步提高。

(二)"张謇杯"全国幼儿园优秀自制玩教具展评活动

为进一步贯彻党的十九大关于"办好学前教育"目标要求,落实《国家中长期教育改革和发展规划纲要(2010—2020 年)》《国务院关于当前发展学前教育的若干意见》(国发〔2010〕41 号)等文件精神,促进幼儿园办园水平提升、教育质量提高,推动幼儿教师专业技能发展,2018 年,教育部教育装备研究与发中心开展了"张謇

[①] 林瑨,教育部教育装备研究与发展中心。

杯"全国幼儿园优秀自制玩教具展评活动。

1. 评选范围

申报作品须为幼儿园教育教学活动中正在使用，由幼儿园教师自己设计并简单制作，或对工业化产品进行改造的玩教具，还包括运用无须制作便能体现教育与游戏功能的自然材料和日常材料。不在本次评选范围之内的有：①工业化生产的玩教具；②与国家现行法律、法规、道德规范有抵触的作品；③涉及食品、药品试剂和饮食安全类的作品；④造成污染的作品，破坏环境的作品，有害于动植物保护、文物保护的作品，危及人身健康和生命财产安全的作品；⑤与玩具安全系列国标及相关玩具安全标准(规范、要求)相违背的作品。⑥曾获得往届全国幼儿园优秀自制玩教具展评活动 一、二、三等奖的作品。

2. 自制玩教具作品评价标准

从教育性、科学性、创新性、实用性、趣味性、简易性、安全性、特色性、环保性等几个方面进行评价，突出教师根据教学需要创新设计开发玩教具，并利用其开展特色活动，取得良好效果，促进教学质量提升。

二、自制玩教具的评价研究

林茅在《重视对自制玩教具的研究》一文中指出：自制玩具是最具生命力的玩具，自制玩具是指自己动手制作的玩具，它不包括替代玩具。原始玩具就是一种自制的玩具，工业革命前玩教具都是手工制作的，即使在商品玩具飞速发展的今天，自制玩具仍是儿童玩具中的主体，它随着儿童游戏的需要、身心发展的需要不断产生、创新、发展，它永远是儿童最喜爱的伙伴，陪伴着儿童成长。翻开自制玩具的历史，可以发现它和人类发展历史一样长久。自制玩教具具有个体化、灵活性、实用性、勤俭节约、充分利用资源、发挥资源优势等特点，同时自制玩具也体现了儿童和成人的智慧和创造力，因此，自制玩教具是最具生命力的玩具。

林茅在《重视对自制玩教具的研究》一文中对自制玩教具进行了评价研究，提出自制玩教具应具有可玩性、创新性和安全性。一是可玩性，可玩性是玩具主要的本质特征，从玩法出发，而不是从教育出发，玩时充分动手动脑，操作有一定挑战性，有成功感并且能百玩不厌；二是创新性，创新可以包括玩具的所有过程，如题材创新、设计构思创新、选材与制作方法创新、玩法创新等；三是安全性，保护儿童的权益是装备的首要原则,安全之所以一票否决,还因为这个法规是强制性执行法规,玩具的使用者是一群认知能力较弱的儿童,他们是一个靠监护人保护的特殊的弱势消费群体,对周围事物或产品安全认知有限,自我保护意识不足,所以,再好玩、再有教育意义的玩具,只要有安全问题就应拒之门外。

三、自制玩教具的安全问题

随着社会的不断进步,学龄前儿童的安全越来越受到重视。玩具是儿童的伙伴,是儿童的教科书,从儿童出生到学龄前的整个儿童发展期,始终有玩具的相伴。可以说,玩具是儿童生活的一部分,因此,玩具的安全也越来越受到大家的关注。

陈庆在《自制玩具与安全》一文中认为:由于自制玩具具有商品玩具所不可替代的玩具功能,它与商品玩具相比,更具有针对性、及时性、新颖性,它实用性强、取材广泛、成本低廉的特点使得自制玩具已成为托幼园所的主要玩具之一。然而,自制玩具引起的安全问题也最容易被忽视。自制玩具与商品玩具都有一个设计、选材、制作的过程,商品玩具有国家玩具安全检测机构来把关,不合格的产品无法上市销售,而自制玩具没有专门的机构为它把关,因此,我们尤其需要注意它的安全。

(一)自制玩教具可能造成的伤害

陈庆在《自制玩具与安全》一文中指出,自制玩教具可能造成的伤害有以下三类:第一,最常见的伤害——机械伤害;第二,最隐性的伤害——毒性伤害;第三,最严重的伤害——火焰烧伤。同时,陈庆在此篇文章中也总结了经验,提出了避免伤害的原则。

(二)如何避免伤害

如何避免伤害呢?这需要学前教育机构的投资者、领导者和广大教师,掌握、熟悉和了解相关知识,这些知识的获得将有助于我们更好地避免因玩教具而造成的儿童伤害。

第一,要把握一个原则,当安全与教学要求发生矛盾时,安全应放在首位。无论这个玩教具多么有教育价值、多么惹人喜爱、多么耐用、多么用途广泛,一旦其安全不能保证,就应该舍弃。

第二，掌握安全知识和要求，国家质量检验检疫总局批准并发布的 GB 6675《玩具安全》系列标准中对玩具的要求同样适用于自制玩具。广大教师在自制玩教具时应该掌握这些安全知识，并努力执行其安全要求。在《玩具安全》系列标准中，提到了两个非常重要的概念，即正常使用和可预见的合理滥用，这两个概念贯穿于始终。

第三，把好四个关：设计关、选材关、制作关和使用关，学前教育机构中的自制玩具必须在设计、选材、制作、使用等方面，避免在正常使用或可预见的合理滥用下可能造成的伤害。①设计。设计意图要明确，不要为了自制而自制；必须考虑使用者的年龄，应与他们的操纵能力、体力等发展相适应；在对原有设备进行改进时，必须考虑科学性，改进应建立在充分实验的基础上；充分考虑合理滥用。②选材。不使用泡沫等包装材料；不使用装过含化学成分的瓶子，如药瓶、化妆品瓶；使用纸箱时，应去除钉子等物件；不使用赤豆、云豆、小珠子等直径小于 31.75 mm 的小零件，以免儿童不小心将这些小零件放进嘴里，造成窒息或者吞进胃里而造成伤害。③制作。制作前对材料要进行处理，如消毒、清洗等；制作时使用的黏合材料应无毒、无味，要考虑幼儿使用特点以及多次使用的需要，应注意牢度，便于操作等。④使用。当儿童初次接触某自制玩具时，教师应向儿童作介绍，并操作演示给儿童看，告知注意事项；若让儿童自己探索，则教师要密切注意观察儿童的探索过程，特别要注意可能发生的危险点，必要时向儿童指出注意点，提出不能或不行的警示语；组织集体使用自制玩具的教学活动时，应关注使用的环境、儿童之间的合作和遵守规则，以保障儿童的安全有序。

自制玩具的使用对象是儿童，因此自制玩具在为我们教学服务的同时，必须充分考虑它的安全问题，使其对于没有足够能力预料危险的儿童，把可能发生伤害的危险降到最低限度。

四、自制玩教具的教育设计与运用

何建闽在《自制玩教具中教育因素的设计与运用——从"全国幼儿园优秀自制玩教具展评活动"说起》一文中指出，幼儿园自制玩教具，是成人根据教育需要和幼儿发展需求，对各种自然材料或成品具进行加工、改造、组合，重新进行玩具教育因素设计后的产物。改造后的物品更具有教育的针对性，更能体现幼儿的发展需要，在教育运用上更为灵活，教育手段更为丰富，教育因素更为突出，并能集中运用当地的教育资源，因地制宜，因陋就简，反映出当地的民俗特色、社会文化。由于不存在商品玩具在生产与销售中成本和利润上的顾虑，自制玩教具能极大地体现玩具设计的时代感与教师的创造才能。

（一）幼儿园自制玩教具中教育因素的设计

结合 2007 年"全国幼儿园优秀自制玩教具展评活动"中北京、上海、河南、辽宁、贵州、浙江等部分省市的优秀作品案例，讨论如何进行幼儿园自制玩教具中教育因素的设计(简称"教育设计")，何建闽在《自制玩教具中教育因素的设计与运用——从"全国幼儿园优秀自制玩教具展评活动"说起》一文中指出，幼儿园自制玩教具的教育设计要考虑以下一些基本元素：①模拟性，是幼儿园自制玩教具最常见、最基本的设计元素，主要是对物品基本外形或某些功能的模拟。例如，《蔬菜水果大丰收》这类自制玩教具。教师可运用当地资源采用这类设计元素，制作各种具有实用价值的玩教具，如乐器、体育活动器械等。但这类设计要注意增加操作功能的设计，以帮助幼儿加深对相关知识的学习和体验。②情境性，即对某些活动场景或活动方式进行模拟设计。③替代性，即以某种标记来象征或替代事物的某种特征，如以红色圆片代替所有红色物品。替代性设计较多用于数学类玩教具的设计，有助于幼儿表象的建立，有助于幼儿思维水平从直觉行动思维向具体形象和抽象符号思维水平过渡。替代性设计可分为直观替代、形象替代和符号替代三类。④开放性，即自制的玩教具在结构和使用方法上具有开放性，幼儿可通过开放性操作来改变玩教具的结构，开展各类开放性活动。⑤探索性，这种设计与展示性设计很大的不同在于，并不直接展示工作原理，而是让幼儿通过操作感知、体验并探索有关工作原理。

（二）几种有效的教育设计方法

第一，帮助幼儿自我学习的教育设计方法，如何在玩具的教育设计中融合学会学习的现代教育理念，帮助幼儿自我学习，是值得广大幼教工作者探索和思考的一种教育设计方法。

第二，帮助幼儿自主学习的玩具教育设计方法，通过玩具设计的内在教育线索，帮助幼儿按照一定的学习顺序、学习内容、学习方式，自己提出学习任务，自我学习，发现学习方法，纠正错误。这种设计方法把玩具设计与现代自主学习的课程理念融合在一起，成为玩具教育课程。

第三，有序组合、层层递进的系列玩具的教育设计。

总之，玩具的学习价值和教育价值源于玩具中的教育因素，一个具有较高教育价值的自制玩教具，除了要具有良好的设计元素、巧妙的设计方法外，玩具的教育设计策略和玩具教育措施也是实现玩具教育价值的重要保证。自制玩教具的教育设计要能充分发挥教育优势，要根据幼儿发展需要和教育需求加以巧妙设计，有效利用其教育因素开展教育活动，从而更好地促进幼儿的发展。

第三篇

幼儿园教育装备区域发展研究

第十章 区域发展概况与成果

第一节 发 展 概 况

一、上海市学前教育装备发展报告（2015—2017年）[①]

为全面贯彻落实《国家中长期教育改革和发展规划纲要（2010—2020年）》和《国务院关于当前发展学前教育的若干意见》精神，根据教育部等三部委《关于实施第二期学前教育三年行动计划的意见》，2015—2017年，上海市通过实施第三轮学前教育三年行动计划，优化资源配置，以科学合理的学前教育装备体系支撑建设学前教育公共服务体系建设，提升本市学前教育保教质量。

（一）发展现状

截至2017年，上海市有幼儿园1556所，在园幼儿57.27万人，幼儿园占地面积873.92万平方米，校舍面积597.23万平米。在入园幼儿数比2014年增加近7万人的情况下，通过新建、改扩建幼儿园以及建设民办三级幼儿园，确保全市每年增长20万平方米以上的园舍面积。

2017年，上海学前教育经费总投入112.21亿元，比2014年增长53.90%。幼儿生均经费总支出2万元，比2014年增长16.82%。生均财政拨款占生均支出比例为92%，比2014年增长3.32个百分点。幼儿园专任教师4.01万人，比2017年增长了

[①] 上海市教委教育技术装备中心。

15.05%，其中，大专以上学历教师占比由 2014 年的 95.62%增长到 2017 年的 96.88%。本科以上学历占比从 2014 年的 64.94%增长到 2017 年的 72.13%，保教人员持证上岗率达 100%。

（二）全方位多举措推进学前教育装备建设

1. 加强学前教育装备规范建设

1）修订《上海市学前教育机构装备规范（试行）》

为促进上海学前教育事业发展，深化课程改革，进一步规范学前教育机构装备配置，上海市教委教育技术装备中心在文献研究、调查研究的基础上，依据国家政策法规、幼儿园课程、幼儿园设施设备标准和儿童发展要求等文献，对《上海市学前教育机构装备规范（试行）》（以下简称《上海规范》）进行修订，并组织专家编制了解读文本，对《上海规范》中各条款进行详细讲解，用典型的案例介绍《上海规范》中设施设备及玩教具的配置和应用，指导各区教育主管部门、装备部门、学前教育机构等更好地理解和实施《上海规范》，推进本市学前教育机构规范、合理、科学配置和使用装备，维护在园儿童的发展权利，更符合新形势的需要。

2）编制《上海市幼儿园专用活动室建设指南》

为深入贯彻和落实《幼儿园教育规程》《3—6 岁儿童学习与发展指南》要求，为幼儿创造健康有益的活动环境和提供主动学习的机会，促进幼儿身心全面和谐发展，上海市教委教育技术装备中心在文献研究、调查研究的基础上编制《上海市幼儿园专用活动室建设指南》（以下简称《上海指南》），从功能定位、建设理念、装备原则、基本要求等方面对幼儿园 8 类专用活动室的建设和装备作出了规定，以指导和保障幼儿园专用活动室设施设备和玩教具装备工作的规范实施。

在《上海指南》的引领下，上海市教委教育技术装备中心在全市范围内征集各类专用室的建设案例，梳理汇总我市幼儿园专用室在建设、配置、管理和使用等方面的亮点和经验，形成优秀案例集。

2. 推进幼儿园玩教具科学配备

1）设立幼儿园玩教具配备专项

《幼儿园教育指导纲要（试行）》中明确指出：幼儿园教育以游戏为基本活动。幼儿的游戏离不开玩具，玩具是幼儿最亲密的伙伴，是幼儿健康成长的重要资源，是幼儿的教科书。为深入贯彻《3—6 岁儿童学习与发展指南》精神，指导和支持幼儿园玩教具和设施设备的使用和建设，2015年、2016年上海市教委设立专项，共投入4300万元玩教具购置专项，上海市教委教育技术装备中心开展专题调研，通过企业申报、专家评审，遴选满足激发幼儿发展的玩教具配送至幼儿园，帮助幼儿园通过研究玩教具及设备的规范配置，提高玩教具的利用率，支持保教活动的有效开展，积极促进本市学前教育整体质量的提高。

后续，装备中心通过试用、培训、效果调查等途径，追踪全市121所试点幼儿园的使用情况，帮助试点园积极制定激发幼儿智能的游戏方案和玩教具使用方法，以研究促进教师对玩教具规范选用和有效使用的理解和思考，帮助教师提升使用玩教具的能力，促进本市学前教育质量的整体提高。

2）开展幼儿园优秀自制玩教具评选系列活动

（1）根据教育部装备中心有关通知要求，组织开展"第三届上海市幼儿园优秀自制玩教具评选活动"，选送优秀作品参加全国评选，获得全国团体总分第一名。

（2）组织优秀自制玩教具专题展示活动，向全市幼儿园辐射推广优秀自制玩教具创意和作品，展示会在在上海展览中心举行，在5个展厅：序厅、科学厅、益智厅、运动厅、综合厅共展出了历届获奖作品137件，展会历时3天，参观人员达7万多人。

（3）编辑整理历届获奖作品，出版发行《图解自制玩教具》系列丛书，并赠分送至全市所有幼儿园，供教师参考学习，进一步提高教师自制玩教具的能力和水平。

（4）为使优秀的自制玩教具更好得到推广应用，2016年，上海市教委投入1000万元进行了自制玩教具产品转化，遴选自制玩教具评选中的5件优秀作品进行工业化生产，分送到各级各类幼儿园，进一步推动了优秀作品的推广运用。

3. 开展专题研究为装备保驾护航

上海学前教育装备以课题研究为引领，以科研结果为支撑，为学前教育装备保驾护航。

（1）开展幼儿园装备、使用和评价研究，形成"户外场地设施设备配置和使用评价标准""室内活动场所设施设备配置和使用评价标准""3—6岁玩教具配置和使用评价标准"和"0—3岁玩教具配置和使用评价标准"。

（2）开展幼儿园科学玩教具配置和使用研究，创造性地以科学玩教具为突破口，基于幼儿身心特点和发展规律，系统梳理幼儿科学经验，形成科学玩教具配置方案和应用案例，以此强化科学玩教具配置和使用的规范性、科学性，指导幼儿园科学教育实践，促进科学教育质量提升，编辑出版了《玩不够——幼儿园科学玩教具配置和使用指导手册》，在全市 1500 多所幼儿园推广应用，2017 年 12 月，市教委装备中心举办以"玩不够——科学玩教具的配置和使用"为主题的观摩展示活动暨现场会。浦东新区张江经典幼儿园现场展示了"生命科学""地球与宇宙科学""物质科学""生活中的科学与技术"等装备配置和使用活动，让参观者感受到科学玩教具在孩子手中"玩不够"的魅力。该成果获上海市基础教育教学成果奖二等奖。

（三）未来展望

上海市学前教育装备将在未来的三年中以落实第四轮学前教育三年行动计划为契机，继续指导全市各级各类幼儿园科学、规范、合理配置设备和玩教具：修订并印发《上海市幼儿园装备规范》，指导上海市各级各类幼儿园科学、规范、合理配置设备和玩教具；编制并印发《上海市幼儿园专用活动室建设指南》，重点推进科学活动专用室、室内运动场所、幼儿阅读室和安全教育体验场所建设，为幼儿创设健康有益的活动环境，促进幼儿身心全面和谐发展；开展上海市幼儿园装备建设专项调研，进一步理顺幼儿园装备管理机制，提高幼儿园玩教具配置质量与水平，提升幼儿园办园质量。

二、广州市幼儿园玩教具配备现状的调查分析[①]

幼儿园玩教具是幼儿教育中重要的学习资源。为了让玩教具良好的配置方式有助于幼儿教育事业的发展，通过对当前广州市幼儿园玩教具的配备情况进行调查，发现幼儿园玩教具配置的过程中存在一些问题。下面简要分析调查过程中发现的主要问题，并提出相应的有效解决措施。

（一）调查的意义

幼儿园的教具和玩具被认为是幼儿教育活动的物质支持。教具和玩具在幼儿教育整体改革中起着重要作用，它承载着先进的教育思想、教育观念和教育手段，对于实现教育目标、高教育质量具有重要意义。陈鹤琴先生认为，玩具"不是单指街

[①] 黄健勇，广东省广州市教育装备中心图书与实验部。

上所卖的一种供儿童玩的东西","大凡儿童看的、听的和触的,笼统可以叫作玩具"。从广义上来说,玩具不仅包括工业生产的产品,也包括手工自制的玩具,同时一些自然的材料虽未经加工但同样可供玩耍,也可称为玩具。刘济昌先生通过分析辞书和行业标准中对教具的解释,认为教具是在教学过程中,体现教育思想、教育目标、教学内容、教学方法,供师生使用的仪器、模型、标本、挂图、多媒体设备、计算机、实验室和专用教室设备以及实习实训设备等的总和。也就是说,玩具和教具最大的不同之处在于前者是为幼儿的游戏服务的,而后者是为教学服务的。

在幼儿园中,玩教具意为配合教学使用的玩具,作为幼儿学习的辅助工具,对儿童教育起到辅助和中介作用,是引导、促进幼儿学习的一种手段,除具有玩的功能更须具有教育性。玩教具是设计者通过对玩具形态、功能的设计,以适应儿童各个敏感期发展需求为设计目标,通过各类玩具激发孩子各方面潜能,帮助儿童快乐学习、开发智力、强健体魄,增强自我服务能力,不断提升社会性行为和他与人交往的能力,使儿童迅速成为一个独立的个体,通过在玩中学、做中学促进儿童身心健康发展。

1. 玩教具对儿童认知发展的价值

人对客观世界的认识开始于感知,通过感知达到对客观物体的认识,继而才有记忆、思维、情感的产生和发展。而3—6岁的幼儿,他们对世界的认识、学习和理解,依赖于感知的具体材料。因而,此时向幼儿提供相应的具体的感知材料,供幼儿操作和探索,对幼儿动手操作能力、智力、审美能力、情绪情感等各方面的发展起着不可估量的作用。

2. 玩教具对幼儿身体发展的价值

玩教具是针对儿童身体发展的特点和需要所设计的。学前幼儿已经获得了基本的动作能力,包括灵活活动以及身体运动的大肌肉动作能力和使用手和手指的精细动作能力。例如,有针对有机体发展的运动类玩具(球类、户外运动类等),还有针对感官发展的听觉发展玩具(敲打类玩具)。这些玩教具都在不知不觉中锻炼儿童的各类机体和感官,使儿童在充满自由和快乐中提升自己体能和协调性,使他们在游戏中体验学习的过程和结果。

3. 玩教具对幼儿心理发展的价值

首先,玩教具能够满足幼儿好学、好问、好探索的心理特点,满足和锻炼儿童的求知欲。其次,幼儿在使用玩教具的过程中,能够学会分享、竞争和解决问题。

尤其是角色扮演类的玩教具，使儿童在角色的扮演过程中，接触真实的世界，从而促进其社会性的发展。最后，玩教具的使用能增强师生交流。教师充当知识的引导者和帮助者，师生间通过玩教具进行现实情景的重现，从而促使幼儿能有一个较为积极、健康的心理。

4. 玩教具对幼儿语言发展的价值

教育部颁布的《幼儿园教育指导纲要（试行）》中明确提出，要重视儿童语言运用的要求，有效利用玩教具是引导幼儿达到这个目标的关键。学前期是儿童语言初步发展的关键时期，适当使用相应的玩教具可以寓教于乐，往往会达到事半功倍的效果，让孩子在游戏、玩乐的同时，语言能力能得到发展。

5. 玩教具对幼儿行为能力发展的价值

儿童心理学家皮亚杰认为，心理、智力、思维的发展既不是起源于先天的成熟，也不是起源于后天的经验，而在于主体的动作。知识的获取主要依靠学习主体主动获得，配合教师和他人帮助，从而达到预期目标。而玩教具恰恰很好地体现了"做中学"的理论。通过儿童动手操作不同玩教具，促进幼儿动脑，从而掌握不同的解决问题的方法，增强动手操作能力，促进思维的发展。也可以在这过程中，让儿童学会遵循游戏规则与合作，促进其行为能力的发展。

6. 玩教具对培养幼儿学习能力的价值

玩教具的使用旨在让枯燥的学习点通过有趣的形式展现出来，让孩子在快乐玩耍中，自主发现、接受、体验，在收获快乐的同时激起学习的兴趣，也是学习的动力。玩教具作为一种媒介，培养了儿童自主学习、主动思考的能力，养成坚持、专注等良好的学习品质。

（二）调查主要内容和结果分析

1. 调查主要内容

1）调查对象

本次调查随机抽取了广州市的 11 个区共 100 所幼儿园进行问卷调查，其中包括越秀区、天河区等发展较好的城镇地区幼儿园，也包括农村地区一些幼儿园，具有一定代表性。

2）调查主要内容

本次调查发放了《幼儿园玩教具配备现状调查》问卷。该问卷共有 44 大项，主要内容包括对玩教具的认识、幼儿园玩教具的主要来源、玩教具的配备和使用状况、教师与幼儿制作玩教具的状况、幼儿园对玩教具的需求及教师认为当前玩教具市场存在的问题以及相应的建议等方面。

2. 调查结果与分析

1）基本情况

（1）幼儿园人数情况。

2013 年修订的《幼儿园工作规程》（以下简称《规程》）中规定：幼儿园规模应当有利于幼儿身心健康，便于管理，每班幼儿人数一般为小班（3—4 周岁）25 人，中班（4—5 周岁）30 人，大班（5—6 周岁）35 人，混合班 30 人。本次调查的 100 所幼儿园人数情况见表 10-1。从表 10-1 可以看出，幼儿园的人数规模大小不一，人数最少的幼儿园有 103 人，人数最多的幼儿园有 952 人。中班和大班的人数大多在规定范围内，然而约 78.6%幼儿园小班平均人数超过《规程》中的规定。

表 10-1　幼儿园人数情况表　　　　　　　　　　单位：人

	极小值	极大值	均值	标准差
小班平均人数	20	35	27.1	3.106
中班平均人数	20	40	29.86	3.273
大班平均人数	20	45	33.12	3.808
全园幼儿人数	103	952	629.33	211.19

（2）幼儿园各类特色活动区域（角）。

区域活动是幼儿一种重要的自主活动形式，是根据幼儿发展需求和主题教育目标创设立体化育人环境，即充分利用各类教育资源，有效运用集体、分组和个别相结合的活动形式，组织幼儿进行自主选择、合作交往、探索发现的学习、生活和游戏活动。区域活动已经成为幼儿园一日活动的重要教学形式之一，一般分为益智科学、美工、图书语言、建构、角色表演等几大类。在进行区域活动中，需要用到大量玩教具来丰富区角，为幼儿提供能力发展的物质资源。

幼儿园的各类特色活动区域（角）情况如图 10-1。从图 10-1 中我们发现，总体来说，除沙水区和社会区外，其他几类区域较多地被用作特色活动区，但在每个年级的特色活动区域多有不同。其中大班最具特色的区域活动为建构区、阅读区和数学区，而在中班，约60%的幼儿园将角色与表演区、音乐区和美工区作为中班特色活动区域；特别突出的是，90.50%的幼儿园都将娃娃家作为幼儿园小班最具特色的活动区域；将益智区（31.00%）和音乐区（21.40%）作为幼儿园小班特色活动区域的也比较多。

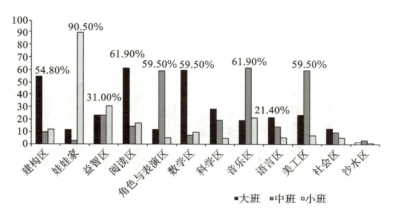

图 10-1　幼儿园各类特色活动区域（角）情况

（3）配备现状。

第一，幼儿园功能室配备情况见图 10-2。在调查的幼儿园当中，都配有专项功能教室。其中大多数幼儿园配备音乐教室、美术教室和幼儿园图书室等专项功能教室。但是，幼儿园中配有计算机室、感统教室和游戏室的比较少。调查结果显示，三种专项功能教室的配备率仅分别为 26.80%、17.10%和 7.30%。

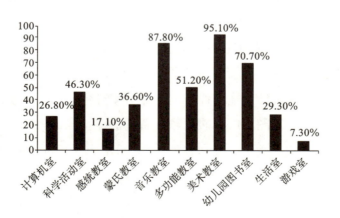

图 10-2　幼儿园专项功能教室配备情况

第二，10 大类玩教具配备情况。根据《幼儿园玩教具配备目录》，我们调查了幼儿园10大类玩教具的配备情况（见图10-3）。总体来说，在所调查的幼儿园中，除角色表演游戏器具类的各项玩教具或设备的平均配备率仅为60.50%外，其他9类的玩教具平均配备率均在70%以上。其中，幼儿工作台类和美工类各项玩教具或设备的平均配备率在10大类中最高。此外，体育类和科学启蒙玩具类的各项玩教具或设备的配备率参差不齐：体育类中，95%的幼儿园都配有滑梯，但仅有25%的幼儿园装有游泳池；92.50%的幼儿园都有配备科学类的数形接龙教具，但仅有27.50%的幼儿园配有计算器，因此，这两大类中的各项玩教具设备还需不断进行丰富。

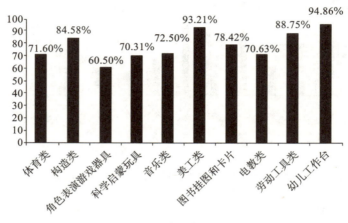

图10-3　幼儿园10大类玩教具平均配备情况

2）对玩教具满意度调查

调查显示，未有幼儿园对本园玩教具整体配备情况不满意，但73.80%的幼儿园对本园的整体配备情况满意度一般，比较满意的达到23.80%，而仅2.40%的幼儿园对本园的玩教具整体配备情况非常满意。

接着对10类玩具和7项配置的幼儿园教育装备情况进行了调查。这10类中包括运动类、科学类等，7项配置中包括图书资料、教育软件等教具配置，也包括专项功能室、教学设备等基础设施配置。经过对调查问卷结果进行分析发现：10类玩具在幼儿园的满意度（见图10-4）较7项配置的满意度高，尤其是在美工类、角色表演类和音乐类玩具中，满意度分别达到了81.00%、66.70%和47.60%。

3）对幼儿园玩教具配备市场情况调查

经过调查发现（见图10-5），目前市场上已有的玩教具总体上不能满足幼儿园的需求，有超过50.00%的幼儿园认为目前市场上已有的玩教具比较不能满足幼儿园的需求，仅有4.80%的幼儿园认为市场上的玩教具比较能满足幼儿园的需求。

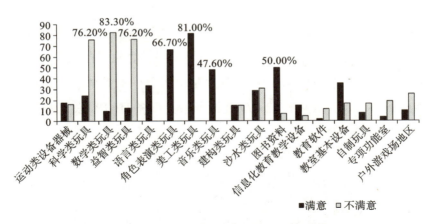

图 10-4　幼儿园教育装备满意度情况调查

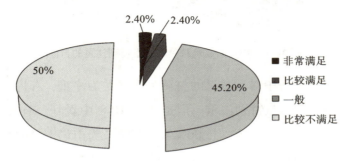

图 10-5　目前玩教具市场总体情况

更具体的调查结果显示（见图 10-6）50%以上的幼儿园认为美工类和沙水类的玩教具是目前市场上比较丰富的，而幼儿园则普遍认为科学类、数学类和益智类三类玩教具在目前市场上比较缺乏，其中 87.80%的幼儿园认为科学类的玩教具在市场上比较缺乏，不能够满足幼儿园的需求。

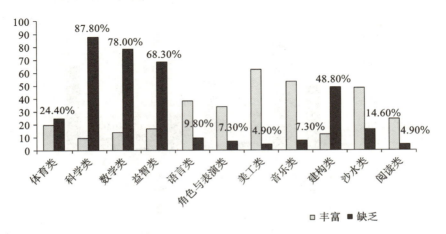

图 10-6　各类玩教具市场情况

除市场上玩教具的类型外,玩教具的价格、质量及幼儿发展等都成为幼儿园在配置玩教具时的考虑因素。图10-7的调查结果发现,幼儿园在玩教具的配备上最为注重本园幼儿的发展需求(34.10%),其次是上级部门的具体验收标准和玩教具的材质,而本园的办园特色较少被纳入幼儿园玩教具配备时的考虑因素中,仅有2.40%的幼儿园特别注重该方面。

图10-7 幼儿园在玩教具配备上特别注重的方面

幼儿园在玩教具配备中对玩教具的材质和质量尤为注重,有将近40%的幼儿园对玩教具配备的材质和质量特别注重。但是从图10-8中看到,有52.50%的幼儿园认为市场上玩教具存在质量问题；55.00%的幼儿园认为市场上的玩教具安全性得不到保障,会影响幼儿的健康成长；10.00%的幼儿园则认为当前玩教具市场缺乏产品质量检验,准入门槛低容易造成玩教具质量不过关,因此,在购买时对玩教具的质量不放心。除玩教具本身的质量和安全性外,幼儿园对目前市场上玩教具的种类和教育功能都提出质疑。高达90.00%的幼儿园认为目前市场上玩教具的种类不够齐全,67.50%的幼儿园认为市场上的玩教具教育功能不强,大多是供幼儿玩耍类的玩具,不能够实现幼儿在玩耍过程中的教育效果,无法满足幼儿园教学过程中对幼儿

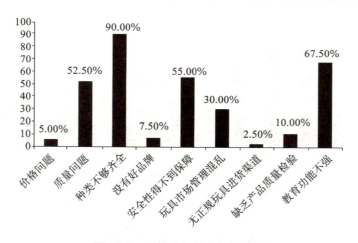

图10-8 玩教具市场存在的问题

玩教具的教育需求。另外，我们还可以看到，幼儿园对目前市场上玩教具的价格存在较少争议，仅有 5.00%认为玩教具市场存在价格问题，大多都能够通过正规玩具进货渠道购买玩教具。

4）对幼儿园玩教具自制情况调查

许多幼儿园都选择自制玩教具。受调查的幼儿园中有 60.00%的幼儿园经常自制玩教具，高达 95.00%的幼儿园认为目前市场上玩教具不能满足幼儿幼儿园的需求，而且 70.00%的幼儿园认为自制玩教具能够对幼儿的发展提供针对性的帮助。玩教具的制作多数由教师完成，幼儿和家长也在制作过程中给予诸多帮助。在自制材料的选择上，塑料制品、纸类和纸板类成为幼儿园自制玩教具的材料主要来源，其中塑料制品由于易获取且保存时间长的优点被 95.10%的幼儿园选作首要自制材料。由于市场上数学和科学类玩教具的缺乏，在学习领域中（见图 10-9），分别有 73.20%和 65.90%的幼儿园选择自制这两个领域的玩教具来弥补当前市场上供应的不足。同样，在游戏区域（角）的数学区和科学区，也分别有 65.90%和 43.90%的幼儿园选择自制玩教具（见图 10-10）。虽然美术类的玩教具在目前市场上较为丰富，但在要求幼儿小肌肉动作发展极强的美术类学习领域，90.20%的幼儿园选择自制玩教具来发展幼儿能力，而自制玩教具也可在教学过程中促进幼儿的创造力和想象力。在游戏区域（角）中，自制玩教具的比例相对较少，有 34.40%的幼儿园选择在美工区自制玩教具。

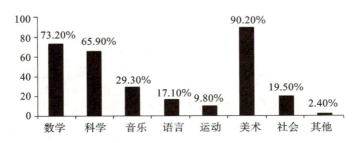

图 10-9　自制玩教具的学习领域图

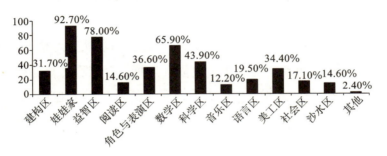

图 10-10　自制玩教具的游戏区域（角）

另外，高达 92.70%的幼儿园在娃娃家投放自制玩教具，还有 78.00%的幼儿园在益智区选择自制玩教具。

（三）对策和建议

1. 玩教具厂商应该积极参与幼儿园玩教具的研制与开发

改革开放以来，我国玩教具产业发展迅猛，繁荣了经济，活跃了课堂，丰富了儿童的生活，在一定程度上也促进了幼儿教育事业的发展。但是，从我们的调查资料可以看出，玩教具产业的发展仍未能满足幼儿教育的需要。而幼儿园教师又迫切希望能购买到更多的、可变化的、可组合的，并能与幼儿园教育配套的玩教具。

1）增加玩教具的研制和生产

玩教具仍然以传统的为主，适合幼儿园需要的数量不多，功能单一，启发性不够。厂商应了解幼儿园教育需要，研制与幼儿园教学相关的玩教具，使幼儿园玩教具能对幼儿园的活动安排得到有效的补充，从而节省教师制作玩教具的时间，让教师有更多时间用于学习进修和教学研究，有利于提高教师的教学业务水平。

2）开发"活"的玩具

科技进步使得幼儿玩教具市场充斥着大量的电子化、电动化定型玩具。许多类似电动玩具的高结构玩具，只需轻轻按下按钮，不太需要孩子动脑，很难促使孩子保持持久的兴趣，且不利于激发孩子的创造力和想象力。而多开发强开放性、易于转换和变形的低结构玩教具，给孩子的想象力和创造力留有更大的发挥空间，更具有教育性功能，往往会更能满足教师的需求，更有利于孩子的成长与发展。

2. 政府应加强对玩教具市场的管理与指导

幼儿是玩教具的直接使用者，其质量和安全性关系着幼儿的健康成长。政府需要加强对玩教具市场的监管力度，严打制售假劣玩具行为，切实保障儿童身心健康。

1）严把质量准入关

制定并完善玩教具相关质量标准体系,对玩教具市场实行严格的质量准入机制。检查玩教具重点商品，重点检查童车、电动玩教具、金属玩教具、布艺玩教具、塑料玩教具、卡片玩教具 6 类商品，核查是否标注国家 3C 强制性认证、中文标识、警示标志、厂名厂址等事项，对含毒害物质、存在安全隐患的玩教具应立刻查处，以增加幼儿园对玩教具市场的购买信心。

2）严把教育服务关

通过多种方式对幼儿园及在园幼儿宣传不合格儿童玩教具的危害，传授识别假劣玩教具的方法，提高幼儿园及儿童消费安全知识和自我保护意识。保障消费维权平台的畅通，快速受理儿童玩教具消费方面的投诉，及时回复，让消费维权有回音。

3. 专业科研人员应积极参与玩教具的市场研发

进入20世纪90年代后，我国幼儿教育界逐渐重视对教材、教具和玩具的研究。但是，这方面的研究力量仍然不足，且研究未能广泛地与实践相结合，没能从全局出发，有计划地、系统地和持续地研究和开发，更多的是重视短期的、一时的需要。研究问题局限在个别领域上，而不是各个领域相互配合，综合和平衡发展。

1）加强对科学类和数学类玩教具的研发，克服"木桶效应"

目前，无论是教师自制还是市场生产的美工类、语言类玩教具基本都可以满足幼儿园的需求，但数学类与科学类的玩教具仍然是玩教具配备中的短板，不能够满足幼儿园活动的需求，且教师专业技能不足，现有玩教具又不能良好辅助教师的教学活动。因此，需要专业的教育研发人员更加积极地参与这些方面玩教具的开发与研制，从而能更好地满足幼儿园对玩教具的需求。

2）玩教具配置要体现出年龄特征

科学研究表明，不同年龄阶段的幼儿其认知发展的水平、社会经验、动操作能力等方面的发展差异较大。因此，幼儿园在配备玩教具时会考虑符合不同年龄水平的幼儿。这启示企业在设计玩教具时就要尽可能考虑到不同儿童的身心发展特点，设计出不同类型、不同难易程度的玩教具，以提高玩教具的利用率，促进不同年龄阶段幼儿的发展。

三、湖北省幼儿园教育装备发展概述[①]

（一）全面实施学前教育三年行动计划

第一期学前教育三年行动计划（2011—2013年）实施以来，湖北省学前教育资源快速扩大，办园条件及水平明显提升，保教质量显著提高，幼儿"入园难"的问题得到有效缓解。2015年，湖北省开始实施第二期学前教育行动计划，湖北省教育

---

①范义虎、熊辉、李彤亚，湖北省教育技术装备处。

厅以"扩总量、调结构、建机制、提质量"为工作目标,进一步加大学前教育经费投入,扩大普惠性学前教育资源,重点建设农村公办幼儿园,加强幼儿教师队伍建设,完善监管机制、强化组织保障。截至2017年年底,二期行动计划主要取得了以下成果。

(1) 事业规模显著扩大。全省共新建、改扩建公办幼儿园3735所,实现全省每个乡镇至少办有一所公办中心幼儿园。全省共有幼儿园7825所,在园幼儿176万人,教职工16.6万人,分别比2014年增长20.6%、14.4%、163%。

(2) 普及水平大幅提高。全省学前三年毛入园率达88.6%,高出全国平均水平8.98个百分点,比2010年提高31.18个百分点。普惠资源覆盖率达76%,形成了以公办幼儿园和普惠性民办幼儿园为主体的办学格局。

(3) 保障机制初步建立。建立公办幼儿园每生每年500元生均公用经费拨款制度。对家庭经济困难在园幼儿每生每年资助1000元,累计资助30多万人次。2018—2020年设立省级学前教育专项资金,每年安排1亿元。

(4) 保教质量明显提升。建立了较完备的管理制度体系。每年开展幼儿园年检、办园水平认定、办园行为专项督导、普惠性民办幼儿园认定、学前教育宣传月、学前教育示范县(市、区)创建等工作,办园行为日益规范,办园水平不断提高。新增省级示范幼儿园63所。25地成功创建为全省学前教育示范县(市、区)。

二期行动计划对幼儿园教育装备的配备质量和标准提出新要求。主要包括:制定湖北省幼儿园保教设备配备标准;规定幼儿园教师用书必须是经教材审定委员会审定的正规出版物;组织引导和规范幼儿保教活动;注重幼儿园育人环境创设,大力推进实施区域活动;加强社会宣传,转变家长教育观念,引导科学保教;加强保教设备配备,注重玩教具资源建设,强调各地要通过购买、利用废旧物品自制玩教具。到2017年秋季开学前,各级各类幼儿园的玩教具配备达到省定标准。

(二) 大力推行《湖北省幼儿园保教设备配备标准(试行)》

为提高湖北省学前教育保教质量,规范湖北省幼儿园保教设备的配置行为,推进湖北省幼儿园保教设备建设标准化,2014年5月湖北省教育厅印发了《湖北省幼儿园保教设备配备标准(试行)》(以下简称《湖北标准》)。这是湖北省首部地方性学前教育装备规范,也是我国中部省份较早出台的标准化的幼教装备配备规范之一。《湖北标准》的覆盖面较广,按功能区域划分了户外活动、班级活动室、多功能室、专用活动室、厨房、保健室和信息技术等。其中，活动室分为班级活动和专用活动室。班级活动室包括活动区、休息区、盥洗区和班级玩教具。专用活动室包括美工创意室、科学探究室、图书阅览室、计算机活动室、厨房体验室等。班级玩教具包括角色区、建构区、益智区、科学区、阅读区、表演区、美工区等。信息技术装备包括办公系统、广播系统、多媒体系统等。总之，《湖北标准》涵盖了科学、艺术、保健、阅读、信息技术、安全等多方面。

湖北省教育厅制定了切实措施，采取了有效的工作方式，使《湖北标准》得到较好的贯彻落实。一是组织专题培训。围绕教育装备的配置与应用，在省、市、县（区）组织了一系列的专题培训，深入解读《湖北标准》应用范围，在办园、管理、保育工作中幼教装备配备的指导意义，着力提升园长、幼儿教师、装备管理人员对幼教装备的认知水平、应用能力。二是开展"影子教师跟岗实践活动"。2016 年湖北省国培项目增设了"影子教师"跟岗实践环节。2017 年增加乡镇幼儿园教学园长"影子园长"跟岗实践项目，同时遴选省级示范园作为跟岗实践基地。三是开展帮扶活动。2017 年首次开展"手拉手"结对帮扶试点活动，从全省乡镇中心幼儿园遴选 10 所为定点帮扶对象，从湖北省国培基地园中遴选产生 10 所为帮扶园，以送教下园为主要形式在园所管理、保教保育、环境创设等方面对乡镇中心幼儿园进行全方位指导和培训，充分发挥省级示范园的示范引领作用。四是加强检查督导。通过每年开展办园水平、办园行为专项督导、普惠性民办幼儿园认定，检查各地市对《湖北标准》的落实情况，建立责任追究制度，有效促进了全省幼儿园装备的发展。

（三）着力加强幼儿园教育装备配备工作

1. 以示范创建促办园质量提高

湖北省学前教育工作坚持公益普惠，努力深化保教内涵发展，致力于提高学前教育公共服务水平。为贯彻落二期行动计划，湖北省开展了"湖北省学前教育示范县（市、区）"创建活动。在创建活动中，办园条件是其重要内容。通过评审，宜昌市夷陵区、钟祥市、沙洋县等 25 个县（市、区）经过评选被授予"湖北省学前教育示范县（市、区）"称号，为全省学前教育事业发展切实发挥典型引路、示范辐射作用。

2. 大力推进我省玩教具配备

湖北省的玩教具配备按照政府投入、多渠道筹措和自制三条腿走路的方式。2017

年，湖北省支持 621 所农村公办幼儿园开展玩教具配备，各地也有相应的财政资金用于玩教具的配备。二是接受社会有识之士、企业的捐赠。三是自制玩教具。虽然自制玩教具不是改善幼儿园装备的主要途径，但自制的玩教具凝结了教师的教学经验，体现了教师的兴趣特长，因而更能激发幼儿的兴趣，更能体现办园特色，客观上也改善了幼儿园的办园条件，提升了装备水平。近几年湖北省先后举办了四届"幼儿园优秀自制玩教育展评活动"，累计 1000 余名幼儿园教师参加展评，共收集自制玩教具作品近千件，展评活动也激发了老师自制玩教具的积极性。

此外，为深化幼儿园教育改革，提高幼儿教师专业化发展水平，湖北省还组织开展了"两寻找"（寻找身边好玩具、好童书）、"三研究"（研究玩具和童书、研究儿童、研究教学策略）活动，举办了首届"全国'寻找身边好玩具'、'寻找身边好童书'推荐活动"。推荐活动共推荐了玩教具、幼儿读物 215 件（册）。

3. 加强专家指导和交流学习

为推动全省幼教装备的发展，积极开拓工作思路，创新工作方法，通过开展学术论坛、展示会、评比会等多种形式提高幼儿园教师、园长对幼教装备的认识和应用能力。湖北省于 2015 年、2017 年省举办了两届"湖北省学前教育峰会"，邀请了知名专家、学者就学前教育发展新理念、新趋势进行了专题讲座和研讨，近千名省内外教育装备及幼教工作者参会，对于指导幼儿园园长和装备配置机构采购符合学前教育发展以及科学育儿理念的具有丰富教育内涵的教育装备具有重要意义。

（四）积极探索技术装备促进教育教学发展的新途径

互联网技术的应用促进了教育的均衡发展，对加深对幼儿学习规律的认识，提高园本教研水平，促进教师成长，推动学前教育教学发展有积极的促进作用。2016 年初，湖北省武汉市被评定为国家学前教育改革发展实验区。为落实国家学前教育改革发展实验区"健全学前教育教研制度"建设，以"武汉市新一轮学前教育保教活动实验下园指导"为契机，武汉市借助互联网平台在市内幼儿园，以及与新疆、北京、上海等地幼儿园之间，开展了幼儿园教师的教研、交流与评议活动，传递园本教研的经验和做法，促进园本教研向深度、广度和宽度开展。经过利用现场网络直播、游戏体验、视频研析、互动引领等方式推进学前教育教研改革的长期探索，通过三级教研网络、区域联盟、名师工作室等资源开展教研交流，武汉市总结出适用于当地情况的网络教研制度，充分发挥网络教研评议的多元化、民主化优势，为打造高水平的教研团队和高品质的幼儿课程提供强大助力。

四、江苏省幼儿园教育装备发展与研究报告[①]

江苏省于2016—2020年实施第二期学前教育五年行动计划，坚持"公益普惠、政府主导、内涵发展、创新推动"的原则，坚持扩大资源与内涵建设并举、公办与民办并举、重点建设与全面建设并举、项目推进与机制构建并举，构建完善的覆盖城乡的现代学前教育公共服务体系。

江苏省每年投入到学前教育综合性奖补资金达2.8亿元，以幼儿园课程游戏化为抓手，切实提升幼教装备水平，推动学前教育事业发展。

（一）科学布局，超前规划，加快装备建设

各市启动定点幼儿园建设工程，学前教育设施布局专项规划并对社会公开发布。新建幼儿园须达省优质园标准，改善原有幼儿园基本条件，确保三年内所有幼儿园建设达到省优质幼儿园标准。幼儿园公用经费预算定额标准达到小学同等水平。生均公用经费按照省定小学生均公用经费标准执行，主要用于园舍维修、设施设备、教玩具和图书更新添置以及日常办公等。

镇江市在发展农村学前教育方面，鼓励镇中心幼儿园在农村举办分园或办园点，提出到2018年确保每个农村办园点至少有1名编制内教师，对通过镇江市标准化验收的改扩建、新建农村办园点，市级财政给予10万元的设施设备奖励。在加大财政投入方面，公办园生均公用经费和园舍维修经费财政拨款标准达到小学标准的一半，保教设施设备和教具玩具图书更新财政补贴标准达到生均每年200元。

徐州市确保建一所优一所。提高新配套幼儿园规划建设标准，生均用地面积不低于18平方米、建筑面积不低于10平方米，为全市推进课程游戏化建设打好基础。

南京市针对全市集体园在安全建设、办园条件等方面普遍存在的薄弱环节和突出问题，投入7500万元，启动集体园"安全提升工程"。通过工程实施，以期达到"两个全面"目标：一是全面提升集体园人防、物防、技防建设水平。消除幼儿园及周边安全隐患，健全集体园安全防范工作的组织网络、工作制度和保障机制；二是全面提优集体园园舍环境。全面实现园舍结构合理、育人环境优美、保教管理优良。

[①] 江苏省教育装备与勤工俭学管理中心。

南京市鼓楼区6所集体园于2016年先行试点,在试点工作过程中形成了集体园《安全促进计划建设与评估标准》和《办园条件提升标准》,探索了可行的办法,积累了宝贵的经验。2017年,集体园"安全提升工程"将在全市211所集体园全面推进。

南京市秦淮区教育局颁布实施了《秦淮区集体幼儿园统一管理实施方案》。区财政加大投入扶持。设立扶持集体园发展年度专项经费。具体包括:发展专项保障经费,用于幼儿园改善办园条件,更新及添置基础建设、设备等;绩效考核专项经费,每年由教育局对集体园的办园条件、教师队伍、保教水平、安全维稳、办园成果等方面管理工作绩效进行考核,依据考核结果,以奖代补方式发放园所奖励;安全基础建设专项经费,按实按需保障集体园大型基础建设及校舍安全工程项目,且确保前期改造能投入较大资金。

（二）注重课程游戏化研究,努力提高保教质量

镇江提出要加强学前教育科学研究,充分发挥省优质园、镇中心幼儿园以及名特优教师的引领和辐射作用,建立《3—6岁儿童学习与发展指南》实验基地、名教师工作室、片中心教研组、幼教导师团等发展共同体,培育一批有文化、有品牌、有影响的课程游戏化项目。

镇江扬中市为进一步深化学前教育改革,推进学前教育优质发展,出台了《市政府关于进一步加快推进学前教育改革发展的实施意见》,明确到2020年,全市学前教育的资源供给程度、体制活力、教职工综合素养满足儿童就近接受优质普惠学前教育的需求等系列发展目标。保教并重,质量提升。优化学前教育评价方式,整体推进课程游戏化。

南通市全面提高保教质量,大力推动幼儿园课程游戏化项目建设,根据幼儿园数量和布局,划分学前教育教研指导责任区,配备专职教研员,定期对幼儿园进行业务指导。完善区域教研和园本教研制度,构建幼儿园保教质量评估监管体系。

苏州市吴江区颁布了《基于课程游戏化理念的幼儿园户外游戏环境改造意见》,并安排专项经费对所有公办幼儿园的户外游戏环境进行提档升级。一是加强幼儿园户外游戏环境建设。幼儿园的幼儿每天户外活动时间不能低于2个小时。幼儿园应该科学合理地设置户外游戏环境,更好地发挥其课程资源的价值。在户外游戏环境的改造中要突出自然性、趣味性和挑战性。二是科学规划幼儿创造自主游戏的空间。

幼儿园根据各自户外游戏环境的大小、方位及幼儿园规模来规划设计运动器械区、集体运动场地、攀爬区、长廊、树林、草坪、种植养殖区、山坡（山洞）、玩沙区、玩水区、投掷区、涂画区和户外游戏小屋等区域。三是丰富幼儿园户外游戏材料。投放足够的不同材质、不同功能的低结构本土材料，为孩子提供多种多样的游戏体验。四是明确改造的基本程序和资金来源。所有幼儿园均已在2016年8月底前完成改造工程。幼儿园设立户外游戏环境改造的专项资金，立足于课程游戏化理念，杜绝一味追求高大上，梳理和挖掘利用课程资源，达到低成本高效益。

五、河北省幼儿园教育装备发展与研究概况[①]

近年来，党和国家高度重视学前教育。党的十八大提出"办好学前教育"，十八届三中全会要求"推进学前教育改革发展"。2010年7月颁布的《国家中长期教育改革和发展规划纲要》把学前教育作为今后10年教育事业8大发展任务之一，专列一章进行部署，提出到2020年基本普及学前教育，这是国家为实现更高水平的普及教育而作出的重大决策，为学前教育明确了新目标，提出了新要求。

河北省全面贯彻党和国家政策法规，认真谋划学前教育快速发展，大力实施三期行动计划，不断满足广大人民群众日益增长的需要。到2017年年底，全省共有幼儿园14368所，其中公办园7584所，占幼儿园总数的53%；民办园6784所，占幼儿园总数的47%。全省共有在园幼儿237万名，其中公办园幼儿127万名，占在园幼儿总数的54%；民办园幼儿110万名，占在园幼儿总数的46%。全省学前三年毛入园率达到82.98%，比2013年、2010年分别提高7.98个、17.63个百分点。

（一）科学研制幼儿园设置规划

2011年1月，河北省政府出台1号文件，即《关于大力发展学前教育的若干意见》，要求"各地根据当地经济发展情况、学前教育资源分布状况和人民群众的需求，统筹规划城乡学前教育布局"，原则上城镇服务人口1万人、农村服务人口0.3万—0.6万人应设置1所幼儿园。在城市，将居住小区配套幼儿园配置作为增加城市学前教育资源的主要渠道，新建居住小区配套幼儿园与居住小区同步规划、同步建设、同步验收、同步交付使用。城市小区配套幼儿园作为公共教育资源由当地政府统筹

[①] 郭晋保、陈京、霍丽荣，河北省教育技术装备管理中心。

安排，举办公办园或委托办成普惠性民办园。在农村，每个乡镇至少建有 1 所达到三级以上标准的独立建制的公办性质中心幼儿园；大村独立办园，小村根据需要设分园或联合办园，逐步完善县、乡、村三级学前教育网络，提高农村学前教育普及程度。2017 年，全省共有 2026 个乡镇，已建立乡镇公办中心幼儿园 2186 所，还有 193 个乡镇没有公办中心幼儿园。

（二）强力推进普惠性幼儿园发展

一是大力加强公办幼儿园建设。2011—2017 年，落实中央、省支持学前教育发展专项资金 80 亿元，大力加强公办幼儿园建设。"十二五"期间，河北省发改委实施"河北省农村学前教育推进工程建设规划"，争取中央预算内投资、安排省预算内基建投资、县级财政配套等多渠道投入 11.3 亿元，新建、改扩建农村幼儿园 599 所。

二是加强幼儿园收费管理。2014 年 8 月，《河北省幼儿园收费管理暂行办法实施细则》出台，实行收费项目省级管理、收费标准设区市制定政策。目前，大部分设区市依据该《细则》调整了保教费收费标准。全省公办园最高收费为每人每月 470 元，最低为每人每月 10 元。公办园低收费，有效抑制了民办园收费，全省绝大多数民办园收费在每人每月 1000 元以下，全省普惠性幼儿园数量超过 90%。

三是扶持普惠性民办园发展。政府出台了《河北省普惠性民办幼儿园认定及财政扶持管理办法（试行）》，对普惠性民办园认定标准、扶持方式、监管措施等加以明确规定。2017 年，全省各级财政投入近亿元，扶持 2700 多所普惠性民办园发展。公办园、普惠性民办园的发展，使广大幼儿"有园上""上得起"，极大地提高了幼儿入园率。

（三）不断强化民办幼儿园管理

一是制定民办幼儿园设置标准。2013 年，省政府出台《河北省民办幼儿园设置标准》，对民办园举办者、办园条件与教育设施、设置规模、教职工队伍、办园经费、管理与教学等方面作出了具体规定。各市、县（市、区）教育行政部门依照这个标准制定了实施细则，按照标准审批新申办民办园，要求已经审批的民办园对标整改，限期达到设置标准。

二是理顺民办幼儿园管理体制。2013年，省政府办公厅印发《关于加强和规范民办幼儿园管理的意见》，明确了"民办幼儿园实行分级管理、地方负责、以县为主的管理体制"，以及各级政府及有关部门工作职责，建立健全民办园管理体制和工作机制。进一步规范民办园审批主体、审批程序，要求严格按照审批标准，批准设立并颁发《办学许可证》，再到民政、物价等部门办理登记等相关手续。

三是规范民办幼儿园办园行为。2017年，省教育厅印发《关于进一步规范民办幼儿园办学行为的通知》，规范民办园办园行为，大力整治非法办园行为，营造良好发展环境，提升民办园整体教育质量。

（四）创新抓好高峰论坛

2017年11月10—11日，在河北省唐山市举办了2017中国学前教育高峰论坛。6000余名国内外学前教育专家、幼儿园园长和教师聚集唐山，呈现了一场高水平、高规格、高品质的学术盛宴。

李卫红作了重要发言，并为首届全国"两寻找三研究"活动颁奖，对示范园实验园授牌仪式。中国工程院院士赵沁平对"两寻找三研究"活动给予充分肯定，认为这项活动抓住了提高幼儿教师队伍质量和素质的关键。峰会特邀朱德元帅之孙朱和平将军为大会作了"朱德元帅的家风"的报告。朱和平将军用朱德元帅家庭生活和教育的故事以及大量珍贵的老照片，生动诠释了朱德元帅"立德树人、勤俭持家"的家风。听课的幼儿园园长和老师们纷纷表示"今天听了一堂最好的党课"。

峰会为与会者奉上了一场高规格、高品质的学术盛宴。游戏论坛、装备论坛、教研论坛、三研究论坛、心理论坛、美国学前教育专场、局长论坛、"三研究"优秀玩具研究案例分享、"三研究"优秀童书研究案例分享等9个分论坛同时举行。每个分论坛座无虚席，会场爆满；主持人与参会人员热情互动，专业的讲座理论与实践紧密结合，受到参会者一致好评与肯定。

（五）坚持开展幼儿园自制玩教具活动

按照"遵循幼儿身心发展规律，坚持科学保教方法，保障幼儿快乐健康成长"原则，河北省长期坚持开展幼儿园自制玩教具活动，针对幼儿身心发展特点和教育教学活动实际需求，巧妙利用日常生活材料，制作适合幼儿观察、使用和操作的自制玩教具，并将现代教育思想、先进教育理念，巧妙地融合在幼儿操作和活动中，取得了很好的教学效果，也涌现出一大批优秀的自制玩教具作品。在已经举办三届的"全国优秀自制玩教具评选活动"中，河北省选送的作品取得了优异的成绩，特别是在"第三届全国优秀自制玩教具评选活动"中，河北省作品获得13个一等奖，一等奖数量位居全国第一，河北省还有7名选手被评为全国自制玩教具能手。

1. 领导重视，工作部署紧密有序

河北省教育技术装备管理中心高度重视此项工作，将其列为中心主要工作。中心领导就此项工作作出重要指示和部署。各市教育行政部门及时向各县、区教育局、幼儿园转发文件，作出工作部署，全面发动，广泛宣传，充分调动每一位教师的积极性，争取每一位教师都参与到此项活动中来。部分县、区教育局召开了由中心校主管业务副校长参加的自制玩教具评选动员会，并把此项活动列为各中心校年终考核评估内容之一；还邀请往届自制玩教具评选活动一等奖获得者对幼儿教师进行了业务培训。此项工作也受到了教育厅领导的大力支持，在各市、县教育行政部门和各幼儿园的认真努力工作下，形成了一个成熟、创新的强大自制玩教具队伍，自制玩教具工作也逐步常态化。

2. 加强培训，提高幼儿教师自制玩教具的整体水平

为了进一步提高全省幼儿教师自制玩教具的水平，河北省教育技术装备管理中心多次举办幼儿教师自制玩教具专业技能培训班。培训班邀请教育部领导、高校幼教专家、幼儿园一线园长、专家等就自制玩教具的制作、幼儿园教学的游戏化路径、幼儿园区域活动材料配置与实施策略、环境和材料与幼儿对话等内容对学员进行了培训，鼓励和提倡利用自然材料和日常生活材料开展教育活动，设计制作简单、发展价值大、游戏功能强的玩教具。全省共有2000余名自制玩教具骨干教师参加了此次培训。学员反馈收获很大，很多参加培训的学员回去后又对本地区幼儿教师进行了二次、三次培训。

3. 发挥典型作用，促进自制幼儿玩教具活动的普及

除了邀请专家对幼儿教师进行培训外，河北省充分发挥典型引路的作用，积极搭建广大幼儿教师相互学习、相互借鉴的平台，组织幼儿玩教具骨干教师参观唐山市第一幼儿园，亲身感受自制玩教具在幼儿教学中的应用和实践。提高幼儿教师自制玩教具的基本技能，丰富教师利用玩教具组织幼儿游戏活动的实践经验，丰富幼儿园教育环境和活动材料，引导和推动幼儿园自制玩教具活动健康科学发展，真正落实以游戏为基本活动的教育理念。促进自制幼儿玩教具活动在全省的普及。

4. 幼儿玩教具评选活动发动深入，组织严谨，评选公正

各市在县、区层层选拔的基础上组织了幼儿玩教具的评选活动，在河北省历届自制玩教具评选活动中，装备中心领导亲自到场并全程参与。评选邀请省内有关幼教专家、一线幼儿园长、自制玩教具能手等组成评审组，通过聆听选手介绍、现场观看玩教具、集体讨论等形式对玩教具进行评选。在县、区、市、省评选活动期间，前来观摩、学习的幼儿教师达万余人次，对河北省幼儿玩教具的普及工作起了很大作用。

幼儿园自制玩具活动的开展，丰富了幼儿教育教学方法，培养了幼儿的创新思想和实践能力，启发了孩子们的求知欲望和探索意识，提高了广大幼儿教师利用多种手段开展教学实践的积极性，为提高幼儿园教师设计制作使用玩教具能力和提升幼儿园玩教具装备水平起到了积极的促进作用。

近年来，河北省幼儿园教育装备与研究工作，在各级教育行政部门和装备部门的推动下，探索出很多有益经验，为河北省幼儿园教育装备工作的发展奠定了基础。今后，要在全面交流和推广各地的典型做法和成功经验、科学规划的基础上，切实考虑广大人民群众的切身利益，努力践行教育公平的理念，采取切实有效的措施，从高设计，从长规划，从实推进河北省幼儿园教育装备的发展，全面提升学前教育办学质量，推动我省学前教育事业健康、快速发展。

六、陕西省幼儿园教育装备工作主要进展[①]

为深入贯彻习近平新时代中国特色社会主义思想和党的十九大精神，更好地落实《幼儿园教育指导纲要》以及《3—6岁儿童学习与发展指南》精神，促进陕西学前教育健康发展，陕西省教育厅教育技术装备管理中心在省教育厅的正确领导和大力支持下，紧紧围绕全省学前教育工作重点，进一步强化调查研究，全力推进全省各级各类幼儿园教育装备水平和幼儿教师能力提升，充分发挥教育装备在学前教育中服务幼儿身心健康发展，满足幼儿生活、游戏和学习需要的重要作用，取得了明显成效。现将重点工作开展情况汇报如下。

---

① 陕西省教育厅教育技术装备管理中心。

（一）找准切入点，积极推进幼儿园教育装备工作

为了更好地落实《幼儿园教育指导纲要》以及《3—6岁儿童学习与发展指南》精神，进一步做好学前教育装备的建设工作，我们抓住陕西省学前教育研究会成立这一有利契机，指导陕西省学前教育研究会游戏与玩教具专委会开展相关工作，以游戏和玩教具为切入点，全力促进陕西学前教育装备水平提升。同时，通过开展调研、培训及展示交流等一系列活动，一方面增进了我们对基层幼儿园教育装备工作实际情况和需求的了解，提高了幼儿园对教育装备工作的认识，另一方面，也让广大幼儿园和幼儿教师对我中心在学前教育装备方面的职能职责有了一定的了解。

（二）切实强化培训，提升全省自制玩教具水平

我们从2009年开始，将幼儿园自制玩教具纳入全省基础教育优秀教学成果展评中，每年开展一次评选，其间还参加了两次全国展评活动，但成绩并不理想。为切实提高全省幼儿园自制玩教具水平，充分调动幼儿教师制作和运用玩教具的积极性与创造性，指导幼儿教师科学制作玩教具，我们重点开展了以下几项工作。

一是举办首届幼儿园自制玩教具培训活动，邀请自制玩教具方面的专家现场指导，提高培训的针对性和实用性，有近500名幼儿园园长、教师参加了培训活动，在自制玩教具的制作和使用方面起到了积极的引领作用。

二是举办了幼儿园自制玩教具展评活动，全省330余名幼儿园园长代表，2000余名幼儿教师进行了现场参观，充分宣传了自制玩教具工作发展的方向和诸多新的制作思路与模式，推广了自制玩教具的成功经验，也为参加全国自制玩教具展评活动做好了选拔准备工作。

三是在了解全国展评活动的评审标准和要求的基础上，从近三年全省一等奖作品和当年上报的作品中遴选出优秀作品参加全国评审，并将专家组提出的改进意见及申报材料要求及时反馈相关作者，要求认真修改完善。最终共有28件作品代表陕西省参加第三届全国幼儿园优秀自制玩教具展评活动，共获一等奖10名、二等奖7名、三等奖10名，团体总分排全国第8名，相较往届名次提高近20名，首次荣获团体奖，得到了相关领导、专家及兄弟省市的一致好评，取得了历史性突破。

四是认真总结，举办了"陕西省参加《第三届全国幼儿园优秀自制玩教具作品展评活动》工作总结会"，推广和学习陕西省在第三届全国幼儿园优秀自制玩教具作品展评活动中获奖作品的制作经验和构思理念，全省各地共300名代表参加了会议。

（三）组织开展多项活动，着力优化指导交流

为贯彻落实教育均衡发展要求，进一步缩小公办园与民办园、城区与农村等各级各类幼儿园之间的差距，我们组织开展了多项活动，着力加强对各级各类幼儿园的指导，促进园所之间的沟通交流。一是组织开展了陕西省农村民办幼儿园园长交流研训活动以及 2016 年陕西省幼儿园自制玩教具及幼儿体育运动培训活动，邀请学前教育研究专家、知名幼儿园园长进行专题讲座，并安排开展优质幼儿园参观学习，加强园长、教师之间的研讨提升与相互交流，整体提高办园质量，取得了不错的效果。二是组织了首届全国"寻找身边好玩具""寻找身边好童书"推荐活动，开展了专题培训会，邀请刘焱教授等 4 名专家进行专题讲座与互动问答，共有 450 名幼儿园园长、教师参会。随后，组织相关人员参加首届全国幼儿园优秀教师、优秀园长峰会暨"发现好童书、发展好儿童、成就好教师"绘本阅读论坛。三是组织开展了学前教育专家"基层行"活动，组织学前教育研究会游戏与玩教具专家赴宝鸡、渭南、榆林、安康等地，深入幼儿园送教送培，对基层幼儿园的环境创设、装备配备、课程教学、课题研究等工作进行了调研和指导，为基层幼儿园游戏活动的开展提供了学习、交流和借鉴的平台。

（四）培训下基层，提升幼儿园玩教具的使用效率

为落实国家颁布的《幼儿园教育指导纲要（试行）》文件精神，加强幼儿园配套学具和制作材料的配备管理工作，提高幼儿教师使用学具进行教育教学的能力，我中心自 2014 年先后举办 3 次省级幼儿教师学具免费培训，但因集中培训名额有限，很多地市普遍反映培训场次不能满足学习需求。在 2016 年秋季，组织开展幼儿教师学具培训下基层，专家团队分别到礼泉、大荔、临潼、平利、富平、山阳、商南等 29 个县区，培训幼儿园园长、教师 3360 名。培训活动邀请台湾地区民俗童玩方面的知名专家进行了授课，展示了有效使用学具对培养幼儿手眼协调能力、创造能力及审美能力的促进作用，并通过与台湾地区幼教学者的交流，吸收先进学具教学经验，进一步提升了陕西省学具在幼儿教学过程中的使用水平。参加培训的教师纷纷表示培训内容贴近一线教学实际需求，培训形式轻松活波，交流互动热烈投入，贴近基层实际需求，很接地气。

虽然我们开展了一些工作，取得了一定的成效，但从整体上看，陕西省的学前教育装备工作还很不适应当前的形势，主要表现在：一是全国学前教育装备配备标

准还未正式出台,缺乏规范性、指导性文件和政策;二是不少市、县教育行政部门对学前教育装备工作的认识还不到位,重视程度还不够高,对学前教育装备建设的指导、管理还比较薄弱;三是在城中村、乡镇农村仍然存在一些基础设施差、装备标准低、教师水平弱的幼儿园,园所之间的装备、师资差异还很大,难以适应教育均衡发展的要求。

下一步,我们将进一步解放思想,提高认识,尽快着手拟订陕西省学前教育装备建设标准,进一步加强对学前教育装备工作的指导、管理力度,逐步规范完善各级各类幼儿园教育装备配备工作,深入开展幼儿教师应用专题培训,积极推进学前教育装备课题研究,带动学前教育装备工作向内涵发展转变,充分借鉴兄弟省市好的做法和经验,因地制宜,开拓创新,全力推进陕西学前教育装备工作再上新台阶。

七、借助区域木玩产业优势以课程改革提升幼儿园教育装备环境——云和县推进区域学前教育"木玩游戏"的课程实践与探索[①]

党的十九大报告提出了"幼有所育,学有所教"的要求。《教育部、国家发改委、财政部、人力资源社会保障部关于实施第三期学前教育行动计划的意见》指出:加强玩教具配备,为幼儿创设丰富的教育环境。

《浙江省发展学前教育第三轮行动计划(2017—2020年)》提出:全面推进幼儿园课程改革,坚持以游戏为基本活动,完善课程方案,优化课程实施过程和评价体系,制定幼儿园教育装备规范,加强玩教具配备,为幼儿创设丰富的教育环境。《浙江省教育厅关于全面推进幼儿园课程改革的指导意见》指出:全面提升幼儿园教育质量,是当前的重要任务;幼儿园课程质量是学前教育质量的核心;要推动幼儿园课程质量的不断提升,关键是全面推进幼儿园课程改革。

玩教具对幼儿身心发展有着独特的教育功能和价值,对幼儿的健康、语言、社会、科学、艺术等领域的学习与发展起着重要促进作用,是教育性、科学性、实用性、新颖性、适宜性的综合体现,涵盖了幼儿园课程的各个领域。幼儿园课程是幼儿获得各种有益经验的过程,与幼儿的操作、探究、交往、感受等行动紧密联系在一起,幼儿开展游戏的过程,就是动作技能发展的过程。因此,从某种意义上说,幼儿园的玩教具发展过程就是园本课程实践的过程。

---

① 唐毅,浙江省云和县教育局。

游戏是幼儿园教育的基本活动，是促进幼儿全面发展的重要形式。游戏离不开游戏材料，在众多幼儿园玩教具装备中，木制玩教具新颖、精致、环保、耐用，贴近幼儿生活，能很好地激发幼儿的好奇心和学习兴趣，最大限度地支持和满足幼儿通过直接感知、实际操作和亲身体验获取经验的需要，且性价比高，易于普及。因此长期以来，深受国内外幼儿园广大教师、幼儿和家长的青睐和喜爱，成为较适宜促进儿童学习与发展的"玩伴"之一。

云和县有着得天独厚的木玩产业优势，是本地的支柱产业、"木玩名城"至今已有40余年的发展历史，已形成相对完整的木制玩具产业链，基本覆盖从原材料供应、研发设计、生产制造到市场销售等产业链各环节，是目前国内规模最大、品种最多的木制玩具生产和出口基地。云和木玩蜚声海内外，先后荣获"中国木制玩具之乡""中国木制玩具城""国家出口工业品质量安全示范区"等荣誉称号，被教育部教育装备研究与发展中心确定为"教育玩具研究开发基地"，拥有"云和木玩"和"云和教玩"两大集体商标，成功举办了六届中国木制玩具文化节，建成了"云和·木玩"特色产业带，被列为"中国质造·浙江好产品"试点块状特色产业。木玩产品有积木、拼装、轨道交通、情景、拼图拼板、绕珠串珠、拖拉、音乐感知、童车摇马、智力等十大类、上万个品种，覆盖从婴幼儿到老年人全年龄段，每年销往全球近70个国家和地区。

多年来，云和县教育行政部门借助木玩产业优势在全县幼儿园推行生活化、游戏化的园本课程，寓教育于"木玩游戏"活动中，科学有效落实《3—6岁儿童学习与发展指南》。

（一）完善机制，确保"木玩游戏"课程建设有序推进

县教育行政部门高度重视，加强顶层设计，完善工作机制：一是完善了区域推进"木玩游戏"课程建设的组织管理，明确职责分工。县教育局成立了由局长任组长的区域推进幼儿园"木玩游戏"课程建设工作领导小组，对全县幼儿园"木玩游戏"课程建设实行全程管理，定期视导评估。二是制定工作方案，出台《云和县教育局关于区域推进幼儿园"木玩游戏"课程建设的实施意见》，有序推进实施。三是创设平台，开展"木玩游戏"园本课程的成果展示和宣传推广，营造良好氛围，大力弘扬幼儿教师改革创新精神，展示幼儿成长的可喜变化，争取家长、社会对"木玩游戏"课程建设的大力支持，不断丰富"木玩游戏"课程资源。四是加强对幼儿

园"木玩游戏"园本课程实施的督导考核,并纳入到绩效奖励中。

(二)明确要求,确保课程实施"上接天线,下接地气"

在课程实施过程中,幼儿园坚持以《幼儿园教育指导纲要(试行)》和《3—6岁儿童学习与发展指南》为指导思想,充分认识"木玩游戏"对幼儿全面发展和健康成长的重要意义和丰富内涵,明晰课程理念,明确育人目标,充分聚焦幼儿在"木玩游戏"中的主动性、积极性和创造性。幼儿园在制定"木玩游戏"课程方案时,通过教师观察、记录、反思、研训等方式,从环境设置、游戏区域、活动组织以及生活起居等途径,对"木玩游戏"课程方案进行适宜性改造,力求形成基于"木玩游戏"的涵盖幼儿发展各领域的幼儿园教育课程体系。

按照幼儿园木制玩教具配备规范性、适宜性、安全性的原则,组织幼儿园与幼教专家、装备专家、云和木玩企业合作,对种类繁多的木玩进行认真筛选,挑选出适合幼儿园不同年龄阶段(如小、中、大班),不同区域(如户外运动、桌面、区角、美工室、科学探究等),幼儿不同发展需求(如科学类、益智类、建构类、运动类、艺术类、综合类)的木制玩教具,从尊重幼儿兴趣和学习发展需要出发,创建数量充足、种类多样、材料丰富、与幼儿发展相适宜的游戏区域,探索合理、适宜、有效的实施途径和方法,促进幼儿的自主学习、主动发展和快乐成长。

(三)借智借力,开展"木玩游戏"课程研发实践

一方面,幼儿园积极做好内功,将"木玩游戏"课程的园本教研活动列入教研组、备课组的常规工作中,制定幼儿园"木玩游戏"园本课程建设规划方案,开展"木玩游戏"课题研究,不断增强"木玩游戏"园本课程研发的内生动力和可持续性。另一方面,借智借力,多元合作,十多年来,云和县持续与教育部教育装备研究与发展中心、相关高校研究机构、幼教专家和学前教育装备专家合作,开展基于木玩装备的幼儿园实验教学探索和课题研究,并取得了阶段性成果。2008年,县政府与教育部教育装备研究与发展中心、幼儿教育杂志社合作,开展"幼儿教玩具的设计及其在与游戏在游戏活动中有效应用"课题研究,该课题是全国科学"十一五"规划重点课题,云和县部分幼儿园、木玩企业参与了课题研究。2009年,云和县11家木制玩具企业联合成立公司,承接课题相关木制玩具的研发设计、生产销售。2013年,云和县人民政府和教育部教育装备研究与发展中心、幼儿教育杂志社共同举办

"木玩与幼儿心智发展"高峰论坛活动。2016年，县政府与教育部教育装备研究与发展中心继续深入合作，开展"学前教育装备云和木玩规范化体系研究"，举办"学前教育装备规范化体系建设——云和木玩研讨会"。2017年，成立云和学前教育木制教玩具研发中心，开展学前教育玩教具研发工作。

（四）研训展评，提高"木玩游戏"课程实施能力

将园长和幼儿教师的"木玩游戏"课程实施能力纳入培训的重要内容，有计划、分层次开展园长、骨干教师和教师全员培训，提高专业素养。通过园长每月学习例会、借助省师训资源平台举办幼儿园教师研修班等方式，着力提升园长的课程领导力和教师的课程执行力、领悟力、创新力。

通过集团化办园和"以城带乡"，充分发挥城区优质名园的辐射引领作用。每个幼教集团确定1—2所园作为县级"木玩游戏"教学试点示范观摩园和课程培训基地。县实验幼儿园引领全县木玩游戏课程建设，向全县乡镇中心幼儿园开展支教活动，并向民办幼儿园公派教师，主动走出去传播"木玩游戏"教育理念，共享木玩游戏课程资源，让更多幼儿园成为生态家园、木玩乐园、童话王国。

组织开展丰富多彩、形式多样的"木玩游戏"展评活动。例如，开展幼儿园"木玩游戏"课程优秀案例征集评比、自制教玩具评比、幼儿园"木玩游戏"材料研究与展示活动、"木玩游戏"园本课程交流研讨活动、师幼木玩大比拼活动、幼儿木玩运动会等。

幼儿园通过木制玩教具和木玩游戏课程的研发，《3—6岁儿童学习与发展指南》得到有效落实。幼儿通过对木玩材料的平铺、拼搭、叠高、错位叠搭、围合、整合、更新等，专注力、创造力、想象力、发散思维得到较好发展，体验到成功感，树立自信心，在潜移默化中形成了良好的人际交往能力和社会情感。例如，中班幼儿用卡普乐拼搭了家乡板龙游街的场景，拼搭的板龙惟妙惟肖，两旁还有大人、小孩观龙，孩子们还能根据拼搭的场景进行口头描述；又如孩子们在木工坊用锯子、锤子、钉子等工具自己动手做玩具；在美工室用木玩边角料进行美术创意；在草坪上利用木玩厨具和生活用品进行角色扮演体验家庭生活；在户外运动中，利用木梯、木墙、高跷、滑梯、大型积木等体验木玩运动的快乐；利用墙面木玩探索科学奥秘；利用经典木玩开展智力游戏比拼……

"木玩游戏"课程资源日益丰富，初步形成了以"木玩游戏"案例为主要呈现形

式的园本课程资源。例如,"快乐木玩"园本课程获市级精品课程一等奖,入选省级精品课程;盼盼幼教集团创设"木头人乐园"大型木玩综合功能区,利用各种木玩材料通过"利用、再利用、循环利用"的方式开展园本游戏活动;星星幼教集团与云和电视台、木玩企业合作,开设木玩艺术课程——电视幼教综艺栏目"木娃娃"。

云和县初步形成了政府引导、专业部门指导,幼儿园、专家和高校研究机构、云和木玩企业等多方共同参与研发学前教育木制玩教具装备的工作新模式,木制玩教具不断迭代更新,营造了共生发展、共同提升的良好局面。

通过"木玩游戏"园本课程的开发、实施与评价,幼儿园"木玩游戏"课程特色不断彰显,办园品质全面提升,极大地促进了区域学前教育普惠、均衡、优质发展。

八、广西壮族自治区南宁市江南区幼儿园教育装备发展报告[①]

为了切实加强幼儿园教育技术装备管理和使用,进一步提高教育技术装备应用水平,全面提高教育教学质量,广西壮族自治区南宁市江南区积极推进学前教育三年行动计划,学前教育装备的发展有所提升,取得了"教育环境不断优化、办学条件不断改善、教育行为不断规范、保教质量不断提高"的喜人成绩。本着"创优保教质量,促幼儿全面发展"的教育理念,现将幼儿园教育技术装备发展的情况报告如下。

(一)发展现状

1. 基本情况

江南区位于南宁市区西南部,邕江南岸。截至 2017 年,江南区正规幼儿园共有 58 所,其中公办幼儿园 2 所,民办幼儿园 56 所;在园幼儿 14952 人,公办幼儿园和多元普惠幼儿园在园幼儿人数 7870 人,普惠性幼儿园覆盖率(公办幼儿园和普惠性民办幼儿园在园幼儿数占在园幼儿总数的比例)达到 53%,普惠性学前教育资源不断扩大;专任幼儿教师 1061 人,学前三年毛入园率达到 97%,比全区平均毛入园率高出 17.4 个百分点,2015—2017 年幼儿园教育技术装备共投入 715.5 万元,其

[①] 广西壮族自治区南宁市江南区教育局。

中公办园投入625.5万元，民办园投入90万元，学前教育装备发展迈上新的台阶。

2. 主要问题

由于学前教育规划建设一直未纳入教育布局规划中，原有公办幼儿园资源少，江南区幼儿园呈现出公办园缺乏、乡镇幼儿园不足、市区内小型民办幼儿园扎堆密集的特点。公办幼儿园装备完善，但民办幼儿园大多硬件设施不齐全、不符合办园条件。民办幼儿园经费大多以创办者自筹和幼儿缴纳学费为主，创办者由于办园规模较小、生源较少，加之个体财力有限，办园经费相对缺乏，园舍建筑不符合办园标准，室内活动面积小，幼儿园教育教学必需的大型玩具、教具、操作材料、图书的种类及数量都极少。

一是学前教育装备资源依然短缺，城乡分布不均，结构不尽合理。城市普惠性学前教育资源不足，城镇住宅小区配套幼儿园政策不完善，落实不到位，农村学前教育装备资源缺口大。二是学前教育装备投入保障机制不完善，幼儿园办园条件仍未得到明显改善，幼儿园运转困难。三是学前教育质量城乡、园际差距较大，优质资源比例偏低，农村幼儿园小学化倾向仍较严重。

3. 存在问题的应对措施

1）加快公办幼儿园教育技术装备标准化建设

实行学前三年行动计划，加快公办幼儿园标准化建设。结合本地公办资源现状，改扩建教育部门办园，管理好城镇小区配套幼儿园，接收新建小区配套幼儿园建成公办幼儿园，不断扩大公办资源，2018年预计再投入1100万元为江西镇中心幼儿园、江南万达幼儿园、上贤湾幼儿园、骋望郡玺幼儿园等新建公办园配齐配全教育技术装备，扩大优质资源覆盖面。

2）加大民办园政府扶持力度

民办幼儿园是幼儿教育体制改革中的一个新生事物，它的出现促进了办园体制的多元化，满足了人们的教育需求，促进了幼儿教育的良性竞争和发展。经费紧缺是诸多民办幼儿园发展的主要制约因素之一，政府应加大财政拨款兴教力度，特别是将民办教育发展专项资金向民办幼儿园倾斜。对于现有的资金薄弱的幼儿园，政府可以投入资金，改善其办学条件，形成公私联营的办学模式。对于农村民办幼儿园，政府应尽量提供帮扶，如民办幼儿园在建园时，政府部门应协同土地部门，对其建设费用进行适当减免。

（二）总体思路

坚持"以公共财政投入为主、以公办和多元普惠幼儿园为主"的发展原则，坚持政府主导，社会参与，公办民办并举的办园体制，以"重投入、扩公办、增普惠、抓监管、提质量"为重点，加大幼儿园教育装备投入，扶持、鼓励各类幼儿园通过自行增强投入力度升级学前教育装备，上等级、创示范、树品牌，提高自治区级示范幼儿园、市级示范幼儿园比例、星级多元普惠幼儿园比例，保障适龄幼儿在设施齐全的校园内接受公平、质量良好的学前教育。

（三）主要举措

1. 重视装备建设，促进教育技术装备标准化建设

江南区积极推进幼儿园教育现代化工程，高标准配置教育现代化设备，不断提高教育技术装备管理和应用水平，狠抓建设、管理和应用，加快推进教育技术装备整体工作向科学化、标准化、规范化发展的进程，为幼儿园快速发展奠定了坚实的基础。加大投放力度，保证装备正常应用，为教育技术装备建设提供有力保障。

1）为了给幼儿提供优质的活动场所

江南区公办幼儿园已达到班班通网络，班班有电脑、电子白板或一体机、钢琴、投影等现代化教学设施；为孩子们设立"阳光体育游戏长廊"；放置大型体育游戏器械，形成一系列有规模的体育游戏长廊，让孩子们在愉悦的游戏受到潜移默化的良好教育。

2）配齐幼儿园专用活动室

配齐舞蹈室、美工室、图书室、多功能大会议厅等，各专用活动室等均有电子白板、一体机或电视等设备，各类设施设备齐全。幼儿图书人均达15册，教职工图书达人均25册，有6种以上自治区级学前教育报刊供教师们借阅。

2. 抓好装备管理，提高教育技术装备规范化管理水平

1）加强制度建设

江南区要求各园所根据情况修订、完善了教育技术装备工作各项规章制度、各专用教室管理人员职责。所有规章制度上墙，起到了提醒、督促作用。每学期组织图书馆、音乐活动室、美工室、舞蹈房等专兼职管理员学习相关管理制度，明确岗位职责。

2）加强器材管理

江南区的幼儿园十分重视各专用活动室的器材管理，做好器材台账的建设工作，把各类台账记录作为考核的重要指标。各活动室建有分类账、总账，各类账册能及时、准确记载。各专用教室配有充足的橱柜，各类仪器、器材、设备做到分类存放、按特性分室，整齐规范，做到定期保养，损坏及时维修，做好防腐、防尘、防潮等工作，使所有设备均处于可使用状态。

3. 强化装备应用，提高教育技术装备科学化应用水平

1）开展信息技术培训

为切实提高广大教师的理论水平和实际操作能力，将教育技术培训作为教师继续教育的一项重要内容。江南区先后举办了多功能室设施使用培训、电子白板使用培训等。根据各园实际，选择责任心强、业务能力强的教师参加县级以上的外出培训学习，提升装备技术的使用能力。

2）充分发挥信息技术在学校管理中的作用

加强信息技术在教务、财务、总务、学籍、档案管理等方面的应用，运用各类管理系统平台使园内管理更加科学规范。充分发挥微信公众号在教育宣传、交流、管理、育人、文化建设等方面的重大作用，加大宣传力度。

4. 推动园本特色建设装备，走特色化内涵化发展之路

推动园本特色建设装备，注重特色活动效果的落地生根，加大特色装备投入，为了孩子们有更好的活动展示平台，比如，在多功能大会议厅装有一些类现代化设备，通过电子大屏、音响、灯光设备等，进行班级教师艺术活动展示以及班级幼儿的艺术活动展示来进行效果的考核奖励，大大促进了教师们的教育热情。有了特色装备的辅助支撑，师生们在参加各种艺术竞赛方面获得了可喜的成绩，多次获得市、区级一等奖。

（四）展望

学前教育是建立终身教育体系的发端，是基础教育的第一环，是全面实施素质教育奠基工程，是创建人力资源强国的必然要求。先进的设备、完备的设施，必须要有科学、规范的管理才能发挥最大的作用，我们将通过创建提升城区幼儿园教育装备管理水平目标，对照标准，寻找差距，相信通过不懈努力，在建设、管理、应用工作中将取得更大成绩。

九、高标准筑牢基础，个性化成就特色——武侯区幼儿教育装备发展报告[①]

近年来，武侯区坚持"统筹管理，全面优化"的工作原则，切实提升幼儿教育服务能力，以"高位达标，共建共享"的工作思路，不断推动幼儿教育装备工作，取得了长足的进展，全区幼儿园装备水平显著提高，充分调动起全体园长、教师的共建热情，培育形成了懂装备、用装备、开发装备的积极氛围。

（一）武侯区学前教育概况

1. 基本情况

截至 2017 年，全区幼儿园 155 所，在园幼儿 35233 人，入园率达 100%。其中，公办幼儿园新建成幼儿园 8 所，回收回购幼儿园 2 所，新增学位 3150 个。为突出学前教育的公益性和普惠性，将 21 所教办幼儿园自主招生调整为面向全区集中统筹公开招生，教办园学位在 2016 年 650 个的基础上增至 1583 个，同比增长 143.5%，"入园难、入园贵"问题基本得到缓解。幼儿教育质量不断提升，成功承办全国"新样态幼儿园建设的理念与实践研训会"，全面完成对 20 所公办幼儿园的等级评定视导、复核，武侯区"成都市一级园"现已增至 4 所。

2. 装备建设情况

2015—2017 年，武侯区在幼教装备方面投入资金 4500 万元，配备装备项目涵盖图书、玩教具装备、专用软件、保教设备、信息化设备、生活设施等种类，新建园进行统一的标准化建设，其他幼儿园以区域统一配置和幼儿园个性化配置相结合的方式，开展设施设备更新换代，支持幼儿园推出办园特色。

（二）武侯区幼儿园教育装备发展思路

近年来，武侯区幼儿教育装备工作以"保障需求，呵护童心"为主轴，将幼儿安全和身心健康放在首位，以规范化、科学化为导向，致力于保障幼儿的学习、体验和实践需求，为幼儿创设乐学、乐玩、乐趣的"三乐"物理环境。

一是系统升级安防系统。幼儿安全是幼儿教育装备工作的首要关切，是头等大

[①] 四川省成都市武侯区教育技术装备与信息管理中心。

事,近三年,武侯区系统开展了安全防范系统升级专项行动,以幼儿园自查和现场实地核查等形式,全面掌握幼儿园安防系统现状,邀请安全和幼教专家,与教师、家长面对面,开展联席论证,根据幼儿园实际情况,分别制定安防系统升级方案,分批次推进,累计投入529万元,完善和提升安防系统、安防设备和安防维护工作,保证安防系统和安防设备100%到位,100%无障碍运行。

二是全面实现教玩具标准化。根据《幼儿园装备规范》的要求,武侯区大力推进幼儿园教玩具的标准化工作,累计投入1500万元,规范幼儿园教玩具的配备规模、配备种类和存放空间,将标准化配置项目与幼儿园、教师的个性化领域严肃区分开来,以高标准的要求,筑牢幼教装备的基础,确保幼儿教育的科学性和有效性,努力做到应有尽有。

三是循序开展旧园改造提升。为整体提升区域幼教装备水平,促进幼儿教育均衡发展,对回收、回购的民办幼儿园和开办时间较长的幼儿园进行针对性改造提升,在装备经费方面适当倾斜,提供新建幼儿园、优质幼儿园的装备方案模板,根据实际情况排定装备优先级,循序完成改造提升,目前已投入600余万元,完成改造进度的80%。

(三)武侯区幼儿园教育装备特色

1. 标准化与个性化相结合,培育形成"区域有标准,园园有特色,人人有创新"的装备结构

以区域层面按照装备规范配备的标准化设备为基础,鼓励全区幼儿园根据实际情况,坚持"应用驱动,适度超前"的原则,发展本园装备特色,通过个性化装备项目和各类专项建设项目,探索引入适用的装备,尝试参与国际、国内的幼儿教育最新装备成果试用活动,将最前沿、最实用的教育装备提供给我区儿童。武侯区第七幼儿园试用诺博教育体系,引入其管理模式,以"我和周围的人""我周围的社会""我周围的自然界""我和自然"为主题创新幼儿教育内容。与此同时,武侯区在幼儿园广泛开展自制玩教具展览推介活动,组织教师参加自制玩教具比赛,定期评选玩教具开发先进幼儿园,鼓励幼儿园和教师以单位、团队和个人为主体,开发贴合幼儿园教学需求的小型装备。

2. 装备建设与课程建设相呼应,构建高效有力的支撑环境

以幼儿园开发校本课程、特色课程为牵引,配套强化装备服务能力,软硬件充

分协调配合，更好实现预期设想和育人效果。同时，为特色课程、校本课程配备的装备，又成为幼儿园、教师进一步开发创新课程、进行教学创新尝试的物理基础，形成良性循环。武侯区第五幼儿园利用动、静两态情境结合的装备环境，面向小班幼儿，设计了"我爱上幼儿园"系列课程，主题包括"落叶小路""树叶画墙"；"轱辘轱辘"等动态情境；"洞洞门""风车廊""交通道""汽车展览区"等静态情境。

3. 注重幼儿教育装备的适度信息化

近年来，武侯区累计投入 556 万元，为幼儿园配备了教学用、游戏用的信息化装备，将信息技术应用于幼儿教育装备，遵循符合幼儿年龄特点，有助于幼儿理解体验，不影响幼儿健康的原则，设定科学的使用频率和使用时长。目前，全区公办幼儿园幼儿专用电子白板实现全覆盖，进一步增加教学的生动性、直观性和趣味性。成都市第三十八幼儿园引入智能化晨检服务系统，将幼儿入园晨检数据进行统计分析，及时掌握幼儿身体发育和成长情况。

（四）武侯区幼儿园教育装备效益

1. 促进了幼儿园特色发展

幼儿教育装备工作的不断深化，为武侯区幼儿园发展办园特色提供了条件，目前，成都市第二十二幼儿园的"小树苗"环境保护特色初步形成，完善了垃圾分类、废旧物品回收与利用、制作酵素等装备环境；成都市第十幼儿园发展"智趣童年"特色，引入了贝板智能交互游戏系统，探究"玩中学"的教育模式。

2. 催生了一批幼教特色课程

武侯区幼儿园充分利用装备便利，开发了形式多样的特色课程，成都市第二十一幼儿园利用图书、STEAM 设施，开展了"V宝看世界""V宝探世界"系列课程；成都市多所幼儿园联合成立了"幼儿足球游戏联盟"，利用微型足球场，开展幼儿足球游戏活动，同时，通过利用信息技术设备，开发出"有声绘本"教学课程；武侯区第五幼儿园通过营造动、静两态情境结合的装备环境，设计了"我爱上幼儿园"系列课程。

3. 提高了幼儿园自制装备水平

近年来，武侯区幼儿园、教师在自制装备方面，水平不断提高，2015—2017 年，在四川省、成都市优秀自制玩教具评选活动中，累计获得省级一等奖 7 项，市级一等奖 22 项，优秀作品《轨道变变变》《雾霾下的 PVC 管》《磁力舞台》《数字城堡》《水车》《移动小餐车》等自制作品推广到全区幼儿园。成都市第十幼儿园自主开发了自然风格的户外攀爬设计，开设了户外攀爬课程，通过人工堆坡植草，模仿原始生态的绿地环境，设置可供幼儿攀爬、翻越的自然坡地，创造出回归自然、回归天性的野趣环境，引导幼儿亲近大自然。

武侯区幼儿教育装备的发展，是多方面探索、尝试和改革的共同结果，下一步，我们将始终坚持标准化和个性化的有机统一，继续坚持开放的思维和创新的勇气，以制度建设巩固建设成果，以机制创新充分释放幼儿教育装备工作的活力，丰富装备服务内容，拓展装备服务效益，更好服务于武侯区幼儿教育的百花齐放，更好地服务于幼儿身心健康成长。

十、贵州省铜仁市幼儿园教育装备发展与研究概述[①]

根据教育部教育装备研究与发展中心《关于进一步补充完善〈中国教育装备与研究报告（2015—2017 年）〉稿件的函》（装备中心〔2018〕42 号）精神，现将贵州省铜仁市幼儿园教育装备发展与研究报告如下。

（一）基本情况

近年来，铜仁市党政领导高度重视，各级各部门齐心协力，大力发展学前教育，坚持"广覆盖、保基本、兜底线、提质量"的原则，持续加大财政投入，先后实施了三期学前教育行动计划、山村幼儿园建设、山村幼儿园提质升级、创建国家级学前教育改革发展实验区等一系列工作，并取得了一定的成效。截至 2017 年 6 月，全市有幼儿园 719 所（民办 409 所），山村幼儿园（幼教点）1615 个。全市在园儿童 143648 人，教职工 11934 人，其中专任教师 7217 人。全市学前教育三年毛入园率为 94.02%，普惠性幼儿园覆盖率达 79.23%，居全省之首。

（二）装备情况

据初步统计，全市各区县 2015 年公办园投入 3399.256 万元装备教玩具设备，

---

① 贵州省铜仁市教育局。

其中装备图书189191册，电子琴、手风琴、钢琴853架，电视机、收录机、DVD机1013套，多媒体设备430套，新建宽带联网园374所。2015年民办园投入13182.67万元装备教玩具设备，其中装备图书218658册，电子琴、手风琴、钢琴948架，电视机、收录机、DVD机1172套，多媒体设备392套，新建宽带联网园219所。

2016年公办园投入2710.911万元装备教玩具设备，其中装备图书88364册，电子琴、手风琴、钢琴411架，电视机、收录机、DVD机401套，多媒体设备391套，新建宽带联网园205所。2016年民办园投入91693.49万元装备教玩具设备，其中装备图书166133册，电子琴、手风琴、钢琴436架，电视机、收录机、DVD机704套，多媒体设备322套，新建宽带联网园113所。

2017年，公办园投入8754.202万元装备教玩具设备，其中装备图书159396册，电子琴、手风琴、钢琴534架，电视机、收录机、DVD机566套，多媒体设备1001套，新建宽带联网园502所。2017年民办园投入15331.51万元装备教玩具设备，其中装备图书195014册，电子琴、手风琴、钢琴614架，电视机、收录机、DVD机661套，多媒体设备353套，新建宽带联网园115所。

（三）工作成效

1. 重视装备建设

各区县积极推进幼儿教育装备建设，不断提高教育技术装备管理和应用水平，狠抓建设、管理和应用，加快推进教育技术装备整体工作向科学化、标准化、规范化发展的进程，为幼儿园教育装备快速发展奠定了坚实的基础。一是加强组织领导，强化管理队伍，为幼儿园教育技术装备建设提供组织保障。二是加大投放力度，保证装备正常应用，为教育技术装备建设提供有力保障。各区县示范幼儿园专用活动室各类设施设备齐全（如舞蹈室、美工室、科发室、图书室、多功能大会议厅等），幼儿图书人均达10册以上；教职工图书达人均20册以上，有5种以上省级学前教育报刊供老师们借阅。

2. 抓好装备管理

一是加强制度建设，修订和完善了幼儿园教育技术装备工作各项规章制度、各专用教室管理人员职责。所有规章制度均上墙，起到了提醒、督促作用。园内每学期组织科发室、图书馆、音乐活动室、美工室、舞蹈房等专兼职管理员学习相关管理制度，明确岗位职责。

二是加强器材管理。做好器材的台账建设工作，把各类台账记录作为考核的重要指标。各活动室建有分类账、总账，各类账册能及时、准确记载。各专用教室配有充足的橱柜，各类仪器、器材、设备做到分类、按特性分室，仪器分类存放，整齐规范，做到定期保养，损坏及时维修，做好防腐、防尘、防潮等工作，使所有设备均处于可使用状态。

三是加强检查督促，加强专用教室使用检查。定期或不定期对专用教室使用情况、使用记录情况等进行突击检查通报，纳入年度目标考核，保证了专用教室的使用效率。

3. 强化装备应用

一是大力开展信息技术培训。为切实提高广大教师的理论水平和实际操作能力，将教育技术培训作为教师继续教育的一项重要内容。先后举办了多功能室设施使用培训、电子白板使用培训等，同时选派责任心强、业务能力强的教师参加县级以上的外出培训学习，提升装备技术的使用能力。二是积极开展信息技术各项竞赛。内容有信息技术与课程主题结合说课、上课比赛、多媒体课件制作、论文评比等，倡导教师加强信息技术应用，广泛查阅资料，开拓知识面，同时不断提高应用能力。三是加强信息技术管理，加强信息技术在教务、财务、总务、学籍、档案管理等方面的应用，运用各类管理系统平台使园内管理更加科学规范。

4. 创建园本装备，推动幼儿园教育教装备特色化发展

各区县示范幼儿园根据本园的园本特色和本土资源特点等，在环境创设上为孩子们营造园本特色的氛围，通过自制玩教具的制作和使用，给幼儿提供适宜的环境，促进了教师专业化成长，提高了整体办园水平，促使幼儿园向特色化发展。

（四）存在困难

近年来，在国家实施学前教育三年行动计划后，学前教育发展的形势是喜人的，成绩也是显著的，但由于底子薄、起步晚，在发展中还存在一些问题急需解决。

一是经费投入不足。除了几所大型民办幼儿园外，其他幼儿园不同程度地存在只配备了部分常规教育装备，没有后续保障资金进行设备的补充及维护，特别在教育信息化装备的配备方面尤为突出。二是玩教具方面配备的品种单一，数量不足。部分乡镇民办幼儿园受诸多因素影响，在玩教具配备品种及数量上达不到相关要求，制约了幼儿园的整体发展。三是受教师专业化水平影响，部分幼儿园教育装备使用

率不高。四是民办幼儿园教育装备各自分散采购，给教育装备的管理带来困难，主要体现在教育装备的质量、价格、售后服务等方面。

（五）装备建议

1. 统一规划，完善幼儿园教育装备配备标准

从近几年新建的幼儿园来看，幼儿园的建设标准亟待规范，许多专用教室仍未在新园设计时加以规划，这与缺少权威的幼儿园教育装备标准不无关系。因此，建议制定各级幼儿园教育装备标准，以促进幼儿教育装备工作科学有序发展。

2. 集中采购，设立幼儿园教育装备专项经费

幼儿教育工作的发展还面临着许多困难，教育装备经费不足就是其中一个较突出的问题。在各级幼儿园教育装备标准的指导下，研究制定幼教装备的专项经费制度，是保障幼教资源均衡发展，贯彻落实幼教装备标准的基础。有了专项经费的支持，幼教装备采购便可以参照普教装备采购形式，统一实施教育装备政府集中采购，届时当前幼教装备采购的一些管理难题便可以得到有效解决。

3. 多方协调，将幼儿园教育装备纳入普教装备管理体系

事实上，在幼教装备标准和专项经费得到解决后，幼教装备已经具备纳入普教装备管理体系的硬件基础条件。只要再通过加强人员配备、培训，以及对幼教装备设施设备的应用管理、研究等，逐步将幼教装备系统化、规范化，整个普教装备管理体系将得到充实和提升。

总之，在今后的幼儿园教育装备中，我市幼儿园教育装备将对照国家标准和相关政策，寻找差距，填平补齐，因地制宜，办出特色，相信通过不懈努力，全市幼儿园在建设、装备、管理、应用工作中将取得更大的成绩。

十一、甘肃省严格过程管理以确保采购质量[1]

党的十八大以来，甘肃省在常住人口 2000 人及以下的行政村新建、改扩建上千所幼儿园，为满足行政村幼儿园日常保教活动，提高采购质量，节约采购资金，甘肃省教育厅分别于 2016 年和 2017 年组织实施了两次行政村幼儿园保教具设备省级

---

[1] 李昌生，甘肃省教育装备办公室。

集中采购，具体工作由甘肃省教育装备办公室承担。两次行政村幼儿园保教具设备省级集中采购总预算 8745 万元，计划配备 1142 所行政村幼儿园。

严格过程管理，确保采购质量。为确保进入行政村幼儿园的保教具设备符合国家标准，甘肃省教育装备办公室参考了多家生产厂家提供的技术参数及价格，借鉴其他省份的相关招标采购技术参数，组织省内教育装备行业专业技术人员，在教育部教育装备研究与发展中心幼教专家的指导下，精打细算，根据有限的预算尽可能调整优化，提高产品优质、安全、环保的要求，确定了符合我省实际的品目和技术参数。22 种保教具设备按类型分为户外大型滑梯、家具和玩具、电钢琴、图书、触摸式一体机（音箱）等 5 大类。

按照规定办理政府采购手续。依据《中华人民共和国政府采购法》和《中华人民共和国招标投标法》的规定采购人有权自行选择采购代理机构，任何单位和个人不得以任何方式为采购人指定采购代理机构。在进入中国政府采购网代理机构名单目录范围内，且近三年从事过甘肃省教育厅重大教育项目设备招标采购业务的招标代理机构中，邀请 3 家以上的招标代理机构，采取甘肃省财政厅教育事业处、政府采购监督管理处、甘肃省教育厅财务处、基础教育二处、审计处、驻厅纪检组（监察室）、甘肃省教育装备办公室等部门联合评审的方式，比选确定出项目的招标代理机构，或委托甘肃省公共资源交易局作为代理机构组织实施具体招投标工作。

行政事业单位领导、工作人员不参与评标，从专家库中选择聘请专业、负责的行业专家作为采购人代表。对聘请的专家进行先期培训，详细阐述项目基本情况，对照参数和评分标准说明采购人需求和意图，务必要把质量、安全和环保放在第一位。

经过严格的招投标过程，最终中标企业、产品均满足质优价廉以及环保要求。例如，户外大型滑梯、桌面玩具中标企业为国内行业领军企业，具有国际、国内权威质量认证、环保认证（如欧盟 CE 等），一些中标产品生产企业为国家《无动力类游乐设施儿童 滑梯标准》的起草制定单位。政府要求中标企业参照甘肃省"全面改薄"项目课桌椅省级集中采购项目管理办法，对户外滑梯、课桌、床、衣帽柜、组合柜等产品安装二维码标识牌，公开产品信息、明确产品终身质量责任。

加入先期验收程序，把好前置关口。由中标企业直接生产的货物，采购人或招标代理机构负责组织行业内专业验收人员，依据中标文件中规定的参数赴厂检测检验，存在问题的就地整改，整改完成后方可发往项目学校。

科学规划，有序衔接。为做好后续供货、安装及验收工作，甘肃省教育装备办公室对项目县（市、区）幼儿园进行了前期摸底统计，部分县（市、区）幼儿园存在工程建设进度滞后于保教具设备招标采购工作的情况，及时与中标企业衔接沟通，在不大额增加企业运输成本的情况下，调整送货顺序，做到已建好的先行配送，即将建好的计划配送，暂时不具备送货条件的接到通知后再送。切实避免了企业库存积压和项目幼儿园不具备保管条件造成设备损坏的情况。

货物安装调试完毕后，实行项目学校、县（市、区）教育局和甘肃省教育装备办公室三级验收。中标企业将货物安装调试完毕后，幼儿园依据中标参数及合同进行验收并出具校级验收报告；项目县教育局依据校级验收报告，组织县级验收并出具县级验收报告；依据《中华人民共和国政府采购法》的规定，采购人或者其委托的采购代理机构应当组织对供应商履约的验收。在收到县级验收报告后，采购人或招标代理机构聘请相关专业技术人员和工作人员，完成省级验收并出具验收报告，抽查验收覆盖采购设施设备品目达到 100%。确保出厂产品与所投产品一致、到校产品与出厂产品一致。

第二节 研 究 成 果

一、湖北省潜江市的幼教装备课程化路径探索[①]

潜江市位于湖北省中南部，地处江汉平原腹地，是连接湖北东西部的桥梁城市，武汉城市经济圈的成员单位。

（一）潜江市幼教装备课程化发展现状

截至 2017 年，潜江市共有幼儿园 109 所，其中公办园 71 所，民办园 38 所，其中普惠性民办幼儿园 37 所。在园幼儿 22329 人，教职工总数 3200 人。专任教师学

---

① 湖北省潜江市教育局。

历合格率为 100%，持教师资格证比例为 92%。城区、镇处区公办园和普惠性民办园覆盖率为 97%，全市学前三年毛入园率为 96%。潜江市按照"室内游戏与户外游戏并重，区域活动向户外延伸"的学前教育发展路径，经过实践探索，初步形成了"区域多样、材料丰富、游戏自主、评价多元"的区域游戏活动潜江特色。

（二）幼教装备课程化探索的思路

在国家陆续出台各类推动幼教装备发展的相关政策的背景下，如何给予本市实际情况，挖掘本土化的幼教装备发展路径是潜江市近几年的重要教育议题。经过各界专家论证、听取园所建议、试点实践后，潜江市摸索出一条推进区域幼教装备课程化的思路：在多方引导、积极宣传从而达成价值共识的前提下，以科学划分幼儿活动区域、配备丰富的玩教具为坚实基础，以高品质游戏转化载体，以严格科学的监督管理为保障，促进幼教装备课程化的发展，让园所在用好装备的同时，将装备、游戏和课程有效结合，促进装备保教质量。

（三）幼教装备课程化的主要举措

1. 装备课程化的前提——价值共识

1）对忽略装备的"小学化"现象思考

幼儿园"小学化"归根结底就是教学环境、教学内容、教学方式的"小学化"，而忽略教育装备是导致幼儿园"小学化"现象的重要原因。在长期的管理实践中，我们发现，"小学化"现象存在的区域或园所，必然不同程度存在以下问题：

一是装备配置不足。幼儿园教育装备投入不够、数量不足、类别单一，导致园所环境缺乏丰富性、互动性、教育性。

二是装备观念陈旧。少数园所举办者认为有教室、教师、场地就有了办园条件，忽略了装备对幼儿发展的重要意义。

三是装备应用水平低下。教育部门、园所针对装备的培训力度不够、教师自身对装备的钻研不够，导致教师装备应用水平低下，同时，在幼儿进行材料操作时的指导缺乏专业性。

2）多位导引更新装备观念

为切实转变园长、教师、家长观念，帮助其形成教育装备价值共识，潜江市进行了以下探索与尝试。

（1）教育装备纳入政府三年行动计划。近年来，潜江市政府高度重视幼儿园教育装备工作，两期学前教育三年行动计划对教育装备提出了明确目标与要求，为全市幼儿园落实此项工作指明了方向。其中，《潜江市第一期学前教育三年行动计划（2011—2013年）》中指出：加大对幼儿园的投入，积极扩展幼儿活动场所，配齐教学设施和玩教具，确保潜江市80%幼儿园园所建设达到国家标准。《潜江市第二期学前教育三年行动计划（2015—2017年）》对于教育装备总体目标、经费投入和具体要求等相关阐述更为明确：提高办园水平，各类幼儿园的师资、班额、玩教具、园舍等达到国家和省规定标准；加强保教设备配备尤其是玩教具资源建设，通过省专项奖补资金、地方财政资金购买和利用废旧物品自制等方式，加强幼儿园玩教具等保教设备的配置，到2016年年底前，全市各级各类幼儿园配足配齐必备的室内区角和户外玩教具，达到《湖北省幼儿园保教设备配备标准（试行）》。

（2）组织培训更新教师观念。近年来，围绕教育装备的配置与应用这一主题，国家、省（自治区、直辖市）、市组织了一系列的专项培训。2015—2017年，潜江市针对教师装备理论水平不高、应用能力不强的现状，市教育局通过专题讲座、现场观摩、小组研讨等形式，组织了幼儿园玩教具制作使用培训、幼儿园教师信息化应用培训、游戏材料在区域游戏活动的作用、区域游戏材料投放艺术等10余个装备主题培训，参训教师达3000余人，切实做到了行管人员、一线教师、保育员全覆盖。

（3）广泛宣传更新家长观念。以幼儿园为宣传阵地，潜江市通过开班专栏、召开家长会、举办家长学校、组织亲子活动等方式，多渠道、多角度向家长宣传教育装备的育人功能。充分利用运动会、亲子沙龙、开放日等丰富多彩的活动，让家长直观感受幼儿与装备的互动过程中产生的愉悦感、成功感，感知幼儿动手能力、创造能力、表达能力的显性发展。引导家长在家庭教育中发挥装备的辅助作用进行科学育儿，促进幼儿身心健康发展。

3）形成装备课程化价值共识

近年来，潜江市推行"教育装备课程化"理念，已经在全市形成以下共识。

（1）装备即环境。环境是重要的教育资源，而教育装备是环境的重要组成部分。安全、适宜的教育装备创设的育人环境，一定会激发幼儿探索、游戏、学习的兴趣，幼儿与装备的互动、与环境的互动，必然促进其健康、全面发展。

（2）装备即课程。"一日生活皆课程"，幼儿园的一日生活离不开各类装备，在幼儿园课程体系中，装备既作为辅助材料为课程服务，也因其强大的功能性，成为承载幼儿发展目标的学习、探究对象，实现"课程从装备中来、装备生成课程"的新型课程构建模式。

（3）装备即"教材"。装备是无字的教材，它以技术的先进性（如信息化设备）、玩法的多样性（如区域活动材料）和蕴含的教育性，成为幼儿发展的必要载体。幼儿通过亲历体验，在与装备的互动中获得经验，提升能力，形成健全人格。

2. 装备课程化的基础——丰富玩教具

1）落实活动区配建标准

为打造全市学前教育良好环境，根据国家出台的《托儿所、幼儿园建筑设计规范》《幼儿园安全友好环境建设标准》以及《湖北省幼儿园玩教具配备标准》等相关文件精神，潜江市近年来出台了《潜江市幼儿园玩教具配备标准》和《关于进一步加强幼儿园活动区环境创设，推进区域游戏活动实施的通知》等一系列指导性文件，为有效落实文件精神，采取了如下举措。

（1）高标准环境创设。潜江市教育局出台的《关于进一步加强幼儿园活动区环境创设，推进区域游戏活动实施的通知》，对幼儿园活动区环境创设工作中如何进行区域规划、每个区域配置哪些材料、如何根据主题投放材料等方面提出了具体、明确的要求。各幼儿园根据文件要求，科学规划和配建室内外活动区。在室内区角的配置上，三级幼儿园每个班至少达到了5个区角，二级和一级幼儿园每个班至少达到了6个区角，市级示范园和省级示范园每个班配齐了7个区角。户外区域配置上，市一级以下的幼儿园至少配建了包括玩沙区、涂鸦区、种养植区、拓展区在内的4种以上类型的活动区，市一级以上（含一级）幼儿园配建了6种以上类型的活动区。

（2）高标准设计。各幼儿园聘请专业公司制定环境创设设计方案，经市教育局多次审查，修改合格后各园方可组织施工。设计方案包括大门、活动室、区角、多功能室、寝室、卫生间、走廊和过道、主题墙饰、玩沙玩水池、户外拓展等10个基本空间，做到了"四有一符合"，即有效果图，有操作程序，有资金预算，有工期安排，使用符合国家标准的环保材料。

（3）高标准施工。严格落实施工形象进度周报制度和两级包点督办制，各幼儿园每周上报施工形象进度照片，市督查组每半月到蹲点学区督办一次。质检部门对空气质量进行检测。

2）丰富玩教具种类

在玩教具补充方面，潜江市一直坚持购买与自制相结合的原则。目前，全市幼儿园除购买外，主要通过以下途径来丰富玩教具种类。

（1）利废利旧自制玩教具。目前，全市幼儿园用于教玩具自制的原材料主要有以下几类：一是自然材料，即收集身边随手可得、富有乡土气息的自然材料，如掉落的树叶、植物果实、沙土等，进行幼儿园环境创设，用于幼儿手工、科学探索等活动；二是捐赠材料，即教师、家长、社会人士将符合安全标准的废旧物品捐献给幼儿园，如纸箱、轮胎、衣物等，经过后期加工，成为幼儿园开展各类活动的原材料；三是乡土材料，即收集石磨、陶制坛罐、渔船、风车、簸箕等有历史标签或者水乡园林特色的乡土材料，作为对幼儿进行人文、历史教育的素材，帮助幼儿了解家乡的地域特色、劳动工具、生活习俗。

（2）组织大赛丰富玩教具。为了切实提升教师教玩具制作水平，潜江市每年组织一次教玩具自制大赛，通过现场制作、玩法展示、幼儿体验等环节，评选出最具创意感和最有实用性的自制玩教具或区域游戏材料，对教师进行奖励，对优秀作品予以推广。常态化开展此项赛事，不仅提升了教师艺术鉴赏能力、动手能力，而且进一步丰富了幼儿园区域游戏材料的种类和数量。

（3）亲子合作创新玩教具。充分挖掘家长资源，积极鼓励亲子创作，不仅最大限度提升了游戏材料的多元性、创造性，而且为广大家长走进课程提供了最佳途径。据统计，全市幼儿园通过亲子创作的游戏材料占幼儿园游戏材料总量的40%，且绝大多数富有地方特色的民间游戏材料来自家庭亲子创作。

3. 装备课程化的核心——高品质游戏

区域游戏活动是促进幼儿全面发展的重要途径，在发挥教育装备作用，推进区域游戏活动组织和评价的实践中，潜江市主要采取了以下几项措施。

1）游戏纳入教学计划

一是纳入每周教学计划。目前，全市幼儿园使用统一的教学计划表，表格中明确了区角活动、户外活动的时间节点、活动名称和组织形式，保障每天室内区域活动室内不少于1小时，户外活动含户外区域游戏活动不少于2小时，切实保证了幼儿充足的游戏活动时间和场地，做到室内区角与室外区域活动相互补充、有机结合。二是纳入教师备课内容。以前，教师备课只需要备好集体教学活动，2014年以来，潜江市要求教师将区域游戏活动纳入备课内容，教师依据教学计划精心设计区域游戏活动，在备课中全面反映区域游戏活动的活动主题、组织流程、装备应用、教师反思等，确保了区域游戏活动实施的科学性、实效性。

2）规范游戏组织流程

一是明确组织步骤。目前，各幼儿园均能按照"游戏发起—游戏体验—评价整理"三环节规范开展室内外区域游戏活动。二是合理分配时间。教师能合理分配每个环节的时间，保证区域游戏活动进行的整个过程，80%的时间用于幼儿游戏体验。三是保障幼儿游戏权利。在幼儿游戏的过程中，教师低控制、少干预，尊重幼儿游戏的自发性和自主性，切实做到重过程、轻结果，真正将游戏的权利交给幼儿。

3）做好游戏观察记录

在实施活动区游戏的过程中，教师既是组织者，也是观察者。在观察幼儿游戏行为的过程中，各幼儿园教师能做到：第一，分工明确。主班教师关注个体，配班教师面向全体。第二，细致观察。教师能用眼、用理念去捕捉幼儿在游戏过程中呈现的典型行为，关注幼儿的游戏动机、游戏兴趣、合作意识、沟通能力、情感体验和对装备、材料的操作方式等。第三，规范记录。教师能利用"观察记录表"如实记录有价值的游戏过程和行为表现，通过案例教研、个案跟踪等多种形式，科学分析幼儿行为，反思教师行为。

4）加强游戏过程指导

教师的适时、适当指导直接影响区域游戏活动的实效性。一直以来，各幼儿园教师能以《指南》为依据，切实做好区域游戏的过程指导，一方面，调整补充游戏材料。教师对材料的操作方式和辅助功能有充分预设，遵循从高结构到低结构分层投放，根据幼儿游戏进程和需要，对游戏材料的类型、功能、数量进行适时适宜的调整和补充，帮助幼儿突破操作瓶颈。另一方面，做好角色介入。在幼儿兴趣倦怠期，教师能以尊重幼儿游戏意愿为原则，以帮助幼儿获得新经验为目标，根据游戏主题营造情境，通过游戏角色的身份自然介入游戏，解决幼儿在区域游戏活动中遇到的材料不足、玩法单一、交往瓶颈等问题，积极与幼儿互动，有效推进幼儿的发展。

5）做好游戏活动评价

一是出台指导文件。2016年9月，市教育局下发了《关于进一步加强幼儿园区域游戏活动评价的指导意见》，进一步明确了区域游戏活动评价环节所涉及的评价对象、评价原则、评价内容和评价方式，理清了区域游戏活动应该评价谁、评什么、怎么评的问题。二是规范实施过程。文件下发之后，各幼儿园能完善区域游戏活动评价制度，制定评价方案，完善评价指标，确保区域游戏活动评价工作常态化、高质量开展。三是保证实施效果。经过几年的探索与实践，各幼儿园收集整理区域游戏评价过程中的产生的"幼儿观察记录表""区域游戏活动材料投放及使用情况量化表""区域游戏活动评价表"等资料，形成了极具价值的评价档案和课题研究成果。

4. 装备课程化的保障——有效监督评价

推进教育装备课程化，涉及众多园所、众多教师，只有加强过程监督，实施效能评价，才能确保此项工作扎实开展，做细做实。

1）做好年检和等级评估

坚持开展一年一次年检，两年一次等级评估。组织专班，对全市幼儿园依法办园、组织管理、办园条件、保育教育等内容进行检查和效能考评，对区域配置不达标、教育装备配置不足的园所实行一票否决。依据《湖北省幼儿园办园水平认定标准》综合评分情况核定幼儿园等级，考评结果在电视台、《潜江日报》等媒体上予以公示。

2）做好装备季度检查

市教育局每季度组织基教科、安全办、电教馆、督导室、教研室等职能部门，对全市幼儿园进行教育装备季度检查，从教育装备的安全系数、数量种类、应用情况、维护情况、巡查记录等多个方面进行评价，并将检查结果在全市进行通报，确保教育装备为教育教学服务，为幼儿发展服务。

3）做好每月督查

坚持"两月一大查、一月一抽查"，组织基教科、督导室、安全办等科室，通过园长汇报、教师座谈、家长问卷等途径全方位、多角度掌握各幼儿园区域游戏活动实施、教育装备配置与应用等工作的进展情况，确保幼儿园将市局的各项工作要求落到实处。

4）实施教育装备奖励

每年召开学前教育工作会议，会上对教育装备应用工作进行全面总结，对添置装备有力度、使用装备有成效的公办园、民办园进行表彰、总结、提炼先进经验并在全市推广，并对其奖励专项资金或实施以奖代补。2014年来，全市共有25所公办园获得"教育装备工作先进单位"称号，市教育局对受表彰公办园一次性发放奖金8万元；受表彰的民办园达到18所，每园发放奖励资金5万元，并奖励3万元教玩具，此举有效增强了全市幼儿园做好装备配置、应用工作的决心。

（四）思考与展望

幼儿园教育装备课程化路径探索是一项长期的、系统的工作，它没有完成时，只有进行时。实践证明，政府重视是推进装备课程化的根本，良好的社会氛围是装备科学化应用的基础，优良的队伍素质是推进装备有效应用的关键，公办园、民办园整体推进是装备常态化应用的核心，常态化的过程监管是落实装备应用的抓手。通过深刻反思，潜江市在幼儿园教育装备配置和应用工作中，仍然存在一些问题：一是少数民办园投入不足，教育装备配置不达标；二是全市幼儿园"小学化"倾向仍然存在，去"小学化"工作任重而道远；三是教师队伍素质良莠不齐，教育装备应用能力有待加强。这些问题，都将成为潜江市第三期学前教育三年行动计划重点研究和解决的中心问题。今后，潜江市将一如既往地重视幼儿园教育装备工作，不断加大经费投入，进一步改善全市幼儿园办园条件；不断加强装备监管，进一步提升公办园、民办园整体应用水平；不断加强师资培训，进一步实现装备功能最大化。相信以教育装备工作为突破口，潜江市学前教育工作一定会实现再发展、大提升、新跨越。

二、辽宁省幼儿园教育装备标准的探索与实践[①]

教育装备是为实现教育教学目的，在一定的环境下进行建设、配备、管理、使用、研究的各种物质条件和手段的综合。幼儿园的教育装备，其核心是玩教具的配备。幼儿园教育技术装备主要涵盖运动设施设备，玩沙玩水设施设备，社会、生活情景性设施设备，音乐、美术、棋类游戏设施设备，结构、数形、科学活动设施设备等。幼教装备作为影响教育质量的要素之一，在学前教育改革中占据十分重要的地位。辽宁省在紧跟国家政策、民生需求的步伐，探索和实践了幼教装备标准，进一步推动了幼教装备发展。

（一）辽宁省幼教发展现状

截至 2016 年年底，辽宁省共有幼儿园 10133 所，比上年增加 602 所；在园幼儿 91.3 万人，比上年增加 0.2 万人。公办园 2753 所，在园幼儿 347389 人；民办园 7380

---

① 卓敏、马如宇、王明浩、田丹丹、刘新杰，辽宁省教育技术装备中心。

所，在园幼儿 565331 人；普惠性民办园 2454 所，在园幼儿 235382 人；公办园和民办园分别占全省（市）总数的 27.2%和 72.8%；星级幼儿园达到 5888 所、占幼儿园总数的 58%，在园幼儿达到 65.8 万、占在园幼儿总数的 72%。学前教育三年毛入园率达到 93.4%，比上年提高 4.9 个百分点，远高于全国 77.0%的平均水平。百姓反映强烈的"入公办园难、入优质园贵"问题得到有效缓解。2016 年学前教育财政性经费总投入为 16.32 亿元，比上年增加 1.33 亿元；幼儿园生均公共财政预算教育事业费为 4195.54 元/生，比上年增加 5.32 元，财政投入给予学前教育发展重要保障。

2010 年《国务院关于当前发展学前教育的若干意见》的颁发，辽宁省幼儿园的建设发展迎来了新中国成立以来的春天，全面振兴，快速发展。《辽宁省中长期教育改革和发展规划纲要（2010—2020 年）》指出：全面普及学前教育、扩大学前教育资源。辽宁省实施开展了两期学前教育三年行动计划，陆续出台了《辽宁省幼儿园办园标准（试行）》《辽宁省小规模幼儿园暂行管理规定（试行）》《辽宁省幼儿园评估定级标准》《辽宁省幼儿园装备管理细则》《辽宁省幼儿园装备标准》《辽宁省幼儿园装备规范》等政策文件、标准规范，扎实开展全省幼儿园星级评估工作，同时建立学前教育资助制度，制定《辽宁省教育精准扶贫工作实施方案》，全面推进学前教育科学、健康、快速、均衡发展。

（二）标准制定对幼儿园教育的作用

1. 幼教装备标准是幼儿园标准化建设的重要依据

2010 年《国务院关于当前发展学前教育的若干意见》颁发，幼儿园的建设发展迎来了新中国成立以来的春天，全面振兴，快速发展。逐渐形成的先进的保教理念，需要科学的保教活动呈现，需要具有专业素养的教师队伍实施，需要良好的幼儿园环境及科学、系统、丰富的玩教具设备来支撑，这是一项百废待兴的事业。然而仅就幼儿园装备，多年以来，国家级及省级层面系统、专业性的学前装备标准几乎是空白。幼儿园如何建、玩教育如何配、环境是否绿色环保、愉悦幼儿心理等装备建设工作急需科学、系统、规范的标准性指导文件出台，指导和规范幼儿园装备建设，对推进幼儿园科学化、标准化、规范化和现代化建设，推进辽宁省学前教育发展具有重要的现实意义和指导意义。

2. 幼教装备标准是幼儿园装备建设的政策依据

《辽宁省幼儿园办园条件标准》对辽宁省幼儿园装备工作产生了重要影响，对幼儿园装备的科学发展发挥了重要的指导作用和实践价值，取得良好的效果，有着重要的意义。《辽宁省幼儿园办园条件标准》是辽宁省教育发展史上第一部全方位、系统化的省级幼儿园装备标准，具有政策性、指导性、可行性、前瞻性，对指导和规范幼儿园办园条件标准化、科学化、系统化建设起到非常及时、重要的作用。全省各级教育行政部门及基层幼儿园给予了充分肯定，国家上级部门，国内同行、企业给予了高度赞誉。

3. 为幼儿园办园水平提供了科学引领

幼儿园装备有其特殊的教育内涵，承载了先进的教育理念，蕴藏着游戏化的教育活动过程，体现着"教科书"的功能。幼儿园装备应遵循幼儿身心发展规律和学习年龄特点，安全愉悦的环境和集趣味性、教育性的科学配套的玩具设备，是支撑完成幼儿园保教任务的重要物质基础。《辽宁省幼儿园办园条件标准》对提高全省幼儿园装备水平和整体功能，促进提高全省幼儿园办园条件水平起到了非常重要的指导和引领作用。

4. 幼教装备标准是政府财政决策的科学依据

《辽宁省幼儿园办园条件标准》对全省幼儿园装备建设起到了积极的指导作用，在辽宁省学前教育第一个、第二个三年行动计划进程中，在辽宁省基础教育十二五规划推进过程中，在辽宁省幼儿园评星定级建设过程中，摸清底数、统筹规划、促进公平、科学有序地实施装备投入起到了关键性的指导作用，提供了政策性、专业化、科学化的依据，倡导了"减损耗，增收益——标准提高效率"，指导各级政府及教育行政部门合理配置和分配教育资源，提高公共教育资金的使用效益。

（三）标准的研制过程

为引领、指导学前教育健康、可持续发展，加强幼儿园标准化、专业化、规范化建设，支撑幼儿园教育活动，2012年，辽宁省教育厅适时启动了《辽宁省幼儿园装备管理细则》《辽宁省幼儿园装备标准》《辽宁省幼儿园装备规范》等系列标准（以下统称《辽宁省幼儿园办园条件标准》）研究制定工作。

1. 研制的基本原则

1）保基本，促发展

为幼儿园完成教育部颁布的《幼儿园工作规程》《幼儿园教育指导纲要（试行）》

《3—6岁儿童学习与发展指南》规定的保育教育任务所应具备的环境、用房、区域、玩教具及设备、办公、管理等装备基本需求，提供科学系统的装备指导标准。

2）多样选择，个性发展

根据地区差别、园际差别的实情，不同办园水平的需要，提供多样化的选择。

3）科学前瞻，面向未来

吸取现代教育技术成果对学前保教活动及管理有益的内容，跟踪国内外学前教育发展动态，为未来发展预留空间。

2. 研制的主要过程

辽宁省学前教育资源不均衡，办园标准缺乏，办园条件参差不齐。研制幼儿园办园标准是促进学前教育均衡发展重要举措之一。辽宁省教育厅高度重视《辽宁省幼儿园办园条件标准》研制工作，成立了领导小组、编委会、编写组，开展了收集资料、查阅文献、多次深入基层、多次调研、多次研讨、多次修改，广泛征求意见等大量细致的工作，经过两年多的努力，2014年4月省教育厅正式颁发该标准。

3. 研制的政策依据

幼儿园装备标准在研制过程中查阅了大量的国内、省内文件以及玩教具技术标准。

1）国家文件

《国务院关于当前发展学前教育的若干意见》（国发〔2010〕41号）

《3—6岁儿童学习与发展指南》（教基二〔2012〕4号）

《托儿所幼儿园卫生保健管理办法》（卫生部　教育部　第76号令）

《托儿所幼儿园卫生保健工作规范》（卫妇社发〔2012〕35号）

2）省级文件

《辽宁省中长期教育改革和发展规划纲要（2010—2020年）》（辽委发〔2010〕19号）

《辽宁省幼儿园办园标准（试行）》（辽教发〔2011〕5号）

《辽宁省小规模幼儿园暂行管理规定（试行）》的通知（辽教发〔2012〕148号）

3）技术标准

JY/T 0373—2004 教学用液晶投影机

GB/T 13982—2011 反射和透射放映银幕

JY/T 0363—2002 视频展示台

GB/T 18788 平台式扫描仪通用规范

GB/T 3976—2014 学校课桌椅功能尺寸及技术要求

GB 28231—2011 书写板安全卫生要求

GB 14747—2006 儿童三轮车安全要求

GB/T 22868—2008 篮球

GB/T 22892—2008 足球

QB/T 2363—1998 玩具电动机

QB/T 2361—1998 惯性玩具通用技术条件

QB/T 2360—1998 发条玩具通用技术条件

QB/T 1749—1993 画笔

GB/T 22833—2008 图画纸

QB/T 1335.2—2000 水彩画颜料

QB/T 1335.3—1991 广告画颜料

QB/T 4106—2010 固体水彩画颜料

GB/T 10159—2015 钢琴

GB/T 12105—2017 电子琴通用技术条件

QB/T 1298—2014 手风琴通用技术条件

GB 21746—2008 教学仪器设备安全要求总则

GB 21027—2007 学生用品的安全通用要求

GB/T 24613—2009 玩具用涂料中有害物质限量

QB/T 1096—1991 木制玩具通用技术条件

QB/T 1095—2018 玩具塑料件通用技术条件

GB/T 22753—2008 玩具表面涂层技术条件

QB/T 2362—1998 电动玩具通用技术条件

HJ 566—2010 环境标志产品技术要求　木质玩具

GB 19865—2005 电玩具的安全

（四）标准的主要内容

1. 《辽宁省幼儿园装备管理细则》

《辽宁省幼儿园装备管理细则》包括总则、组织领导与队伍建设、幼儿生活用房建设、幼儿生活用房管理、室外活动场地建设与管理、现代教育技术装备建设与管理、自制玩教具及管理、附则等章节，包括学前装备建设、配备、安全、管理、使用、研究、自制玩教具、效能等内容。

2. 《辽宁省幼儿园装备标准》

《辽宁省幼儿园装备标准》包含一级类目 8 项、二级类目 45 项、三级类目 3 项、四级类目 211 项，包括概念化、种类化的设备、玩具、图书、工具、材料等；内容包括编号、名称、规格功能、单位、配备要求、执行标准、备注等；配备标准按照小规模幼儿园、3 班型、6 班型、9 班型、12 班型幼儿园分别制定；按照幼儿园对该玩教具的使用方式和管理办法，分为园配和班配，班配又分为大、中、小班配备的形式，配备要求包括"基本配备"和"选配"，配备数量有单值和范围值，是为适应不同的办园规模和不同的幼儿活动方式。类目结构如表 10-2 所示。

表 10-2　辽宁省幼儿园装备标准

一级类目	二级、三级类目
通用类	视听、安全、计算机
运动类	滑行类、攀登类、(颠簸、摇动)类、跳跃类、投掷类、平衡类、钻爬类、(推、拉、搬运、悬垂)类、综合运动类
构造类	构造类
角色、表演游戏类	角色游戏、表演游戏、语言讲述
科学启蒙类	科学探究玩具、气象玩具、环保玩具、声音玩具、光影玩具、力的玩具、惯性玩具、空气玩具、沙水玩具、电的玩具、磁的玩具、简单机械玩具、数学玩具(数的玩具、量的玩具)、益智玩具
音乐类	打击乐器、旋律乐器
美工类	绘画、美工、欣赏
图书、挂图与卡片类	图片、挂图与卡片类
工具与材料类	种植工具、养殖工具、半成品材料、自然物材料

3. 《辽宁省幼儿园装备规范》

《辽宁省幼儿园装备规范》包括各类用房及场所 26 项，活动区角建设 8 项，各种功能网络建设 6 项等，内容体现有功能与要求，间数与面积，建筑要求，环境要求，设计要求，固定设施、设备，玩具、用具及材料，图书种类等，根据各项内容性质和功能不同内容体现有所不同。装备规范类目如表 10-3 所示。

表 10-3　辽宁省幼儿园装备规范

一级类目	二级类目及内容
幼儿生活用房装备规范	幼儿活动单元装备规范（活动室、寝室、卫生间、衣帽储藏间）；活动室（美工区、益智区、科学区、角色区、建构区、表演区、语言区、数学区）
	幼儿公共活动用房（兴趣活动室）装备规范（图书室、角色游戏室、建构室、科学发现室、美工室、电脑室）
	多功能厅装备规范
服务用房装备规范	保健室或卫生室装备规范
	办公室装备规范（园长室、总务财务室、档案室、教师办公室、保育员更衣休息室）
供应用房装备规范	厨房、消毒间、洗衣房等装备规范
室外活动场地装备规范	旗杆和旗台、大型运动器械、沙池、戏水池、跑道、绿化等
现代教育技术装备规范	办公电话系统装备规范
	广播系统装备规范
	闭路电视系统装备规范
	计算机网络系统装备规范
	教学教研系统装备规范
	安全技术防范系统装备规范

（五）标准的实践效果

1. 各地幼儿园装备建设水平明显提高

2013 年，沈阳市依据《辽宁省幼儿园装备规范（试行）》制定了《沈阳市幼儿园基本设备配置标准》，幼儿园对照标准认真自查，缺什么补什么，缺多少补多少，做到有依据、有目的地改善办园条件，加快沈阳市幼儿园标准化建设步伐。例如，有幼儿园是由某小区的售楼处改建而成，在园所设计和设施安装等方面存在许多不足。为了保证日常教学和游戏的需要，幼儿园对照《辽宁省幼儿园装备标准》和《辽宁省幼儿园装备规范》，对幼儿园设备设施进行改造和更换，全园共7个教学班，每个班级都拥有独立的生活间，班班都配有专用的活动室、寝室、盥洗间和卫生间，并配备了网络电子白板、钢琴、照相机、多合一音乐播放机、一体机等多媒体教学系统。创建了幼儿自主学习的图书室、美术室、科技室、建构室等专项活动室和多功能厅。开辟了沙水区、种植区，配备了大量实木拓展玩具，极大地满足了幼儿户外活动的需求。构建幼儿园教学的信息化体系，以信息化园本培训为抓手，进一步提高教师信息化素养，推进幼儿园教育信息化工作。

2. 各级政府对学前教育资金投入明显加大

沈阳市自2014年起设立幼儿园教育装备专项经费，主要用于两个方面：一方面用于新开办公办幼儿园按装备标准和规范要求配备玩教具、必要的教育教学设备、保教设备、生活设备、专用教室设备等，保证建成一所，开办一所；另一方面用于已开办幼儿园设备补充，做到缺什么，补什么，让幼儿园在硬件条件上尽快达到标准。截至2017年，沈阳市本级共投入资金4377万元，为170所幼儿园增添了设备设施、玩教具、图书、体育器械等，改善了幼儿园办园条件，为儿童创设了良好的教育环境。本溪市药都中心幼儿园近三年共投入资金400多万元，用于改造幼儿卫生间、盥洗室，改露天平台为操场，开辟沙水区及种植区，添置大型户外实木拓展玩具、活动室材料、幼儿木床、桌椅，幼儿食堂升级改造及添置烤箱、消毒柜等设施设备，配备了多媒体设备及全园广播音响系统，创建阅读室、美工室、科学室、建构室等幼儿专项活动室，增设户外大型设备、现代化教学设备，安装消防喷淋系统，改善了幼儿园的办园条件。

3. 全省幼儿园办园水平得到显著提高

沈阳市各类幼儿园根据《辽宁省幼儿园办园条件标准》，开展了自查评估工作，有效督促幼儿园改善办园条件和提高科学保教水平。2017年，沈阳市有五星级幼儿园107所，四星级幼儿园66所，三星级幼儿园395所，全市学前教育整体水平得到了提升。本溪市药都中心幼儿园根据《辽宁省幼儿园装备管理细则》要求，成立了以园长为组长的专门装备管理机构，负责布置每学期教育技术装备工作的目标任务，组织全园教职工学习上级有关教育技术装备工作的文件、精神，研究讨论具体落实措施。本溪市药都中心幼儿园，在零基础的情况下，以"玩是最好的学"为办园理念，创新思维，创建出一套"高标准、系统化、全方位"装备建设与管理体系，仅用 2 年时间从空白幼儿园晋升为"辽宁省五星级幼儿园",成为本溪市幼教的领头羊。

（六）标准实践的反思

1. 提高学前教师队伍的幼儿园装备专业素养

1）教师必须认识玩教具

玩具就是"教科书",游戏就是"课程",这是对幼儿园玩教具配备的重要性和实施教育活动的一种形象描述,因此教师应该认识玩教具,挖掘玩教具教育内涵和科学使用方法。现实的情况是教师对玩具的分类,各类玩具包含的教育功能,具体到某一种玩教具的内部组成和相互关系,科学、灵活地应用到教育活动中的知识和技能亟待加强学习和提高,应该加强学前装备培训,提高幼儿园游戏活动的质量,提高幼儿园教育活动质量,提高学前教育质量。

2）幼儿园环境建设必须提高科学性

装备是个广义的概念,不仅仅是玩教具的配备还包括各类用房设置、环境建设、布局、布置、灯光、温度等,《辽宁省幼儿园装备规范》体现的就是这方面的内容,根据学前儿童年龄心理特点和行为特征以及教育要求给出了比较科学的指导方案。现实的情况是多数幼儿园的布置是铺天盖地,墙面颜色跳跃感较强,内容无序化,缺少内在的知识和文化的关联,更缺少必要的空白。幼儿园环境建设应该是安全的环境、安静的环境、愉悦的环境、育人的环境,幼儿园环境建设需要科学实施。

2. 理性认识现代教育技术产品

面对现代教育技术产品正成为孩子视力的杀手、利弊难舍的状况,《儿童眼及视力保健技术规范》明确要求：儿童持续近距离注视时间每次不宜超过 30 分钟,操作各种电子视频产品时间每次不宜超过 20 分钟,每天累计时间建议不超过 1 小时;2 岁以下儿童尽量避免操作各种电子视频产品;眼睛与各种电子产品荧光屏的距离一般为屏面对角线的 5—7 倍,屏面略低于眼高。幼儿观看电子视频产品时不应光线过强或过暗,3—4 岁连续观看时间不超过 15 分钟,4—5 岁连续观看时间不超过 20 分钟,5—6 岁连续观看时间不超过 30 分钟。幼儿园应汲取现代教育技术装备的有益成分,创造性地挖掘其中的教育教学价值,丰富保育教育的手段和方法,优化保育教育活动过程,创设保育教育以人为本的生活、活动情境。

（七）辽宁省幼教装备发展展望

发展学前教育事关儿童健康成长，事关千家万户利益。2017年是第三期学前教育三年行动计划的起步之年，全省围绕推普惠、提质量、强基础、抓规范四大任务，把解决"入公办园难、入优质园贵"问题作为重要的民生工程来抓，扎扎实实发展学前教育，努力办好家门口每一所幼儿园。一是推普惠。支持各市新建改扩建公办幼儿园以及改善办园条件，积极扩大优质资源。各市全部制定出台了普惠性幼儿园认定、奖补办法，并进行监测，通过生均补贴等多种形式扶持普惠性民办幼儿园发展。二是提质量。贯彻落实《3—6岁儿童学习与发展指南》和《幼儿园工作规程》，以《教师指导手册》为载体，以"学习故事"为抓手，坚持以幼儿为本、以游戏为基本活动，推进保育教育改革，有效遏制了幼儿园"小学化"现象。三是强基础。坚持提升幼儿园园长教师素质能力，开展五星级、普惠性民办幼儿园园长以及农村中心园教师等系列培训，组织送教下乡重点帮助贫困地区教师提升业务能力。四是抓规范。在全省实施幼儿园按质定级、分类管理。《辽宁省学前教育条例》已正式实施，为全省全面依法行政和依法办园，保障学前教育公益普惠健康可持续发展提供了根本遵循和法律依据。

学前教育装备工作将继续服务于学前教育的改革和发展，辽宁省将继续秉承学前教育的先进理念，继续研究幼儿园装备标准工作，了解国内外教育装备发展趋势，研究教育装备最新成果，紧紧围绕健康、语言、社会、科学、艺术五大领域，关注个性化发展、关注多样化选择、关注小幼衔接，发掘装备之精粹，优化配置，诠释理念，使学前教育装备发展与时俱进，保持鲜活的生命力，支撑《3—6岁儿童学习与发展指南》的实施，丰富教育方法和手段，使其更好地满足幼儿园保育教育要求，更好地服务于现代学前教育。

辽宁省以装备促教改，以装备促提升，以装备推动幼儿园多样化和特色化发展，建立全方位、完整系统的教育技术装备标准体系，积极深入指导各级政府及教育行政部门合理分配教育资源，为加快"建设教育强省"战略目标的实现具有重要意义。

三、天津市幼儿园装备安全精细化管理探索与实践[①]

随着社会对于幼儿园安全事故关注度的不断提高，幼儿园管理者开始逐渐重视

---

① 王静，天津市普通教育技术装备管理中心。

幼儿园的安全问题，但是对于幼儿园装备安全性的重视程度还有待进一步提高。《幼儿园教育指导纲要》指出，幼儿园必须把保护幼儿的生命和促进幼儿的健康放在工作的首位。保障幼儿的安全是幼儿园安全管理的第一要义。在幼儿园安全管理中，幼儿园装备的安全性是保障幼儿安全开展教育活动的重要前提。

（一）幼儿园装备安全管理缺失的主要原因与危害

2016年，我国颁布了《幼儿园工作规程》，该《规程》明确指出：幼儿园应当将游戏作为对幼儿进行全面发展教育的重要形式，提倡以游戏为主的幼儿园教育，避免幼儿园教育小学化。因此，各级政府投入大量资金，鼓励幼儿园因地制宜创设游戏条件，为幼儿提供丰富的设备设施及游戏材料，确保幼儿园能够开展丰富多样的游戏，促进幼儿素质教育的全面开展，也因为幼儿园装备不仅要满足幼儿教育需求，还要满足幼儿一日生活的需求，因此，幼儿园装备具有种类杂、数量大的特点。但是，幼儿园很少开展针对幼儿园装备安全性的系统性化学习和研究，造成幼儿园装备管理的缺失，导致许多幼儿园的设备设施及活动材料存在着不同程度的安全隐患，甚至导致了伤害幼儿的安全事故。

例如，某民办幼儿园为了节省资金，从批发市场购买一些结构游戏材料，导致幼儿身上起了很多红疙瘩，又痒又痛；某幼儿园转椅忽然断裂，划破一名幼儿的头部。幼儿园及社会上频频爆出的由幼儿装备引发的安全事故，不得不引起我们的高度重视。

幼儿园装备安全管理出现缺失的主要原因：一方面，部分幼儿园管理者未能认识到幼儿园装备安全的重要性；另一方面，即使已经认识到幼儿园装备安全的重要性，但是由于幼儿装备安全知识的储备不足，不清楚不同的幼儿园装备应做哪些安全性检查及维护；还有一些幼儿园未能将幼儿园装备的安全性责任落实到人，导致具体实施环节没能落实到位。随着新媒体时代的到来，幼儿园装备安全管理的缺失不仅直接危及幼儿的生命健康，而且不良事故的影响也会迅速造成社会效应，直接威胁整个学前教育领域的声誉。

（二）幼儿园装备安全精细化管理的重要意义

幼儿园装备工作精细化管理的质量和水平，是确保幼儿在学习、游戏等各项活动安全的前提，是确保幼儿园开展高质量教育游戏活动的重要保证，同时也是现代幼儿园管理的一种必然趋势。一所优秀的幼儿园不应是高昂设备的简单堆砌，而是应该提倡教育装备与园所文化有机结合，教育装备管理与园所管理理念的有机结合，教育装备育人功能与园所育人手段的有机结合。因此，幼儿园装备工作精细化管理应该得到幼教工作的高度重视。

（三）幼儿园装备安全精细化管理的基本路径

1. 研究建立标准

幼儿园装备工作要实行精细化管理，首先要建立幼儿园装备标准，在标准的基础上，严格管理细节。由于幼儿园装备种类多、数量大的特点，加上我国各地区经济发展不均衡，各地办园条件差异很大，城乡之间存在很多社会性办园机构，因此，很难建立全国统一的幼儿园装备标准。所以，各地区有必要结合地区经济水平，因地制宜，建立适合本地区经济水平及教育特色的幼儿园装备标准，一来规范幼儿园的办学条件，二来促进教育均衡化发展。

特别需要提出的是各地要将幼儿教育装备的质量要求写入标准，明确幼儿装备质量的细化要求。例如，标准中幼儿使用的课桌椅的质量要求可参照 GB/T 3976—2014《学校课桌椅功能尺寸及技术要求》中学前儿童课桌椅的要求规定，根据不同年龄段、不同身高的幼儿选择不同型号的课桌椅，保证幼儿身体健康成长；幼儿桌面不应倾斜角度，桌椅可接触各角均应成圆弧形，避免磕碰危害；儿童桌椅的涂层、漆膜中可迁移元素的最大限量应符合《玩具安全》系列标准的规定，避免不合格产品接触皮肤，危害儿童健康。

2. 严格实施培训

在幼儿园装备调研中，我们发现，无论是幼儿园装备采购部门还是幼儿园本身均存在对于幼儿园设备设施的国家标准及安全性要求理解不到位的情况，因此，有必要针对不同的培训对象，开展多层次、全方位的培训，为幼儿园实施精细化管理储备相应的装备知识。

针对幼儿园装备采购部门开展幼儿园装备质量细则的培训。要求采购部门将国家标准纳入采购的技术需求中，用来保证幼儿园设备设施的安全性。对于有国家标准的一律按照国家标准执行，对于国家相关部门有强制性规定和要求的要严格执行，例如，国家化政策、知识产权、3C 认证、环保要求等。例如，在采购童车、电动玩具、弹射玩具、金属玩具、娃娃玩具、塑胶玩具等玩具时，要检查是此类玩具否具有"3C"强制认证标识。此外，部分没有国家标准的可遵循行业标准执行。

针对幼儿园开展幼儿园装备验收工作及日常维护的培训。幼儿园作为设备设施的接收单位，不能局限于仅仅知道需要配什么，需要配多少，更应该清楚配备的设备设施质量、安全性是否达标，以及在日后的使用和维护中应该注意哪些问题。例如，幼儿园在配备大型联合器械时，通常将阶梯、爬网、滑梯、悬垂吊挂器械等集成到一组户外设备中,各类器械在组装过程中的方向设置就关系着设备的安全问题。GB/T 27689—2011《无动力类游乐设施 儿童滑梯》规定：当阶梯的整体高度大于2米时，阶梯中间位置应设平台，经过中间平台位置，阶梯应至少偏移一个角度或方向改变90°，避免儿童直接从2米高阶梯直接滚落地面。因此，在幼儿园在设备安装情况时，当阶梯高于2米时，应注意两节阶梯角度的设置问题避免安全隐患。

另外，幼儿园要建立幼儿园设备设施维修与保养制度，做好维修保养记录。仍以户外设备为例，要定期检查户外设备螺丝是否松动，雨后着陆缓冲层下的漏水层是否存在积水现象，夏季塑料部件是否出现老化开裂现象，冬季爬网等设备是否因为受冷收缩存在地基翘起的情况，等等。

3. 深度检查督导

按照教育部《幼儿园办园行为督导评估暂行办法》（教督〔2017〕7号）文件精神以及国家对幼儿园建设规范的基本要求，幼儿园督导评估部门应将幼儿装备安全性纳入督导评估工作中，检查幼儿装备安全精细化管理的落实情况，检查幼儿园是否落实设备设施维护与保养制度，为幼儿提供安全环保的园所环境。

在幼儿园装备检查工作中，我们发现很多幼儿园为了美观，配备的滑梯围栏是小窗式围栏，围栏上有多个水平横档，但是按照GB/T 27689—2011《无动力类游乐设施 儿童滑梯》的要求，户外设备围栏除顶部外不应有水平或近似水平的横档或横杆，以免儿童将它们当作台阶，向上攀爬。这种小窗式围栏存在导致幼儿攀爬的隐患。如果为了美观，要采用小窗式围栏，建议采用有"塑料玻璃"的密封式小窗围栏。类似的安全隐患还有很多，这就要求在督导检查工作中将检查标准细化到每一个涉及装备安全的细节中。

4. 及时交流分享

为全面推进幼儿园装备安全性精细化管理，装备部门要建立起幼儿园与装备标准制定者、装备产品生产者之前的桥梁，了解幼儿园新装备、新产品的在幼儿园中的使用情况，及时将产品使用中存在的问题与建议反馈给标准制定部门及生产厂家，帮助尽快完善标准、规范和改进生产。

为开拓园所眼界,降低隔山买牛引发的幼儿装备质量问题,同时避免由于商家夸大产品功能导致的盲目采购,要组织幼儿园积极参与幼儿装备研究工作,积极组织幼儿园参观幼儿装备展示会,让幼儿园亲身体验装备产品的性能,挑选安全的符合幼儿园办园特色的育装备,提升幼儿园的办园品位与办园条件。

(四)总结

幼儿园装备工作实施精细化管理,要从建立细化的标准上把关,要从多方位的培训中推进,要从严格督导检查工作中促进落实,要从及时的分享交流中不断进步。只有各部门层层落实,逐步推进,才能保证幼儿有一个健康成长、快乐游戏的环境。

第十一章 幼儿园教育装备研究与探索

第一节 实践案例

一、幼儿园玩教具科学配置的教育实践——海淀区五所幼儿园为例①

随着《幼儿园教育指导纲要》与《3—6岁儿童学习与发展指南》的贯彻与落实，越来越多的幼儿园，已经将幼儿园环境创设与活动区玩教具材料的配置，作为幼儿园发展的重要内容。纵览幼儿园一日生活，玩教具一定是作为游戏的支柱伴随幼儿的发展。研究表明，现阶段大多教师虽基本具备对幼儿园区域进行分类、配置玩具材料的能力，但从广义的环境资源与玩具材料科学配置方面看，还存在问题。例如：教师对幼儿游戏活动的指导策略研究多，对玩具材料配置、引导幼儿自主性参与、自主化学习作用研究不足；幼儿园难以兼顾课程、环境、区域资源与幼儿教育形式的统整，现实中缺失科学统整的手段并有割裂现象出现；从幼儿园区域设置看，普遍存在区域位置固定，空间布局单一，区域玩具材料调整不够及时的问题。

---

① 北京市海淀区课题研究组。本课题研究组总负责人：何建闽，教育部教育装备研究与发展中心学前与特殊教育装备处，研究员。指导老师：周深梅，北京市海淀区教师进修学校；张洁，原总参训部机关第二幼儿园。研究组成员：沈红、董惠、肖月佳，北京理工后勤集团幼教中心；范艳洁、刘海红，北京市海淀区四季常青幼儿园；朱克勤、刘海燕，中央军委机关事务管理总局幼儿园；关宁、赵思涵，中国人民解放军总医院幼儿园；杨英、石一，兵器工业机关服务中心幼儿园；刘靖，首都师范大学附属幼儿园。

自 2012 年起，北京市海淀区五所幼儿园突破在区域活动中进行玩具配置的局限，从区域材料投放、辅助材料使用、区域空间共享、周边环境利用、社区资源整合等方面，对幼儿园玩教具科学配置开展实践研究。

（一）深入探索活动区玩教具的层次性配置，支持幼儿游戏活动的需要

幼儿操作材料投放的层次性原则为多数一线教师所熟知，但在实际教育工作中，仍有材料投放盲目性、无序性、无趣性等诸多现状的存在。这将减少幼儿可操作、可选择的空间，也大大削弱了活动区对幼儿发展的应有价值。如何将"层次性"真正运用到玩教具科学配置中？北京市中央军委机关事务管理总局幼儿园经历了"模仿—探索—开发—完善—提升" 5 个阶段，深入探索活动区玩教具的层次性配置法，支持幼儿游戏活动的需要。以下是以科学区为例，对玩教具层次性配置法的具体实践。

1. 以生活经验为线索主题式投放，实现一个主题多层探索

在主题式投放时，综合考虑幼儿当前水平、幼儿学习规律、幼儿生活特点、学科领域目标要求等方面的因素，把科学领域的操作材料以幼儿生活经验为线索进行主题式投放。例如：3 月，北方进入风季，探索主题定为"空气"；4 月，结合清明传统的节气，清明前后种瓜点豆，探索主题定为"种植"；5 月，草长莺飞，孩子们可以融入大自然，感知不同材质和自然物的变化，开始探索"磁铁"；6 月，天气温度升高，最适合进行水的探索；9 月，光和影结合探索中秋月相变化；10 月，收获的季节大家欢歌笑语，探索声音；11 月，天气干燥，连滑滑梯都能让头发竖起来，一起来探索"电"；12 月，力的主题。以上所有内容可以根据幼儿的探索兴趣进行局部调整。

根据主题不同区分了操作材料的类别后，进一步探索在一个主题下玩教具的多层次投放——按照幼儿年龄特点进行目标分层配置。例如，磁铁主题的配置，小班分解目标为感知磁铁能够吸铁的特性和初步感知磁铁隔物能够吸铁。我们会投放磁铁找朋友、海底世界、钓鱼等玩教具，为幼儿提供探索空间，去发现磁铁的特性。随着中、大班磁铁目标的不断深入，幼儿开始探索磁铁南北极、穿透、磁力、磁场等现象的时候，玩教具会根据目标进行相应调整。

区域活动的教育目标是通过区域中的材料来实现的。因此，区域材料的选择决定了区域活动的品质。这种主题式材料的投放，让不同年龄层面的幼儿能够根据自

己的需要和学习认知规律选择适宜的玩具材料。我们的教育就不再盲目，幼儿的选择也不再彷徨，教师的观察和指导也能有的放矢。

2. 替代为内容的差异性投放，实现一个滚动多层选择

各班科学区都配备有三个玩具柜。关于这三个玩具柜的使用，教师根据《科学区活动材料配置明细表》尝试使用 3X 的玩具材料投放方式：第一个玩具柜，呈现当月主题玩具材料，作为主要探究玩具材料，投放内容由易到难；第二个玩具柜，随着幼儿兴趣的转移与减弱递减玩具材料，只保留部分幼儿感兴趣的玩具材料；第三个玩具柜，逐步增加新主题的探索玩具，实现玩具材料投放的动态性，以满足不同需求幼儿的探索需要，支持幼儿个性化成长。由此模式分析，显然这是可供幼儿持续性探究、立体、滚动多层次及比较科学的配置法。

例如：上学期的 4 个探索主题是 9 月"光和影子"、10 月"声音"、11 月"电"、12 月"力"。滚动投放的方式为，第一个月两个柜子投放"光和影子"的游戏材料。随着幼儿兴趣点的转移和新的主题的介入，一个柜子的一半开始投放关于声音的玩教具，兴趣点转移快和智力优势强的幼儿开始介入新的探索。随着对幼儿的观察，声音主题内容不断增加，"光和影子"的内容不断减少，直到留下少量满足有兴趣的个别幼儿探索。新主题内容被由易到难替换，开始新的探索和主题式滚动循环。

在实践中我们发现，每个幼儿的发展水平和学习节奏是不同的，当玩具材料已经投放到 11 月"电"的探索中，仍然有个别幼儿还沉浸在"光和影子"的探索中。此时他们出现问题并需要解决时，有同伴便会利用自我构建的新经验，尝试帮助同伴解决问题，实现了新旧经验的对接、了解与迁移，并呈现出同伴间相互学习与影响的积极作用。滚动式的玩具材料投放，最好关注每个幼儿的不同个性，尊重体现他们的个体差异，充分满足不同水平幼儿的发展需求。

3. 互通为手段的选择性投放，实现一个开放多层整合

在考虑区域材料投放时，不是只局限于某一个区域，而是在"物化"玩具材料的基础上，扩大"物化"范围，打破区域界限，并将相关教育因素关联整合，进行开放式配置，做到多层面、全角度的互通共融。

例如，在"光和影子"的探索中，幼儿们感受了一天不同时段光的变化，感受了怎样制造影子，创造出了多种手影游戏，在观看"皮影戏"中发现了皮影戏的奇妙。幼儿自己动手制作皮影剧台，通过选择表演的幕布，幼儿又一次收集资料、感受不同材质幕布的透光性。在这个过程中，幼儿将构建的已有经验迁移到了解决生

活中的问题。在制作皮影人物角色中，幼儿又发出对角色人物关节如何能够动起来这一新的问题的探究。这恰恰说明了玩具材料配置需要"细化"，强调玩具材料投放的层次性及科学配置，最能够顺应幼儿需要的发展，满足幼儿探究的愿望，且为幼儿的发展注入了无限的可能。

可以说，这种开放、玩具材料层次性配置，折射出的不仅是幼儿在区域活动中表现出的单纯游戏情绪与状态，而且是幼儿有效的操作与亲身体验、获取经验、感受探究愿望需求间的完美吻合。要使幼儿可以获得充分的操作经验及能力的发展，就必须使玩具材料通过科学的配置，最大限度地发挥其教育的功能和价值。

（二）辅助性操作材料，激发幼儿主动学习

幼儿园玩教具配备，除了按规定购买的玩教具，还应该增添相关的辅助性材料，从而充分适应幼儿自主探究、主动学习的需求。北京理工大学幼儿园在材料运用上，观察幼儿与材料的互动情况，根据孩子的活动需要，研究材料、适时调整，创设辅助材料，支持幼儿在区域游戏中的自主探究、自主学习。通过对目标化活动材料的有效性研究，促进幼儿自主性发展。

1. 创设引导性操作材料，支持幼儿自主探究

通过创设引导性的操作材料、设置材料的错误控制，可以引发幼儿自主地探究材料，与材料产生互动，从而实现对幼儿学习品质的培养。

1）创设活动引导图

区域活动中，教师要从活动的引导者退位到活动的支持者。为了让幼儿更有效地自主学习，在投放操作材料之外，教师通过增添相应的活动引导图来帮助孩子实现自主探究。例如，电路玩具连接引导图、纸牌游戏玩法引导图等。

2）巧妙设置错误控制

教师巧妙地设置错误控制，以色彩对应、形状对应、数字对应等方式，引导幼儿发现探索，并逐步形成自我评价，构建认知经验。

例如，在大班"自制地球仪"的操作材料中，教师设置了"自制地球仪上七大洲的白色轮廓与彩色图形一一对应""原始地球仪上勾画出的七大洲与彩色图形一一对应"和"字卡与原始地球仪上的文字一一对应"这三个错误控制。材料的引导性能够支持幼儿自主完成整个"自制地球仪"的操作过程。

教师在活动材料创设中，倾注了对活动材料的细致研究，将材料的总目标分解

为具有操作层次步骤的具体目标，让幼儿一看就理解要怎么做。错误控制及引导作用的发挥，使幼儿的操作由教师的讲解转向材料的引导，更适宜引发幼儿学习的内驱力，也更具有科学适宜性。

2. 配置多样化操作记录表，支持幼儿主动学习

在幼儿区域活动中，教师根据幼儿发展需要，创设了多样化的活动记录形式，搭起了幼儿与材料互动的桥梁，通过记录支持幼儿构建经验，实现同伴分享表达，获得成功感，帮助幼儿形成良好的学习品质。

如在活动前，幼儿可以利用进区记录表、材料选择记录表、材料需求单等，确立活动的需要，使幼儿能有意识地去专注于所选择的内容，减少了盲目性及频繁更换的现象，利于活动过程的深入。活动过程中，为了支持幼儿的发现性学习，形成过程性操作经验，为幼儿创设了操作过程记录单、观察记录表等，辅助幼儿及时记录操作发现，支持幼儿自主整理相关经验。操作前后，猜想比对式记录方式的运用，让孩子的探究过程充满神秘感，使他们活动的主动性及专注力表现更显著。

我们在探索"科学配置幼儿活动区，支持幼儿自主游戏"的过程中，注重教师细致的观察。只有通过教师的观察、记录和反思，才能不断研究材料、调整材料，充分利用辅助性材料对幼儿自主学习的引导作用，为幼儿的深化游戏与学习提供支持。

（三）整合区域空间，优化区域玩教具共享模式

兵器机关幼儿园有着楼道空间宽敞、光线明亮这一独有环境优势。如何充分利用公共空间拓展幼儿的活动区域？如何为幼儿创设更开放、具有吸引力的活动环境？如何通过共享的活动区模式更好地促进幼儿发展？这一系列问题促使园所对共享的区域活动模式进行了实践研究与探索，以求突破传统活动区模式，调动一切资源，营造适宜于幼儿发展的环境。

依托玩教具科学配置课题的带动指导，幼儿园一共打造了休闲吧、美发屋、科学实验室、挑战乐园、美工创意坊、快乐书吧等共享游戏区域，建立了精巧、精细、精心的"三精"理念，即环境创设精巧，重理念渗透和开放自主；活动材料精细，重幼儿兴趣和多元层次；游戏指导精心，重师幼互动和幼儿发展。

1. 精巧创设共享的区域环境

以美工创意坊为例，园所将这一公共区域细分为绘画区、泥塑区、编织区、手

工区、废旧材料区和作品欣赏区。明显的区域划分使在每个不同功能游戏区中的幼儿能够专注于自己的游戏。在环境创设中，不同功能游戏区的背景墙饰里有针对小班幼儿捏泥的方法图，有中班幼儿学习折纸的过程图，还有为大班幼儿投放的编织步骤图。这些示意图、范例和照片等形象地示范，便于幼儿观察与模仿，能够清晰直观、轻松掌握操作方法。幼儿作品的展示同作品本身一样都是表现美的重要形式，因此，园所充分利用天花板、墙面和地面三部分进行呈现，营造一个三维空间的整体感。

2. 精细投放适宜操作的活动材料

以休闲吧为例，为小班幼儿投放了布制蛋糕，幼儿通过生日派对（宴会）的游戏活动，将不同颜色、大小和形状的"配料"通过按、系、扣等方式随意装饰和组合。他们自由地选择和搭配各种"配料"，初步感知物体的颜色、形状和大小，体验分类和比较，精细动作和手眼协调能力也得到了发展。

对于中班幼儿来说，他们更喜欢可玩、生活化、操作性强的材料，因此，我们为他们提供了橡皮泥等半成品材料。幼儿有了制作想法时，可以去美工区找到需要的材料，通过揉、捏、搓、撕等手法，制作出面包、比萨、面条等。在以物代物阶段后，园所又投放了果酱、沙拉酱、各种小饼干等可加工材料。幼儿通过再加工的方式制作水果沙拉、夹心饼干等食物，为调动幼儿参与游戏的积极性和扩展游戏内容奠定了基础。

在确保安全卫生的前提下，力求为大班幼儿投放真实的材料。例如，提供了黄油、面粉、鸡蛋、糖、果仁、打蛋器、蛋糕和饼干模具、烤箱等，供幼儿能够在真实的生活情境下制作美食，学习到相应的生活技能。

3. 精心指导共享区域内的互动交往

区域之间的内部联系通过互动真正达到了共享，各个共享区域的有机联系和融合，有效地增强了区域间的教育联动，真正实现材料的共享。例如：美工编织区幼儿制作的杯垫被放到了休闲吧，幼儿可以在此品尝水吧的健康饮品；休闲吧制作的美味饼干可以送给美发屋等待区的"客人"，让他们等待的时光也变得美好；将科学实验区幼儿的发现、猜想、探索和验证过程记录放到阅读书吧，将阅读活动、科学认知、艺术表现有机融合；将美工区的主题绘画做成小书，将创作、讲述等活动融为一体。这样的互动和材料的共享为幼儿的交往行为提供了支持和帮助。

（四）因地制宜，将原生态环境资源纳入玩教具配备的视野

北京市海淀区四季青常青幼儿园，地处城乡接合部。他们始终将环境资源中的"大环境观"作为科学配置工作中的重要内容，充分利用多方资源。经历了"以境引趣，以境促育，以境生情"的研究过程，取得了很好的教育实效，走出了科学配置与大环境观的综合利用与整合的第一步。

1. 以境引趣——创建动物园，激发幼儿探究的兴趣

为了让幼儿感知发现动物生长的奥秘，激发幼儿的探究兴趣，园里创设了动物园，饲养小羊、兔子、鸡、鸽子等。起初只是每类饲养一种或一只，幼儿在短期观察后，兴趣慢慢淡化了。为了满足幼儿的观察探索需求，幼儿园增加了动物的数量和种类，每种动物增至2—3个类别。例如，小羊有山羊、绵羊等，小兔有黑、白、花兔和垂耳兔，为幼儿了解动物的多样性、兴趣性、可持续性提供了探究对象。在引领幼儿走进动物园，亲近动物的过程中，注重激发幼儿的探究兴趣，养成幼儿主动探究习惯，以提升幼儿主动学习的质量。

2. 以境促育——以园为本，创设植物园，开启感知植物世界的门窗

为了更好地整合教育、人才与自然资源，园内创设了植物园。经过与农业专家交流，园内除原单纯为绿化种植的梧桐、柳树等树种外，增加了可供幼儿探究植物典型特征的多种植物类，增添了叶形、花朵、果实等有特点的树种。

幼儿园生长着近40种60多棵各具特色的植物树种，从观花到采果都为幼儿提供了丰富的探究园地。春天观察哪些树木先发芽？秋天探究什么树木先落叶？发芽、落叶时的温度是多少？从而让幼儿感知季节的顺序、体会植物与外界环境的适应关系。在科学领域的数学教育中，教师改变了以往对数学概念教法的理解，从通过大量学具操作及教具演示完成教学过程的传统做法，转变成将相关的教育目标整合于对环境学习探究之中。例如，"幼儿园里有多少棵树"的话题，调动了幼儿行动和思维的兴趣，将数学学习与科学探究有机整合，为幼儿学习数学提供了活教材。通过收集数树工具、分组尝试、交流分享等活动，幼儿对排列分散、数量较大的树木进行准确的统计，幼儿在亲历探究中发现问题、提出问题，并学习解决问题。

3. 以境生情——创建种植园，学习劳动，体验收获的快乐

种植园是幼儿们探究植物生命、学习劳动、体验收获的最生动的现实素材。春天当万物返青的时候，幼儿会问："我们采集的种子会发芽吗？发芽会长出什么呢？"

他们大胆地描绘出自己的猜想。为支持幼儿们的想法，激发愿望，教师会鼓励幼儿们带着问题，走进双青基地，请技术员伯伯解答各种各样问题，仔细对照种子在不同苗龄期的长势。幼儿种植的愿望与好奇被激发出来。从选种、平整土地、搭棚、插架，幼儿在教师、农艺师的指导帮助下完成。幼儿仔细地观察着温度和植物生长的关系，用集雨樽收集雨水浇灌幼苗，认真记录着自己的发现变化。这些点滴经验完全来源于幼儿亲历的过程。通过主动参与、探索、发现和感受，幼儿体验了劳动的快乐，感受到了劳动的成果，积累了生活经验，激发了喜欢观察的兴趣，更重要的是产生关爱身边动植物的愿望与探究兴趣。

（五）利用家长和社区资源，丰富幼儿区域游戏的经验体验

《幼儿园教育指导纲要》指出，充分利用自然环境和社区教育资源，拓展幼儿生活水平和学习空间。解放军总医院幼儿园正是以此为切入点，依托玩教具科学配置的研究，结合解放军总医院自有的优势与特点，充分利用本院区家长的专业人力资源，丰富与幼儿相关的活动材料，让幼儿的游戏情境逼真，操作性强。

1. 开展家长助教活动，形成教育联盟

课程实施中家长资源的开发实际是"家园共育"。从事不同职业的"家长老师"参与幼儿园教学与游戏活动，激发了幼儿参与活动的积极性，使幼儿以更宽、更广、更多的视角了解社会，满足了幼儿对知识的渴求与探索。

某幼儿的妈妈是一名内科医生，经过教师的提议，园所请她来给幼儿们上一节围绕她工作内容的教育活动。活动当天，异常轻松生动的情境游戏呈现在幼儿面前，通过给小朋友"查体""看病"，该家长让幼儿直观形象地了解医院的功能和医生的工作。这个活动吸引了不少家长，得到了家长的好评。一些原来有异议的家长打消了顾虑，主动要求参与幼儿园的教育活动，"我是教计算机的，只要给我一台电脑，我就能组织孩子们的活动"。

这个活动在幼儿中间的反响很大。不少幼儿回家要求自己的爸爸妈妈也来幼儿园带半日活动，还有许多幼儿成了"医生迷"，嚷嚷着要开"医院"。我们顺应了幼儿的意愿，开设了一个新的活动区——小医院，小医院里配备了常用的"医疗器械"。在研究中，园所发现，推进区域材料科学配置和关注家长需求以及挖掘家长资源这三者之间，真的是一个相互融合、相互推进、相互作用，循环往复的作用结果与过程。

2. 鼓励家长参与幼儿的区域游戏

孩子在小医院游戏中，内容多限于听诊、开药几种动作，或者到处追着人打针，教师试图改变这种状况，多次以角色扮演的方式介入游戏，但成效不明显。怎么办？这时候就要借助于医生家长的智慧了。教师向家长介绍了孩子游戏的状况及存在的问题，一起分析了原因，认为可能是孩子对医院的工作程序不太了解造成的。于是，欣欣爸爸以"医院院长"的身份出现在孩子面前，运用自己的专业知识和幼儿一起游戏。在"医院院长"的建议下，班里增设了"挂号室""药房"，成立了"家庭医疗小组"，增加了"保健医生"，这样既满足了更多孩子想当医生的需求，也解决了医院的拥挤状况。"医院院长"还亲自对小医生、小护士进行了"技能培训"，手把手地教他们正确操作"医疗器械"的方法。

家长的作用是不可忽视的。家长不仅有热情，而且有能力参与幼儿园的教育活动，他们是教师的合作伙伴，也是很好的教育资源。有特殊性质工作的家长，如医生、理发师等，有效地参与到角色游戏中，使幼儿对这些角色有了更深入的了解，更有助于幼儿角色游戏的开展。

在实践中我们充分认识到，家长及社区资源大大地丰富了幼儿区域材料，可以说起到了科学配的效果。幼儿在进行角色游戏时不再是简单地摆弄材料，他们很乐意探索并尝试各种材料的操作，如滴管、听诊器等。家长通过参与活动，从幼儿教育旁观者、监督者、指导者的角色变成了幼儿教育的合作者、支持者和参与者，家长体验到了自身的教育价值。当然，在家园合作的过程中教师自身的专业素质也得到了提高。

（六）五所幼儿园教育实践中的启示

经过近三年的实践研究，课题实验园以螺旋上升的态势，逐渐取得了一些经验与成果，且能固化科学配置理念的建构与形成。回顾我们走出的每一步。在科学配置的前提下，教师的资源整合能力、区域开拓与玩具配置水平，俨然已形成"幼儿园玩教具科学配置"理念下的一种新的教育技巧与能力。

1. 完善活动区材料的层次性投放

材料的层次性投放不仅停留在对原则的掌握上，还要摸索层次性投放的实践通道。教师在选择、投放材料时，要将所投放的材料，逐一与幼儿通过操作该材料可能达到的目标之间进行关联，按照由浅入深、从易到难的要求，分解出若干个能够与幼儿发展相吻合的操作层次，凸显玩具材料投放的目标性与体系化。

2. 重视材料对幼儿自主学习的引导性作用

"会玩的孩子更聪明"，这里的"玩"指的是更加自主的高水平游戏。教师要学会对幼儿的操作材料进行观察研究，通过添加适宜的操作引导图、操作记录表、错误控制"机关"等辅助性材料，充分发挥材料对幼儿自主学习的引导作用，通过幼儿的自主选择、自主决策、自主准备、自主探究，为幼儿的深化游戏与学习提供支持。

3. 突出园所特色在幼儿园玩教具配备上的体现

特色办园是现在幼儿园办园的发展趋势。而特色办园如何和幼儿园玩教具配备相联系，更好地为幼儿的实际操作服务，成为需要研究的新课题。常青幼儿园的"利用原生态环境打造自然活动区"和解放军总医院的"整合家长和社区资源丰富幼儿的活动区体验"的教育实践，给了我们将两者结合的新思路。

4. 打破活动区的"封闭"状态，营造开放的游戏空间

传统的区域活动多是在班级内固定的空间进行的。在结合幼儿园整体空间布局的基础上，适时地让活动区"走"出班级，成为幼儿共享交流的空间，将对幼儿的发展营造更加开放的环境。我们看到共享天地是幼儿流连忘返的地方。幼儿在宽松、开放、自由的活动空间里自主游戏、自我管理、大胆探索，自然地与同伴交流，快乐而祥和。共享传递的不仅仅是开放的理念、和谐的关系，更凸显了游戏反映发展、游戏巩固发展、游戏促进发展的重要作用。

新《规程》的精神要求我们重视幼儿园的大空间、小环境，整体与微观科学配置、整合资源。自然环境中的庭院、树木、动物、植物，无时不在激发着幼儿的玩（童）趣，通过这个玩趣，引导他们走上探索好学的养成之路。在各区域、课程及玩具材料投放时，教师首要考虑提供什么，为什么和怎样提供（环境、玩具），在这个前提下科学配置是什么等问题不仅仅是照本宣科，以常规模式满足幼儿基本游戏需求，更应将"一般性投放"与深思熟虑的"科学配置"理念和幼儿主观性发展需求结合，以最优化的配置结构"大环境观"，因园而异实现整合，优化精细打造小区域。要建构不同特点，以园为本的"科学配置"模式，真正实现幼儿与配置媒介（环境、玩具）的双向互动与作用。

在研究中，实验园转变的是立场和角度，不是按照常规玩具投放区域的模式对玩教具进行配置，而是从幼儿发展的立场、观念出发，整合运用环境资源，有

效提高了教师参与环境创设及科学配置玩教具的技能，最终的目的是达到最优化促进幼儿可持续性发展的教育目标，更好地提升教师专业化水平。

二、积极开展教育装备工作，服务园所发展[①]

北京市北海幼儿园教育技术装备工作认真贯彻党的十八大、十九大精神，深入学习实践科学发展观，紧紧围绕该园教育工作大局，规范管理，突出服务，求真务实，扎实工作，各项工作取得了显著成绩。

特别是近年来，随着单独二孩出台以及二孩政策的开放，北京市适龄幼儿急速增加，入园孩子数量多，幼儿园学位不足，北京市"入园难"问题成为百姓关心的重要民生问题之一。北京市北海幼儿园作为北京市一级一类幼儿园，北京市示范幼儿园，积极主动履行示范园职责，不断挖掘自身潜力，在现有班级情况下，不断增加学位数，也带动了该园教育装备工作的开展。

（一）园所教育装备基本情况

在上级领导的关心、幼儿园领导的指导下，该园在教育装备上坚持"按需配备、务实有效、科学管理、勤俭节约"的原则，根据教育现代化的要求，根据幼儿园办学方向和特色，进行个性化地装备，不断地改善园所的硬件设施。

1. 大力挖掘园所潜力，整合装备资源，满足办学需求

该园原来为公立全寄宿制幼儿园，自2015年9月起，改为全日制幼儿园。在解决"入园难"问题的过程中，该园积极进行内部挖潜，充分利用原寄宿制的睡眠室空间。一是将原有幼儿单床设计改为三层床，非睡眠时间将床收起，显著地拓展了班级幼儿活动的空间；二是将幼儿睡眠室改为幼儿活动室，开设班级，创造条件扩班，同时随着该园白米校区的建成，幼儿园也不断创新办园模式，在白米校区开设了半日班，接受附近社区幼儿，最大限度地满足幼儿的入园需求。

在这一过程中，教育装备工作就要积极做好配合工作，在园领导的指导下，该园提前做好方案，积极争取支持，在家具类、设备类、信息类、安全类等各方面积极落实，满足扩班需求，服务日常各项工作正常开展。近年来，雾霾问题引起人们

[①] 邓燕燕，北京市北海幼儿园。

的日益重视和广泛关注，为了保障幼儿的身心健康，装备中心为园所每个班级的活动室配备并安装了空气净化新风系统，雾霾天班级幼儿的出勤率保持良好，得到了家长们的一致好评。

2. 重视教育技术装备的配备工作，以先进技术设施服务教育教学

该园有一支优秀的教师队伍，孩子们在这里能接受到优质的教育。作为教育装备部门，该园努力为教师做好服务保障工作。

为了支持教师更好地备课、查阅资料、网上学习等，在教委的支持下，该园为每位教师配备计算机，在充分考虑最大限度地发挥计算机的作用、节约经费、便于管理等因素基础上，不断完善教师机房的建设，配套安装教师备课设备、完善网络设施，加强各种资源的合理运用。

社会早已进入信息时代，各种信息技术手段在方便人们生活的同时，也在给教育工作带来便利和创新。该园在1995年就建设了儿童机房，随着信息技术的发展变化，该园也根据教育教学的需要和儿童的发展的需要，不断更新、完善儿童机房的设备设施，并创新教学方法，支持幼儿在计算机活动中丰富经验，提高创造力、想象力。同时，该园为了支持、方便教师们在教学实践中，建立各班级多媒体教学和教育资源装备，通过运用现代教育装备突破地域、时空的限制，提高教学质量，运用信息技术支持幼儿的学习和探索活动，电子白板、多功能书写屏已经配备到每个教学班，孩子们经常利用这些技术装备分享自己的发现、交流自己的想法，还会尝试在上面搜索自己需要的信息，在不断的尝试和探索中实现了发展。

3. 及时配备相应的设施，积极响应幼儿园课程建设的需要

"倾心于孩子的今天，着眼于孩子的明天"是该园的办园宗旨，"人人在快乐发展中做真正的自己"是该园的文化主题，也是该园对所有人的培养目标，为了实现这样的培养目标，幼儿园积极开展课程建设，教育装备的支持作用就非常重要。

为了支持幼儿个性化的发展需求，幼儿园积极开展特色课程的建设，比如，幼儿游泳活动、武术活动、足球活动、幼儿英语等，在此基础上，该园充分利用白米校区的空间资源，进一步深化幼儿教育布局调整，从幼儿的兴趣需要和发展需求出发，建设儿童图书室、儿童烘焙室、儿童美术室和儿童多功能教室等特色课程活动室，在上级的大力支持下，该园申请的各项配套设施也及时到位，很好地支持了特色课程的正常开展，同时保障了社区学前教育服务中心工作和家长学校等工作的落实。

4. 积极提高资产信息化管理，提高专业水平，不断提高装备效益

近年来，园所的资产，无论是数量还是金额都发生了巨大的增长，在新形势下的资产管理中，如何提高资产管理的效率，是作为资产管理员必须要思考的问题。该园是一所大园，也是一所老园，资产量比较大，要管好资产，管理员必须要经常与教师们进行沟通，了解设备的使用情况，及时为教师们解决问题，同时还要努力学习使用好固定资产管理软件的各种功能，并与实际工作相结合来管理好园所的资产，盘活现存教育技术装备资源，提高装备效益。这些工作落实一个管理员身上，压力还是很大的。

2016年，区财政局为园所配备了资产条形码打印机和数据采集器，运用资产条形码打印机打印出条形码为每项固定资产贴上身份标识码，这个设备的投入使用，大大提高了资产管理的工作效率。管理员可以结合软件，使用数据采集器扫码定期对固定资产进行盘点，不仅开启了无纸化管理新模式，而且还提高了效率，可以更加准确地了解全园资产的情况，使资产管理更加科学、准确。

5. 建设教育装备管理队伍

为了服务好、支持好教育教学工作，为了服务幼儿园实现提质增效，各级政府和主管部门满足了幼儿园很多合理的设备设施的要求，如何管理好这些教育装备、更好地发挥这些教育装备的作用，就需要不断完善教育装备的管理队伍，提高教育装备的管理水平。

该园建立了资产管理小组，园长任组长，主管副园长任副组长，总务管理主任作为核心成员和其他中层干部以及资产管理员一起，共同承担幼儿园资产管理的职责。具体工作中，资产管理员是总管理员，各部门的负责人是分管理员，不总管理员对分管理员进行管理和培训指导，规范装备管理，使园所财产和信息软硬件设施以最好的状态、最高的使用频率为教学服务。

（二）存在问题与原因分析

1. 教育装备管理水平还有欠缺

资产与装备管理信息系统并没有得到充分运用，尤其是在幼儿教学玩具、体育器材的日常管理以及优化配置等方面。行政管理、经验管理依然较为严重，影响了教育装备管理的科学化、规范化进程。管理制度执行不到位，设备设施没能及时维护，完好率下降，影响使用。

2. 教育装备管理队伍建设薄弱

受编制影响，幼儿园没有专职的装备管理人员，除了设一个固定资产管理员外，其他管理员都是兼职。因幼儿园岗位是每年重新聘任，所以，大多数岗的资产管理员都会有一些变化，同时缺少专业的资产管理经验，所以在一定程度上影响了装备管理的质量。

3. 教育装备使用效益有待提高

"重配轻用"的现象在仍然存在，电子白板、多媒体信息化的占比比较高，但部分设备设施没有实际运用到幼儿教学中。存在上述问题的主要原因：一是个别教师对配备教育装备重视不够，不了解教育装备；二是教育装备安装或更新完，后续培训也未能跟上，没有加强现代化信息教育技术的学习。

（三）建议和对策

1. 提高对教育装备工作重要性的认识

教育装备是教育教学的三大基石之一，是教育现代化的基础，是实施素质教育重要的物质条件和技术保障，也是衡量教育办学水平的重要标志。教育装备管理部门可以定期举办专家讲座、继续教育、交流沟通使用心得等方式，实现科学规划，按需投入，强化管理，高效应用。

2. 创造性加强队伍建设提高教育装备管理水平

针对幼儿园岗位设置现状和现实情况，需要创新开展教育装备管理队伍建设。一是发挥固定资产管理员的专业优势，以点带面，培养不同层面的管理人员；二是细化流程、标准和职责，把对装备管理人员的培训与日常工作的开展结合起来；三是充分利用信息技术手段，提高资产管理的效率，进而提升管理水平。

3. 积极开展对装备使用的研究工作，切实发挥装备的使用价值

有些配备的教育装备由于对使用功能缺乏深入了解，因此，在使用过程中容易出现"重配轻用"的现象，为了减少这种情况的出现，可以尝试开展相应的以设备功能使用为专题的研究活动或培训活动，积极争取上级主管部门的支持和厂家的配合，对购置、配备的设备功能进行充分的挖掘使用，以便更好地支持老师们开展优秀幼儿实践活动、教学示范课、观摩课、公开课等活动，借此提升教师素质，更好地服务幼儿发展。

三、河南省鹤壁市实验幼儿园教育装备配备经验[①]

河南省鹤壁市实验幼儿园是一所底蕴深厚、充满活力的省级示范性幼儿园，是鹤壁市第一家省级示范园，园所始终以《幼儿园教育指导纲要》《3—6 岁儿童学习与发展指南》为指导，紧紧围绕"求质量，突特色"这个主题，勇于探索游戏材料投入的创新，提升教师的教育实践智慧，促进幼儿身心健康快乐发展。

（一）建构区域活动空间材料

1. 科学发现室中"玩转科学——玩出智慧"

为了让幼儿享受更为优质的科学探索体验，园所创建了"科学发现室"，内容涵盖幼儿科学的 20 个主题，还增添了"古代机械展品系列"和"现代科技展品系列"，让孩子们仿佛游走于博物馆与科技馆之间。

园所采用分组式、情景式教学，鼓励幼儿实际操作、亲身体验，探索科学秘密。例如：通过游戏形式，亲自操作，知道了醋和小苏打混合会产生二氧化碳。设置困难，让幼儿自己想办法，借助工具把气球吹起来；通过魔术的形式发现磁铁的秘密，让幼儿知道磁悬浮如何产生；通过游戏，幼儿知道了视错觉的现象，激发幼儿对科学的兴趣等等。

2. 木工坊中"玩转木工——玩出自信"

在木工坊中，幼儿在探索、制作的时候，全身肌肉都将得到锻炼。例如，锯子的使用会让幼儿有大量的肌肉运动，而拧紧一颗螺丝就需要小型肌肉运动协调。在幼儿确定一个设计方案的时候，他们要考虑作品的样子和材料的选择，这个过程使他们解决问题的能力得到了锻炼。

幼儿为了同一个制作目标而合作，他们的社交与合作能力得到了提高。木工还能提升幼儿的创造力。当他们的技术变得更加熟练，便能使用更高级的工具。幼儿的探索欲也是无穷的。幼儿在学习木工的同时，还学会了专注、耐心，能充分将美术、数学、三维空间等知识融会贯通。这样在其他领域中，幼儿也将会体验到学习、创造的乐趣。

[①] 河南省鹤壁市实验幼儿园。

3. 美工坊中"玩转美术——玩出创意"

在园所开设的美工坊中,主要以幼儿的各种需求为出发点,以"诱导"和"创新"为切入点,既注重培植幼儿的个性,又鼓励幼儿间的互动合作,让幼儿在开放的环境中迸发创意灵感,使幼儿在快乐中学习,阳光下成长。

美工坊由一名在泥塑、纸塑、布艺、玩石等领域有专长的教师为坊主,参与活动的班级教师和幼儿为成员,一定的美术材料为载体,幼儿依托既定的主题,按照一定的流程进行的美工创作的活动。坊主对于自己负责的美术工作坊进行方案计划的设计及成员教师的相关研讨培训活动,组员教师具体参与到幼儿的工作坊活动中进行指导与观察,及时发现问题、调整材料等。组员幼儿进入工作坊进行美工创作活动。美工坊是强调儿童性、参与性、自主性、互动性,综合性的美术活动,它与美术教学活动是相辅相成的关系。

园所美工坊以"玩转美术——玩出创意"为目标。为了给幼儿创设一个发现美、欣赏美、感受美、体验美、创造美的环境,在美术工作坊中,教师以美术为路径发展幼儿的学习品质,提倡在工作坊中自主、自由、快乐的活动,不强求有作品呈现。不但每个班级都有各自的美术特色,如点彩、线描、版画、纸浆画等,园所还开设了"巧手美工坊",不再是采用抽象的说教,而是通过生动直观的事物、丰富多彩的颜色完成这一重要的教育使命。为了让幼儿在互动游戏间创造美,幼儿园会定期举办幼儿、家长和幼儿园三方互动的幼儿美术节。

4. "食育工坊"让幼儿更加亲近自然

首先,园所规划"蔬果花园",教师给每一个班级开辟了菜园子,利用房前屋后、盆盆罐罐、角角落落种植蔬菜。让幼儿亲自动手种植、养护、采摘,既让幼儿掌握了种植的技能,又培养了幼儿的爱心、细心,同时动手能力也得到了提高。当幼儿拿着自己辛勤劳动而收获的果实,如红薯、花生、南瓜、黄瓜等时,雀跃不已。

园所还建设了配套房屋、户外地锅。配备了石磨、烤箱、案板、模具等玩教具,以满足幼儿生活和学习需要。食育课程设置,以自然、自由、自主,好奇、好问、好做,会想、会思、会悟为培养目标,积极将食育教育、传统教育有机融入其中。幼儿园开展的活动有田间散步、田间劳动、集体课程、食物制作等。幼儿可以在亲近自然的过程中提高生活能力和生存能力。

幼儿春天去菜园子里播种、施肥,夏天摘豆角,秋天掰玉米,冬天拔萝卜。这些食材都由幼儿亲自摘、挑、洗、送,经过春耕、夏耘、秋收、冬藏,幼儿也对生活有了真实的体验。

（二）活动区域中材料的投放

幼儿园区域活动是幼儿通过操作材料来感知和获取知识的自主性活动，是一种以幼儿为主体、以教师的支持为辅的活动。区域活动实施与开展的核心是活动材料的投放，活动材料是区域活动的灵魂，是幼儿学习内容的载体。

1. 投放具有层次性的材料

活动区域中投放具有层次性的材料在一定程度上能提供给幼儿探索的空间。例如，在美工区提供给小班幼儿不同类型的操作材料；在中班科学区"有趣的泡泡"活动中教师投放了三个层次的材料，第一层次的材料有现成的泡泡水、清水、洗涤剂，可以满足达到第一层次幼儿的发展水平，努力吹出大泡泡，区分清水和洗涤水；第二层次的材料有各种质地不同的工具（如梳子、纱网等），可以满足达到第二层次幼儿的发展水平，用不同的工具吹泡泡，比较泡泡的不同；第三层次的材料有树叶、细铁丝、剪刀等材料等，可以满足达到第三层次幼儿的发展水平，探究如何能使这些材料吹出泡泡，提升幼儿多维度思考的能力。

2. 投放具有目标性和针对性的材料

1）材料的目标性

区域活动中，材料的投放是有的放矢的，是和教育目标紧密相连的。材料投放应有目标性，教师在投放操作材料时，应该根据幼儿的年龄特点，考虑材料是否符合本年龄段的幼儿，同时，使材料能够满足幼儿现阶段的实际发展需要。例如，小班对娃娃家感兴趣，园所就添置了：娃娃家的小厨房，提供了色彩鲜艳、形象逼真的锅、碗、瓢、盆、灶具、瓜果蔬菜等。

2）材料的针对性

活动区域中应根据不同年龄段幼儿的身心特点投放不同层次的活动材料，具有针对性。同样是建构区，结合小班幼儿善于模仿的心理特点和小肌肉群不够发达的生理特点，可为他们提供体积适中、重量轻、便于搭盖、类别相同的建构材料，如泡沫彩色中型积木、大号雪花片拼插材料、大号管状拼插材料等，便于小班幼儿主题搭建；而大班幼儿思维敏捷、动手能力强，在提供建构材料时，可以为他们提供需要更多拼插技能的建构材料，同时也注重材料的多样性，以满足他们的探究和自主发展的需求。例如，万能工匠、耐塑积木、炭烧积木均可以百变组合，激发幼儿无穷创意。

3. 投放具有可探究性的材料

材料的探究性能引发幼儿动手、动脑，所以，投放材料时应考虑到材料能否支持幼儿动手、动脑，积极探索。例如，在小班投放不同类型功能的交通工具，目的是让小班小朋友认识它们，知道它们的用途；到了大班就投放可拆装的交通工具，让幼儿用扳手、螺丝刀、改锥等工具看图进行拼装，这就提供了充分具有可探究性的材料。因为在组装交通工具时，幼儿要不断地思考如何拼装各个部件，如何让各个部件活动起来等问题。幼儿在动手操作的过程中，也就不断进行了积极的探究。具有探究性的活动材料能真正地引起幼儿的兴趣，使活动具有持久性，起到发展幼儿思考能力和探索能力的作用。

4. 投放具有生活化的材料

生活中有很多我们可以拿来做材料的东西，有一次性纸杯、纸盘、纸筒、纸巾、纸盒、纸板、纸袋、扑克牌、笔杆、冰糕棒、饮料桶、高粱秆、瓶盖等，甚至日常的衣架都可以用来探索平衡的原理，幼儿在玩衣架平衡时可以清楚地比较水果的轻重，并可以自己动手用积木使左右平衡。生活即教育，区域活动的材料要打破局限，发掘一切可利用的资源，真正做到生活化。这样的教育不仅能使幼儿通过操作获得相关的知识经验，还能让孩子学会勤俭，学会珍惜和利用资源，还能让幼儿学会创造，体验到创造能使简单的材料发挥更大的价值，从而真正地乐于探究、乐于学习、乐于创造。

（三）玩教具配备工作建议

（1）明确管理部门。由各地市教育局装备办根据国家《幼儿园玩教具配备目录》的要求，统一对公办幼儿园进行玩教具管理和配备。

（2）规定配备对象。各地市的公办幼儿园都是普惠性幼儿园，收费低，因此，各地市教育局装备办要针对公办幼儿园的玩教具配备现状进行调查研究，根据需求配备。

（3）配备数量充足。严格按照国家有关文件规定进行配备，保证足额配备，满足幼儿使用。

（4）保证配备质量。购买玩教具时要重视资质审核，特别是产品材质检验及生产厂家对相关规范的熟悉程度。

（5）考虑实际投放后对幼儿发展的价值。幼儿园玩教具投放对幼儿个体发展和教师专业发展都具有重要价值，玩教具的投放要有动态性、探究性和引导性，以及目的性和层次性。

（6）坚持公开。建议相关部门公布学前教育设备企业名录，供幼儿园配备时参考。

总之，随着学前教育事业的飞速发展、学前教育课程改革的深入推进，玩教具作为学前教育装备的核心地位越来越突出，需要我们进一步加强对幼儿园玩教具配备的研究，使得玩教具真正成为实现保教任务的物质技术保证，真正满足幼儿园的教育需要，促进儿童的身心发展。

四、欠发达地区幼儿园教育装备配置的实践与思考——以广东省揭阳市机关少霖幼儿园为例[①]

当前，制约欠发达地区幼儿园质量提升的主要因素是场地、设备和师资，即硬件和软件的问题。场地问题，有的是场地不足，有的是场地没能够得到有效利用；设备，有的是设备缺乏，有的是设备不会用、不合用；师资，有的是基础差导致专业水平低，有的是思想观念落后导致专业水平低。木桶理论的原理告诉园所，解决了短板，就是解决了问题的根本。

揭阳市机关少霖幼儿园创办于 1996 年，是市教育局直属管理的全日制公办幼儿园，小、中、大三个年级共有 12 个教学班，在园幼儿 360 多人，教职员工 50 多人。作为一个 600 多万人口大市，由于经济基础薄弱，学前教育发展受到极大的制约。早期建园的时候，该园是作为部门办园设立的，建成之后由政府协调移交给市教育局管理，因此在规划设计上存在很多不规范的地方：幼儿园实际占地 2000 平方米，建筑面积 3070 平方米，户外活动场地狭小零散，最大的户外场地只有 280 平方米，而且地面铺设滑面瓷砖，存在较大的安全隐患，导致教师惧怕组织户外活动。由于教育设备匮乏，加上缺乏学习培训，教师队伍思想闭塞，观念未能与现代教育理念接轨，日常保教工作停留在传统的集体教学模式，不知"区域"为何物，存在"小学化"倾向。近年来，随着国家学前三年行动计划的实施，学前教育得到空前重视，园所也迎来发展契机，实现了跨越发展，办园质量实现质的飞跃。

[①] 陈玉华，广东省揭阳市机关少霖幼儿园。

（一）改——拓展办学空间

对于场地狭小的空间，当务之急是保证室内外活动场地配备符合安全卫生要求，保障每一寸场地得到最充分的利用，杜绝废弃现象。2012年以来，园所集思广益，精心规划，分步实施，完成一系列环境改造和修缮：第一，全面清理破损存在安全隐患的地面和花圃和台阶，拓展了户外活动场地，直接扩展操场50平方米。第二，对教职工停车场地进行重新规划，原来停车场在园内，教师的车辆每天都要经过教室门口，园所与市有关部门协调后，将停车场改建到园外。第三，在原地新建成120平方米的幼儿感统活动室，受到幼儿的热烈欢迎。第四，原来1米多宽的走廊，夏季炎热，冬季风大、寒冷，雨天湿滑，影响幼儿的活动与安全。园所通过在各楼层走廊上搭建彩篷，安装走廊首尾玻璃窗，在充分利用走廊场地，扩大幼儿活动空间的同时，做到防晒、防风、防雨、防滑，确保幼儿活动安全。这项措施，直接为幼儿园拓展了近300平方米的活动空间，使本来狭小的空间充分发挥作用。园所还结合创建广东省教育现代化强市的有关要求，按照幼儿园标准化建设的指标，改造增设幼儿综合游戏室1间，幼儿美工室、科学室、图书室等功能室3间。幼儿园可以利用的每一寸土地都被园所合理利用起来。

（二）增——配置教育设备

"巧妇难为无米之炊"，场地空间得到拓展之后，必须有足够的设备。园所坚持因地制宜原则，一方面利用本土资源和废旧材料自制教玩具，另一方面结合教育现代化建设要求，加强教学设备现代化配套。为满足幼儿日常活动需要，园所教师利用废旧材料纸箱、轮胎等自制体育器械60多种，主要都是适合在狭小场地开展的体育游戏和活动。为给区域活动创造条件，幼儿园教学部门组织骨干教师反复研究，开列设备清单，幼儿园一举购置玩具柜70多条，自制和新购玩具一大批，满足各年龄班活动的需要。截至2017年，幼儿园拥有电脑、打印机、传真机、复印机、数码钢琴、多媒体设备、校园无线广播系统等，保证各班级和有关组室实现自动化办公，满足了现代化教学的需要。

（三）升——提升教师专业水平

一方面是"学习再分享"转变教师观念。近几年来，幼儿园加大投入力度，支持教师参加各类培训，同时形成制度要求外出学习要带任务，回来要转培全园教师，把所学所思带来与全园教师分享讨论。园长专题讲座、骨干教师外出学习内容分享约 40 多场次，有效促进教师观念的转变。另一方面是加强园本培训。就如何开展区域活动，幼儿园通过公开示范、结对帮扶等各种途径，加强教师的培训。每学期组织"同课异构""同课同构""同级互听""同级跟岗""评优课""观摩课""专题研讨"等活动，教学管理人员不定时随堂听课。通过听课、评课、研讨，不断提高教师们的专业能力和现代化设备的应用能力。

为了提高教师现代化设备的应用能力，园所挖掘资源，首先是发挥骨干教师的引领作用。由信息技术特长的骨干教师为全园教职员工进行办公软件操作培训、网络安全培训和电脑维护培训，由有信息技术特长的保育员为全园教职员工进行 PPT 制作专题培训，有效促进幼儿园全体教职员工现代化信息技术运用能力的提高。其次是利用家长资源。2016 年，由中三班家长志愿者为全园教师进行微课制作专题培训。让教师对微课的范围和用途、表现方法、制作过程等有一个初步的了解。通过学习培训，教师对现代化信息技术又有了新的见识，对推进现代化信息技术与日常教学的融合起了积极的作用。园所从领导到教师，到财务人员、保健医生、保管员、厨房管理员、采购员等各岗位人员，都能运用信息技术开展日常工作。

园所从几年前的极个别人员能初步运用电脑办公，到现在全园上下每一个员工都能将信息技术合理应用于各岗位、各领域的工作，是园所在信息技术提升工程的一大收获，也是一大亮点。园所还通过 PPT 课件制作培训、优秀课件评比等，提高教师使用现代化设备的积极性和能力，通过培训，全园教师都能制作 PPT，运用 PPT 组织教学。园所还利用计算机加强后勤管理：应用幼儿保健软件对幼儿进行体格发育评价、膳食营养评估；用计算机建立各种后勤管理台账；使用问卷星制作调查问卷，建立幼儿园局域网文件共享平台。现有师资具备视频录制、剪辑刻录、视频刻录、音乐剪接、电脑基本维修等现代信息技术能力，教师的专业能力在教育现代化中得到快速提升。

（四）用——办园质量插上教育现代化的翅膀腾飞

改造修缮后的幼儿园占地面积建筑面积并没有扩展，但是，可供利用的空间却得到极大提升，装备即课程的理念深入人心。

2013 年，园所第一个省级课题"幼儿协调与灵敏能力的培养研究"顺利开题，实现了办园以来课题研究零的突破，实现了全市幼儿园在省教育部门申报课题零的突破。2015年12月，该课题顺利结题，并在省教育学会体育活动论文报告会交流中荣获特等奖，受到省教研室、总课题组领导的高度肯定。2013年，园所第一个市级课题"书香校园建设研究"顺利开题，实现了办园以来市级课题研究零的突破，2016年7月，该课题顺利结题。课题实验让浓浓书香味飘散于幼儿园的每一个角落，幼儿、家长、教师养成了自觉读书的好习惯。

园所充分利用了现有的、较狭小的办园环境，让每一寸空间充分发挥教育作用，并科学利用一日活动的各个环节，根据3—6岁幼儿的年龄特点和动作发展水平，精心组织幼儿体育活动，幼儿园成了孩子们的乐园。这种做法得到市教育局的高度肯定，并在全市推广。

因为装备的合理配置和利用，园所保教工作实现重大突破，全园区域活动全面铺开，彻底消除"小学化"现象。在体育和阅读方面实现质的提升，成为园所的特色活动。教师的专业能力得到大幅提升，骨干教师在揭阳市幼儿园教师专业技能大赛中荣获大赛一等奖及两个单项一等奖，取得了办园以来的最好成绩。

一系列现代化设备的配套与应用，把幼儿园一下子带进现代化教育的前沿。幼儿每天刷卡进园，幼儿园的安全问题有了一定的保障。监控视频的使用，让家长对幼儿园的工作多了一份放心。幼儿上课、家长会议、各种讲座培训，多媒体设备发挥了巨大作用，教师、幼儿和家长都享受到教育现代化的成果。幼儿园于2017年5月，通过广东省幼儿园督导评估第三方评估，被批准为广东省一级幼儿园。这是揭阳市第一所省级幼儿园，实现了省级幼儿园零的突破。

（五）精——精打细算提高资金使用效益

经济基础薄弱制约了幼儿园的发展。作为经济弱市，加大学前教育资金投入必须精打细算从有限的资金中挤出部分资金来保障教育装备的配套。2015—2017年，全园投入240多万元用于设备实施改造和装备配置（其中装备设备103万元），其中160多万元来自上级部门的拨款（其中装备设备89万元），虽然这样的资金投入在发达地区也许不算多，但在园所所在的欠发达地区，这样的资金总额已经超过建园20年以来的建设总投入，设备配套也远远超过过去十多年的总投入。

这些资金，大部分来自教育经费，一部分来自幼儿园自筹。市教育局在经费紧张的情况下，通过每年挤出一点点，扶持园所的发展。幼儿园通过家长合理分担教育成本的方式，在家长的可承受范围内经物价等有关部门核准之后逐步提高保教费，从而保障设备维护和补充。

为提高资金的使用效益,在场地改造和设备购置过程中,园所特别关注细节。比如,幼儿园以前的食堂,因为场地局限,加上规划不合理,每次卫生部门检查,总是意见多多。为改变这种局面,园所请食药监局专家协助规划,按照卫生部门的要求,重新布局,现在新食堂被评为省级示范食堂,全市还来园所开现场会,推广经验。

欠发达地区幼儿园的发展,园所追求的是花最少的钱办最好的事。当场地得到精心改造、设备配置得到精心规划并跟上教育现代化的步伐时,加上教师视野得到开阔、观念得到转变,幼儿园的整体质量提升就成为水到渠成的事情。

五、教师自制玩教具的实践与思考——以四川省宜宾市陆家园幼儿园为例[①]

幼儿园教师自制玩教具是保障幼儿游戏的物质基础,对促进教师的专业发展也有着独特的价值。但通过实践调查发现幼儿园自制玩教具存在把"活"玩具当成"死"教具等问题。下面从存在的问题入手分析玩教具的价值,从实践中提出自己的思考。

(一)案例背景

1. 该不该评奖

某幼儿园玩教具展评现场,摆满了老师们精心制作的各种玩教具,角色游戏用的、音乐表演的、科学实验的、益智操作的,等等,每一位作者向观展的教师、评委介绍其自制玩教具的功能、特点,演示各种玩法,很多制作精美、功能多样的玩教具得到了大家的一致肯定,但在一组奶粉桶的玩教具前,评委们的意见发生了分歧,这套玩具是很多个大小高低不同的奶粉桶,没有任何装饰,玩法上也没有固定要求,幼儿想怎么玩就怎么玩。这种玩教具,该不该评奖,该不该推广?引起了教师们热烈的讨论。

2. 教师们的话

教师 A:明天要玩教具检查,今天晚上又要加班了。

---

① 张敏、曾红,四川省宜宾市鲁家园幼儿园。

教师B：已经加好几天班了，周末也没有休息。

教师C：其实我们自制的很多玩教具都是可以买到的，功能差不多，比我们自制的漂亮，也很耐用。自制玩教具，不知为了啥？

教师D：管他的，我将就去年的，再补充一点，完成任务就可以了。

教师E：上次我们三人花了半个月做的水上乐园，两天就玩坏了，气人！年年都这样做，时间和精力不够啦！

教师F：还是我聪明，留了一些没给孩子们玩。

3. "老师，我不想玩"

晨间活动中，教师提供了很多桌面玩具让孩子们自由选择，萧萧转了一圈，什么也没做，又回到了座位上。教师看见了，问："萧萧，为什么不去玩呀"，萧萧叹了口气："天天都玩这些，没意思，我不想玩。""老师昨天才做了个新玩具，套筒，很好玩的，你去试试？""看过了，和我家里的套娃差不多，早玩过了，不好玩。"

（二）自制玩教具存在的问题

1. 把"活"玩具当成"死"教具

在自制玩教具中，园所习惯于将玩教具的教育功能放在第一位，认为制作出的玩教具一定要"教育性"，常常以教学目标为依据，对材料附加了特定的任务，同时尽可能把多个目标物化在一个玩教具中。例如，"奇妙的魔方"，就涵盖了操作、配对、排序、认知、讲述等多项教学功能，幼儿必须按照规定的方法进行操作。但是，这种高结构玩教具，有什么玩法，该怎么玩，都是比较固定的，缺少变化，孩子们多玩几次，常常就没有了兴趣，即使有的玩教具有较多的玩法或功能，但玩法固定，玩熟练以后，也就不太愿意玩了。

2. 应付各种检查、比赛，完成任务

很多幼儿园，每学期对自制玩教具都有明确的要求，如做几个种类、数量是多少等，每期也会在相对固定的时间进行自制玩教具评比或检查活动。检查的时候，教师们一般都能完成任务，数量、种类都能达到要求。但是，仔细观察就会发现，很多玩教具雷同、相似，有新意的较少，有的就是买个现成的玩教具照着做；有的教师制作的玩教具并没有匹配她所教班级幼儿的年龄特点，如大班教师制作的拖拉玩具，小班教师制作的系鞋带玩具等，有的班级甚至把往年制作的玩教具拿出来充数。

3. 玩教具功能单一、不经用，孩子不喜欢

教师自制玩教具花了大量时间，但是往往孩子们玩过几次就面目全非了。一些制作精美、花费了大量时间制作的玩教具往往在检查以后收了起来，不给小朋友玩，怕弄坏。另外，因为是抱着完成任务的心态来制作玩教具，因此制作的玩教具较少考虑幼儿的年龄特点、兴趣需要，孩子们不喜欢、不去玩；还有的玩教具，玩法单一，指向明确，孩子们玩几天，新鲜感过去了，玩熟练了，就再也不去碰这些玩教具了，造成了玩教具的闲置、使用率低，失去了制作玩教具的初衷。

（三）自制玩教具的价值与意义

在幼儿园教育教学活动中，教师自制玩教具体现出其独特的价值和意义。

1. 有利于实现灵活多样的教育教学

玩教具的来源有两个：一是教材配套的，二是教师根据教学活动的内容需要自己制作的。教师自制的玩教具能满足教学的多样化需要及幼儿的个性化需求。自制玩具比商品玩具更具新颖性、及时性，它往往是游戏中最新的、最能满足游戏需要、推动游戏展开的玩具，也是儿童最喜欢的玩具。有经验的幼儿教师往往能把握其所带班级中幼儿的特殊需求，制作不同使用层次、不同水平、不同要求的玩教具，这样更有利于将幼儿教育立足于幼儿身心发展需求的理念落到实处。

2. 有利于教师自身专业成长

幼儿园一日活动皆课程，对于幼儿来说，游戏就是他们生活和学习的主要方式。"根据本班幼儿游戏和学习的需要选择和制作适宜的玩教具，为幼儿的游戏和学习创造适宜的条件，是幼儿教师重要的专业技能。幼儿园开展玩教具的制作和利用的教研活动，可以促进教师的专业化发展。"幼儿教师根据幼儿游戏和学习兴趣特点以及教学内容的需要，选择和制作适宜的玩教具，这一过程凝结了幼儿教师的辛勤劳动，体现了幼儿教师的智慧和创造，反映出教师对幼儿需求和教学内容的深思熟虑，同时，在幼儿使用玩教具的过程中，教师注意观察和了解幼儿的兴趣和问题，思考玩教具的优点和不足，引导幼儿在游戏中发现问题，和幼儿一起解决问题，在"思考—实践—再思考—再实践"的过程中与幼儿共同成长。

3. 有利于培养师幼的节约意识

自制玩教具是幼儿教师充分发挥想象力和创造力的成果，材料选择的普遍性、

灵活性是自制玩教具的显著特点。长期使用废旧材料自制玩教具会帮助教师养成变废为宝的行为习惯。幼儿在教师的引导下经常使用废旧材料制作玩教具，慢慢也会受教师的影响养成节约的意识，并学会尊重教师的劳动成果，这也是德育的一种实施方式。

（四）对自制玩教具的思考与建议

1. 重新认识玩教具，多提供低结构和非结构的玩具材料

在当前对《3—6岁儿童学习与发展指南》的理解与实施过程中，幼儿园对玩教具又有了新的认识。从教玩具到玩教具再到游戏材料，改变的不仅是名称，更是体现了园所和教师对玩教具认识的不断深入和价值追求。每位教师要了解自制玩教具的价值，加强对自制玩教具认识和研究。被用于幼儿游戏的一切物品，都是游戏材料，非结构、低结构材料，可因个体差异而开发出更多的玩法，生发出更多、更综合的目标，让幼儿获得更多方面的发展。因此，在自制玩教具中，园所可适度降低自制玩教具的结构化程度，要多提供低结构物品，多投放非结构原始材料，如生活中各种废旧物品、自然物等，鼓励幼儿一物多玩、一物多用，让幼儿在自主探索、大胆摆弄中，满足幼儿爱玩的天性，在玩中动手动脑，激发幼儿的想象和创造，促进幼儿多方面的发展。低结构玩教具正是因为没有非常明确的目标，没有规定玩法，有变化，才更能激发孩子的兴趣，探究更多的玩法，受到孩子们的喜欢。让自制的玩教具好玩，让孩子们喜欢玩、愿意玩，在玩的过程中促进能力提升和智慧增长，这才是我们的自制玩教具的最终目的。

2. 正确导向，重新明确玩教具制作的标准和要求

将好玩有趣、取材容易、简单实用、经久耐用作为玩教具制作的重要指标。针对当前很多教师自制玩花费时间过多，教具的材料耐用性差，使用寿命短的情况，园所可以将取材容易、制作简单、经久耐用作为玩教具制作的明确要求，以减轻教师的工作量；同时强调好玩有趣，引导教师关注幼儿的年龄特点，兴趣需要，也可引导幼儿参与，师生共同设计制作出幼儿喜欢、实用又不大量花费时间和精力的玩教具，让玩教具真正促进幼儿的发展。

3. 注重实用，关注玩教具在日常活动中的使用

园所和教师不能只把自制玩教具当作一项需要完成的任务，更要将它看作是孩子游戏和发展的真正需要，更好地为幼儿的学习与发展提供更适宜的游戏和学习条件。园所要改变玩教具一期一检查、一期一评比的做法，注重玩教具的实用性，要通过观察、询问、了解，让自制玩教具更贴近幼儿的兴趣和爱好，真正发挥其效益。将好用、耐用、容易推广、及时更换作为检查的重点，实施玩教具动态评比，将定期检查和日常检查结合起来，加强过程管理，将玩教具制作与使用检查结果与年度考核、绩效工资考核挂钩，真正发挥出自制玩教具的作用。

4. 统筹管理，提高自制玩教具的利用率

玩教具每学期都在做，但随着幼儿年龄的增长，现有的自制玩教具可能不再适合他们，或者时间久了，玩教具不能引起孩子们的兴趣，这容易造成玩教具的闲置和浪费。园所可以在每学期期末，对各班级的玩教具进行回收、整理和登记，由专人进行管理，在新学期由下一年龄阶段的老师根据班级幼儿的实际需要领取使用，期末再将领取的和新制作的玩教具统一回收，循环使用，提高玩教具的利用率。

六、农村户外体育装备，助力幼儿多元发展——以湖北省潜江市高石碑中心幼儿园为例[①]

《幼儿园教育指导纲要》中明确指出，幼儿园要开展丰富多彩的户外体育游戏活动，培养幼儿参加体育活动的兴趣和习惯，增强体质，提高对环境的适应能力。作为深受幼儿喜爱的户外体育游戏活动是通过丰富的运动装备来让幼儿获取生活经验、增强幼儿的体质，陶冶他们的情操，培养良好的心理素质的，这也是现代儿童发展不可或缺的一部分。然而，农村幼儿园由于受条件的限制，幼儿户外体育活动场地虽宽敞但不懂得规划利用，游戏材料以及运动器材量少，也不能充分满足幼儿活动的需要。同时，教师在组织指导幼儿体育活动时，目标意识差，方法手段少，随意性大，多呈"放羊式"，这些因素的影响，使得户外体育活动单调、乏味，达不到很好的效果。再则，农村的幼儿园85%以上的幼儿都是留守儿童，他们从家庭和日常生活中所获得的锻炼也相对缺乏，因此关注农村幼儿户外体育活动的开展，探索农村户外体育装备的多元功能，让幼儿获得全面健康的发展任重道远。近年来，高石碑中心幼儿园在全国两期学前教育三年行动计划的推力下，结合农村实际特点，就如何整合体育游戏材料资源，尽可能挖掘体育游戏材料的功能玩法，开展农村幼

[①] 何艳琼，湖北省潜江市高石碑中心幼儿园。

儿园户外体育活动，提高户外体育活动效率，让户外体育运动装备更有效地为幼儿的健康发展服务作了积极的探索。

（一）旧鞋新穿——传统运动器械创新玩

随着经济的飞速发展，国家对学前教育的高度重视，农村幼儿园的运动器械及装备的配备也日益丰富。例如，大型运动器械有滑滑梯、转转椅、平衡木、蹦蹦床等；中型运动器械有木马、跷跷板、拱形圈等；小型运动器械有球类、铁环、沙袋、哑铃、绳、呼啦圈、滑板等。这些现代化的运动器械的融入，给农村幼儿园的户外体育活动注入了新的活力，它不仅让农村幼儿健康体质得到了定向的技能训练，同时，借助这些运动装备对幼儿合作精神、智力开发、情商发展、生活经验获取等都有积极作用。

1. 亲子互动话合作

现在独生子女偏多，出门不是坐校车就是家长自己骑车接送，幼儿很少有机会锻炼自己的双腿。为了改变这种状况，园所通过开展亲子运动会等赛事活动来促进家园共育，也让幼儿在有趣的体育游戏活动中获得动作的发展，增强他们的体质。例如，家长和孩子共同参与的亲子游戏，教师提供的体育器械种类丰富，包括沙包、瓶子、篓子等运动装备，孩子们每五人一组站在起点线外，对应的家长站在终点线外，孩子们投，家长们接。这种竞技比赛，除了锻炼幼儿的投掷能力与观察能力，同时也增进了家长与幼儿之间的情感交流，让幼儿更亲近父母、感恩父母。

2. 角色进入展情商

俗语云："看三岁，定终身。"说的是童年的生长影响人一生人格的发展。现实生活中，尤其是在农村，留守幼儿因为父母长时间不在家，因此，虽然他们的成长不断"摸高"，但他们的情感却表现得很脆弱，缺乏自信。由于情商偏低会给成长中的自己和他人造成伤害，因此，培养幼儿的情商很重要。在幼儿园里，教师可以借助有情景的户外体育游戏活动的开展来培养幼儿的情商。例如，同样是玩滑行式器械、钻爬式器械和攀登式器械，教师会巧妙地通过创设情景的方法来开展幼儿体育游戏活动。在游戏前教师先设计一个故事情节：一只小白兔被大灰狼抓走了，吊在了对面山崖上（攀爬架顶），有哪位小朋友愿意担当起拯救小白兔的重任，要匍匐爬过一片绳网（滑行式器械下面梯腿上用绳索拉出的网），钻过一个山洞（钻爬式器械），翻过两个山头（攀爬架），才能拯救小白兔。有了教师的情景导入，孩子们积极性被充分调动起来了，都热情地投入到了拯救小白兔的游戏当中。这一活动调动了孩子的参与兴趣，培养了孩子阳光、坚强、乐观、活泼的性格。同时，也让这些固定的、无法移动的户外游戏设施发挥了更多的作用。

3. 一物多玩启智慧

农村的孩子由于玩具缺乏，所以一种玩具到手，他们都会爱不释手地认真把玩，教师也会鼓励幼儿利用现有的玩具资源大胆想象，通过材料组合、方位变换、合作游戏等方式，不断创新、丰富玩法，尽可能多地挖掘出每种器械的功能。例如，绳子的多种玩法。原活动组织形式：幼儿单个练习连续跳绳（煅炼弹跳能力）。练习跳绳活动时，指导个别幼儿跳绳姿势，教师不时进行花样跳绳展示，激发幼儿的兴趣。让幼儿自己探索绳子的更多玩法，可以开展以下游戏活动。

玩法 1：跨绳、钻绳（两人一组，多人一组）。与原单调重复的跳绳练习相比，策划后的游戏过程更具科学性，更能激发幼儿的兴趣。

玩法 2：冲过封锁线。小班幼儿手膝着地爬过封锁线，中班幼儿匍匐前进，大班幼儿高跷上钻过封锁线。不同年龄段的幼儿设置不同的封锁线，注重了幼儿个体差异的发展。

玩法 3：踩踩会扭动的长蛇。教师通过"长蛇"抖动的幅度与频率来控制不同年龄段幼儿踩长绳的难易程度，以促进不同年龄段幼儿的发展，锻炼幼儿的观察能力，训练下肢。

玩法 4：障碍跳、跳圈、跨栏。设置成不同高度的障碍线，让不同年龄段的幼儿进行双脚跳练习。

玩法 5：舞龙、拔河。练习上肢的能力，培养幼儿合作精神。

玩法 6：揪尾巴。选择细小的跳绳系在幼儿腰间当作尾巴，幼儿竞技追逐抓住对方的尾巴。

一根长绳趣味多。只要我们善于激发幼儿的内在创造力，支持幼儿在已有的游戏经验、兴趣基础上探究器械的多种玩法，每个年龄段的幼儿都能创造出意想不到的精彩来。

4. 区域融合获经验

幼儿的生活经验绝大部分来自社会体验。可是在农村，由于生活环境等各方面的因素，大多数孩子都属于圈养型。幼儿园在进行户外体育游戏活动时，园所结合一些区域材料与体育装备相融合来开展体育游戏活动，让幼儿获取生活经验。例如，在一次户外体育游戏活动中，教师为了让幼儿体验大城市交通的复杂性，了解一些常规的交通安全知识，于是鼓励幼儿将建构区、角色区、美工区、体育器械等材料相互融合，教师用建构区的积木专门搭建了高架桥、停车场、加油站，利用一些体育器械设置了人行横道、交叉路口，还特地用美工区的材料设计了各种交通信号标志，幼儿穿上角色区里的警察制服有模有样地指挥交通。这种户外体育游戏，使每个幼儿都能获得探索的乐趣和成功的体验，同时也增强了游戏活动的趣味性，达到了体育游戏的教育目的。

（二）源头活水——乡土原创器械花样玩

"问渠那得清如许，为有源头活水来。"乡土资源是农村幼儿园开展丰富体育游戏活动的源头活水。陈鹤琴先生曾指出："大自然、大社会是知识的源泉。"农村幼儿园有着得天独厚的丰富的自然资源，而这些资源同时也隐藏着无穷无尽的教育资源，因此，在现代教育理念的引领下，我们要利用本土资源的趣，融入现代生活中幼儿熟悉的元素，创设更多贴近幼儿生活、更受幼儿喜爱的户外体育游戏。

1. 树林里面乐趣多

园所前面是一片小树林，树林里的树木、花草、沙石、泥土等都是取之不尽的游戏材料。阳光明媚的日子，可以让幼儿在草地上翻跟头、打滚，训练幼儿的滚、爬、跳的能力；还可以采摘一些树枝、树叶放在地上，让孩子们踩在上面练习跳、跨等动作；也可以搭建小树屋开展游戏活动，利用树与树之间的距离来做体能拓展区……这些有趣的树林体育游戏活动不仅开拓了幼儿的视野也陶冶了幼儿的情操，幼儿在这里既可以与大自然亲密接触，又能获得身心的健康发展。

2. 小土坡上可探险

小土坡上，幼儿用木块、梯子、木板拼搭出各种小路及障碍物，有几个小朋友还突发奇想地搭起了帐篷，支起了土灶、土锅，每一个幼儿都在忙碌着。不一会儿"野战"的环境布置好了，幼儿分成了作战双方的两小队：红队和蓝队。演练开始了，小战士们有模有样地开始了攻与守，还有抢救伤员的护卫队出现，将伤员抬进帐篷里。在玩的过程中幼儿也不知不觉地学会了钻、爬、跳、跨等技能，真正地在玩中发展了幼儿的身体技能，幼儿参加完户外体育活动后也精神焕发。

3. 利废利旧玩兴浓

游戏材料投放的丰富与否事关幼儿游戏活动的开展，单凭购买的运动装备是远远不能解决幼儿游戏活动的需要的。在农村，教师会发动幼儿、家长共同收集各种废旧物品，自制体育活动器械。例如，在矿泉水瓶中装上沙、水等就成了保龄球；易拉罐捆绑或连接成串就变成了梅花桩、拖拉玩具……这些富有创意的自制体育器械，十分贴近幼儿的生活、趣味性强，在丰富了户外体育游戏活动内容的同时，激发了幼儿的兴趣，又锻炼了幼儿的各种运动能力。

又如，幼儿在使用自制的轮胎游戏材料时，有的把轮胎推成小高山，爬轮胎山；有的把轮胎摆成一定的图形进行跳跃练习；有的把轮胎竖起，让伙伴们钻洞……在一系列的综合体育游戏活动中，幼儿的口头表达能力明显提高，其创造力、想象力及交际能力也有了很大的提高。

（三）显山露水——空间隐性器械互动玩

一到天冷的季节，幼儿都不爱运动，教师因为天气冷也不愿意将户外的一些体育器械搬来搬去开展活动。为了不影响幼儿的体育锻炼正常有序开展，教师要善于利用幼儿园一些隐性的空间器械来开展户外体育游戏活动。例如，墙面、高低栏杆等。只要学会挖掘场地中的隐性资源的功能性，也能很好地辅助幼儿做户外体育游戏活动。

1. 亲亲墙体做运动

在开展户外体育游戏活动时，教师可以依靠墙体做各种体育游戏，如《我们爱锻炼》游戏：幼儿脸正对墙壁，双手拍墙、撑墙、背靠墙踢腿、屁股触墙等。又如《我要长高》游戏：幼儿面朝墙体蹲下当作一粒小小种子，然后配上简短的语言进行发芽、长高、开花并在最高处停留。

2. 高低花坛晃悠悠

说起平衡训练，教师想到的总是平衡木、独木桥。一是教师的惯性思维，二是如采用水泥制的花坛边存在很多的安全隐患，所以即使知道它的价值存在，也很少被采纳。要把这些隐藏的建设设施运用到户外体育游戏当中来，前提是要先对幼儿进行递进的体育训练。例如，《我勇敢，我尝试》游戏的第一步是我勇敢。幼儿尝试在低矮花坛边进行平衡练习。第二步是晃悠悠。竖立在地面的轮胎与花坛边相比，软软的、圆圆的，虽有难度，却让幼儿一种跃跃欲试。第三步是我试试。对水泥制的花坛边、高度超出中班孩子的接受程度,地下又没有安全的塑胶保护,万一出了事情怎么办?于是就有了第三步。结果证明,幼儿能走好。

3. 狭小通道魔法多

幼儿园狭小的通道一般不适宜开展幼儿的体育游戏活动,可是若在幼儿园狭小的通道内设置高低可以调节的触碰物,如在两侧墙壁上安装一些打地鼠设施,既合理地利用了园所的角落,也为幼儿提供了跳高触物的练习。此外,在这个空间里,园所还可开展套圈、投远、投准等活动。

(四)小结

玩,是幼儿的天性,游戏更是幼儿生活中不可缺少的内容,游戏可以让幼儿在没有外界评定和压力下,自由地对客体进行探索、进行主动学习,从而促进幼儿象征性思维形式的变化和发展,幼儿的创造性同时也得到发展。丰富的农村自然资源与现代体育装备的充实,让农村幼儿的户外体育活动也开展得有声有色。园所只有在实践活动中多积累各类体育素材,多挖掘各类体育资源的功能性,才能激发幼儿进行体育运动的愿望与构想,让这些运动装备对幼儿的全面发展有更积极的重要意义。

七、玩教具的配置及其园本化课程开发——以湖北省潜江市机关幼儿园为例[①]

玩教具能给幼儿带来无限的欢乐,是幼儿认识周围世界的工具,是幼儿学习的重要资源,是幼儿成长的"教科书"。幼儿园应该实施玩教具的配置标准,幼儿教师应研究玩教具的功能与价值,根据幼儿游戏和学习的需要,选择和制作适宜的玩教具,充分发挥玩教具的教育价值与教学潜能,促进幼儿全面发展。

(一)最大限度体现玩教具配置的丰富性

1. 室内户外玩教具充实

幼儿园玩教具应具有一定的个体发展价值和教育价值。玩教具按其功能与特点,大体划分为:形象玩具、智力玩具、结构造型玩具、体育玩具、音乐玩具、娱乐玩

---

① 刘晓琼、许晴,湖北省潜江市机关幼儿园。

具、某些日常物品（往往是废旧的）或天然材料及自制玩具。在室内，要依据不同年龄段幼儿特点，创设幼儿活动的区域，并投放玩教具。在户外，体育活动区域要提供平衡、攀爬、投掷等体育器械，游戏活动区域投放建构、角色表演、视听类户外玩具。

2. 大型小型玩教具互补

皮亚杰说过，学前儿童的智慧源于材料。玩教具是幼儿主动建构知识的支持物，它已经成为支持、帮助、发展幼儿能力的重要载体，园所注重玩教具的创新性和整合性，做到大型小型玩教具互补。例如，在"娃娃家"需要投放大型的床、桌椅等形象模拟物和布娃娃、小盘子、小锅、小铲子。小班多提供成品玩具，如娃娃、玩具小锅、小灶、奶瓶等，同类的玩具数量要适当多一点。教师有针对性地投放符合活动内容的玩教具（如在生活区中要提供生活模拟物，操作区中提供动作技能类的玩教具等）；同一活动内容投放多种玩教具，在"奇趣影棚"的活动中，提供不同的玩教具，如化妆用品、服装、道具材料等。

3. 多功能室玩教具多样

多功能活动室，是幼儿园供开展音乐、体育、游戏、观摩、集会及陈列幼儿作品等的大型活动室。在多功能室，园所注重专用性和通用性玩教具的配备，投放了幼儿体育运动类、幼儿感统教具类、幼儿音乐器材类、幼儿蒙氏教具类、幼儿益智建构类等，还配有电视机、DVD、照相机、电脑、视频转换器、空调等。

4. 选购与自制合理搭配

随着学前教育事业的不断发展，在幼儿园的日常教学中，尤其是省编教材都配有教学辅助材料。园所的玩教具一直是选购和自制相结合，特别是中、大班增加了大量的半成品和废旧材料，可以使幼儿在操作中按自己想象任意创造出自己想要的东西，鼓励幼儿在游戏中以物代物，发挥他们的自主性和创造性。自制玩教具有很大的灵活性，它可以让孩子们在边玩边学中锻炼孩子的动作发展，丰富孩子的感性经验，启迪孩子的创造想象。对于自制玩教具园所采取教师找、幼儿集、家长帮的形式予以完成。在主题方面，小班主要以趣味为主，中班以益智为主，大班以联想创意为主。

5. 五个领域间统筹兼顾

玩教具作为幼儿的学习辅助工具，对幼儿教育起着辅助作用，是引导促进幼儿学习的一种手段。园所投放玩教具注重健康、语言、社会、科学、艺术五大领域间的统筹兼顾。

（1）健康领域：玩教具在健康的有效运用能够对幼儿身体和心理健康起到很好的锻炼作用，如户外运动材料，对训练幼儿的肌肉和逻辑思维能力，效果非常显著。

（2）语言领域：语言对幼儿的发展起着至关重要的作用，幼儿园语言教学是通过游戏方式进行的，很多游戏往往要借助玩教具来开展。

（3）社会领域：玩教具在社会领域的有效应用可以帮助幼儿了解一些基本常识，有助于幼儿生活自理能力和社会交往技能的形成。

（4）科学领域：好奇心在幼儿的阶段表现非常突出。例如，教师根据"纳唐"操作材料的特点激发幼儿探索和理解的兴趣，在操作的过程中给予幼儿指导和支持。

（5）艺术领域：儿童对艺术的感知体现在对美的体验中。玩教具鲜艳的色彩和美丽奇特的外形对幼儿在色彩和立体空间认知感觉的发展，具有促进作用。

（二）充分发掘玩教具的园本化课程价值

在幼儿教育改革深入发展和幼儿园办园条件已经有了较大改善的情况下，园所充分认识和挖掘园本课程就成了园所工作的重中之重了。

1. 游戏型玩教具的园本化课程开发

《幼儿园教育指导纲要》明确规定，幼儿园以游戏为基本活动。这一命题确定了游戏在幼儿园教育中的地位，对幼儿园课程改革提出了新要求，园所根据纲要精神，以游戏为基本活动，探索将教学游戏化教育综合化的幼儿教育实验模式，使游戏融入幼儿园一日活动中。园所巧妙地利用潜江本土资源、民间资源和自然资源，投放幼儿喜爱的游戏型玩教具，将民间游戏纳入园本课程的实施中。

2. 运动型玩教具的园本化课程开发

玩教具装备的第一要求就是要适合幼儿身心发展规律，这一点在运动型玩教具的配备上显得尤为突出。园所在做运动型玩教具的园本化课程开发上，更多地关注和遵循幼儿生理结构发展情况和身心发展规律，就地取材为幼儿自制玩教具。园所选择运动型玩教具符合该年龄段幼儿的生理特点，符合该年龄段幼儿的认知水平，符合该年龄段幼儿的行为特点，符合该幼儿园总体发展要求和特色。

3. 生活型玩教具的园本化课程开发

幼儿爱模仿表演生活中的某些环节,并对同伴表演的角色加入自己的理解。例如,在"娃娃家"的小厨房游戏中,幼儿会模仿用大勺子搅拌锅里想象的食物,同伴也会模仿这一动作,并且在之后拿出盘子、碗,将锅中的"食物"放入盘中,并相互开始品尝美食。

维果斯基曾经说过:"在游戏中,儿童能演绎超过自己年龄和日常能力的活动。"这种对于日常活动的模仿能促使幼儿实践生活中学到的知识、消化吸收信息并理解其含义,它还能促进幼儿的读写能力、自控力、认知力、社会性、情感和创造力的发展。

对于幼儿这一发展特质,生活型玩教具的开发就需要园所更多地注重贴近幼儿生活,帮助幼儿在模仿生活环节的过程中理解这些具有本土特色和园本特色的文化,并与之产生共鸣。

4. 艺术型玩教具的园本化课程开发

幼儿园艺术教育强调从幼儿的兴趣、需要、愿望及长远发展出发,倡导个性、自由、童趣,引导幼儿在活动中体验艺术的魅力,从而培养起美好的艺术情操。

5. 科学型玩教具的园本化课程开发

在幼儿园科学教育活动中培养幼儿的探究学习离不开玩教具和操作材料。这些需要教师根据实际情况和教育教学工作的实际需要,就地取材地为幼儿准备玩教具和材料,这样可以为直观教学提供条件,将抽象的知识形象化。园所在准备科学型玩教具中以科学理论依据作支撑,为幼儿创设安全的心理探究氛围和安全的操作材料,从而激发幼儿的好奇心。

(三)积极探索玩教具使用效能评鉴体系

1. 建立详尽的观察日志

建立活动观察日志,详细记录幼儿在活动中的行为表现和玩教具材料使用的有效性。

1)确立观察对象

了解玩教具的基本构造,明确该玩教具的操作使用以及发展目标,从而确立合适的观察活动。

2）确立观察主体

特定的某一年龄段的幼儿或是多个年龄段的幼儿。玩教具的设计与使用实践者是幼儿，幼儿的学习与发展呈现出个体差异性，所以鉴于尊重幼儿发展的个体差异，在观察日志中必须确立特定的观察主体，从而明确玩教具在活动中所发挥的作用。

3）确立观察方法

确立适用于此次观察活动的观察方法，常用于幼儿园中的观察法分为直接观察和间接观察两大类。直接观察的优点在于没有中间环节，可以避免仪器等中介造成的误差；局限是由于感觉器官的生理功能有极限，观察能力会受到限制，另外人的感官还会产生错觉。间接观察的优点在于扩大人的观察能力，在观察的精度、速度、范围等具有优越性。局限性是仪器并不能万无一失的，所以也会产生误差，从而影响观察的效果和精确度。权衡直接观察法和间接观察法的利弊，结合观察活动确立适合的观察法。

4）确立观察目的

观察是有目的、有计划、比较持久的过程，所以在观察活动中，明确本次观察的目的和要求必不可少。

5）确立评价体系

适宜的评价体系能更直观地了解玩教具在活动中的使用效能。

2. 研制科学的评鉴量表

1）确立评鉴主体

不同的主体所侧重的评鉴的方向不同，对于一线教师，我们主要测评玩教具在教师活动中所发挥的效能；对于幼儿，我们主要测评活动中幼儿对玩教具的使用及获得，玩教具是否被接纳、喜爱和使用。

2）制定评鉴量表

从子维度，即材料、空间、使用频率、一物多玩、创意进行评价。材料维度主要评价的是玩教具的安全性、耐用性和可实行性；空间维度主要评价的是玩教具的实用性；使用频率维度主要评价的是幼儿对玩教具的喜爱程度；一物多玩维度主要评价的是玩教具的教育价值；创意维度主要评价的是玩教具的独特性，激发幼儿的好奇心，让幼儿在好奇心的驱使下探索新玩法，发挥玩教具的效能。

3）绘制评鉴量表比例矢量图

如图11-1所示，十字分割线分割出的四块代表的分别是四个子维度，三个圆圈代表高、中、低三个评价标准——中间圆圈表示高，第二圈代表中，第三圈表示低，四种颜色的圆圈代表该玩教具在维度所占的评价值（如表11-1）。越靠近中心点表示玩教具的效能发挥得越好。

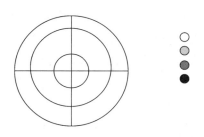

图 11-1　3—4 岁幼儿对××玩具使用效能图

表 11-1　3—4 岁幼儿对××玩具使用效能评价表

维度 玩教具	（高、中、低） 材料	（高、中、低） 空间	（高、中、低） 使用频率	（高、中、低） 使用效能	一物多玩——创意

3. 做出及时的分析反馈

定期收集观察日志，绘制玩教具使用频率图，分析玩教具在活动中的参与度和实用性，预测出后期玩教具在后期活动中的使用频率，确定是否继续投放或者更换。对比使用频率图和评鉴量表比例矢量图，分析玩教具的潜能，提升玩教具在活动中的使用价值，更好地发挥玩教具的效能。

幼儿园在课程组织与实施中，要为幼儿提供丰富的玩教具和操作活动材料，鼓励幼儿主动发现、探索和学习，促进幼儿思维和各种能力的发展，才能帮助幼儿获得有益身心发展的经验。

八、创新绘本阅读，助力家园共育——以河北省邢台市邢台县幼儿园为例[①]

邢台县幼儿园创建于 1978 年，是河北省首批省级示范性幼儿园。邢台县幼儿园

---

① 樊青芳，河北省邢台县幼儿园。

秉持"爱若在，花会开"的教育理念，以绘本为载体，开展特色阅读活动，自2012年开展绘本阅读活动以来，幼儿园注重把阅读落到实处，通过打造阅读环境，开展多种形式的阅读活动，营造阅读氛围。将绘本作为一种有效载体运用于日常教育教学活动中，真正让教师精于阅读，让家庭爱上阅读，让孩子们享受阅读的快乐。近年来，我国的儿童文学专家方卫平教授、梅子涵教授也一直呼吁让孩子阅读绘本，认为绘本是"人生第一本书"，如果能将绘本运用到早期阅读教育中，将会给孩子的未来打下良好的阅读基础。

（一）创建特色阅读环境

《幼儿园教育指导纲要（试行）》指出，环境是重要的教育资源，应通过环境的创设和利用，有效促进幼儿的发展。新教育改革的发起人朱永新表示："我心中理想的学校应该有一个永远对学生开放的图书馆和计算机房"，"我希望彻底改变传统学校的格局，把学校的图书馆办到教室里、走廊上，学生随时可以找到自己想读的书、想查的资料，在幼儿园的阅读环境创设中，应努力为幼儿创设开放式、互动式阅读环境，激发幼儿的阅读兴趣，满足幼儿的阅读需要"。带着做好儿童阅读和教师阅读的信念，经过两年的努力，曾经阅读资源贫乏的邢台县幼儿园，每所分园都拥有了自己的校园绘本馆，精心设计制作了校园、班级图书角，布置了温馨阅读书吧，满足孩子、家长、教师的需要。

1. 校园绘本馆

园所和当地的县新华书店联谊，将绘本馆建在每个分园，丰富阅读资源，满足幼儿各种形式的日常阅读需要，家长也可从这里借阅图书。

本着为师幼创造优美阅读环境的原则，园所进行了绘本馆室内环境装饰设计，增添了植物树、花草等绿色装饰，开辟了绘本馆信息栏、绘本馆公告栏等宣传橱窗；及时更新馆藏图书，根据师生的阅读需求，及时配置适合园所活动开展的绘本。园所储存了一大批优秀的绘本资源，如中国经典绘本、神奇校车科学类绘本、无字书绘本系列、佐佐木洋子的小熊系列等。

为了让家长能及时借阅适合孩子阅读的绘本，达到亲子共读的效果，园所根据幼儿不同年龄段制定了绘本书目，并根据绘本分类，如习惯培养、情绪等方面，引导家长有效选书。会宁分园是园所其中的一所农村园，很多家长不知道什么是绘本，绘本较高的价格也影响了家长的购买，所以，在本园创建绘本馆时，将"趣"融入其中。比如，在一大面墙上制作了可翻动可操作的绘本《好饿的毛毛虫》，层层叠放，层层推进，结果令家长和孩子开怀大笑。慢慢的，家长喜欢带孩子走进绘本馆选书、看书和借阅书了。

2. 校园阅读角

园级绘本馆的创建，满足了教师和幼儿的阅读需求。新书的不断补充，更加激发了师幼及家长的阅读兴趣。为了方便阅读，教师在园所内适合的地方创建校园阅读角。例如，豫让分园的大厅、泉北园的楼梯处、清风园的平台处等。在这里，阅读是开放的，幼儿可以自己读绘本，可以听教师讲故事，还可以和家长一起选绘本读绘本，家长利用接送孩子的时间就可以陪孩子读一个故事。每一个阅读角都因地制宜放置图书，方便幼儿自由取放图书，温馨的五彩地毯和靠垫，给人一种安详、温馨、和谐的感觉，令孩子们留连忘返。

3. 温馨阅读书吧

要进行早期阅读的研究的前提是教师要先爱上阅读。园所提供了温馨的教师专用阅读空间，除了配置丰富的阅读书籍，还提供了咖啡机、各类饮品等，让教师把阅读当成一种享受。另外，园所还将一些经典图书的简介、封面制作成装饰画，布置在幼儿园的走廊、楼梯等处，全方位打造阅读环境，让幼儿熟悉绘本，习惯阅读、喜欢阅读。通过小小的绘本，幼儿眼中的世界也更加丰富、更加美丽起来。

（二）开展多种阅读活动

绘本的题材丰富多样，几乎涵盖了幼儿生活、成长的方方面面。园所结合幼儿的年龄特点和需要筛选多种绘本，将阅读活动贯穿到幼儿的一日活动中，开展不同形式的阅读活动。

（1）周末故事会——新招收幼儿入园前，由父母陪同，参加每周一次的亲子阅读指导，孩子们在活动中认识了教师，熟悉了身边的小朋友，在开园后，就可以减少陌生感，有效缓解入园焦虑，尽快融入幼儿园的集体生活。入园后，幼儿园每周六安排教师组织活动——讲绘本故事，根据绘本特点进行亲子延伸活动，如手工、绘画、舞蹈、表演等。亲子故事会既培养了幼儿的阅读兴趣，又指导了家长亲子共读的技巧和方法，也拉近了亲子关系，改变了家长的教育理念。

（2）义工故事会——幼儿园提倡亲子共读，鼓励家长参与讲故事活动。2013年10月，第一批义工妈妈走进幼儿园，虽然刚开始只是照着文字读故事，但也让孩子们兴奋不已。2014年，幼儿园在小班开设了义工课堂。每班建立自己的义工团队，每周安排一位家长，进班给幼儿讲故事。家长最初只是自己讲，后来和孩子们一起讲。

（3）幼荷故事汇——为了让每个幼儿都可以听到故事，幼儿园开设了绘本故事电台"幼荷故事汇"。教师每期录制一个绘本故事，将网址链接发布在教师群及家长群，幼儿和家长可以随时下载收听。后来，有越来越多的家长参与到录制故事的活动中。

（三）开发园本课程

随着绘本活动的深入，园所发现绘本是一个孩子们特别容易接受的载体，教师们使用绘本越来越得心应手，但同时，园所也发现很多新上岗的年轻教师对阅读没有多少兴趣，于是园所开始整理绘本主题。首先，园所成立阅读小团队，利用课余时间大量阅读绘本，将绘本进行主题分类。例如，《蚂蚁和西瓜》这本书，有的教师设计为科学活动——蚂蚁的秘密，有的教师设计成表演活动，还有的教师设计成体育活动。这样既可以让教师对绘本深剖细读，又能把好绘本选出来系统化使用。

（四）倡导家园共读

幼儿园从推广阅读活动开始就注重对家长的指导工作，让家长熟悉幼儿园的活动，重视阅读对孩子的影响，鼓励家长热情积极参与。园所邀请了绘本作者麦克小奎、朱自强等，为家长做亲子阅读和教育指导。平时，幼儿园充分发挥家长学校的作用，指导家长为幼儿选择合适的绘本，为家长推荐义工故事书目，指导家长如何开展亲子阅读。幼儿园定期举行亲子主题活动，每月一个与阅读相关的主题，家长与幼儿合作，共同完成绘画、手工、种植、修补旧图书、制作异形书等。为了更深入地开展绘本阅读工作，支持中国的原创绘本，园所举办了"原创绘本大赛"。通过这样的活动让家长深入了解绘本、研读绘本，更好地进行亲子共读。

（五）申请公益项目，点燃农村孩子阅读梦想

园所推广绘本阅读以来，市区几所分园进行得比较顺利，但农村园家长阅读意识淡薄，阅读活动开展得十分吃力。2004年年底，借助"彩虹花"公益项目提供的800元小额资金支持，园所鼓励教师们把改善教育的想法变为行动。会宁分园胡老

师的班级彩虹花项目申请成功，胡老师利用彩虹花资金购买了一批绘本，从饮食习惯的培养、社交能力的培养、情绪管理和认识自我等方面入手，开始了和孩子们的阅读之路。

奖励阅读——为了让家长了解绘本，本班级每天以奖励为名，允许 5 名幼儿带一本绘本回家，让爸爸妈妈读给自己听。因为是奖励，孩子高兴读，家长愿意读。

邀请义工进班讲故事——当家长对绘本有了初步的了解后，园所鼓励幼儿邀请自己的爸爸妈妈进班给同学们分享故事，参加一次就可以借阅两本绘本回家，而且可以连续借阅三天。孩子的力量超乎想象，终于有家长愿意加入义工故事团队。家长们的积极参与，使班级的阅读活动开展得更加顺利。

自制绘本——家长愿意给孩子们分享故事的同时，园所鼓励家长和孩子们一起制作自己的故事书。例如，五月母亲节之际，以"我爱妈妈"为主题，让孩子了解自己的妈妈，把妈妈在家中做的事以照片的形式进行记录，然后配上简单的文字，最后以涂画的方式进行装饰。自制绘本完成后，鼓励幼儿把自己的作品和同伴分享。幼儿讲起自己的妈妈个个都很自豪，在愉悦的氛围中不仅让幼儿懂得感恩妈妈，更让"绘本"一词深入到了幼儿和爸爸妈妈的脑海中。

彩虹花项目，开启了农村幼儿通向阅读的大门，让阅读植根在孩子们的心田，并且生根、发芽、开花、结果。园所以绘本为载体，通过各种阅读活动的开展，让家长和园所走在一起，为孩子们健康成长共同努力。

九、深入研究装备使用，提升幼儿活动质量——以河北省唐山市第一幼儿园为例[①]

唐山市第一幼儿园创办于 1948 年，是冀东马背上的摇篮，占地面积约 19800 平方米。园所在一日生活中渗透教育，体现了"让教育回归真实的生活，让幼儿回归自然"的鲜活教育理念。

（一）信息技术的创新与应用

在当地教育装备的大力支持下，园所将信息技术与幼儿活动深度融合，添置了电子大屏幕、阅读机、3D 打印机等多种先进的教育装备，并引进现实虚拟设备 AR

[①] 么丹彦，唐山市第一幼儿园。

技术，创造性地解决教育教学活动中存在的问题，打造真正的智慧教育。

1. 电子大屏幕

清晰、直观地将教学课件、演示视频等以更震撼的效果冲击幼儿的感官。电子大屏幕能够将教学内容形象、生动、鲜明地呈现出来，把深奥抽象的东西具体化、形象化，从视觉、听觉多层次、多角度地激发幼儿活动的兴趣，满足幼儿身心发展的需要。

2. 阅读机

相对于只有文字和图片的普通的纸质绘本而言，阅读机能够将声像结合，使幼儿的阅读更生动。而园所将实物绘本（普通纸质绘本以及有声点读绘本）、自制的轻黏土立体绘本、自制磁贴书与阅读机相结合，满足了不同幼儿的需要。在河北省绘本阅读优质课评选活动中，园所有多位教师参与并获奖。

3. 3D 打印机

将观察到的物品通过从图片到声和像，再到实物的方式，慢慢地呈现在幼儿面前，让幼儿感受整个过程。通过亲身体验，幼儿的观察能力、独立思考能力、动手能力得到了很好的锻炼。

4. 现实虚拟设备 AR 技术的课堂应用

园所将 AR 技术与科学区的昆虫标本和昆虫绘本相结合，将教学过程中难以讲解的立体形态直观地呈现在幼儿面前，让幼儿在现实和虚拟中更清晰且细致地观察、发现和探索。

5. 卡西欧电钢琴

电钢琴的录音功能解决了教师在课堂中反复弹奏的难题；节拍器的配置，降低了教师弹奏的难度；回放功能，能够使教师听到自己的弹奏水平，及时发现问题。此外，园所的卡西欧电钢琴还配有三角钢琴、弦乐、管风琴、电风琴等十几种音色及多种混合音响效果。

6. 乐高教室

园所投入 26 万元建立乐高教室。幼儿在玩积木的过程中，可以有效实践分类方法、了解顺序概念、建立时间和空间的概念，体验简单的因果关系，提高孩子的动手能力、想象力、创造力。

（二）材料和环境的创设与利用

园所二十多年致力于幼儿玩教具的制作，2014年，有5件玩教具获得第三届永嘉杯幼儿园优秀玩教具一等奖，多年的研究成果《材料的深度挖掘与创造性利用》在2017年5月获得第七届河北省基础教育教学成果一等奖。园所充分利用资源，创设了适合幼儿发展的环境与材料。

1. 匠心独运，营造能"玩"的自然环境

"环境是重要的教育资源，应通过环境的创设和利用，有效地促进幼儿的发展。"园所在自然环境中加入创设因素，在提高幼儿园的装备质量的同时，寓教于乐，在充满自然气息的环境中，满足幼儿活动的需要，促进幼儿认知和社会性的发展。园所精心打造了4个游戏场地。

1）以大树为中心的游戏场地，体现园所的自然之美

（1）树爷爷的木屋。园所有近20棵不同种类树木，为了让环境"活"起来，园所充分利用幼儿园的一棵老树，为幼儿搭建了树爷爷的木屋，让幼儿在感受自然的同时，又锻炼了幼儿的体能。

（2）沙土建构。在大树周围，园所创设了一个能容纳几个班孩子游戏的大沙池，师幼一起制作沙雕大鱼。在这个充满乐趣的地方，幼儿的各类游戏行为及其发展的价值都体现于此。

2）以区域的创新为载体，体现园所的精心设计之处

（1）亲水体验。园所将二十多年前修建的戏水池重新改造，将戏水池上原有的两个蘑菇造型改成两个相互吻合的水杯。打开开关，水杯吸管的一端可以喷出水来。水池侧面，是一个裸露的水龙头和几根切开的PVC水管、几条V形的木板槽，幼儿可以任意组合，让水从水槽的不同位置流入，水槽和水箱相连。这一设计让幼儿在游戏中体验蓄水、引水、水的流动状态以及水与其他材料之间的关系。

（2）番茄迷宫。园所最大限度地利用自然环境的优势，从幼儿的兴趣、能力等因素出发，建设了种植区域——番茄迷宫。从高处看下去，番茄迷宫就像一个好看的花瓶。幼儿在快乐的运动中充满好奇，在好奇中不断地探索。

3）以废旧材料的再利用为基点，体现园所节约中的创造之风

（1）小小建筑师——三只小猪盖新房。这是大班"盖房子"主题活动，"怎么把木头搭起来？门有多宽？""房子哪里需要稻草？怎么放？""稻草帘子是怎么编织起来的？怎么安装稻草帘子？"幼儿在活动中不断探索、尝试，解决问题，克服

困难。我们看到了幼儿之间的合作与分工、遇到问题时的相互鼓励。

（2）棋艺乐园。广场上的地砖成为幼儿的棋盘，废旧轮胎成为幼儿的棋子，通过游戏，培养了幼儿的规则意识。

4）以模拟生活技能为抓手，体现幼儿的主体地位

（1）农耕乐园。园所通过三维（地面、墙面、空中）空间的开发与利用，创设了亲近自然的农耕乐园，种植了十多种农作物、蔬菜和水果，使幼儿在种植的过程中了解粮食和蔬菜的生长过程。让幼儿从情感、感觉体验层面到认知层面过渡到自觉行动，将这一完整的学习过程逐步深化。同时，园所创设了小碾子去粮食壳、搓玉米、雨水灌溉和辘轳井打水等环节，丰富了幼儿的生活体验。

（2）造梦工地。有人说，孩子没有梦想不可怕，可怕的是没有做梦的时间。园所为幼儿提供大量物化教育目标的材料，让幼儿通过自我选择和体验式探究来学习。在保证安全的前提下，园所为幼儿提供完全真实的铁钉、锤子、锯子、老虎钳等工具，让幼儿由游戏者变为"建设者"。

2. 就地取材，构建有"味"的特色课程

（1）创意拉链。"创意拉链"设计巧妙，制作简单，改变了幼儿传统的思维模式，提升了幼儿的学习品质。一根拉链，变成了测量尺、陀螺、台灯、帽子……提高了幼儿自主探索的技能；多条拉链，变成了合作伞，调动了幼儿在活动中学习"均分"的兴趣；组合拉链，变成了智慧树，丰富了幼儿的科学角。

（2）多功能鸟窝。多功能鸟窝课程从幼儿感兴趣的问题出发，在引导幼儿"走进大自然、回归大自然"的活动中，与自然接触，与真实对话。课程材料按照实际鸟窝的尺寸，采用了拼插、串联、抽拉等方式对各块板材进行了加工。幼儿可以在做完鸟窝后，自己动手将鸟窝挂到树上，让幼儿获得成就感。

3. 科学探究，创设有"趣"的情境体验

探究教育与幼儿个体发展的内在联系，挖掘其丰富的文化内涵和教育功能，是幼儿园教科研工作的重点之一，科学领域课程的深入探索，是园所的核心品牌打造方向。

（1）磁贴书。在幼儿对磁贴拼摆过程中，园所发现他们需要更多形状、图案的磁贴。园所随即制成了可供幼儿操作的磁贴书。磁贴书背景是精心设计的提示图，能够让幼儿大胆地尝试仿编、创编和续编。

（2）有趣的磁力小车。园所在"磁力"的探索中，优化材料的结构，发挥材

料的最大价值。从活动主体幼儿出发，引导幼儿把磁铁不同两极相对放，可以让小车连在一起（异性相吸）；把磁铁相同两极相对放，小车不能连在一起（同性相斥），让幼儿通过探究和操作，发现磁铁同性相斥、异性相吸的现象。运用观察法、情境设置法、示范法、自主探究法、引导幼儿探究法，使幼儿多角度地探究课题所蕴含的知识，并配以魔术等幼儿感兴趣的方式，将科学概念转化成幼儿的个人经验。

4. 在玩中学，让户外游戏"活"起来

园所为幼儿搭建富有特色的户外游戏场地——冒险游戏场，不但锻炼幼儿的身体素质，而且培养了幼儿勇敢、坚强的品质，将探索性和挑战性相结合，为儿童创造更多的"冒险"机会。踩大桶、爬云梯、推小车、抬花轿等都是园所的特色项目，在许多人眼里，这样的活动对幼儿来说存在着一定的危险性，也许幼儿在活动的时候会蹭破皮，甚至可能一不小心摔下来。然而，当教师看到幼儿在活动中投入又小心的样子时，一切都释然了。显然，幼儿能意识到这样的环境存在着一定的危险性，他们知道唯有更加专注、更加谨慎才能保护好自己。

十、精配教育装备，优化教育质量——以天津市东丽区和顺幼儿园为例[①]

教育装备是指实施和保障教育教学活动所需的教具、学具、器材、设施、场所及其配置过程的总称，是幼儿园教育质量优化和提升的物质基础，是实施教学活动的基本手段，教育装备的水平已成为衡量学校现代化水平的重要标志之一。其中设备的优化，并不等同于单纯追求技术的先进。应着眼于园所发展的需要，精心配置，有效优化园所教育质量。在玩具的配置上，则应依据幼儿的年龄特点、学习特点，着眼于幼儿的可持续全面发展、个性化发展，为幼儿提供丰富、健康、可操作性的物质环境，满足幼儿的亲自参与、动手操作、感知体验的需要，使在与环境和材料的有效互动中，逐渐形成未来可持续发展所需要的素养。天津市东丽区和顺幼儿园通过现代化设备和玩具的配置使用，切实优化幼儿园管理，为幼儿创设了可感知、体验的物质环境，满足幼儿操作体验的需要，从而促进幼儿可持续全面发展，为进

---

① 张长燕，天津市东丽区和顺幼儿园。

一步优化幼儿园的教育质量奠定了坚实的基础。

（一）客观分析幼儿园教育教学需要，加强现代化教育装备规划

和顺幼儿园自建园以来，认真贯彻落实《幼儿园教育指导纲要》精神，坚持坚持绿色生态教育理念。坚持尊重身心发展规律，以游戏为基本活动，在体验中快乐发展；坚持满足幼儿发展需要，支持幼儿多元探索，强调幼儿主动发展；关注幼儿学习品质，强化教育元素整合，整体促进全面发展；重视幼儿个性特点，倾听幼儿独特表达，促进幼儿个性发展。在此背景下，传统的玩具、设备已不能完全满足幼儿园教育教学的需要，新的教育理念对幼儿园的环境创设和玩具装备提出了新的要求和挑战，基于幼儿探索体验需要的现代化设备、玩具的配备和使用成为幼儿园物质保障工作中的重要内容。

幼儿园成立了以园长为组长，以教学园长、后勤园长、教师、家长为成员的教育装备领导小组，聘请专家对幼儿园现有装备条件进行了调研和分析，依据幼儿培养目标和教育教学的实际需要，进行了幼儿园设施设备和玩教具装备的规划，制定了《和顺幼儿园教育装备配备三年规划（2015—2017）》。在保障安全性的前提下，在设备配置上充分体现信息化，在玩具配置上注重玩具的结构化合理，体现高互动性的特点。按照规划，积极争取上级财政资金支持，在2年内逐步完善信息化设备、玩具两大方面的配置，强化对设备和玩教具的创造性使用，为幼儿提供丰富、可操作的物质环境，满足幼儿发展需要，为不断提升教育质量奠定坚实的基础。

（二）面向未来发展精配信息化设备，通过高效使用为教育工作开展提供保障

随着信息化时代的到来，学校、幼儿园信息化设备的配备就已经进入常态化，多媒体教室、电子白板一体机等设备的使用为教育教学提供了便利。对于和顺幼儿园来说，信息化设备的数量和种类并非多多益善。幼儿园既要面向未来培养幼儿、教师的信息化意识和初步的技能，又要为幼儿提供真实可操作的生态化环境，优化教与学的过程。因此，必须对信息化设备进行精心配置使用，避免信息化电子设备泛滥，造成不必要的辐射伤害等。

1. 信息化办公设备的精配

首先，信息化办公设备的精配体现在"精选"。例如，在计算机配备方面，幼儿园根据不同岗位的特点、需要合理配置，按需分别配备台式电脑、手提电脑和平板电脑，不做重复配置，既满足教师办公需要，又切实做到物尽其用。其次，信息化办公设备的精配还体现在"精简"。扫描仪、打印机、数码产品等各类信息化办公设备的配备上，幼儿园科学建立信息化管理网络，科学精细设岗、明确职责，按照岗位的需要配备。例如，将电教管理员、网管员、信息宣传员的职责和工作量进行研究，确定以一名教师兼任以上岗位工作，减少了设岗不合理造成的配置的浪费。最后，信息化办公设备的精配还体现在"精良"。对于设备功能的选择，坚持前瞻性与实用性结合。为了优化幼儿园教育管理，不仅选择功能先进、多功能于一体的各类设备，还尝试从注重配备硬件设施向软件科学配置使用发展，精心选择配置管理软件，提高管理效益。例如，在图书的管理方面，尝试使用图书管理系统，实现对图书信息、借阅者信息、总体借阅情况信息的管理和统计等功能。改变以往图书管理的人工化模式，提高了管理效益。使用幼儿园办公管理系统，提高管理效率，尝试使用云平台建立资源平台，以前瞻性和实效性的有机结合，促管理进一步优化。

2. 信息化教学设备的精配

幼儿各班级和专用教室配备集播放、投影、交互、收集处理信息等多种功能于一体的触摸一体机，取代以前电脑、投影等多种设备配置，既满足教师教学需要，满足幼儿参与活动的操作需要，又减少空间问题和安全隐患，实现班级信息化设备"精简"。各教学班级为幼儿投放适当比例的儿童使用数码相机，为幼儿记录学习和发现提供支持。在楼道公共区域配置触摸一体机，结合绿色生态教育目标、内容定期丰富和更新生态教育资源库，为幼儿的发现探索和学习提供支持，其交互功能还可以增强幼儿的学习兴趣，满足幼儿的个性化学习需求。同时在幼儿的社团活动中，如"小蜜蜂记者团"专用教室，充分体现对幼儿信息化素养的培养。精选适合儿童使用的安全、防摔的拍摄数码产品，对讲机、录音话筒、平板电脑等产品，使幼儿在采风、采访、拍摄、数据导出导入和信息处理编辑过程中，逐步养成信息时代所需的基本素养。

（三）根据幼儿发展需要，精心配备玩具，促进幼儿全面、个性化发展

和顺幼儿园依据《幼儿园教育指导纲要》和《3—6 岁儿童学习与发展指南》，

确立了健康自然、勇敢自信、文明乐群、好奇探索的培养目标，涵盖健康、语言、社会、科学、艺术五大领域。幼儿园在玩具配备上坚持两个结合进行精配玩教具，在按照《天津市幼儿园保教设备装备标准》配齐配足数量、种类的基础上，优化玩具结构，既满足全体幼儿全面发展需要，又面向幼儿个性化发展需求。

1. 科学精度高的高结构玩教具与创造性功能强大的低结构玩具相结合

玩具的现代化，不仅仅是高科技产品的现代化，重点是着眼于幼儿发展的需要的适宜性，必须从玩教具的结构上进行优化。适当比例的高结构玩具，是幼儿学习与发展的必要条件。其科学化精度高，目标明确，可以使幼儿的学习探索中积丰富知识。例如，和顺幼儿园结合幼儿的年龄特点、学习特点，依据培养目标精心为幼儿配置科学探索类玩具，分别配置了生命科学类、科学技术产品类的图片、图书、标本、模型和操作材料，满足了幼儿对科学现象的好奇心，培养幼儿对科学的兴趣。

在现代教育背景下，更加提倡幼儿自主游戏和活动，因此，低结构材料的作用日趋重要。低结构材料结构松散、可变性强、内容宽泛的特点能够激发孩子探究的兴趣，为幼儿提供给操作和想象、创造的空间，实现多种玩法、多方面发展。我们在区域活动玩具材料的投放中充分体现其层次性、递进性，满足幼儿的不同发展需求。每年按照适当比例不断增加低结构玩具材料，如购置各类积木、积塑拼插玩具等。同时，注重收集生活中的鹅卵石、木块、纸张、光盘、毛线等自然材料和安全、健康的废旧物品，在幼儿园公共部位和班级分别设置低结构材料共享区域，满足幼儿游戏需求。大量低结构材料的配置使用，使幼儿的学习探索变得更加丰富多元，幼儿的活动更加自主，幼儿在真游戏中的深度学习得以实现。我们常常看到这样的画面，以前只是用来开展建构活动的积木，现在时常被孩子们带到户外，成为体育活动中的独木桥、跷跷板、小跨栏。因此，将低结构玩具材料与高结构玩具材料有机整合配备使用，是现代教育的必然要求，是提升教育质量的新要求。

2. 兼顾全体幼儿的全面发展与支持个性化发展相结合精心配置玩具

《幼儿园教育指导纲要》强调，幼儿园教育应充分照顾幼儿的个体差异，为每一个幼儿提供发挥潜能的机会，促使他们在已有水平上得到应有的发展。因此，幼儿园的玩教具配备应兼顾全体幼儿的全面发展和幼儿个性化发展的需要。和顺幼儿园在每年进行整体玩具配备的过程中，都充分进行班级调研，根据各班级主题教育的需要和幼儿个性化发展的需要，为各班级投放一定比例的个性化图书和玩具材料。同时，还适当给班级一定比例的购置权限，指导教师自行购置个性化玩具材料。在支持幼儿个性化发展方面，每年按照10%的比例投入经费，支持个性化发展。例如，为满足部分幼儿对音乐活动的兴趣，挖掘其音乐潜能，幼儿园购置专用乐器，设置专用音乐教室，派出教师进行专业培训，为幼儿进一步学习音乐提供了良好条件。在"小蜜蜂记者团"活动室，为有兴趣的幼儿提供小记者活动所需要的专用拍摄、编辑、采访等设备，为幼儿关注生活和社会，提高语言表达能力、信息素养、社会交往能力和社会责任感提供支持。

（四）创新设备和玩教具使用，使教育装备成为教育质量不断优化的助推器

教育家顾明远指出，教育现代化就是以现代信息社会为基础，以先进教育观念为指导，运用先进信息技术促进教育变革的过程。和顺幼儿园坚持以先进的教育理念指导教育实践，加强对设施设备和玩具的使用管理，结合园所发展的实际需要，充分挖掘装备的功能，在"创新"二字上下功夫，使教育装备投入的效益最大化，实现教育质量的最优化。

首先是着力加强信息化设备的研究使用，在"互联网＋"背景下，利用信息化手段提高管理效率和实效，实现教育的延伸与拓展，提升教育质量。通过应用办公管理系统，实现电子园务管理，从幼儿考勤、教师出勤，到家园共育，从幼儿膳食管理到教育教学活动的开展，从教育成果的展示到教育资讯的宣传，从财务管理到资源库建设，都能通过电脑与互联网实现方便、快捷和精细的管理。特别是幼儿园网站的建设、幼儿园公众号、云平台的使用，使幼儿园的教育资源进一步拓展，"三位一体"的良好教育氛围进一步形成，教育的辐射作用进一步发挥。例如，和顺幼儿园利用公众号建立了"小蜜蜂"网络绘本馆，不但惠及全员幼儿和家长，还面向社会提供服务，也为其他幼儿园教师提供了教学支持。活动还吸引了本区域内多所幼儿园的教师参与其中，为构建本区学前网络教育共同体，开辟了新的途径。

其次是着力玩教具的研究使用，在创新使用的过程中，优化教学过程，促进幼儿全面和个性化发展。在现代教育理念指导下，面向未来，着眼于幼儿发展的需要。对于这些高精度的高结构材料，幼儿园通过教研活动，引导教师尝试进行创造性使用，投放不同层次的游戏任务卡，将不同的材料组合使用，探索出多层次、多功能的使用方法，使其发挥最大的教育功用。对于各类低结构玩具材料，幼儿园引导教师为幼儿提供自主选择、自由活动的机会与条件，支持和引导幼儿按照自己的想法

创造性地使用玩具，充分发挥想象，主动探索学习。

几年来，和顺幼儿园依据发展需要精心配置设备和玩具，办园条件不断优化，在其基础上的幼儿园管理水平也不断提高，教育教学改革成果不断显现。幼儿园先后被评为天津市学前儿童健康教育基地，天津市一级幼儿园，天津市十大特色幼儿园，天津市"创新创业创优"先进集体。在2017年天津市新一轮公办幼儿园等级评定检查过程中，幼儿园装备配置度得到了专家的高度认可。围绕幼儿园环境创建和生态教育的多个市、区级课题研究均顺利结题，同时形成了较高质量的研究成果。其中《幼儿园绿色生态环境教育》的研究成果《青青幼苗快乐长》一书在2017年出版。《新型城镇国办幼儿园幼儿良好习惯培养的研究》成果获得天津市"十二五"优秀科研成果。

教育质量的不断提升是动态的过程，和顺幼儿园将继续着眼于幼儿和教育的发展，面向未来、面向世界、面向现代化不断探寻促进教育质量提升的路径，不断研究探索教育装备与教育质量的内在联系，通过卓越高效的教育实践，将装备的优化转化为质量的优化，实现新的发展。

十一、依托教育装备，促进凤阳本土课程建设典型案例[①]

（一）背景与概况

《幼儿园教育指导纲要》指出，要充分利用社会资源，引导幼儿实际感受祖国文化的丰富与优秀，感受家乡的变化和发展，激发幼儿爱家乡、爱祖国的情感；充分利用自然环境和社区的教育资源，扩展幼儿生活和学习的空间。可见，本土课程以其就地取材、教育资源整合、拓展生活经验等教育原则，丰富并拓展了课程内容。

"凤阳本土课程"，是指将凤阳的自然环境和人文、历史等资源，以《幼儿园教育指导纲要》为依据，通过教师的挖掘、整理，形成适合幼儿发展的教育活动。凤阳县示范幼儿园地处安徽省凤阳县，凤阳本土课程的开发，挖掘了一切可以利用的凤阳本土资源，是实施教育活动及课程改革的需要，也是城乡幼儿园建构课程园本化的基本策略，符合当前幼儿教育改革和发展方向。

早期，园本课程辐面窄、资源分配不均衡，很多优质的本土课程资源难以给更多的孩子带来教育。信息技术能把声音、图文、影像有机地结合在一起，把丰富的

---

① 成祖秀，安徽省凤阳县示范幼儿园。

课程资源以立体动态的形式呈现给幼儿，充分调动他们的各种感官参与教学活动，有效激发幼儿的学习兴趣。近年来，我园依托教育装备，以信息技术为抓手开展凤阳本土课程资源建设，克服时间、空间的限制，充分开发和综合利用本土丰富的自然资源和人文资源，增加凤阳本土课程开发的深度和广度，并整理出《论文集锦》《活动案例集锦》《本土区角活动集锦》《幼儿本土绘画集锦》《微课资源库》《多媒体课件库》等。同时，通过微信公众号、班级微信群、QQ群、幼儿园网站等网络平台，把凤阳本土课程资源呈现给幼儿，也为幼儿创建方便、快捷的学习环境，还能为县域内其他园的幼儿提供优质的本土课程。有效促进了幼儿园本土课程资源建设与应用，推动凤阳学前教育在本土课程的开发和利用上跃上新台阶。

（二）特色与创新

1. 立足本土课程开发，量身打造技术装备

园所始终根据园内保教工作和园本课程开发需求，以及园内资金情况进行综合考虑，按实际需要配备技术装备。园所先后开展了系列省、市级凤阳本土课程的研究课题，在课题研究过程中，教师需要使用U盘、移动硬盘、电脑、摄像机、微课录制仪等技术装备。园所自筹资金，给每位教师配备U盘和移动硬盘，为每个班配备电脑、摄像机、微课录制仪等，激发教师的研究热情。

2. 以培训促发展，提升教师信息技术应用能力

信息时代，信息技术应用水平决定着幼儿园发展层次。提升教师信息技术应用能力，是幼儿园发展提升的关键。

因此，园所投入大量经费，向教育装备使用培训和信息技术培训方面倾斜。采取派教师外出学习、请专家进来培训的方式，帮助教师熟练掌握教育装备的使用方法。

园所先后安排教师分别赴上海、北京、南京、合肥、杭州、马鞍山、苏州、淮南、蚌埠等地参加有关信息技术与课堂教学观摩学习活动。派大量教师参加微课录制仪、一体机等技术装备使用培训，让全园教师人人能结合幼儿园教学工作实际有效使用。

3. 借助教育装备，搭建网络平台、丰富本土课程学习方式

在凤阳本土课程开发的过程中，教师们用照相机、摄像机拍摄凤阳的美景、美食、文化、百姓生活等，还使用电脑通过网络下载有关凤阳的视频、文字、图片等

资料。同时，利用 iAuthor 电子书制作生成器把这些图片和影像资料制作成电子书；利用 PPT、WPS 等软件制作课件；利用微课录制仪和录屏软件录制微课、微视频等。

园所还开通了校园网站、申请注册了安徽省凤阳县示范幼儿园微信公众号。园所利用校园网站、微信公众号、各个班的家长微信群等网络平台，把教师制作的凤阳本土电子书、课件、微课、微视频等进行推送，让幼儿在家就可以通过手机客户端观看凤阳本土课程资源。网络平台的使用，促进了凤阳本土课程从传统的课堂教学走进信息化时代。

4. 全园开展研究，以教育装备推进凤阳本土课程开发

为提高广大教师挖掘凤阳乡土自然资源和乡土人文资源、开发本土课程的能力，园所要求教师使用教育装备和信息技术，进行本土教学活动。

研讨主要围绕课堂教学研讨和微课课例研讨进行，探索创新教学模式。同时，教务部门组织园所教师互相观摩，活动后及时总结、反思，并对课例进行调整，积累相关应用研究资料。通过多次研讨，形成了有关凤阳的文化、旅游、特产、民俗等优秀信息技术活动课例。每学期开展与凤阳本土相关的"爱家乡"主题教学活动研讨和区角、主题墙评比，评比侧重点也落在教育装备的有效使用和对凤阳本土课程建构的有效促进上。

（三）成果与影响

1. 利用技术装备，建设凤阳本土资源库

1）打造微课资源库

园所教师自从掌握微课录制技术以来，依托凤阳明史研究会、凤阳饮食文化协会、凤阳凤画研究会、凤阳县非物质文化传承中心，利用照相机、摄像机、电脑、网络装备等收集素材，并用微课录制仪制作成凤阳本土微课。截至 2017 年 7 月，教师们分别制作了《凤画欣赏》《凤阳花鼓》《我当凤阳小导游》《凤阳是个好地方》《鼓楼情》《神奇的狼巷迷谷》等上百件本土微课，园所把教师制作的凤阳本土微课收集起来，形成丰富的资源库方便大家资源共享。

2）建立凤阳本土活动多媒体课件资源库

园所一直要求教师开发凤阳本土课程时要撰写电子教案、制作课件。每个学期末，教务处要求教师通过电子邮件、微信群、QQ 群等方式把这些本土课件资源发送到教务处。教务处把收集的多媒体课件（每一份多媒体课件包含活动设计、PPT

课件、视频材料等）存放到移动硬盘和网盘上，并上传到安徽省基础教育平台教师研修空间和园内网站"教学课件"子栏目，方便全园和县域内教师资源共享。

2. 聚焦凤阳本土课程，成果丰硕，效益厚增

多年来，园所教师立足于凤阳县丰富的本土资源，积极运用电脑、微课录制仪等教育装备。教师制作的微课、课例、课件等在安徽省中小学微课大赛、安徽省信息技术大赛中有近40人次荣获省、市级大奖。园所教师还发表了多篇有关教育装备对凤阳本土课程有促进作用的文章。

同时，园所还利用本园在全县学前教育界的示范引领作用，承办教育装备应用培训和凤阳本土教学研讨活动，架构信息技术推进凤阳本土课程建设的纵向路径。通过研究成果的网络推广和辐射，推动凤阳学前教育在本土课程的开发和利用方面跃上新台阶。

（四）反思及今后设想

园所的凤阳本土课程建设是在教育装备的支撑下，在教师不断学习、实践、反思、改进中一路走过来的。虽然取得了可喜的成绩，但在实践中也遇到了很多困惑和问题，值得继续探究。

（1）教师使用教育装备积极性高、信息技术能力和本土课程开发能力提升较快，本土课程研究成果也较为丰硕，但形成的课程资源存在学科领域分布不够均衡的问题。如何有目的、有系统地运用信息技术手段开发凤阳本土课程资源，形成科学、系统、完整的园本课程，是园所今后努力的方向。

（2）如何用好教育装备，大力开发网络平台，以园所为中心点，形成层层辐射的模式，实现县域内本土课程资源共享。

面对诸多困难，园所将及时跟进教育装备和课程开发的新形式，督促教师重视装备的使用和资料整理工作，对开发本土课程经验再次进行理论升华，对课程开发中存在的不足之处进行完善，真正做到科研兴园、科研立园，为全面推进幼儿素质教育作出新的贡献！

十二、云南省建水县敏华幼儿园幼教装备应用报告[①]

建水县敏华幼儿园自办园以来,认真研究幼教发展规律并付诸实践,确立了"增强体质、启迪智慧、培养习惯、发展个性"的幼儿培养目标,树立了"开心玩是每个孩子的权利,让孩子玩开心是我们的责任"的保教理念。

(一)独具匠心的环境,营造童话世界

古人云:"近朱者赤,近墨者黑。"幼儿园的园容园貌,表现出幼儿园整体精神的价值取向,是具有引导功能的教育资源。幼儿置身于这种环境之中,受这种精神的熏陶,耳濡目染、潜移默化,对幼儿的健康成长有着巨大的影响。

走进敏华,仿佛置身于童话世界。例如,楼层走道,一楼以"运动健康、运动快乐"为主题,二楼以"童眼看家乡、巧嘴赞家乡"为主题,三楼以"今年是个丰收年、我的成长大丰收"为主题,四楼以"不怕寒冷、不怕困难"为主题。

(二)装备齐全的空间,打造动感乐园

敏华幼儿园遵循幼儿年龄特点及成长规律,创设了影视厅、广播室、童话剧院、数字化家园、探索基地、泥塑吧等功能室。

1. 影视厅

小小影视厅,每周放电影。教师们精挑细选优秀动画片、童话故事片等寓教于乐的影片,根据不同年龄段的幼儿,每周给幼儿播放一部影片,观看后引导幼儿简单复述故事情节或说说自己的感受,锻炼和提高了幼儿的逻辑思维能力和综合表达能力。

2. 广播室

广播室一室两用,室内除配备播音设备外,还是幼儿园安全监控室。广播室每天播放教师编排的幼儿健身操音乐,幼儿随着动感节奏,伸伸手、弯弯腰、大家一起做早操。小小播音员每天分三个时段播音,把幼儿园的大事小情用自己的语言及时进行播报,既锻炼了小小播音员的语言组织能力,又让更多的幼儿进行有了归属感。

[①] 罗建伟,云南省教育厅教学仪器装备中心。黄跃晖,云南省建水县敏华幼儿园。

3. 童话剧院

童话剧院是幼儿十分喜欢的地方，因为每届毕业童话剧都在这里表演，它能让幼儿体会成功的满足和创意的成就。"童话剧表演"已成为敏华幼儿园的特色传统和办园成果展示的窗口。

4. 数字化家园

当今的幼儿，是伴随着网络和手机等成长的"数字幼儿"，让他们远离数字化世界是不太可能的，宜疏不宜堵。为此，幼儿园专门开辟一间教室，配备电脑，安装幼教软件及适合不同年龄段孩子的益智小游戏，让他们在这里了解世界，适度游戏，培养理性使用数字产品的习惯，更好地适应未来生活。

5. 探索基地

好奇是幼儿的天性，园所专门设置"科学小天地"，配备丰富多彩的学具和磁铁、放大镜等各种科学实验的器材。让幼儿在这里自主探索科学奥秘，培养幼儿动手、动脑的良好习惯。

6. 泥塑吧

建水紫陶是中国四大名陶之一。园所因地制宜设置泥塑吧，配备制作紫陶的转盘机、模具，适时更换泥巴，给幼儿提供动手的机会，并不定期邀请建水知名的制陶人给幼儿上课，或带领孩子参观紫陶作坊，让幼儿了解建水紫陶工艺。

（三）形式多样的游戏，铸造幼教品牌

幼儿园以游戏为基本活动已成为大家的共识，"游戏就是课程，课程就是游戏"，这是幼儿教育区别于其他学校教育的一个显著特点。对于幼儿来说，游戏不仅是玩，也是一种学习和生活。

园所按照现代化幼儿园的标准规范进行建设，如美发区、建构区、玩沙区、生活体验馆、嬉水区、男孩区角、户外运动区等应有尽有。

1. 美发区

园内的美发区设置洗发台、化妆台，配备假发、自制烫发器、各种洗发用品以及化妆品等。幼儿在这里可以给玩具娃娃美发，锻炼幼儿的角色意识以及合作、沟通能力。

2. 建构区

在建构区投放各种形状的积木。幼儿在这里可以搭建他喜欢的立体空间，培养和发展了幼儿的想象力，同时增强幼儿对数量和物体形状的认识。

3. 玩沙区

沙池中有各种玩沙工具、梅花桩和攀爬架等。幼儿在这里建盖他心中的城堡和家，体验创造的乐趣。另外，堆沙、拍沙、铲沙、运沙、攀爬等活动也提高了幼儿的肢体灵活性。

4. 生活体验馆

多数幼儿在家里衣来伸手、饭来张口，对生活的理解不够全面。园所精心设置了生活体验馆，每个月更换主题，并根据主题投放相应的材料，如蒸锅、面粉、水果模具、围裙、厨师帽等。通过实物操作来体验生活，对增强幼儿的生活自理能力和管理能力都起到了令人满意的效果。

5. 嬉水区

幼儿天性喜欢水，对水有很大的适应能力。园所在戏水池里投放小船、气球等玩具，让幼儿在水池里划船，不仅让幼儿在活动中得到运动锻炼，同时使幼儿的活动增添活力。

6. 男孩区角

针对幼儿园男教师少、女教师多的特点，为突出"小男子汉"个性，特别开设"男孩区角"，分设投掷区、战场作战区、射击区。在玩教具配备中，更多地突出男孩特性，配备赛车、沙袋、跑步机、玩具枪等。活动中，幼儿的分析、推理、思维能力得以充分的发挥，满足了男孩认知、情感、动作技能等多方面发展的需要。

7. 户外运动区

幼儿园借鉴安吉游戏的理念，因地制宜地设计出特色游戏项目，自制了滑轮车、平衡杠、攀爬梯等游戏器材。"排雷布阵""快乐高跷""勇敢的攀爬者""滚铁环小能手"等游戏不仅给幼儿带来快乐，更锻炼了幼儿的运动技能，增强了体质，让幼儿快乐游戏、健康成长。

用心办园、精心育苗。办园以来，敏华人辛勤耕耘，为一批批幼儿提供了优质的幼教服务。环境的精心营造，功能室的科学应用，特色游戏活动的开展，让幼儿在幼儿园快乐生活、健康成长，养成了良好的生活和行为习惯。幼儿园先后荣获红河州现代教育示范园、校园文化建设工作先进集体、语言文字示范校、平安校园等称号,成为建水幼教的一张名片。

十三、山西省晋中市第一幼儿园装备配备的创新经验[①]

山西省晋中市第一幼儿园始建于 1950 年,是晋中地区在中华人民共和国成立之初较早创办的一所托幼机构,是晋中市教育局直属的省级示范幼儿园。无论是从宏观的幼儿园场地规划,还是到中观的设施配备以及到微观的设施与空间使用,园所遵循人性化设计的理念,为保教工作的开展发挥了良好的育人功能。

(一)场地设计功能化

园所场地设计包括教学功能区、体验功能区、户外体能区与微型景观区等几大区域,场地使用实现了教育功能化。

1. 集体验与游戏为一体的体验馆

益幼园儿童社会体验中心,是园所体验课程的一部分,是专门为幼儿进行模拟体验而设计的。该中心共设有 8 个体验馆,分别有淘乐玩具城、建筑设计院、好食光生活馆、奥妙科探室、书虫部落屋、巧手儿制作坊、快乐社区(又设快递、银行、超市、门诊、摄影、理发等)、艺彩创意坊。每一个体验馆都是独立的活动区域,同时 8 个体验馆之间又存在联动性。

体验中心宽敞的活动空间、丰富的活动内容不仅可以满足幼儿跨班游戏的愿望,而且扩大了幼儿交往的范围。

2. 集观赏与探究为一体的种植区

园所户外采用了春华、秋实、夏荫、冬绿的种植方案,与四季变化紧密相关,园内大有悬铃木、银杏及各类果树,小有郁金香、月季等各类花草,更有方便幼儿不踏入土地就能种植、观察、照顾到的各类植物,幼儿可以发现不同季节的特点和周期变化,以及这些变化对植物的影响。

3. 集娱乐与运动为一体的游戏区

整个幼儿园环境设计遵循以幼儿的身高和视线为基准,满足幼儿户外自主游戏

[①] 李明君,山西省晋中市第一幼儿园。

的愿望，走出教师的"高控"。将固定游戏器械和活动游戏器械相结合，营造自然化、教育化、功能化的户外游戏区域，满足幼儿成长需要。

4. 集观赏与游戏为一体的景观区

户外场地中的圆形平台、水系、沙系设计将观赏性和游戏性融为一体。圆形平台可以进行转圈跑、穿越、钻洞等各类活动，满足幼儿对圆形的喜好。水系设计包含了喷水池、长长的水渠和圆形的水池，水系设计中浅浅的台阶可以供孩子们坐、站以及摆放玩水的工具，幼儿还可以走到下面的水渠玩水，玩打水仗游戏、摆弄玩水的工具，感受水的流动，更深入地了解水的特性，满足了幼儿自主探究的愿望。

（二）设备配备系列化

幼儿园的首要任务是保证幼儿的生命安全与身体健康，由此，园所主要在幼儿园的安全装置、用水设备、备餐设施上下功夫。

1. 配备齐全的安全装置

为确保园所安全，园所在注重对幼儿安全教育的基础上，加大在"技防""物防"上的投入力度。

"技防"，采用信息化的管理手段强化安全管理。全园共安装180余个探头，全面实现对园所无死角、全覆盖监控；院墙安装了与公安报警系统相连的红外线对射30组，保证突发情况的第一时间报警；出入园门有刷卡管理系统，教职工、家长一人一卡，凭卡入园，不仅防止无关人员入园，还可以及时看到幼儿、教师的考勤状况；食堂安装了门禁系统，避免了闲杂人员随意入内；建立了安全信息平台，加强幼儿园与家长之间安全信息的沟通，并利用安全教育平台加强对幼儿的安全教育。

"物防"，除了原先有的防刺背心、防割手套、警棍、头盔等，又增加了钢叉、盾牌等；大门外有防冲撞的隔离墙、石墩。另外，园所还建立了微型消防站，班班配有消防应急箱等。通过这些齐备的管理工具，配合有效的管理手段，园所的安全管理水平逐步迈向规范化。

2. 配备先进的用水设备

1）反渗透过滤直饮水系统

《幼儿园工作规程》指出，幼儿园要提供安全的饮用水。为满足幼儿饮食、饮水需要，园所配置了滤水装置，即反渗透过滤直饮水系统，班班配备二次直饮水净水设备，保证了每位幼儿每天饮水卫生安全，彻底告别了教师每天在锅炉房打水的岁月。

2）太阳能恒温供水系统

为保证教师、幼儿能随时用上热水，园所集中安装了太阳能恒温供水设备，班级幼儿洗手池均为恒温供水，有效避免烫伤幼儿。

3. 配备功能齐全的备餐区

为了保证幼儿的饮食卫生安全，园所设置了瓜果清洗区，取、分餐区，清毒区。其主要亮点有以下几点。

（1）瓜果清洗区：配备专用按压式清洗液，水源为净化水，从源头上杜绝了因清洗水果造成的二次污染。

（2）取、分餐区：由专人统一配套送餐入班，由班级教师在备餐区进行统一分发，备餐台采用易清洁、不污染材质。

（3）消毒区：幼儿的水杯、餐具每次用后能及时清洗并消毒，保证了幼儿的饮食卫生与安全。

4. 配备完善的电教设备

教师人人配备一台电脑；班班配备一体机、打印机、移动音响；园内有专用摄像机、投影仪多台，有设备齐全的多功能活动室，极大地满足了教师教育教学工作的需要，无线宽带网络全覆盖方便了教职工随时随地上网学习、查阅信息。

5. 配备现代化的厨房设备

园所的厨房是更具现代化特点的又一创新配备，在这里有科学、卫生、合理的空间规划，分设有预进间、更衣间、粗加工间、细加工间、备餐间、清洗消毒间等，有大型自动洗碗机、蒸箱、烤箱、切菜机、削面机、包子饺子机、切菜机、绞肉机、和面机、土豆削皮机等一系列加工处理设备，形成一条龙流水作业，保证食品无二次污染，同时大大降低了劳动力。

（三）设施与空间使用创新化

幼儿园设施与空间使用应满足幼儿的生理及心理发展需求，更加注重人性化。幼儿园的设施与空间设计理念需要讲究"生态"与"节约"和谐共生。

1. 构思巧妙的儿童床

儿童床不仅设计合理、实用,而且温馨、安全。传统的幼儿园幼儿用床存在如下问题:单人木质床,占用空间大;传统木质高低床,不安全;塑质简易床,每天搬来搬去劳动量大、易损坏;抽屉式木质床,容易夹到孩子的手、上下床不太方便。

结合这些问题,园所从结构合理、安全保障、温馨舒适方面考虑设计了每组六人高低床。其主要亮点有以下几点。

(1) 突破了以往的双人高低床结构,精心设计了六人高低床,整个床乍看上去只有上、下两层,每层睡两个孩子,像四人床,实际在下床的下面还隐藏着两个抽屉床,孩子睡觉时拉出来用,起床后推到床下,只能看到最外面的挡板,既隐蔽又美观。单是这就已经比传统的高低床节省了一个床间距的空间。

(2) 安全适宜的床间梯深受幼儿喜爱,两张六人床之间共用一个40厘米宽的四层床间梯,改变过去"攀爬式"为"台阶式",每层台阶上都贴上地垫,孩子们走上去不会打滑,既美观又安全,还节省了大量空间。

(3) 利用这块场地,每班比原来增设了一到两个活动区域,有限的空间得到了最有效的利用。

2. 设计合理的备课间

园所的教师带班模式改"两教一保制"为"三教制",即班级教师工作保教合一,三人共同承担班级工作,这样,教师备课空间需求加大,幼儿园日托制的特点也要求必须为教师创设既能看得见、照顾到每位午睡的幼儿,又能有效利用时间进行独立备课。几经斟酌,园所在幼儿寝室规划出了一块相对独立的教师办公室。主要亮点有以下几点。

(1) 占地面积小,设计功能性高。寝室实用面积70多平方米,备课间仅占地7平方米,视线前方采用高清钢化玻璃,木质底座,结构牢固,空间通透,下方采用彩色软包装饰,看起来美观舒适。这样教师在午间值班时,就不必单一完成值班工作,而是能在观察孩子们的午睡情况的同时兼顾完成一些案头工作。

(2) 布局设计美观、温馨。备课间里放有三张电脑桌,三个立式的实木柜子,与幼儿寝室设计浑然一体。教师们可以根据个人喜好,桌面上增加一些个人的小摆件,如笔筒、相框等。

3. 布局合理的仓储库

园所的地下室集水电暖各控制室、库房、儿童室内运动场为一体,值得一提的是，园所的仓储库巧妙隔断、分类存储的构思。

园所的地下室廊柱比较多，各类控制室也不少，这些建构各不相连，浪费不少空间，而幼儿园日常物品采购种类多、存放量大，一度占用了地下室四分之三的空间来进行存放。在观察地下室的结构后，园所考虑规划整改，用可以随意推拉的铝合金隔断有效利用楼梯、控制室隔墙、廊柱等结构进行隔断。同时，依据各库房物品特点设计不同尺寸的货架、储物柜、二层梯台等。经过这些库房的巧妙建立，仓储库分门别类存放各类物品，有效加强了物品的管理。

4. 功能齐全的餐车、餐具

幼儿的饮食健康，永远是幼儿园最关心的课题，营养均衡的餐点需要餐具、餐车以及与之相配套的设施才能高效地送达到每个幼儿口中。

1）餐车变革

平面餐车被改为凹口餐车，加大餐具放置容量。每辆餐车两层，每层四个凹口，上下对应，纵向对应的两个凹口为一个班级使用，每辆餐车够 4 个班级使用。在餐车每个凹口四角分别拧一个螺丝，螺丝高于四角平面，加大四角平面和餐盒边沿的距离，方便手指伸进去取放餐盒。餐车每层四周高起一个围边，便于叠放的餐盒在取送途中不滑落到餐车外。此外，餐车统一停放在食堂门口空地，整齐摆放，节约空间且美观。

2）餐具变革

无盖或凸面盖的圆盆、圆锥形或圆形桶被改为平面盖的长方形盒，便于加盖保温、叠放餐具和去盖套放在消毒柜消毒、保洁。餐盒根据盛放的餐食有深有浅，最深的盛主食，次深的盛汤，最浅的盛菜。餐车上下对应的两个凹口可叠放四个餐盒，足够一个班级使用，每层可叠放 8 个餐盒，两层 16 个餐盒，足够 4 个班级使用。一系列的创新和实践之后，园所取餐环节的问题——迎刃而解。

成功源自不懈的努力。大家通过集思广益，园所环境在不断创新中不断得以完善。

十四、在探索中玩转积木——以山西省晋城市健健幼儿园为例[①]

积木是幼儿园典型的游戏材料之一，幼儿在搬运、取放积木的过程中，可以发

---

① 卢团云，山西省晋城市健健幼儿园。

展大肌肉动作；在把积木堆高、围合的过程中，能获得理解空间的关键经验；在平衡各种类型的积木时，可以发展手眼协调能力。积木的奥妙之处就在于它能充分满足幼儿方方面面的兴趣需要，从而提供给幼儿整合性的经验。

刚接触单元积木时，幼儿对其充满新鲜感和好奇心，跃跃欲试，动手搭建的兴致很高，但大部分幼儿处于搬移、垒高、自由摆弄的状态，目的性不强，更谈不上搭建水平。作为教师，对单元积木也是既好奇又陌生，为此，园所围绕"积木游戏的组织和实施"展开了一系列探讨活动，最终达到了预期的目的，收到了显著的效果。

（一）深入体验，查摆问题

园所通过组织教师参加搭积木比赛活动，引领教师走进积木，了解积木。教师从能准确说出每一块单元积木的名称到逐步了解积木与积木之间的关系，再到相互交流每一块积木的使用方法，最后到探究积木中的支撑、组合、匹配、连接等搭建问题。

在尝试建构方法、体验建构乐趣的同时，教师遇到三大问题，即环境与材料问题、游戏指导策略问题以及游戏评价问题。结合这三大问题，园所组织教师查找资料、学习培训、沟通交流，做足了功课，让教师对积木游戏有了更全面、更深入的了解，为下一步观察和指导幼儿开展积木游戏奠定了坚实的理论基础。

（二）自主探索，创新玩法

积木体现了很多力学原理，比如大小、形状不同的积木，稳固性是不一样的。幼儿最初多用积木搭各式各样的房子，把一块一块的积木往上垒，比比看谁垒得高。随着对积木属性的认识不断加深，幼儿还能自创出很多除搭房子以外的其他玩法。

（1）多米诺骨牌：先根据适当的距离，把积木一块一块的摆放好，可以摆出很多不同的形状，圆形、半圆形、S形或者直线一字形，摆好后投掷色子分胜负，推倒第一块，之后的一系列倒地。在积木的摆放过程中，幼儿需要准确地判断空间距离，而且要求手部动作精确和高度集中注意力。失败几次后，幼儿会慢慢总结经验，越玩越有趣。

（2）打保龄球：先把不同颜色的圆柱体积木排列成倒三角形，然后离开一段距离，拿一个球滚向积木，将积木碰倒。随着幼儿能力的增强，可以逐渐加大距离。

这个游戏要求幼儿具有方向的概念，对提高注意力、锻炼身体协调性也有帮助。

（3）回力车大赛：用积木搭出赛道，把回力车放入赛道，听统一的口令回力"发动"汽车，再次口令放手驶出回力车，最先到达终点并撞到终点积木块的为胜，胜利者把小汽车放上领奖台。

（4）小动物的家：这个游戏是源于一首儿歌"搭呀搭，搭积木。搭呀搭，搭幢漂亮新房子。小绵羊，来一间；小花狗，来一间；小公鸡，要一间；小黄鸭，要一间。剩下一个大房间，留给马儿住里面。"幼儿可以自创儿歌，搭好后，把自己喜欢的毛绒玩具放在搭好的房子里。

（5）高速公路：先用两块积木搭桥墩，然后在上面放一块积木，照此方法分块连接，建成一条长长的高速公路。

（6）上坡下坡：用积木搭建出斜坡结构，提供一些玩具汽车、小圆球等，孩子就会乐此不疲地玩上坡下坡的游戏。

（7）小小书架：幼儿在搭好的分层次的积木架中放入自己喜欢的书，一个小书架就做好了。

（8）百变积木：幼儿用积木搭出自己喜欢的图案、数字、汉字等，这个游戏能充分发挥孩子的想象力和创造力。

（三）收集辅材，丰富情节

辅助材料是建构游戏开展的催化剂，植物、动物、交通工具、标志牌、废旧物品等辅助材料不仅能丰富幼儿游戏的内容和形式，还可以激发出幼儿的游戏动机和游戏构思，引起幼儿的游戏联想和游戏行动，从而丰富游戏情节，提高游戏水平。实践工作中，园所主要通过以下三种途径收集辅材。

1. 幼儿自主收集

例如，小班幼儿在搭建"小动物的家"这个主题时，幼儿会想到自己家里的各种东西，他们把自己喜欢的布娃娃、毛绒玩具、小汽车等带到幼儿园，用积木把小动物围起来，不会封顶就用带来的纱巾盖在上面……幼儿参与游戏材料的发现和选择是幼儿的一种重要的学习和游戏活动，它对幼儿的发展具有重要的意义。但要让幼儿成为游戏材料的收集者，就要让幼儿知道自己需要的是什么，自己缺少什么样的游戏材料，这样才能提高游戏材料收集的目的性。

2. 师幼共同收集

教师是幼儿游戏的观察者，从幼儿参与游戏的投入程度、对游戏的兴趣等方面可以清楚地意识到游戏材料的使用状况，哪些材料是适宜的，哪些材料不适宜，还需要补充什么材料，从而及时地和幼儿一起收集和添加相应的游戏材料。例如，在搭建"停车场"这个主题时，教师事先和幼儿商量要收集哪些东西，说一说每一种材料可以怎样用，活动中幼儿用带来的玩具汽车、玩具小人、各类交通标志等材料将停车场装点后变成了美丽的生活场景。活动结束后，幼儿相互参观作品，讲述自己拼搭的造型，同时教师对幼儿的表现及时予以肯定并提出建议，让幼儿既体会到成功的喜悦又增强了继续收集材料的积极性。

3. 家长参与收集

教师先要向家长说明收集材料的作用和意义，发动家长把家里废弃的易拉罐、奶粉罐、饮料瓶、方便面碗等各种材料带到幼儿园，共同丰富和充实班级的建构材料。

幼儿、家长和教师都是游戏材料的收集者，一些现成材料经过消毒后，可以根据游戏的需要直接由教师和幼儿投放进去；一些废旧材料可以通过教师、幼儿和家长共同制作一些成品后，根据游戏的需要投放到游戏中去，也可以引导幼儿在游戏的过程中制作游戏材料进行游戏。

（四）创设条件，积累经验

对于幼儿来说，前期的搭建经验准备很重要，它可以丰富并加深幼儿对物体和建筑物的印象。所以，教师需要引导幼儿观察日常生活中各种不同的物体和建筑物的形状、颜色、结构及空间位置关系，丰富幼儿头脑中造型的印象。或者通过引导幼儿观察相关的玩具、图片、照片等丰富幼儿对建筑物的认识。对小班幼儿，教师可以提供搭建好的多个范例模型供幼儿参考；对中班幼儿，可以提供建筑物模型进行引导；对大班幼儿，则可以结合作品构造图，引导幼儿尝试看图纸搭建。

此外，还可以带幼儿进行实地观察。例如，小班幼儿在搭建"我爱幼儿园"这个主题时，教师利用餐后散步时间多次带幼儿对娱乐城、旗台、喷水池、教学楼、操场、大门、围墙等建筑进行观察，每观察一处后，就和幼儿一起搭建这一处，一周的时间里幼儿就能组合搭建出完整的幼儿园场景。

（五）认真观察，总结反思

"游戏观察"是教师工作中重要的一环。通过观察记录，园所归纳总结出不同年龄段幼儿搭建积木的特点。

1. 小班幼儿积木游戏

1）特点

3—4岁幼儿的建构活动往往是无意识、无目的的，建构的特点是独自游戏和平行游戏，只对搭的动作感兴趣，不在乎搭出什么。很多时候是在搭建出成品之后，看到像什么，才命名为相应的事物名称。3—4岁幼儿的建构作品结构较为简单，在教师的干预和指导下，搭建的目的性有所增强。

2）指导要点

（1）认识积木、纸盒等游戏材料，引发运用材料进行建构游戏的兴趣。

（2）学习独立地建构门、桌子、床等形状简单的物体，并能表现其主要特征。

（3）学习连接、延长、围合、加宽、垒高等主要构造技能，搭建马路、围墙等简单建筑。

2. 中班幼儿积木游戏

1）特点

4—5岁幼儿已具有一定的建构水平，手部小肌肉动作逐渐发展，思维、想象、生活经验等更加丰富，建构的目的性增强，建构的坚持性也在增加，已能运用已有经验对物体进行再现和创作，但是建构作品大部分不讲究对称和平衡。建构水平开始由单一的延展向整体布局过渡，如尝试着搭建楼房和小区。

2）指导要点

（1）学会选择高低、宽窄、厚薄、长短不一的材料搭建不同的物体。

（2）学习架空、覆盖、桥式和塔式等建构技能搭高楼、架大桥等，形成里外空间的概念。

（3）学习与同伴合作，进行有目的、有计划、有顺序搭建，如合作搭建公园、停车场等。

3. 大班幼儿积木游戏

1）特点

5—6岁幼儿已经具有一定的独立建构能力，掌握了一定的搭建技巧，会使用辅助材料，事先能进行一定的设想和规划，并能通过分工、合作完成一件较为复杂的作品。幼儿能够搭建出有场景、有情节的，较高水平的建筑群且建构作品讲究对称和平衡，比较形象。

2）指导要点

（1）学习转向、穿过、平式联结和交叉联结等建构技能，搭建立交桥、拱形门等复杂的三维物体。

（2）掌握对称、平衡的构造，尝试整体布局，学习选择使用辅助材料。例如，在公园里搭建相呼应的前门和后门，在住宅区里搭建对称的亭子、路边的花草等。

（3）在搭建前学习商讨、分工，进行一定的设想和规划，通过分工、合作完成一件较为复杂的工程。例如，经过商讨后大家分工，有的搭建楼房，有的搭建停车场，有的搭建花园，有的搭建游泳池，有的搭建围墙，建成一个完整的小区。

（4）学习建造有一定主题和情节发展的，结构复杂、装饰精巧的建筑群。例如，根据某一绘本故事的主题情节的发展进行搭建，幼儿的兴趣会更加浓厚。

（六）建立常规，培养习惯

制定必要的游戏规则，建立良好的游戏常规是游戏顺利开展的重要保证，在实际工作中教师往往会通过设置区域卡、张贴标识、播放音乐以及活动前说规则、活动中加深认识、活动后讨论巩固等多种形式，帮助幼儿理解规则、遵守规则并形成习惯。

（1）摆放常规：要求摆放分门别类、整洁有序，方便幼儿取放。例如，积木要放在开放式的柜子里，相同的放在一起；摆放的位置要固定；要张贴摆放标识，图片适合小班，比较抽象的文字适合中、大班。

（2）操作常规：要求幼儿戴卡入区，不争不抢；轻拿轻放、不乱扔积木；活动中遇到困难自己想办法解决。

（3）收拾常规：在听到结束音乐响起时，开始收拾玩具；掌握收拾整理材料的方法，能将操作材料按照标识分类整理、归位；将完成的作品放在指定位置，便于评价；未完成的作品设置未完工标志牌，保留作品，下次接着进行。

通过以上措施，园所幼儿使用单元积木搭建的水平明显提升，搭建主题更加多样化，搭建的作品更加规整和有特定的结构，还能利用搭建物开展丰富的象征性游戏。同时，幼儿在积木游戏过程中形成的主动探究、积极思考、乐于交流的品质和积极情感延伸到了其他活动中,任务意识、合作意识以及语言和动手操作能力大大增强,这些都为幼儿综合素质的提升起到了积极的促进作用。教师在组织积木游戏的过程中也逐渐学会了等待和观察,能自然融入游戏,和幼儿一起探究、学习、分享搭建的快乐。评价游戏的理念在悄然发生着变化,从最初的重视搭建技能逐步转向注重幼儿在搭建过程中的情感、态度、能力、习惯等。

游戏材料直接影响着幼儿游戏的质量,让我们携起手来,共同关注和研究积木,让幼儿在积木游戏中得到快乐,得到发展。

十五、绘声汇色·阅读悦美——温州市鹿城区幼儿园绘本阅读馆配备的建设、管理与运用[①]

绘本,即图画书。绘本一般要求是图文并茂,来共同讲述一个完整的故事。当然,绘本除了故事类的,还有认知类、科普类等。这里讲的主要是给幼儿阅读的故事类绘本。

绘本不仅是讲故事,而且可以全面帮助孩子建构精神世界,培养多元智能。绘本是发达国家家庭首选的儿童读物,国际公认"绘本是最适合幼儿阅读的图书"。

绘本有以下四个特点:第一,绘本是为幼儿创作的书,最多只有三十几页,开本有大有小,图文并茂,结构设计上包含封面、环衬、扉页、正文、封底等。第二,绘本的图画不是文字的附庸,它是绘本的生命。绘本通常用图画和文字共同叙述一个完整的故事,是图文合奏。抽象地说,它是通过图画和文字这两种媒介在两个不同的层面上交织、互动来诉说故事的一门艺术。当然也有纯粹用图画来演绎一个完整故事的书,即无字书,如美国顶尖插画家大卫·威斯纳的作品《海底的秘密》《七号梦工厂》等。第三,绘本是画家精心"导演"、精心排版制作的"电影短片"。绘本主要用图画来叙述故事,因此它非常强调画面的连贯。阅读绘本就像在看电影短片,每一本绘本的作者就像是一位电影导演,必须在限定的篇幅里把一个故事讲得既清楚又好看,他不但要善于运用分镜头语言,还要有一种把握视觉节奏的能力。所以,一本好的绘本,即使孩子不识字,仅是靠"读"画面,也能读出个大意来。第四,绘本的图画和故事充满艺术感和生命力。绘本的作者都是有丰富生活经历的

---

① 唐小挺,温州市鹿城区教学仪器管理供应站。徐启金,温州市教育装备和勤工俭学管理中心。叶炜炜,温州市第一幼儿园。

大人，他们的作品反映了他们的世界观、人生观和价值观。世界经典绘本的很多图画，更是一件件艺术作品，他们的绘者，无不是经过长期的专业学习、有着深厚艺术功底的大师。所以，绘本是虽然为幼儿创造却适合不同年龄的人读的书。总之，一本好的绘本，不同年龄的人，可以读出不同的感受。

鹿城区以温州一幼、温州四幼、温州五幼、温州十一幼等优质公办园为主，基于儿童阅读的兴趣与能力基础，围绕绘本资源的配备，环境的创设以及阅读馆的运作与管理等方面，以"营造书香环境、创设书香园所、培养书香儿童"为目标定位，努力建设具有地方特色的"绘本阅读馆"。2015—2017年全区陆续投入300多万元用于购置幼儿绘本等图书。

（一）完善的资源配备及人性化的细节建设

1. 良好的藏书结构是构建有效阅读环境的基础条件

1）幼儿化的书架建设

以温州一幼为例：园区绘本阅读馆的建筑面积为200多平方米，该园合理规划及运用馆内书架的摆设，选用木质书架，并对书架彩粉刷上亮丽的颜色，将书架靠墙边横置，预留出中间位置使馆内空旷舒适，增大了幼儿活动的空间。为了更好地管理图书，管理者将书架、图书编码，按照编码区别种类安放。为体现书架"幼儿化"的人性建设，园所缩减了书架高度与宽度，以拉进书与幼儿的距离。

2）贴心的馆藏建设

为了提高幼儿园的绘本图书馆藏质量和数量，让幼儿更容易找到自己喜欢的绘本，鹿城区教育局和温州市少儿图书馆签订战略合作协议，让每个幼儿园的绘本馆都成为市少图馆的分馆，分馆和总馆之间书籍定期流动。每个幼儿园绘本阅读馆还创设了"热门推荐"书架。将借阅次数较多、受到幼儿喜爱的书，放在"热门推荐"书架上。为了让家长们了解保教育儿的知识，适宜地创设了"家庭教育类"书架，摆放最新的家庭教育书籍。幼儿享受读书快乐的同时，家长也在这里获得了以书育儿的乐趣。

2. 温馨的阅读环境是培养幼儿阅读兴趣的必要因素

1）温馨的馆内色彩氛围

针对幼儿的心理特点创设温馨多彩的阅读环境。温州五幼的园所主色调为黄、橙、绿，因此，在馆内的整体色调上采用了暖色，墙面以黄色和绿色为主。为营造出柔和、温馨的氛围，以粉色、蓝色、白色为辅，装饰绘本馆的角落。又如温州九幼的阅读特色为"趣玩绘本"，主要体现温馨、童趣的馆内色彩，以及各个经典绘本中的画面情节与主要角色人物，让绘本元素与阅读环境相呼应。舒适的环境氛围，激发了幼儿的阅读兴趣。

2）童趣的绘本角色墙

温州十一幼在馆内墙壁创设绘画了一面"绘本角色互动墙"，将经典的绘本角色进行汇集，结合情境，使之与幼儿进行情感互动，丰富馆内童趣生动、愉悦活泼的阅读环境。童年短暂易逝，特别是幼儿阶段不可能读完世界上的所有绘本，所以园所要尽最大努力做到认真挑选，尽量给孩子读获奖的、经典的绘本。

3）愉悦的"亲子读书吧"

温州五幼绘本阅读馆馆内摆设多姿多彩的阶梯式木质书架，并在书架周围，摆放圆桌与靠背小椅，作为"亲子读书吧"。在书吧里，家长们可以与孩子们一起阅读；在绘本馆里，让大家感受到浓浓的亲子之情。

4）绿色的"爱心图书医院"

为了提高幼儿借阅书籍后爱护书籍的心理意识，温州四幼尝试让大班幼儿来当"小医生"，在绘本馆入口处设立"爱心图书医院"。"爱心图书医院"有双面胶、胶水、幼儿用的小剪刀等。"爱心图书医院"不仅培养了幼儿爱书的习惯，也锻炼了幼儿动手的能力。

（二）全面规范的信息化管理及运作模式

1. 现代化的书籍管理系统

1）快捷、先进的书籍循环调配管理

各幼儿园绘本馆均采用 Interlib 图书自动化管理系统，实行自助借还。2017 年，为进一步方便各园所的书籍管理，区教育信息中心牵头将市云图书馆和市少儿图书馆两个管理系统无缝对接，今后在市云图系统即可借阅所有绘本资源，真正实现了学校和社会资源的无缝整合，面向图书管理人员实现了"透明"化操作。

2）"一人一卡"的现代化借阅管理

绘本阅读馆实行"一人一卡"的读者管理模式，每位幼儿与教师凭证借阅，采用电脑扫描的现代化技术，为教师与幼儿提供了便捷的借阅平台。

3）科学合理的时间安排管理

为实现科学管理，各幼儿园结合实际情况，规划了绘本阅读馆的开放时间表，实现了绘本阅读馆在集体阅读指导教学、亲子书籍借阅、幼儿园阅读活动等方面的管理。

2. 互动化的阅读文化管理

1）"阅读之星"评比活动

为了提高幼儿阅读的积极性，鹿城区设立了评选热爱阅读的幼儿的活动。通过阅读管理系统，从中选出月内借阅书籍最多次数的幼儿，成为每月的"阅读之星"。

2）"阅读之星"展示活动

部分幼儿园还在馆内设立了一面"阅读之星照片墙"，以教师手工制作的一张张小海报照片为背景，将获得"阅读之星"的幼儿照片贴在这些可爱的圆圈中，成为阅读馆一道亮丽的风景线。

（三）体验式阅读活动的功能拓展

1. 让绘本"说"起来——"绘本故事姐姐"

鹿城区幼儿园还推出了"×幼姐姐讲绘本"活动，以生动活泼的教育方式将绘本演绎得惟妙惟肖。为了更好地延续鹿城区书香绘本特色课程，并锻炼园所每位教师的教管能力，幼儿园会请教师轮流当任"绘本故事姐姐"，每周轮流邀请一个班级幼儿到绘本馆里，聆听教师挑选准备的绘本故事。活动自开展以来，深受幼儿和家长的喜爱。

2. 让绘本"动"起来——绘本互动课堂

触控多媒体一体机、液晶电视、电脑等先进设施设备在场馆中的应用，使鹿城区绘本阅读馆成为超越传统图书馆的视听体验中心。例如，温州四幼在每周三，幼儿园各班级轮流开展绘本课程，分上午、下午各一个班级进行。教师们将班级的幼儿带领到阅读分馆，在环境的熏陶下，为幼儿开展有声有色的绘本课程教育，幼儿们在这里感受绘本人物的活灵活现，更激发了幼儿对绘本的兴趣。

3. 让绘本"演"起来：——绘本表演舞台

为了展示幼儿风采，鹿城区在阅读馆中每月定期举行幼儿的绘本表演，幼儿可以在阅读绘本之余，通过表演的形式增加对阅读的兴趣和多样化阅读能力的提高。

幼儿用他们生动的表演，感染了教师和家长。教师和家长真切地体会到幼儿在绘本的世界里是如此快乐和幸福。

4. 让绘本"听"起来——有声绘本试听区

温州四幼规定，各班级以轮流的形式，每周一午间活动结束时，幼儿在教师的组织下走进绘本阅读馆，利用温州市云图资源库中的有声绘本资源进行该项活动。这不仅丰富了幼儿的午后生活，也在生活与教学环节之间做到了自然过渡。

阅读是幼儿成长的幸福，是成长中收获的财富。过去的几年，教区在场馆建设、阅读管理、资源运用等多方面开展了卓有成效的探索和实践，在一定程度上优化和完善了区域幼儿园绘本阅读馆的建设，使之成为服务于师生、家长和社会的一道亮丽风景线。

十六、让幼儿园成为孩子们的"家园·学园·花园·乐园"——西工大幼儿园环境创设的实践探索[①]

（一）幼儿园环境创设理念

《3—6岁儿童学习与发展指南》中指出，"幼儿的学习是以直接经验为基础，在游戏和日常生活中进行的。要珍视游戏和生活的独特价值，创设丰富的教育环境"。幼儿园创始人福禄贝尔主张，在幼儿园中，环境应充满自然因素，成为儿童理想的生活乐园，也更成为儿童的精神乐园。因此，西北工业大学幼儿园以"家园·学园·花园·乐园"为环境创设目标，坚持高标准打造硬件设施设备，并将教育目标、内容蕴涵在生活环境之中，营造让"每一块墙壁会说话、让每一寸土地能育人"的校园氛围，创设适宜、温馨、有序的教育环境，引导幼儿在与环境的互动中主动学习。幼儿园充分认识到游戏对幼儿学习与发展的独特价值，将区域活动作为园本课程的有机组成部分，科学整体规划，充分保障游戏时间，以课题研究为抓手，围绕区域环境创设、材料提供、幼儿游戏行为、教师观察和指导等方面进行深入研讨，积极为幼儿创设自由、自主、探索的游戏环境，让幼儿园成为幼儿健康成长，幸福生活的乐园。

[①] 赵振国，陕西省西安市西北工业大学幼儿园。

（二）幼儿园室外环境创设

1. 楼顶种植园

幼儿园建成了 800 平方米楼顶无土栽培种植园，设置了种植区，为幼儿提供认识各类植物的学习对象。教师教幼儿识别适宜当地生长的植物，可以让幼儿切实感受到植物的四季变化、叶子的不同形态等，使幼儿更加充分地认识和了解自然。教师还教给幼儿栽种植物最简单的方法，不仅能使幼儿在劳动过程中和看到劳动成果时得到快乐，而且能够使他们在园地劳动的同时，发展肌肉和加强神经系统的锻炼。幼儿在大自然里的逗留和劳动，有利于他们的身体发育和促进他们的身体健康。幼儿园充分利用种植园的教育功能，为幼儿创造了观察与发现，劳动与收获的体验空间。在种植园中，幼儿不仅可以接触广泛的自然要素，而且可以充分发展他们的想象力、语言能力、创造力，还可以激发幼儿的求知欲。

2. 户外活动场地

幼儿园开辟安全舒适的户外活动场地，提供丰富的大型活动器械、专项体育器械、自制活动器械等，利用大型综合器械、沙区、攀爬区、体能训练馆等专项活动区域，以及丰富多样的各类器械，发展幼儿走、跑、跳、攀、爬等能力，发展幼儿的身体平衡能力。进一步挖掘户外体育器械的多种玩法，根据幼儿年龄特点选择适宜的活动内容和形式，让幼儿在"有准备的环境"中主动感受、勇敢探索、积极发展。

幼儿园的自然环境是幼儿园教育活动可以直接利用的教育资源，每一个角落都在教师们的精心设置下成了幼儿开展健康活动的区角。院子里角角落落归放着各种玩具，幼儿每天早上来园，操场上一片热闹景象，有的玩小推车、三轮车、黄包车，有的玩各种造型车；围栏处安放着美化过的废旧轮胎，幼儿可以钻、爬、跳山羊、过小桥；塑胶跑道上幼儿尽情地扭一扭、跳一跳，自信满满地赛跑……小班幼儿可以在低矮的木质组合玩具上开心地玩耍，在南楼顶开发的沙坑里自由建构；大班幼儿可以挑战自我，在具有钻、爬、滑、转、甩吊等多功能大型综合玩具上锻炼。每年 4 月，西工大幼儿园都会召开以"我运动、我健康、我快乐"为主题的小小运动会。教师们从幼儿年龄特点和本园实际出发，综合幼儿走、跑、跳、钻、爬、投掷、平衡等基本动作的要求，设计集趣味性、竞赛性为一体的多种游戏项目，在分年龄段进行的趣味运动比赛中，幼儿积极参与，个个争先恐后，奋勇争先。

3. 幼儿园社区环境

大学校园里不仅有优美的自然环境，还有丰富的学府资源，幼儿观喷泉、爬假山，在草坪上嬉戏，在亭榭中休息，他们参观航空馆、鱼雷馆、实验室、图书馆，感受学府氛围，领略学者的风采。

（三）幼儿园室内环境创设

1. 班级活动区

幼儿园根据幼儿年龄特点与教育目标，为幼儿创设适宜的、合理的、多层次的区域环境。将教育目标和幼儿发展目标物化于材料中，投放安全、环保、自然、实用、丰富的材料，并根据幼儿游戏需要动态调整，让幼儿在"有准备的环境"中去感受和体验，去探索和发展。各班根据班级空间条件、幼儿人数、年龄特点、兴趣、需求、课程目标等因素确定区域数量及内容，做到班班有特色，各区有亮点。

小班幼儿年龄小，对情感的需求比较强烈，因此园所在小班设置了娃娃家、小厨房、小医院等幼儿熟悉的活动内容，着力为幼儿营造温馨、舒适的游戏氛围；设置多个平行的活动区域，同种玩具材料提供多份，材料色彩鲜艳、形象逼真。在材料管理上，通过直观形象的图片和照片作为标识，帮助幼儿了解每类物品的摆放位置，便于幼儿归纳整理区域材料。

中班幼儿角色意识逐渐增强，对活动的兴趣与自主性明显提高，同伴交往的需求与能力也迅速发展，因此，园所不断拓展游戏内容，设置了建构区、阅读区、美工区、科学区、智力游戏区，角色区内容更加细化，包括医院、娃娃家、超市、饭店、美容院等。中班材料种类更加丰富，更突出半成品与成品材料相结合，加大了低结构材料的投放比例，使幼儿游戏替代能力得到发展。在材料设计中，有意提供了一些需要两人合作才能完成的材料或活动，便于幼儿开展初步的合作。每个区域的活动规则均由教师和幼儿共同协商，幼儿自己制作进区卡，计划自己的游戏活动。在区域中提供记录纸笔和表格，鼓励幼儿简单记录活动的过程和结果。

大班幼儿对周围世界有着积极的求知探索态度，社会交往能力、合作意识、规则意识逐渐增强，能够自主制定行动计划，活动中的创造性更为明显。因此，园所在大班设置了探究类的智力游戏区、科学区、建构区、角色区、表演区。在区域管理上，从主题的选择、主题墙的设计，到选区计划、区域公约、流程，甚至是材料的选择、游戏的玩法都由教师和幼儿共同讨论决定，充分体现了孩子的自主性。大班幼儿的游戏替代能力进一步增强，园所提供了丰富的低结构材料，幼儿凭想象制作游戏中的各种物品，从假想的活动中体验游戏的愉悦感和快乐。增加了多种可供幼儿探索的益智材料，并根据幼儿发展水平体现操作的层次性，提供记录材料，鼓励幼儿记录游戏过程和结果。

2. 幼儿园功能室

除了班级区域环境以外，园所充分挖掘现有资源创建园级区域，设立了创意建构室、篮球馆、大城小厨生活体验馆、探究发现馆、图书吧、玩具吧、创意美劳馆等13个园级主题功能室。

探究发现馆提供了探索声、光、电、磁、水、力等方面的材料，幼儿通过看一看、听一听、摸一摸、做一做等感官的参与，在好奇的探究中走近科学、了解科学，萌发对科学的兴趣。

在大城小厨生活体验馆里，有赏心悦目的橙色的橱柜、明亮的窗户，有电磁炉、微波炉、小烤箱、电饭煲、榨汁机、消毒柜，还有造型可爱的各种调味瓶和小工具，以及适合幼儿使用的操作台、洗涤区，每个幼儿都有一套属于自己的厨师服，幼儿在这里不仅可以模仿、尝试、体验做小厨师的乐趣，品尝劳动的成果与快乐，还满足了对日用品和生活用具的探究愿望，从中掌握了更多的生活技能，并体验到生活的乐趣。

创意美劳馆里富有艺术美感的室内环境对幼儿有一种潜移默化的艺术感染力和吸引力，丰富的材料、创意的环境激发着幼儿创作的欲望，在这里，幼儿感受美、欣赏美、表现美、创造美。

建构室里，丰富的建构材料激发着幼儿的创造灵感。他们一起合作搭积木，探索大小、距离、空间变化，在游戏中体会空间变化的乐趣。

开放式图书区里有适合不同年龄阶段阅读的图书，幼儿在这里自由阅读，享受阅读乐趣，养成良好阅读习惯。

幼儿园将功能室纳入区域活动规划中常态开放，让全园各班的幼儿轮流使用，使幼儿园功能室和班级活动区互为补充，让幼儿在现实生活化的活动中历练、在充满童趣的游戏中学习，把教学真正融入活动之中，使区域成为孩子游戏的乐园。

幼儿的发展离不开环境的支持，西北工业大学幼儿园在环境创设方面始终强调环境与幼儿的相互"呼应"，环境创设应顺应儿童的天性，给予幼儿充分接触自然的自由，为幼儿的健康发展保驾护航，为幼儿的学习与发展提供资源，不断和幼儿一起打造属于他们自己的"儿童乐园"。

十七、木玩启迪智慧,游戏点亮童年——依托木玩系列资源,开发木玩游戏课程[①]

云和县实验幼儿园是云和县唯一一所公办园,下辖 5 个园区,依托本地木玩资源,开发了木玩游戏课程,创建了幼儿园木玩游戏品牌。

(一)木玩游戏课程开发的背景

1. 立于得天独厚的地域资源

云和县被誉为"木玩之乡",其木玩产品设计精妙,种类繁多,样式丰富,为园所开展木玩游戏课程提供了必要条件。因此,园所以各式各样的木玩成品、半成品、边角料等作为课程资源,将其自然融入幼儿园环境创设中,营造"木玩文化",创设"木玩乐园",支持幼儿开展木玩游戏。

2. 基于木玩独特的发展价值

玩具的物性和儿童的童性相契合。玩具的"可玩性"能满足幼儿"玩"的需求、探索的兴趣和思维能力的形成与发展。木玩游戏对幼儿发展有重要价值:

第一,木玩能促进幼儿运动能力的发展。在操作小型木玩过程中,幼儿精细动作能力和手眼协调能力得以锻炼;在木玩运动游戏中,幼儿平衡协调能力、力量和耐力得以提升。

第二,木玩能促进幼儿数学能力的发展。木玩为幼儿提供了探究数量关系、提高图形与空间意识、认识材料的属性和特点的机会,能促进幼儿观察猜想、分类排序、比较测量等思维能力的发展。

第三,木玩能促进幼儿审美能力的发展。木质材料绿色环保、美观大气,具有天然的花纹、光泽和颜色,具有较高的观赏价值,能为幼儿带来美的享受。同时,幼儿在木玩游戏中,利用材料创造各种现实或想象中的物体和与之相关的故事,探索颜色、形状、平衡、对称等带来的美感,提高审美意识。

第四,木玩能促进幼儿学习品质和社会交往能力的发展。幼儿参与木玩游戏时,

[①] 吴晓东、陈烨、王菲菲、赵海英、罗丽燕,浙江省丽水市云和县实验幼儿园。

可以利用木玩表达自己的情绪，体验成功的快乐，增强自信心，也可以利用木玩和同伴协商、互动及合作，增强与人交往的能力。

木玩蕴含的多重价值，正是园所开发游戏课程的基础与前提。

3. 鉴于幼儿园丰富的实践研究积淀

自 2008 年以来，园所一直挖掘和探索木玩在幼儿教育中的运用，积累了丰富的实践经验，主要经历以下四大阶段。

第一阶段（2004—2010 年）孕育期：单系列木玩游戏材料的研发和运用。自制木制体育器械，开展木玩促进幼儿运动能力的研究，探索木玩运动材料在幼儿活动中的运用。

第二阶段（2011—2013 年）萌芽期：园所依托独特的地域资源优势，选择适合幼儿的游戏材料，丰富幼儿的游戏内容，探索区角活动中的材料投放原则和教师指导策略，收集不同材料运用到区角活动中。

第三阶段（2014—2016 年）探索期：园所充分利用木玩资源优势，探索幼儿园快乐木玩课程资源的多种整合策略和实施策略，初步构建快乐木玩园本课程体系。

第四阶段（2017 年至今）拓展期：将课程重心从木玩本身转向利用木玩开展系列游戏活动，并于 2017 年与大学进行院园（地）合作，借助专家资源和研究生团队资源开展木玩游戏课程研究，形成木玩游戏课程的基本架构。

（二）课程的基本构架

木玩游戏课程是依托木玩开展的小整合课程，在"主动探究、互动建构、多元整合、智慧创生"理念指导下，以木质成品、半成品、边角料等木玩为载体，支持幼儿开展运动类、建构类、益智类、美工类等四类木玩游戏，旨在让儿童乐玩、研玩、慧玩，促进儿童整合发展。

1. 课程目标

1）课程的总目标

（1）认识各种木玩，探索木玩的不同特性与多种玩法。

（2）创造性地利用木玩开展游戏，增强体能，提升智慧，发展想象力和创造力。

（3）参与木玩游戏，初步形成积极主动、乐于探究、坚持专注、大胆想象与敢于创造的良好品质。

2）各类木玩游戏目标

各类木玩游戏目标如表 11-2 所示。

表 11-2　各年龄阶段及各类木玩游戏目标

各类木玩游戏目标		各年龄阶段木玩游戏目标
运动类木玩游戏	熟悉各种木玩运动器械的玩法，愿意参与体验木玩运动的快乐。尝试多种玩法，发展平衡、协调、力量、耐力，增强体能。养成良好的运动习惯，形成勇敢、坚强、不怕困难、敢于尝试等运动品质	小班	①愿意参与木玩运动，和其他幼儿一起愉快游戏。②在教师的提醒下，尝试选择不同的木质运动器械进行游戏，提高运动技能。③初步养成勇敢、不怕困难等运动品质
		中班	①喜欢参与木玩运动，乐意与同伴合作游戏。②能选择不同的木质运动器械，探索器械的不同玩法，提高运动技能和创新能力。③游戏中遇到困难，有初步解决问题的能力，具有坚持不懈的精神
		大班	①乐意参与木玩运动，主动与同伴合作游戏。②能利用已有的木质运动器械进行组合游戏，大胆想象，积极探索，创新玩法。③游戏中敢于挑战，勇于拼搏
建构类木玩游戏目标	认识木玩建构材料的大小、形状、重量、体积等特性，体会材料之间的数量及空间关系。运用平铺、架空、围合、模式、象征等方式进行搭建，发展建构能力。感受木玩建构的乐趣，养成坚持、耐心、细心、专注、合作等品质	小班	①愿意参与建构游戏活动，感知木玩建构材料的大小、形状、重量等特性，体会材料之间的数量关系。②尝试运用平铺、叠高、围合等技能进行情景建构游戏，体验游戏的快乐。③游戏中不争抢、不打闹，能大胆地与同伴交流分享自己的作品和自己的想法
		中班	①能运用平铺、叠高、围合、拼插、组合、架空、镶嵌等技能，围绕生活经验内容进行有目的的建构游戏。②游戏中能与他人协商，主动参与同伴建构，体验合作搭建的乐趣。③能够认真专注于建构游戏活动，坚持完成建构作品
		大班	①乐于和他人合作、交流，在探索与创造中获得艺术造型、空间组合、数形概念等认知经验。②尝试设计平面图，能依据设计运用架空、插接、镶嵌、排列、组合、模式、表征等技能进行搭建，将平面图变成立体的建构。③喜欢参与建构活动，并能尝试独立解决问题，能用语言大胆表达自己作品的同时，理解并欣赏他人作品

续表

	各类木玩游戏目标		各年龄阶段木玩游戏目标
美工类木玩游戏目标	知木玩材料的大小、形状、色彩等特性，乐于进行美工活动。尝试运用涂画、拼贴、叠加、连接、借形等方法，大胆想象、表征与创生。发展手部精细动作，提升动手操作能力	小班	①初步熟悉木玩美术游戏的工具和材料，充分感受木玩材料的特性。②尝试运用涂一涂、画一画、拼一拼、贴一贴、说一说，初步进行简单的装饰活动，发展手部精细动作。③体验木玩美术游戏活动的乐趣，并乐意参与木玩美术游戏活动
		中班	①进一步熟悉木玩美术游戏的工具和材料，感受木玩材料的特性。②能根据木玩美术游戏材料的特性，尝试用拼一拼、贴一贴、连接、叠加等方法，进行借型想象，并独立完成一幅作品，提升动手操作能力。③能运用木玩美术游戏材料表达自己的想法和感受，积极、主动地参与木玩美术游戏活动
		大班	①了解各种木玩美术游戏材料的不同特性，知道不同特性的材料具有不同的表现效果。②尝试用拼一拼、贴一贴、连接、叠加、立体造型等方法，表现简单的某一主题或场面情节。③乐意与同伴合作，体验综合运用不同木玩美术游戏材料创作的快乐，提高动手实践能力
益智类木玩游戏目标	感知益智类木玩材料的形状、大小、色彩、高矮、粗细等特性，体会材料间的匹配、分合、平衡、模式等关系。发展儿童观察、分类、排序、比较、概括、转换等思维能力。积极思考、认真专注、有序竞争，形成初步的规则意识	小班	①愿意并喜欢益智类游戏活动，认识图形的不同特征，感知物体基本的空间位置与方位以及材料间的匹配、模式等。②通过组合、分解、排序、分类等活动，提高观察力、动手能力以及手眼协调能力。③尝试益智玩具的不同玩法，能够和同伴一起友好游戏
		中班	①感知物体的形体结构特征、熟悉图形的属性特征，理解部分与整体的关系。②通过拼搭、旋转组合等活动方式，提高观察力、专注力、专心做事的能力，学会记录。③能和同伴友好游戏，大胆进行有目的、有规律的探索，遵守游戏规则
		大班	①通过对图形的变换、移位、翻转，了解图形更深层次的特征，能按语言指示或简单示意图正确取放物品。②通过点数、集合，能进行计数，能够进行集合之间数量的比较，提高逻辑思维能力。③友好进行对弈，发展幼儿的两人合作的游戏技能

2. 木玩游戏材料组织原则

游戏对材料的依赖性决定了园所木玩游戏课程不同于其他类课程的课程内容。园所木玩游戏课程是基于四大类木玩开展的一系列游戏，即木玩运动类游戏、木玩建构类游戏、木玩美工类游戏、木玩益智类游戏。而幼儿游戏的自然性决定了木玩游戏课程内容无法以文本的形式呈现，更适宜以木玩游戏材料的形式呈现。在组织木玩游戏材料时主要遵循以下原则。

1）由浅到深，难度递增

不同年龄段幼儿的经验、能力不同，因此投放材料时应遵循由浅入深、从易到难的要求。例如：在投放木珠时，针对不同年龄段幼儿提供的材料不同（见表 11-3、表 11-4）。

表 11-3　不同年龄段木珠游戏材料层次表

年龄段	提供的材料
小班	木珠——圆形或动物的外形，特大颗、大颗，大孔，色彩鲜，颜色多 绳子——粗、硬
中班	木珠——圆形或几何图形，大颗，小孔，色彩鲜，颜色多 绳子——较粗，稍软
大班	木珠——圆形或椭圆形等，小颗，小孔，色彩鲜，颜色各异 绳子——细、软

表 11-4　不同年龄段木珠游戏目标层次表

年龄段	具体目标
小班	①任意穿，能穿成一串。 ②根据已有的木珠，找出相同的（颜色或图案）穿在一起。 ③按照已有的颜色规律图，将相应的木珠穿在一起
中班	①用自己喜欢的两种颜色或几何图形，交替着穿成一串。 ②能排除颜色或形体干扰串珠
大班	①三种或三种以上颜色循环着穿成一串。 ②左、右对称穿成一串。 ③两种或两种以上颜色，按一定规律穿成一串，如两颗红一颗黄或三颗红两颗黄

2）由一到多，种类拓展

材料投放遵循从少到多、从简到繁的原则。开始，教师为幼儿提供结构较为单一的材料。例如，小班幼儿的拓印画，为每位幼儿准备一份同样的拓印工具（花型、心形木块等），以避免出现抢玩具、选择困难等问题，便于幼儿开展平行游戏。随着幼儿各方面能力的提升，教师为幼儿提供丰富的、种类多样的操作材料，供幼儿自主选择、创作。当然，材料并非越多越好，而应考虑材料与活动目标的关系，做到有的放矢，加强材料投放的针对性、目的性和科学性。

3）由高到低，结构弱化

皮亚杰的儿童认知发展理论表明，不同年龄儿童所处的认知阶段不尽相同，对玩具的喜好和要求也有所不同。具体地说，对小班幼儿，教师应投放结构简单、趣味性大于操作性、规则要求低的木玩，以激发幼儿游戏的愿望，如镶嵌类玩具、套塔、钓青蛙等高结构的玩具。但这类高结构玩具功能固定，容易限制幼儿游戏的情节和玩法，因而需要经常更换或添加，还可以增加小部分低结构玩具。到了中大班，投放的玩具知识性（发展性）大于娱乐性，规则要求相对提高，有一定的操作难度，需要幼儿积极思维活动的参与，如立体五子棋、小孔钻洞等高结构玩具。此外，园所注重投放玩法多样、可变性大的低结构木玩，如卡普拉、碳化积木、轨道建构积木等。

4）由收到放，自主提升

游戏初期，幼儿对游戏的材料、形式、规则不明确，需要教师对玩具的投放、分配等进行更多指导。幼儿或集体或分组，教师指导游戏的进程，计划性和目的性都较强。在幼儿掌握游戏的常规形式的基础上，教师逐渐弱化对幼儿游戏的指导，包括玩具的选择、游戏的主题、游戏的伙伴，给幼儿更多自主选择的空间。

5）由分到合，价值创生

每一类木玩都有各自的玩法、用途，如积木是搭建城堡用的、轨道是开汽车用的。开始时，更关注每类木玩的单一价值，之后逐渐关注与强调重组、整合不同木玩，以充分发挥木玩丰富的潜在价值。

3. 课程实施途径

1）创设彰显木玩元素的环境

园所以木玩童话为主题，营造"温馨、精致、木趣、童玩"的氛围。走进园所大门，即可看见用木玩插珠拼插的墙面"木玩开启智慧、游戏点亮童年"在一楼走廊安装木制墙面成品玩具（如滚弹珠、华容道、插珠等），便于路过的幼儿随时随地操作摆玩；将幼儿制作的木制风铃、挂件等悬挂于走廊，引发幼儿"跳一跳、摸一摸"；运用木质边角料制成的形式多样的装饰画（如木屑画、木粒画、圆木片画等）布置楼梯墙面。这些彰显木元素特点、多元的展示平台，不仅美化环境，而且具有丰富的教育功能。

2）户外木玩游戏

（1）户外游戏环境的创设。

第一，区块的划分（见图 11-2）。

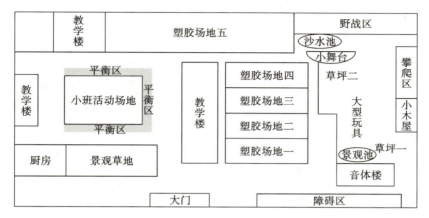

图 11-2　户外游戏环境区块的划分

各场地投放的主要材料有以下几类。

小班活动场地：平衡木、小木梯、长木梯、小木棍、小风车（攀爬）。

塑胶场地一：长木梯、人字梯、平衡木、井字凳、磁性积木。

塑胶场地二：跨栏、攀爬板、跳山羊。

塑胶场地三：滑板车、长木凳、二人三足、碳化积木。

塑胶场地四：小拉车、长高跷、陀螺。

塑胶场地五：四轮小木车、小木块、小高跷、跷跷板。

草坪一：木勺托球、平衡木。

草坪二：大木鞋、爬跳箱。

园所设置了平衡区、障碍区、攀爬区，其中平衡区有木桩、荡桥，障碍区有 M 形木墙，攀爬区有 V 形攀爬墙、悬挂架。

第二，材料的取放。户外木玩游戏材料采用就近放置原则，存放位置固定，一般放置在游戏场所附近，随取随用。

（2）户外木玩运动游戏。

园所户外木玩运动游戏分为两个时段开展：一是固定时段，即晨间锻炼时间，每个班级都参加；二是自选时段，即上午或下午自由活动时间，可根据班级活动内容自主选择。

第一，区域轮换，全面发展。园所采取区域轮换的形式，先确定各年龄段适合的区域，然后采用一周内轮换的方式，保证每班每周在每个区域进行游戏。

第二，自主选择，各展所长。幼儿可以自选运动器械、自定游戏规则、自选玩伴、自选玩法。例如，跨栏游戏和跳"山羊"游戏，园所用的是自制的、可调节高度的活动性跨栏和"山羊"，幼儿可以自己调节不同高度，然后根据自己的能力选择相应高度进行跨跳游戏和腾跃游戏。

第三，探索玩法，能力提升。木质运动器械具有可操作、多变化、多功能的特点。面对一件新的运动器械，幼儿充满好奇，经常自发地观察与探索不同玩法（见表11-5）。园所自制的木玩运动器械中许多可以一物多玩，如滑板车的玩法有单人游戏和合作游戏。

表11-5　木质运动器械一物多玩表

基础材料	辅助材料	玩法1	玩法2	玩法3	玩法4
木块		沿木块所铺的小路走	双脚并拢连续跳过一定间隔的木块	双脚并拢跳过高度的木块	用助跑的方式跨跳过一定距离或高度的木块
平衡木	椅子、轮胎	在一定高度的平衡木上走或爬	从高处往下跳	悬挂在平衡木下，四肢交替往前行	当跷跷板玩
小木梯	轮胎、墙面	平放梯子，跨过梯子的横档往前走或跳	在平放的梯子上面走	手脚并用地往上攀爬	
长木梯	轮胎、墙面	手脚并用地往上攀爬	悬挂在梯子下，四肢交替往前行	三人合作抬轿子	多人合作赛龙舟
人字梯		手脚并用地攀爬并跨过梯子最高处	梯子横放地面，手扶梯子，双脚交替地横走	连续跨跳几组横放在地面的人字梯	
井字梯	长木板	从梯子的不同方向爬上去	从这个梯子走到另一个梯子，并从高处往下跳		
小高跷	障碍物	手拉绳子，脚踩高跷往前走	踩着高跷跨越过障碍物	踏"石"过河	
两轮木车	障碍物	平路骑行	绕过障碍物骑行	从障碍物上骑过去	

续表

基础材料	辅助材料	玩法1	玩法2	玩法3	玩法4
跷跷板		两脚站在一块板上左右摇摆	两只脚各站一块板,前后摇摆	走过跷跷板反向放置铺成的路线	跨过或跳过间隔放置的跷跷板
木勺托球	平衡木、轮胎	手持平放或竖立在勺内的球往前走	手持木勺托球走平衡木	手持木勺托球绕障碍走	
跨栏	卡槽、体操垫	双脚并拢跳过跨栏	助跑跨跳通过跨栏	连续钻过跨栏	
爬跳箱	梯子、长木条	手脚并用爬上爬下	借助梯子从一个爬跳箱走或爬到另一个爬跳箱	借助梯子走上爬跳箱,或从上面走下来	借助长木条走上爬跳箱,或从上面滑下来
长凳	泡沫垫、体操垫	能够在凳子下钻爬	在凳子上平稳地走	从凳子上跳下	从两张叠放的凳子中间钻过
大木鞋		手脚并用穿大木鞋行走	两脚穿一只鞋学青蛙跳	能两人合作穿一双鞋一起走	跑过大木鞋铺成的路
滑板车	长绳	单脚滑行 拉纤 过桥	双手推滑 你坐我推 障碍跑	坐着滑行 跳高	趴着滑行 跳远

（3）户外木玩建构游戏。

第一,班级轮转,有序开展。园所制定了户外自主木玩建构游戏安排表(见表11-6),各班幼儿根据安排表以轮转方式自主参与。

表11-6 户外自主木玩建构游戏安排表

	星期一	星期二	星期三	星期四	星期五
9:30—10:30	大一	大三	大五	大二	大四
15:20—16:20	中一	中二	中三	中四	中五

第二,材料划分,自主选择。根据材料的功能,园所将户外自主建构游戏材料分为基础材料区、辅助材料区,并设置材料加工区。借助图标定点定位,固定存放。

3）班级区域木玩游戏

各个班级根据幼儿年龄特点创设了丰富、科学、具有班级特色的木玩区域。

第一，合理科学设置区域。教师讨论确定适合大、中、小各个年龄段幼儿不同功能和玩法的木玩，再由各班根据本班情况选择和设置相应特色区域，如益智类木玩活动区、美工类木玩活动区域。班级划分区域时，首先考虑的是木玩区域的空间划分。根据班级活动室大小以及幼儿人数多少，各班区域定在4—5个，每个区域的空间因功能不同有大小之分，如美工区因木玩美工材料比较丰富而空间相对较大。其次区域划分遵循动静分开，如益智类木玩和美工类木玩因比较安静而安排在较近区块，利用橱柜、矮柜作为隔离墙，既保持通畅，又不会有大的干扰和影响。

第二，循序渐进投放材料。根据不同年龄幼儿的身心特点有针对性和计划性地分阶段投放不同层次的活动材料。例如，小班益智区，开始时投放操作简单的材料（如九宫拼图、各色大颗大孔木珠和粗绳、动物穿线板），当发现幼儿兴趣有所减弱且目标基本达成时，教师便有计划地添加一些新木玩（如九宫不规则形状拼图、大颗小孔木珠和细绳、几何图形穿线板等）。

4）功能室木玩游戏

园所在音体楼开设了美工类功能室和建构类功能室，以大场地大空间满足幼儿开展木玩游戏的需求。

第一，统筹规划，合理布局。音体楼一楼有190平方米，适合一个班级幼儿开展大型建构游戏，利于幼儿保留作品，以便下次或第二个班级幼儿继续在原有作品上进行建构。音体楼二楼创设了80平方米的美工坊和木玩DIY工作坊，弥补了班级美工区场地小的局限。

第二，丰富材料，合理取材。在功能室投放了丰富的材料并分类摆放以便于幼儿取放整理。例如，在建构功能室投放了大量各种形状、蕴含几何规律的中型清水积木、磁性积木和轨道积木等木玩，将建构类积木分类装在有轮子的整理箱里，摆放在功能室的周围，并在箱子的外面贴上相应的图片，便于幼儿取放和分类整理。

第三，满足需要，自主游戏。功能室自主游戏既考虑幼儿年龄特征，又结合幼儿自身需要，同时合理设计游戏内容，支持幼儿均衡发展。

5）多平台融合与展示

第一，师幼木玩大比拼。每年5月份举行"师幼木玩大比拼"。各组结合幼儿年龄特点、兴趣爱好，分别选定木玩大比拼的内容，如小班比拼内容有 9 块拼图、2

分钟卡普拉叠高等。各组在班级赛基础上，推出参加全园木玩大比拼。教师木玩大比拼也采用同样方式进行。

第二，亲子运动会。每年10月份的亲子运动会中也融入木玩游戏项目，如踩高跷、骑木制自行车等个人赛、木棍夹球跑亲子赛等。

第三，校企联合活动。园所参加县里组织的一些相关活动。例如，校企联动快乐木玩大比拼（卡普乐积木造型堆搭、叠叠高、立体五子棋、智力玩具运动会、木玩手工制作五个项目）。

4. 课程评价

1）明确评什么

评价既评教师，更要评幼儿。在对幼儿评价中注重多元和发展性评价，遵循能力与品质兼顾、共性与个性兼顾的原则，从游戏兴趣、游戏习惯、游戏能力、游戏品质四方面评价。对教师的评价遵循个人动态评价与静态评价相结合的原则，从教师对游戏材料投放能力、游戏观察能力、游戏的指导和反思能力等方面进行评价。

2）关注谁来评

评价主体多元化，其中幼儿的评价分为自评和他评（幼儿互评、教师评和家长评），教师的评价也分为自评和他评（同事评、团队评和专家评）。

3）创新怎么评

（1）对幼儿的评价。

第一，体能测评。每年邀请第三方专业团队对幼儿进行体能测评，了解幼儿运动能力发展水平和体能状况，评估游戏前后的进步情形与效果。

第二，观察记录。教师通过观察记录，对幼儿在游戏中的投入程度、经验获得、能力发展等进行记录分析（见表11-7）。

表11-7 幼儿游戏观察记录表

活动内容： 班级： 幼儿姓名：

幼儿表现	观察分析	导引策略
投入程度		
行为表现		
经验获得		
能力发展		

第三，作品分析。分析评价幼儿作品时，淡化技能水平的评论，重在通过幼儿的语

言描述、深入了解其作品背后的故事，再针对性地肯定或提出建设性意见。

第四，游戏故事。游戏故事是教师对幼儿在游戏中的情绪、语言、行为、思维闪光点进行真实还原的记录，并分析其背后蕴含的原因，分析其发展特点与发展状况，及时寻找教育方法与支持策略（见表11-8）。

表 11-8　游戏故事

游戏主题：	记录者：
游戏背景	
游戏准备	
游戏进程	（包括游戏描述、作品展示、发现与支持等）
游戏反思	

第五，成长档案。通过活动照片、个案记录、幼儿作品等形式反映幼儿在游戏中的真实状态。其中，活动照片真实记录幼儿的活动瞬间；个案记录真实反映个别幼儿的特殊表现；作品收集真实映射出幼儿现时发展水平。

（2）对教师的评价。

第一，现场观摩研讨。每月组织课程组成员深入各班现场观摩研讨木玩游戏。现场观摩能直观全面地呈现教师在支持幼儿游戏中其环境创设、材料投放、观察指导的能力。观摩后的研讨让教师置身于景，深度对话，将自己观摩到的情况与大家分享交流，对指导教师的言行进行解读，理清什么是有价值的游戏，如何有效支持幼儿游戏（见表11-9）。

表 11-9　游戏观摩研讨记录表

游戏名称：		记录人：
观察要点	现场记录	交流分享
环境创设		
材料投放		
幼儿活动		
教师观察指导		
我的思考		

第二,游戏故事分享。每学期组织教师开展木玩游戏故事分享会。游戏故事往往是教师对游戏课程实施中种种事件较为真实深刻的思考,渗透了教师的真情实感。分享教师的游戏故事,能全面把握教师在课程实施中的态度、行为和情感,了解其课程理念不断更新、课程行为不断完善的过程。

第三,游戏技能比赛。每年组织教师开展"木玩大比拼"活动,内容涉及木玩运动、木玩益智、木玩建构、木玩美工四大板块。

第二节 教育技术运用

一、论现代多媒体教育技术在幼儿园游戏中的作用[①]

在幼儿园教育中,游戏是一个很重要的构成部分。幼儿园教师要充分利用游戏的目标、内容和性质等,根据幼儿的特点和年龄,使现代多媒体教育技术全方位渗透在幼儿游戏的过程中,做到创新教育形式的进一步深化。

(一)现代多媒体教育技术打造幼儿园游戏的良好氛围

现代多媒体教育技术对于幼儿教育来说具有极大的吸引力,它能够通过鲜艳的色彩、多样的声音、动听的音乐、可爱的动漫来唤起幼儿学习的情绪和欲望。在教学中巧用现代教育技术,能够培养幼儿的自律能力、自制能力和学习能力,促进教育形式的多样化,优化教学过程。例如,集体讲故事《心情预报》中,运用多媒体将动物的心情与天气结合起来,幼儿很容易就理解并对号入座:心情好可以用晴天表示;心情不好用阴天表示;下雨表示哭泣;生气可以用打雷表示……理解了故事内容,幼儿讲述起来有声有色。可以看出多媒体技术声情并茂,具有喜闻乐见的特点。多媒体技术用于语言中,一方面培养幼儿的注意力,另一方面使群体的语言向积极方向发展,从而提高了幼儿的语言表达能力。

---

① 陈冠楠、戚伟,北京市第四幼儿园。

(二)现代多媒体教育技术有助于幼儿在游戏中积累经验

爱因斯坦说过,兴趣是最好的老师。对幼儿来说,在之前先调动幼儿对学习新的强烈欲望,激发他们对学习的浓厚兴趣,在这样的心理状况下,学生的学习将会事半功倍。传统的幼儿课堂教学,主要靠简单的挂图等手段来刺激学生的兴趣,而有了现代信息技术的融合,课前播放与本次有关的动画、录像等,则更易引起幼儿的兴趣,像磁石一样牢牢吸引幼儿的注意力,从而新颖巧妙地导引出学习新知的。

这里举一个教幼儿感知数字 15 的数量守恒的例子,其中有一个教学重点是让幼儿认知无论小鱼分散或聚拢,其数量不变。让幼儿认知分散聚拢的手段必不可少的就是利用多媒体,教师使用了 PPT 中的动画效果,为每一条小鱼绘制了自由路线,并配置了小鱼吐泡泡的音效。在过程的导入环节中不仅吸引了幼儿的注意力,让幼儿对其产生兴趣而且还非常清晰地让幼儿认知分散与聚拢的区别,并且懂得无论分散或聚拢,小鱼的数量不变。由此看来,现代教育技术对幼儿、对教师都是经验积累。

(三)现代多媒体教育技术有利于幼儿在游戏中主动探究能力的形成和滋长

幼儿是一个主动的学习者,教师的作用不再是直接将知识、经验或答案告诉给幼儿,不再是拿出操作结果向幼儿讲解,而是通过引导让幼儿自己发现或学习别人是如何获得知识或经验的。借助现代多媒体技术,可以为幼儿的游戏和学习提供生动形象的画面,优美逼真的意境,悦耳动听的音效,增强了幼儿园各类的趣味性。现代多媒体电教手段进行教学,不仅能使幼儿的多种感官同时接受刺激,而且可以使幼儿始终主动参与学习,有效地激发幼儿学习的情趣,充分调动幼儿认知主体的主动性和积极性,充分发挥人机交流的优势,促进教学的快节奏、大容量、高效率,提高教学质量。

多媒体技术不仅能以声像结合、图文并茂的方式展示教学内容,而且能给幼儿提供良好的外部条件。运用多媒体制作而成的课件往往具有形式多样的视觉造型和丰富多样的听觉刺激,这就增强了教学魅力,能帮助幼儿进行再造想象。有助于引发和培养幼儿的认知兴趣,从而促进其认知能力的发展。多媒体软件中设计了幼儿喜爱的各种情景,引发幼儿产生愉快轻松的情感体验,有利于激发幼儿形成积极健康愉快的情感。绝大多数的幼儿喜欢教师采用计算机来辅助教学,原因主要是多媒体计算机的诸多功能，如动听的音乐、生动的画面十分适合幼儿的好奇心理和认知规律，从而使幼儿产生了浓厚的学习兴趣，达到事半功倍的效果。

多媒体所具有的形象、直观的特点，不仅能够为幼儿营造出生动有趣的具体情境，培养幼儿的认知、兴趣，还能够适时创造出崭新的现实生活中所没有的景象，培养幼儿的创新精神。幼儿的兴趣越浓，其注意力就会越集中，观察也会越仔细，反应也越清晰，思维也自然会越积极。充分利用幼儿的学习动机来激发幼儿的学习积极性与创新意识，是教师常用的教学策略之一。

（四）现代多媒体教育技术促使幼儿在游戏中健康态度的形成

进入大班的幼儿纷纷进入换牙阶段，要让幼儿知道换牙的重要性并顺利地度过这段时期，教师设计了"大家要换牙"的课题。通过播放视频录像让幼儿看到日常生活中自己周围的小伙伴的亲身感受，并共同讨论换牙时我们应该怎样做。通过互相讨论，幼儿知道了"人为什么要换牙、换牙并不可怕，以及如何让恒牙健康地长出"的知识，促使他们建立正确的态度，养成自觉保护牙齿的良好行为习惯。

我园幼儿大多居住楼房，那么楼房的阳台是其主要活动场所之一。教师在幼儿中开展了"阳台上的安全"教育，使幼儿了解阳光的作用，更重要的是让其知道在阳台上应该注意什么。教师通过播放视频录像，让幼儿对录像中出现的各种动作进行是非判断，加深对正确行为的认识，并建立维护自身安全的正确态度。

（五）现代多媒体教育技术促进幼儿的语言表达能力发展

幼儿的认知具有具体形象性特点，对具体、直观、形象的事物容易理解，运用多媒体技术进行动态演示，能把以往教学中无法表现出来的抽象事物和现象变得形象、生动、具体、直观，将教学内容形象、生动、鲜明地表现出来，将教学的重点和难点一一剖析，还能有力地支持和引导幼儿去发现问题、探索问题和解决问题，让幼儿在闻其声、见其形、入其境中运用多种感官发现规律、理解关系，使其学习取得事半功倍的效果。将抽象的知识形象化，使幼儿易懂易记，能有效地促进幼儿的理解。

现代教育媒体具有丰富的表现手法和巨大的表现力，能具体、形象地再现各种事物的现象、情景、过程，有效地揭示客观事物的内在联系，开拓更广阔的视野。随着社会的发展和科学技术的进步，现代教育技术必将在幼儿园的游戏发挥越来越重要的作用。教师只有充分掌握这一现代教育手段，充分发挥其作用，才能更好地完成教学任务，落实素质教育，同时也使自身教育价值得到提升。

二、现代信息技术在幼儿园中的运用与思考——以四川省宜宾市虹桥幼儿园为例[①]

随着信息技术的发展和教育改革的深入，现代信息技术在幼儿园管理及教育实践中的广泛运用已成为幼教改革与发展的必然趋势。近年来，园所顺势而为，不断加强现代教育装备和技术的运用，逐步淘汰和取代了一些落后陈旧的装备和教育模式，并以此作为提升保教质量、培育幼儿园发展优势的有效手段，极大地推动了幼儿园的发展进步。这里分别从信息管理、教育教学、家园共建三方面入手，就园所在实际操作中的一些做法和成效进行梳理，并对如何更好地在幼儿园深入运用现代信息技术提出了相关思考和策略。

（一）架构信息管理平台，建立完善的管理网络

1. 依托技术，搭建信息化管理网络

1）利用计算机建立电子档案

在以往的资料管理中，园所会遇到很多麻烦和问题。如果是纸张存档，会担心因体积庞大而占用大量的空间；电子存档，则会担心电脑硬盘的损坏、U盘的中毒和光盘的氧化。现在，幼儿园聘请专业人员，建立文件服务器和网络存储硬盘，运用先进的信息托管技术，将幼儿园教育教学、人事档案、卫生保健、财务收费、固定资产、幼儿学籍、幼儿个人档案、幼儿电子作品、学习活动记录、学习评价信息等一系列的资料都进行电子管理，将所有的数据都储存于一个服务器，不用再担心因自己的电脑损坏而导致数据丢失，使得幼儿园的资料管理更加安全、可靠、有保障。

2）优化幼儿安全管理系统

幼儿园的安全问题日益成为社会、家长以及媒体关心的热点问题，特别聚焦于幼儿的人身安全保护。为此，园所引进土星系统和智慧树App，运用现代智能识别

[①] 曹寰、丁敏，四川省宜宾市虹桥幼儿园。

技术和计算机技术，通过系统能清楚接收到幼儿入离园时间、家长刷卡时留下的人像识别资料等信息，且信息能保存一个月。先进技术的引入和应用，严把入离园关，优化幼儿安全管理过程。

3）建立数字化幼儿保健档案

运用先进的教育软件，建立幼儿保健、营养档案。保健医生将幼儿每学期检测的身高、体重、视力以及入园体检的肝功能、血色素、食物过敏史和药物过敏史等资料全部输入幼儿的个人数据库后，软件会自动将幼儿的各项指标与该年龄应达到的常模指标相对照并自动生成评价，此举既节省了保健医生烦琐计算的时间，又提高了数据信息的准确性。保健医生通过认真比对分析全园幼儿生长发育和营养健康状况，科学制定或调整幼儿食谱，并及时将评价系统中反馈的评价结果告知教师，为教师在组织与实施一日活动中，有针对性地根据每个幼儿的身体健康状况实施保教提供了科学依据和保证。

2. 立足资源共享，建立园本资源信息库

1）依托互联网建立资源库

互联网虽便捷高效，但信息却太过海量庞杂，查询时不容易聚焦幼儿园的现实需要。园所教师通过搜索查询，将有效的资源累积起来，建立教师共享资源信息库。资源库信息广泛，储存量大，涵盖各领域教学资料、幼儿学习材料、活动组织资料等，有文档、图片、音视频等形式。当教师组织教学活动需要使用共享资源库时，可直接进入资源库系统，使用检索程序，快捷方便地调阅出所需资料，节约了教师活动准备的时间，方便了教学活动的组织开展，促进教学质量的提升。

2）自主研发园本课程充实资源库

除了依托互联网，近年来，园所的园本课程研究开展得如火如荼，在如何提升教师自主研发能力，如何更好地整理保存资料方面也积累了一定的经验。如创造条件组织教师参与现代技术专题培训、电子课件制作培训、互联网线上学习等，全方位提升教师现代信息技术素养；同时，以赛促练，大力开展教师自制园本课程课件竞赛提升教师实际操作能力。近年来，教师整理出大量丰富多样的园本课程资源，充实到共享资源库中，较好地实现了资源节约和共享。

3）幼儿成长档案丰富资源库

在一日生活活动中，教师处处留心留意，用数码相机和摄像机捕捉幼儿具有代表性的典型行为，或采集幼儿各类作品，分类整理后存入幼儿个人成长档案。只要输入幼儿姓名，系统就会自动检索出孩子的相关资料，这对于教师记录掌握幼儿成长大有裨益；如果是带班中途更换了班级教师，幼儿成长资料也可以自然衔接，方便接班教师掌握幼儿成长情况，降低了磨合的难度。毕业时，教师将每位幼儿从小班到大班的成长历程制作成光盘作为珍贵的礼物赠送给幼儿，让他们长大了也能看到自己在幼儿园的成长足迹。

（二）灵活运用现代信息技术，创新教育教学实践

1. 调动幼儿多种感官，激发学习兴趣和欲望

现代信息中的多媒体教学技术，以图、文、声、像多层次、多角度地立体呈现，使得教学内容变得可视、可听、易感知、易理解，营造出具体形象直观的强刺激学习环境，充分激发了幼儿参与活动的兴趣与欲望，提高了教育教学质量，从而促进幼儿各方面发展。

2. 有效突破重难点，优化教学过程

人机对话方式，特别是多媒体计算机灵活、随意的界面交互功能，改变了单一的教师讲述形式。根据教学的需要，教师可以将显示屏上的画面和存储的声音进行主动调控，快捷交互。

（三）借力现代信息技术，助推家园同步发展

幼儿园充分发挥信息网络便捷高效的优势，通过幼儿园网站、微信公众号、班级QQ群、微信群等，建立幼儿园网络家园互联运行机制。例如，在幼儿园网站介绍幼儿园基本概况、管理理念、师资队伍、卫生保健、营养膳食、教育教学、科研特色等，并专门开辟"家园零距离"栏目，有计划有目的地向家长宣传科学育儿理念和方法；在幼儿园微信公众号中，幼儿园展示宣传近期教学活动和成果；在班级微信群里，教师不仅随时发布照片反映孩子在园学习生活状况，还利用微信方便交流的特点，及时与家长就一些共同关心的问题进行交流沟通。多途径、多方式的网络联系模式，给幼儿园家园联系提供了一个崭新、便捷的家园共育平台，为传统的交流、家访的家园联系模式注入了新的活力，使其得到了进一步的拓展和延伸，幼儿园的家园联系迈上了新的台阶。

（四）问题与思考

1. 更新观念，强化实践

幼儿园应积极组织教师开展现代化教育理论培训，让教师们明确现代化教育改革的趋势、现代教育与现代信息技术的关系；另外，信息技术培训不同于其他学科的培训，更注重实际操作。在培训中应坚持理论和实践相结合的原则，操作为主讲授为辅、集中与分散培训相结合的形式，使教师学以致用，改变传统的教学模式和方法，优化教学过程，逐步从根本上改变传统的教学结构和教学模式。

2. 重视装备，逐步更新

设备作为信息技术的载体，起着基础性作用。网络架设、多媒体设备、相关软件课件的制作以及设备使用环境的优劣都直接制约着信息技术在幼儿园管理与教学中的运用效果。幼儿园要因地制宜地根据园所实际，建设低成本高效益的现代信息技术环境，确保幼儿园信息化建设的有序稳步推进。

3. 加强管理，提升效益

教育信息化的实现，不是一蹴而就的工作。在信息管理系统的构建之初，既有物品没有图片与之配套，在借阅的过程中常常造成物品发放错误和借阅物品不存在的现象；又有因缺乏专业技术人员参与研讨和指导，查找的准确性低，资源没有得到有效利用等失误。因此，信息管理系统的构建和运行需要不断结合实际，依靠教师主体性的发挥，在建设使用中改进和完善。

4. 厘清思路，有的放矢

教学中多媒体信息技术的使用，只是一种教学辅助手段和形式，教师首先应根据教学内容来决定要不要使用多媒体来辅助教学，用在什么地方，达到什么目的。

总之，时代在发展，科技在进步，在 21 世纪的今天，在现代信息技术发展的滚滚洪流面前，幼儿园必须主动参与，奋发有为，立足于教学管理和实践的一线，不断累积经验，丰富载体、创新形式，拓宽渠道，让现代信息技术成为推动幼儿园整体质量提升的有力支撑和重要力量，让幼儿园的教育逐步走向科学化、现代化，才能最终实现高质量的面向未来的幼儿教育的使命。

三、论现代教育装备在幼儿园教学活动中的作用——以宁夏银川市第二幼儿园为例[①]

幼儿园是基础教育的重要组成部分,现代教育装备走进幼儿园教学活动是时代发展的需要。它作为幼儿教育的物质保障是实施幼儿园保教活动的基本手段,也是衡量幼儿园现代化水平的重要标志。在幼儿园教学活动中科学巧妙地运用现代教育装备,一方面助力幼儿园教学活动有利于激发幼儿的学习兴趣,发展幼儿的创新思维更加有效;另一方面为教师开展教学活动创设了快捷、方便、高质量的服务平台。那么,现代教育装备在幼儿园教学中有哪些作用呢?

(一)现代教育装备的应用使教师学有所动、学有所益、学有所用

1. 现代教育装备的应用促进教师主动追求专业成长

21世纪是信息化、网络化、知识经济时代。伴随着科技的日新月异,幼儿教育观念发生了根本性的转变,以教师为中心转变为以幼儿为中心,以教为主转变为以幼儿主动学为主,从统一教学转变为从每个幼儿发展的需要出发开展教学活动,促使广大幼教工作者执着追求与新时代发展相一致的现代教育理念的愿望十分迫切,传统的学习工具和方式很难实现。现代教育装备走进幼儿园,以其方便、快捷、共享、准确等优势帮助幼儿园教师以全新的视角挣脱传统教学的羁绊,提高教师的教学水平。例如,园所教师积极主动学习信息技术,探讨信息技术与幼儿园园本教研的整合;教师通过网络获取了大量幼儿教育发展前沿性的理论知识,及时了解国家有关学前教育的方针政策,分享了全国乃至国外的一些先进的学前教育理念,拓宽了思路、开阔了视野、更新了观念,专业得到快速成长,提高了专业素养和教学能力。

2. 现代装备的快捷、便利、高效的特性是教师开展有效教育活动的得力助手

园所充分采纳科学技术及各种现代化教育手段,实现其装备与发展的时代性、多元性、民族性、教育性等特色。配备园本化发展为前提方案,建立了多种较为专业的功能性活动室。例如,大班认识"我的家乡宁夏银川",过去教师要用大量的时

[①] 汪艳萍、任平华,宁夏回族自治区银川市第二幼儿园。

间和精力为幼儿收集有关家乡的人文地理、风土人情知识与图片，很多时候需要自己亲自绘图。现代教育装备应用之后，通过网络、教学软件，教师很快就可以找到自己需要的资料，家长和孩子也很轻松地收集了有关资料，形成幼儿、教师、家长共同参与、共同成长的氛围。

3. 现代教育装备助力教师优化教学活动过程

叶澜教授指出，没有教师的精神解放，就很难有学生的精神解放；没有教师的主动发展，就很难有学生的主动发展；没有教师的主动创造精神，就很难有学生的创造精神。例如，幼儿园的环境是动态的，它作为一种"隐性课程"，在班级活动中具有独特的功能和作用。现代教学设备中一些器材，如照相机等，能及时记下幼儿在幼儿园的点点滴滴，并及时反映在班级的环境创设中，让班级环境既有清雅的审美视觉舒适感，又贴近幼儿生活，让幼儿备感亲切。

（二）现代教育装备以其丰富多样、综合生动、形象直观的特点，满足幼儿发展需要，培养幼儿创新思维

1. 直观性符合幼儿的认知特点

幼儿园教育对象是学龄前儿童，他们的思维是具体形象思维占主导地位，对抽象的事物很难接受，而现代教育设备能把抽象的活动用符合幼儿认知特点的具体图像、声音、动作等方式表现出来，相对于其他教学手段来说，这样的过程更符合幼儿的发展需要，能激发幼儿学习兴趣，吸引幼儿注意力。例如，保健医生让幼儿通过显微镜观察没有洗手时手上的细菌，然后请幼儿用正确的方法洗手后，再观察并及时将洗手前后的结果通过投影让幼儿观看，使幼儿认识到洗手的重要性。

2. 便于鼓励幼儿参与科技制作，培养了幼儿的创新素养和能力

从小培养幼儿对周围生活的探究愿望和兴趣是幼儿园教育的目标之一，用什么的教学方法、教学辅助设备和形式使幼儿对枯燥的、深奥的科学现象产生兴趣，是幼儿教育中的重点和难点之一，用传统图片、说教的方法往往难以激发幼儿对科技的兴趣，形象、生动、直观的现代教育工具，声图并茂，动静交替，使科技教育活动收到事半功倍的效果。

3. 助于幼儿情感深度交流，提高教学的教育价值

幼儿园使用的计算机辅助教学软件，以其鲜艳、生动的图像，动静交替的画面，

让幼儿积极、愉快的情感产生强烈的共鸣，进而唤起了幼儿的参与欲望。在大班"小红帽"的教学活动中，用计算机辅助教学软件制作的动态场景：会唱歌的小动物、会跳舞的水果，让幼儿在欣赏故事的过程中感受不同乐器的美妙声音，幼儿会情不自禁地随着故事的情节和音乐的变化参与表演。

4. 为幼儿营造积极愉悦的游戏氛围

游戏是幼儿的天性，游戏也是幼儿教育的主要方法和途径。例如，在班级手工区发挥了多媒体课件灵活、形象清晰的特点，教师录制某一物品的折叠步骤，清晰地将操作流程展现在手工区的墙面上，幼儿对照步骤图，一步一步认真地操作。又如，教师、家长和幼儿随时可以拍摄一些生活见闻提供大家分享，帮助幼儿积累游戏经验。

(三) 搭建家园交流平台，提升家园交互的教育价值

1. 帮助家长及时了解幼儿在园的生活情况

在《幼儿园工作规程》中提到，幼儿园应主动与幼儿家庭配合，帮助家长创设良好的家庭教育环境，向家长宣传科学保育、教育幼儿的知识，共同负担幼儿教育的任务。这就需要班级教师和家长之间通过各种方式进行交流、互动。例如，利用电脑和家长互发信息，建立班级的网站发放图片和文字等。这些方法的介入能更加生动地反映班级的活动和孩子的情况，促进家园工作的及时互动。

2. 让家长工作走向动态化、双向化

现代装备的使用教师可以随时记录幼儿在园每一个活动片段，记录幼儿园或班级教育的新动向、新要求，幼儿教育的新理念、家长在育儿方面的一些好的做法，家长的一些问题、疑虑、合理的要求、建议通过网络及时相互传达。例如，开学时，孩子从小班升入中班，教师用电话、短信等方式和家长直接讲述幼儿在园的情况。但是，有些活动，如开学以来班级的变化，用口头和文稿的方式显得比较单一，这时就需要有网络平台的加入：教师将升班后幼儿晨间锻炼的新器材和新活动，用图片和文字的形式及时发到班级网站中，让家长了解并提出自己的建议和意见，实现了家园互动。

（四）建议

1. 园所要有足够的保教保育设备

（1）班级教育教学有足够的设备应用。有足够的、布局合理的科学实用的园舍（含教学、教学辅助、办公、生活用房等）。室内有足够的采光和照明；实物展示台、饮水机、消毒灯等教学和生活用品。

（2）符合幼儿年龄特点、便于幼儿自由活动的各种功能室、场所。例如，科学发现室、图书室、音乐厅、美工室、故事表演区、构建室、种植园地及饲养角等。

（3）幼儿园建有覆盖主要教育教学和教育管理活动场所的校园网络，有条件的幼儿园实现网络到班到室，初步拥有数字化校园的应用系统，满足幼儿多种网络学习、教师多种网络备课和研究活动，以及学校现代化网络办公的需要，采用宽带接入互联网。

（4）幼儿园卫生保健室，有必要的儿童常用药品，保健设备齐全，如视力表、隔离床等。

2. 现代教育装备在幼儿园教学活动中配备要合理、得当

1）要有选择性

幼儿园可选择的现代教育装备有很多，不可以盲目去购配，也不可能样样俱全。在给教学配备现代教学装备前一定要做充分的分析，既要满足教学使用，又要避免浪费。

2）注意的问题

园所在使用现代教育装备辅助教学的过程中一定要扬长避短：一要用它的优势服务教育，不能够用它代替其他全部教育手段和方法；二要在运用的过程中也不能丢弃传统的教育模式，要新旧结合，更好地为幼儿园教学活动服务。

四、优化教育装备　提升办园质量[①]

易门县机关幼儿园始建于1957年，是一所隶属易门县教育局主管的全日制公办幼儿园也是一所设施配套、功能齐全、环境优越、管理规范、充满活力的示范性幼儿园。2000年，被省教育厅认定为"云南省一级二等幼儿园"。

---

① 李兆江，云南省玉溪市易门县机关幼儿园。

近年来，易门县机关幼儿园坚持以《幼儿园工作规程》《幼儿园教育指导纲要》和《3—6岁儿童学习与发展指南》精神为指导，秉承"爱心育人、贴近自然、快乐成长"的办园宗旨，以"快乐中发展，环境中育人"的教育理念，以"培养幼儿健康、活泼、阳光、独立、自信的品质，为幼儿后续学习和终身发展奠定良好素质基础"为培养目标，开展丰富多彩的实践活动，同时注重采用现代信息技术开展教育活动，提升保教质量，不断添置数字化教育设施，改善办园条件，紧跟时代的发展，抓住机遇，勇于创新和探索，走出自己的信息化幼儿园建设之路。

（一）重视教育装备建设，提升幼儿园装备水平

在办园过程中，易门县机关幼儿园始终将教育装备建设放在至关重要的位置上，积极推进教育现代化工程，高标准配置教育现代化设备，不断提高教育技术装备管理和应用水平，狠抓建设、管理和应用，加快推进教育技术装备整体工作向科学化、标准化、规范化发展的进程，为幼儿园快速发展奠定了坚实的基础。

1. 加强组织领导，强化管理队伍，为教育技术装备建设提供组织保障

园所成立了以园长为组长的教育技术装备领导小组，负责整个幼儿园教育技术装备建设的规划和对教育技术装备工作实施指导。其主要职责：布置每学期教育技术装备工作的目标任务，组织学习上级有关教育技术装备工作的文件、精神，并研究讨论具体落实措施。由于意识上重视，行动上落实，保证了园所教育技术装备建设能跟上时代发展的步伐，园所教育技术装备建设发展迅速。

2. 加大投入力度，保证装备正常应用，为教育技术装备应用提供有力保障

1）信息化装备助力教育现代化

为了给幼儿提供优质的教育活动场所，园所于2013年9月已达到班班通网络，班班有电脑、电子白板等现代化教学设施。2015年8月，园所建成中心机房，安装了监控摄像头、触控一体机等，实现了全园办公室、幼儿活动室、幼儿睡室等场所网络信息全覆盖，实现教师无纸化备课。

2）玩教具配备助幼儿快乐成长

为了满足幼儿户外活动的需要，园所设立了"阳光体育游戏场"，在一楼操场安置了幼儿大型玩具，2014年9月建成了幼儿体育器材室，完善了各类幼儿户外活动器械；2014年12月购买了50辆幼儿脚踏车及各种体育游戏器械；2017年4月投入5万余元资金购买大型攀爬架2个。利用幼儿园有限的空间，改造了综合楼顶，建

成了楼顶游戏区。2014年3月，改造建成了阳光沙房和开心种植园。2016年4月建成了万能工匠室。2017年9月，改造建成了幼儿楼顶足球场。2014年至2016年，投入9万余元添置幼儿益智玩学具、绘本、体育游戏活动器械等教学设施，形成一系列的幼儿游戏、活动场地。

（二）重视教育装备管理，提高幼儿园管理水平

1. 强化安全管理

加强"安全第一"的意识，狠抓安全接送制度，用好贝聊卡和接送卡，做好日常工作一日三巡工作。配足消防器材，坚持安全排查工作。合理调配幼儿伙食，完善园内各项安全工作的应急预案，提高安全意识，对教师加强突发事件处理能力的培训等活动。

2. 加强制度建设

根据幼儿园情况修订、完善了教育技术装备工作各项规章制度、各专用教室管理人员职责。所有规章制度均上墙，起到了提醒、督促作用。

3. 加强器材管理

园内十分重视各专用活动室的器材管理，做好器材的台账建设工作，把各类台账记录作为考核的重要指标。各活动室建有分类账、总账，各类账册能及时、准确记载。各专用教室配有器械架，各类器材、设备做到分类存放，整齐规范，做到定期维修，做好防腐、防尘、防潮等工作，使所有设备均处于可使用状态。

4. 加强检查督促

加强专用教室使用检查。对专用教室使用情况、使用记录情况等进行检查，每月对使用情况进行考核，保证了专用教室的使用效率。

（三）强化教育装备应用，提高幼儿园保教质量

教育装备建设中最关键的因素是人，人的观念和能力决定着教育装备建设的成败。信息化的时代需要教师具有信息化的执行力。为此，园所认真落实《信息技术培训制度》，推动了信息技术的运用。通过培训，领导成员已能够应用信息技术进行数字化管理，全体教师都能运用多媒体开展幼教活动。

1. 充分发挥信息技术在学校管理中的作用

加强信息技术在教务、财务、总务、学籍、档案管理等方面的应用，运用各类管理系统平台使园内管理更加科学规范。充分发挥园所网站在教育宣传、交流、管理、育人、文化建设五大方面的重大作用，加大对幼儿园的宣传力度。

2. 创设有利于教师和幼儿发展的沟通平台

在信息技术环境中，教师不仅需要现代化的信息技术手段，更需要用全新的观念和理论去审视和指导保教活动中的各个领域和环节。幼儿园为教师创设的信息技术环境下的沟通平台，实现了教师间的相互沟通。随着教师信息技术水平的不断提高，园所开展了多种形式的信息化交流活动，如通过 QQ 群开展教研活动和话题讨论活动，通过交流提升了教师的专业素养。建设多方交流的育人环境，通过多种信息化形式实现与家长的全面、便捷沟通。在与家长沟通的过程中，园所采用了多种方法，如幼儿园微信公众号、班级微信群等，通过有针对性的沟通，让家长了解幼儿园信息、孩子在园的状态。同时，教师从多角度全方位给予家长有针对性的教育建议，并取得了良好的效果。

3. 开展利于教师成长的信息技术培训

为切实提高广大教师的理论水平和实际操作能力，园所将教育技术培训作为教师继续教育的一项重要内容。先后举办了一体机使用培训、弹唱技能培训等。根据园内实际，选择责任心强、业务能力强的教师参加县级以上的外出培训学习，提升装备技术的使用能力。

4. 开展形式多样的教学活动竞赛

教学活动竞赛内容有信息技术与课程主题结合课堂教学竞赛、多媒体课件制作、论文评比等，引导教师加强信息技术应用，广泛查阅资料，开拓知识面，同时不断提高应用能力。

总之，先进的设备、完备的设施，必须要有科学、规范的管理才能发挥最大的作用，园所将通过提升教育装备管理水平目标，对照标准，找到差距，争取在建设、管理、应用工作中将取得更大的成绩。

附录

附录 A 《幼儿园教育装备发展现状调查问卷》

尊敬的老师：

您好！本问卷旨在了解幼儿园教育装备的现状及其发展情况。请您在填写完基本信息后，仔细阅读第一部分的园所装备背景和第二部分的评价标准，判断自己幼儿园教育装备的现状及其发展情况，并依据情况在其后的"不合格""基本合格""合格""良好""优秀"处打"√"。感谢您的辛苦付出！

教育部教育装备研究与发展中心

2017 年 10 月

园所基本信息

A01. 您所在幼儿园所属的地区是：_____省_____市_____（区/县）

A02. 您的工作单位是：_____

A03. 您所在的幼儿园地处：（1）城区（2）镇区（3）乡村

A04. 您所在幼儿园的级别：（1）未评等级（2）二级二类（3）二级一类（4）一级二类（5）一级一类（6）示范园

A05. 您所在幼儿园的办园性质：（1）公办园（2）民办园

第一部分　园所装备背景

B01. 您幼儿园所在的省（自治区、直辖市）是否有制定明确的幼儿园装备标准。
（1）有（2）无　（3）您知道的有_____

B02. 您幼儿园所在省（自治区、直辖市）是否有对幼儿园装备类的专项行动计划。
（1）有（2）无　（3）您知道的有_____

B03. 您幼儿园所在的省（自治区、直辖市）是否建立幼儿园装备的监管评估体系。
（1）有（2）无　（3）您知道的有_____

B04. 您幼儿园是否定期被告知装备的监测评估报告。
（1）有（2）无　（3）您知道的有_____

B05. 您幼儿园是否收到装备的监测评估报告后告知每位教师。
（1）有（2）无　（3）您知道的有_____

B06. 您幼儿园所在省（自治区、直辖市）是否定期开展幼儿园装备监督检查。
（1）有（2）无　（3）您知道的有_____

B07. 您幼儿园有无对相关幼儿园装备的问责机制。
（1）有（2）无　（3）您知道的有_____

B08. 您幼儿园所在省（自治区、直辖市）是否制定幼儿园玩教具配备标准。
（1）有（2）无　（3）您知道的有_____

B09. 您幼儿园是否有幼儿园自己的玩教具配备标准。
（1）有（2）无　（3）您知道的有_____

B10. 您幼儿园是否有对幼儿园装备的解读，如安装指南、使用指南、培训要求和培训守则等。
（1）有（2）无　（3）您知道的有_____

B11. 您幼儿园生均教育经费为_____（请填写金额）

B12. 您幼儿园用于幼儿园硬件配置的经费投入为_____（请填写金额）

B13. 您幼儿园用于幼儿园软件配置的经费投入为_____（请填写金额）

B14. 您幼儿园用于幼儿园信息化配置的经费投入为_____（请填写金额）

第二部分 评价标准

说明:"不合格"表示无;"基本合格"表示有但不充足;"合格"表示有且充足;"良好"表示有且充足且质量较好;"优秀"表示有且充足且质量很好。评价标准如附表1所示。

附表1 评价标准

评价维度	评价项目	评价指标	不合格	基本合格	合格	良好	优秀
装备配置	园所配置	有单独的活动室	1	2	3	4	5
		有单独的寝室	1	2	3	4	5
		有单独的卫生间	1	2	3	4	5
		有单独的衣帽及教具储藏室	1	2	3	4	5
		有单独的音体活动室	1	2	3	4	5
		有单独的兴趣活动室	1	2	3	4	5
		有单独的厨房	1	2	3	4	5
		有单独的教职工餐厅	1	2	3	4	5
		有单独的开水、消毒间	1	2	3	4	5
		有单独的炊事员更衣休息室	1	2	3	4	5
		有单独的洗衣房	1	2	3	4	5
	户外配置	生均活动面积3 ㎡	1	2	3	4	5
		有单独的跑道	1	2	3	4	5
		有单独的游戏运动场地	1	2	3	4	5
		有单独的沙地或玩水区	1	2	3	4	5
		有单独的种植或饲养区	1	2	3	4	5
		有单独的户外场地地面	1	2	3	4	5
		有单独的户外中大型器械	1	2	3	4	5
	活动室配置	桌子(小班)6张	1	2	3	4	5
		桌子(中班)8张	1	2	3	4	5
		桌子(大班)10张	1	2	3	4	5
		有空调1个/电扇4个	1	2	3	4	5
		有键盘乐器	1	2	3	4	5
		有黑板	1	2	3	4	5

续表

评价维度	评价项目	评价指标	不合格	基本合格	合格	良好	优秀
装备配置	活动室配置	有玩具柜	1	2	3	4	5
		有自然角架(3)个	1	2	3	4	5
		有图书架 2个	1	2	3	4	5
		有保温桶/饮水机温热型,1个	1	2	3	4	5
		有口杯箱木制或不锈钢,1个	1	2	3	4	5
		有口杯不锈钢,每生1个	1	2	3	4	5
		有消毒柜 1个	1	2	3	4	5
		有紫外线灯具和显示开启的指示灯 1个	1	2	3	4	5
		有睡床每生1张	1	2	3	4	5
		有橱柜	1	2	3	4	5
		有小便器	1	2	3	4	5
		有大便器/便槽	1	2	3	4	5
		有洗手池或洗手盆	1	2	3	4	5
		有水龙头	1	2	3	4	5
		有清洁池	1	2	3	4	5
		有拖把池	1	2	3	4	5
		有储藏吊柜	1	2	3	4	5
		有储藏地柜	1	2	3	4	5
		有冲淋设备	1	2	3	4	5
		有毛巾架	1	2	3	4	5
		有毛巾每生1条	1	2	3	4	5
		有多媒体系统:计算机+投影机+电子白板+中控+视频展台 计算机+投影机+大屏幕+中控+视频展台 计算机+大屏幕液晶电视+中控+视频展台	1	2	3	4	5
		有音响系统功放+音箱+话筒+DVD机	1	2	3	4	5
		有数码相机					

续表

评价维度	评价项目	评价指标	不合格	基本合格	合格	良好	优秀
装备配置	活动室配置	有专用组柜 1套	1	2	3	4	5
		有舞台	1	2	3	4	5
		有舞台灯光 1套	1	2	3	4	5
		有镜子与把杆 1套	1	2	3	4	5
		有录播系统 1套	1	2	3	4	5
		有地垫	1	2	3	4	5
		有幼儿生均图书5本	1	2	3	4	5
		有年生均新增图书0.5本	1	2	3	4	5
		有专业报刊5类	1	2	3	4	5
		有教师人均工具书及教参书12本	1	2	3	4	5
		有药品柜 1个	1	2	3	4	5
		有保健资料柜 1个	1	2	3	4	5
		有诊察床 1张	1	2	3	4	5
		有电脑（含保健软件）1台	1	2	3	4	5
		有冰箱 1台	1	2	3	4	5
		有办公桌 1张	1	2	3	4	5
		有办公椅 1张	1	2	3	4	5
		有流水洗手设施 1套	1	2	3	4	5
		适宜幼儿配备的玩教具必须考虑幼儿不同年龄的行为、反应水平和能力水平。各年龄段配备的玩具应与玩具产品说明书所示的年龄范围相符。对特殊幼儿所需要的玩具，应在成人直接监护下使用	1	2	3	4	5
		幼儿园配备的所有玩教具均应符合GB 6675-2014及相应的产品标准	1	2	3	4	5

续表

评价维度	评价项目	评价指标	不合格	基本合格	合格	良好	优秀
装备配置	活动室配置	幼儿园中自制的玩教具必须在设计、制作和材料等方面避免幼儿在正常使用或可预见的合理使用下可能造成的伤害。当安全要求与经济利益发生矛盾时，首先考虑安全要求	1	2	3	4	5
	软件配置	幼儿园装备培训满足幼儿园的培训需求，制定适宜的培训次数，每年不少于5次培训活动	1	2	3	4	5
		幼儿园装备培训满足教师的个体需求，符合教师的学习兴趣	1	2	3	4	5
		幼儿园装备培训课程的内容要素的设计符合教师的需求	1	2	3	4	5
		幼儿园装备培训的时间符合教师的安排和需求	1	2	3	4	5
		幼儿园装备培训的组织形式符合教师的兴趣和需求	1	2	3	4	5
		幼儿园装备培训的培训方法符合教师的兴趣和需求	1	2	3	4	5
		幼儿园装备培训的培训流程满足教师的培训需求	1	2	3	4	5
	信息化配置	教育教学资源系统有基本满足教育教学需要的信息化教学资源及其管理平台	1	2	3	4	5
		校园网系统有综合布线或无线覆盖，信息点满足教学、办公需要	1	2	3	4	5
		办公自动化管理系统基本实现无纸化办公	1	2	3	4	5
		有校园广播系统	1	2	3	4	5
		有闭路电视系统	1	2	3	4	5
		有自动监控报警系统	1	2	3	4	5

续表

评价维度	评价项目	评价指标	不合格	基本合格	合格	良好	优秀
装备使用过程	园所装备使用过程	合理使用活动室	1	2	3	4	5
		合理使用衣帽及教具储藏室	1	2	3	4	5
		合理使用音体活动室	1	2	3	4	5
		合理使用兴趣活动室	1	2	3	4	5
		合理使用厨房	1	2	3	4	5
		合理使用教职工餐厅	1	2	3	4	5
		合理使用开水、消毒间	1	2	3	4	5
		合理使用炊事员更衣休息室	1	2	3	4	5
		合理使用洗衣房	1	2	3	4	5
		合理使用其他生活用房	1	2	3	4	5
	户外装备使用过程	合理使用跑道	1	2	3	4	5
		合理使用游戏运动场地	1	2	3	4	5
		合理使用沙地或玩水区	1	2	3	4	5
		合理使用种植或饲养区	1	2	3	4	5
		合理使用户外场地地面	1	2	3	4	5
	活动室装备使用过程	合理使用键盘乐器（如钢琴或电子琴）	1	2	3	4	5
		合理使用玩具柜	1	2	3	4	5
		合理使用自然角架	1	2	3	4	5
		合理使用图书架	1	2	3	4	5
		合理使用保温桶/饮水机	1	2	3	4	5
		合理使用口杯箱	1	2	3	4	5
		合理使用口杯	1	2	3	4	5
		合理使用消毒柜	1	2	3	4	5
		合理使用紫外线灯具和显示开启的指示灯	1	2	3	4	5
		合理使用空调/电扇	1	2	3	4	5
		合理使用睡床	1	2	3	4	5
		合理使用橱柜	1	2	3	4	5
		合理使用小便器	1	2	3	4	5
		合理使用大便器/便槽	1	2	3	4	5
		合理使用洗手池	1	2	3	4	5
		合理使用储藏吊柜	1	2	3	4	5
		合理使用储藏地柜	1	2	3	4	5

续表

评价维度	评价项目	评价指标	不合格	基本合格	合格	良好	优秀
装备使用过程	活动室装备使用过程	合理使用冲淋设备	1	2	3	4	5
		合理使用毛巾架	1	2	3	4	5
		合理使用多媒体系统计算机+投影机+电子白板+中控+视频展台	1	2	3	4	5
		合理使用音响系统	1	2	3	4	5
		合理使用数码相机					
		合理使用专用组柜	1	2	3	4	5
		合理使用舞台灯光	1	2	3	4	5
		合理使用镜子与把杆	1	2	3	4	5
		合理使用录播系统	1	2	3	4	5
		合理使用小书桌	1	2	3	4	5
		合理使用凳子	1	2	3	4	5
		合理使用书架	1	2	3	4	5
		合理使用地垫	1	2	3	4	5
		合理使用图书	1	2	3	4	5
		合理使用专业报刊	1	2	3	4	5
		合理使用工具书及教参书	1	2	3	4	5
		合理使用药品柜	1	2	3	4	5
		合理使用保健资料柜	1	2	3	4	5
		合理使用诊察床	1	2	3	4	5
		合理使用电脑（含保健软件）	1	2	3	4	5
		合理使用冰箱	1	2	3	4	5
		合理使用办公桌	1	2	3	4	5
		合理使用办公椅	1	2	3	4	5
	软件装备使用过程	您能够合理选择幼儿园装备培训课程的内容	1	2	3	4	5
		您能够合理选择幼儿园装备培训课程的方式	1	2	3	4	5
		幼儿园装备培训经费得到有效使用	1	2	3	4	5
	信息化装备使用过程	合理使用班级信息化教学系统	1	2	3	4	5
		合理使用教育教学资源系统	1	2	3	4	5
		合理使用校园网系统	1	2	3	4	5

续表

评价维度	评价项目	评价指标	不合格	基本合格	合格	良好	优秀
装备使用过程	信息化装备使用过程	合理使用办公自动化管理系统	1	2	3	4	5
		合理使用校园广播系统	1	2	3	4	5
		合理使用闭路电视系统	1	2	3	4	5
		合理使用自动监控报警系统	1	2	3	4	5
装备使用效果	园舍使用效果	幼儿能够在活动室自由活动	1	2	3	4	5
		幼儿能够有独立舒适的睡眠空间	1	2	3	4	5
		幼儿能够在音体室自由活动	1	2	3	4	5
		幼儿能够在兴趣室自由活动	1	2	3	4	5
	户外场地使用效果	幼儿能够使用中大型器械	1	2	3	4	5
		幼儿能够有足够的户外活动空间	1	2	3	4	5
		幼儿能够有自主的户外活动空间	1	2	3	4	5
		幼儿能够自由选择活动内容	1	2	3	4	5
		幼儿能够安全地活动	1	2	3	4	5
		天气不适宜户外时，幼儿能够在室内得到一样的锻炼	1	2	3	4	5
	活动室使用效果	幼儿的桌椅高度适宜幼儿	1	2	3	4	5
		幼儿能够在活动室有不同的活动区域	1	2	3	4	5
		幼儿能够自主选择活动区域	1	2	3	4	5
		幼儿寝室温馨、干净，幼儿能够愉快轻松入睡	1	2	3	4	5
		幼儿卫生间整洁、干净，幼儿能够如厕和盥洗	1	2	3	4	5
		幼儿能够使用音体活动室的器材	1	2	3	4	5
		幼儿能够在教师支持下，自主探索设备材料	1	2	3	4	5
		幼儿能够有一定的阅读量	1	2	3	4	5
		幼儿能够有固定的阅读时间	1	2	3	4	5

续表

评价维度	评价项目	评价指标	不合格	基本合格	合格	良好	优秀
装备使用效果	活动室使用效果	幼儿能够自主选择阅读图书	1	2	3	4	5
		幼儿能够喜欢读书,并沉浸其中	1	2	3	4	5
		幼儿能够及时接受保健医生的治疗	1	2	3	4	5
		幼儿能够使用干净的玩教具材料	1	2	3	4	5
		幼儿能够独立自主探究玩教具材料	1	2	3	4	5
		幼儿能够在操作玩教具材料中感到愉悦	1	2	3	4	5
	信息化使用效果	幼儿能够被教师播放的多媒体素材所吸引(包括音频、视频、图片等)	1	2	3	4	5
		幼儿能够使用多媒体与教师、同伴进行交互(包括电脑、多媒体视频、电子白板等)	1	2	3	4	5
		幼儿能够看到并喜欢自己被教师记录的照片、视频等材料	1	2	3	4	5
	装备使用后的幼儿发展效果	幼儿园教育装备能够支架幼儿形成积极主动的良好学习品质	1	2	3	4	5
		幼儿园教育装备能够支架幼儿形成认真专注的良好学习品质	1	2	3	4	5
		幼儿园教育装备能够支架幼儿形成不怕困难的良好学习品质	1	2	3	4	5
		幼儿园教育装备能够支架幼儿形成敢于探究和尝试的良好学习品质	1	2	3	4	5
		幼儿园教育装备能够支架幼儿形成乐于想象和创造的良好学习品质	1	2	3	4	5
		幼儿园教育装备能够支架幼儿在健康领域发展	1	2	3	4	5
		幼儿园教育装备能够支架幼儿在语言领域发展	1	2	3	4	5

续表

评价维度	评价项目	评价指标	不合格	基本合格	合格	良好	优秀
装备使用效果	装备使用后的幼儿发展效果	幼儿园教育装备能够支架幼儿在社会领域发展	1	2	3	4	5
		幼儿园教育装备能够支架幼儿在科学领域发展	1	2	3	4	5
		幼儿园教育装备能够支架幼儿在艺术领域发展	1	2	3	4	5
	装备使用后的教师发展效果	您掌握幼儿园装备的重要性，包括功能、价值等理论知识	1	2	3	4	5
		您掌握幼儿园装备的使用概念、理论基础和要求等理论知识	1	2	3	4	5
		您掌握幼儿园装备的使用规范、使用指南，知道不同年龄段幼儿适宜的装备材料	1	2	3	4	5
		您掌握幼儿园装备的存储概念、理论基础和要求等理论知识	1	2	3	4	5
		您掌握幼儿园信息技术装备的使用原则，包括计算机、电子白板、投影机等	1	2	3	4	5
		您掌握幼儿园常用的信息技术软件的使用原则和适用范围，包括音频软件、视频软件、办公软件等	1	2	3	4	5
		您掌握基于网络的幼儿园园本课程、微课程的研发规则、理念等理论知识	1	2	3	4	5
		您能够使用环保、适宜幼儿的材料，为其营造健康、安全的环境氛围	1	2	3	4	5
		您能够使用适宜的颜色、图案设计墙面，为其营造温馨、向上的环境氛围	1	2	3	4	5
		您能够使用幼儿的作品装饰班级的环境	1	2	3	4	5
		您能够充分使用班级场地开展集体教学活动	1	2	3	4	5
		您能够提供充足且适宜的材料供幼儿在活动中探究	1	2	3	4	5

续表

评价维度	评价项目	评价指标	不合格	基本合格	合格	良好	优秀
装备使用效果	装备使用后的教师发展效果	您能够使用多媒体设备辅助、支持和引导教学活动的开展	1	2	3	4	5
		您能够将教室分为适宜幼儿发展的不同区域，包括积木区、建构区、艺术区、阅读区、玩具区及其他区域	1	2	3	4	5
		您能够精心设计不同区域的位置，以保证每个区域拥有足够的空间、区域之间方便走动、相邻区域的设置彼此协调	1	2	3	4	5
		您能够将所有的区域空间命名，并标记有幼儿易识别的明显标识	1	2	3	4	5
		您能够将区域的材料放置于幼儿便于取放、存储的位置	1	2	3	4	5
		您能够提供多种多样的材料，具有操作性、开放性、真实性，能够吸引儿童多种感官（视觉、听觉、触觉、嗅觉和味觉）的参与	1	2	3	4	5
		您能够为户外游戏活动选择和安排充足的场地、材料等物质装备	1	2	3	4	5
		您能够注意户外游戏活动的安全，为幼儿创设安全的环境	1	2	3	4	5
		您能够及时发现户外器械、场地的问题，并提出改进建议	1	2	3	4	5
		您能够使用适宜的语言和材料顺利进行一日生活的环节过渡	1	2	3	4	5
		您能够为幼儿提供适宜的绘本供幼儿阅读	1	2	3	4	5
		您能够提供支持性的环境供幼儿自主阅读	1	2	3	4	5

续表

评价维度	评价项目	评价指标	不合格	基本合格	合格	良好	优秀
装备使用效果	装备使用后的教师发展效果	您能够为幼儿提供纸、笔等材料支持幼儿早期读写能力的发展	1	2	3	4	5
		您能够熟练使用包括计算机、电子白板、投影机等信息技术设备	1	2	3	4	5
		您能够熟练使用音频软件、视频软件、办公软件等信息技术软件	1	2	3	4	5
		您能够熟练制作基于网络的幼儿园园本课程、微课程	1	2	3	4	5

结 束 语

感谢您参与我们的问卷调查，让我们一起携手促进幼儿园教育装备的发展，谢谢！

附录 B　近年幼儿园教育装备发展大事记

一、近年全国性幼儿园教育装备发展大事记

（一）2015 年

2015 年，国家第二期学前教育三年行动计划正在进行中，在巩固第一期学前教育计划的成果基础上，进一步优化了学前教育装备配置，提升了学前教育公共服务水平。各省市积极响应国家政策，江苏省实施的第二期学前教育五年行动计划，每年投入到学前教育的省级奖励补贴资金达 2.8 亿元，增设学前教育的课程游戏化建设资金，对幼儿园的户外游戏环境进行提档升级。同时期，湖北省、四川省、江西省等地也陆续将第二期学前教育三年行动计划细化到地方，稳步推动了当地学前教育的发展。

2015 年，教育部教育装备研究与发展中心发布了《教育部教育装备研究与发展中心 2015 年工作要点》，该文件提出装备研究与发展中心要开展中小学教育装备现状的调查研究，加强幼教装备研究的要求，启动第九届全国中小学优秀自制教具展评活动。此后，江苏省、黑龙江省、浙江省、山东省、甘肃省、湖南省、上海市等地均纷纷响应号召，相继启动自制教具评选活动。

2015 年 1 月，教育部发布了关于《幼儿园园长专业标准》的通知（教师〔2015〕2 号），该文件为防止幼教"小学化"提供了依据，也为玩教具等装备的拓展使用提供了政策契机。随后，新疆维吾尔自治区教育厅印发了《〈新疆维吾尔自治区幼儿园办园基本标准（试行）〉、〈新疆维吾尔自治区幼儿园等级评估标准（试行）〉的通知》（新教基〔2015〕3 号），为提高当地办学质量，创设规范和条件，促使普惠园向精品园、优质园发展，促进了当地学前教育健康发展。同年，其他省（自治区、直辖市）也陆续印发了有关幼儿园办园标准的文件，如甘肃、内蒙古等地，这些地方性教育政策积极响应了国家和社会对园所建设最低标准问题的重视、进一步提升了区域性幼儿园建设的质量。

2015年12月，国家标准化管理委员会发布《质检总局国家标准委关于实施玩具安全系列国家标准有关事项的公告》（以下简称《公告》），该《公告》标志着玩具配备的安全化、标准化工作进一步推进，为幼教玩教具的标准化提供了参考依据。

（二）2016 年

2016年1月，由中华人民共和国国家质量监督检验检疫总局和中国国家标准化管理委员会联合发布的《玩具安全》系列标准正式实施，幼儿玩教具有了标准和鉴别基准，在一定程度上保证了幼儿使用玩教具的安全。

2016年4月，住房和城乡建设部发布了行业标准《托儿所、幼儿园建筑设计规范》（以下简称《规范》），该《规范》保证了托儿所、幼儿园建筑设计质量，使建筑设计满足适用、安全、卫生、经济、美观等方面的基本要求，为后期新建、扩建、改建园所的装备等硬件问题提供了依据。

2016年11月，《中华人民共和国民办教育促进法（修正版）》发布，该政策首次在国家政策层面给予营利性幼儿园的政策认可，对营利性民办幼儿园的规范办学、分类管理、装备设置等问题都赋予了法律支持，极大地激发了民间资本办幼教的热情。

2016年12月，教育部发布了关于贯彻执行《幼儿园建设标准》（教发函〔2016〕231号）的通知，为幼儿园建设项目决策服务和合理确定幼儿园建设水平的全国统一标准提供政策指导。各省（自治区、直辖市）也陆续组织宣传贯彻执行建设标准，严格遵守国家相关规定，结合当地实际，提高了幼儿园建设的科学化、规范化管理水平。

（三）2017 年

2017年4月，教育部发布《教育部等四部门关于实施第三期学前教育行动计划的意见》（教基〔2017〕3号）（以下简称《意见》），该《意见》在前两期学前教育三年行动计划的基础上，重点解决学前教育保教保育质量参差不齐的现状。随后，各地如河北省、湖北省、江苏省等也陆续根据本省市实际情况细化第三期学前教育行动计划内容，巩固了当地学前教育保教保育质量。例如，福州市发布的《福州市人民政府关于印发福州市第三期学前教育行动计划（2017—2020 年）的通知》（榕政综〔2017〕947 号），巩固了第一期和第二期学前教育行动计划成果，加快发展学前教育。

2017 年 7 月，教育部教育装备研究与发展中心牵头组织了"学前教育装备云和木玩规范化体系研究"研讨会，讨论了学前教育装备规范化和云和木制教玩具产业发展方向，提出要推动"木玩制造"转型为"木玩创造"，发现木玩的可玩性、教育性、发展性和差异性，为提升我国玩教具创新作出贡献。同时，在装备中心的倡议下，各地开始了"幼儿园优秀自制玩教具展评"活动，掀起了幼师做玩教具、幼儿用玩教具的风潮。这从实践层面进一步提升了幼儿园和幼师对玩教具的重视程度，推动了玩教具的普及，同时也完善了部分条件落后地区幼儿园的幼教装备结构。

2017 年 9 月，财政部发布了《关于下达 2017 年中央财政支持学前教育发展资金预算的通知》（财科教〔2017〕132 号）（以下简称《通知》），该《通知》从财政上实实在在支持了幼教发展，为幼教装备的普及和升级配置提供了契机。

2017 年 10 月，由中国玩具和婴童用品协会主办、中国教育学会学前教育专业委员会支持的 2017 年国际学前教育及装备展览会在上海举行，展会以品牌化、国家化、专业化为亮点，吸引了来自 106 个国家和地区的近 2.5 万名参观者，为国内外各优质幼教装备产品交流提供了专业平台。

（四）2018 年

2018 年 11 月，2018"张謇杯"全国幼儿园优秀自制玩教具展评活动在江苏省海门市举办。本次活动旨在全面贯彻党的十九大关于"办好学前教育"的精神，深入落实全国教育大会关于"坚持把教师队伍建设作为基础工作"的战略要求，以"自制玩教具活动促进幼儿教师专业技能发展"为主题，由教育部教育装备研究与发展中心主办、江苏省教育厅协办、江苏省海门市政府承办。展评活动经历广泛发动、集中培训、遴选推荐、网络初审，来自全国 31 个省(自治区、直辖市)、新疆生产建设兵团的 900 余件作品到海门参加终评展示。

教育部教育装备研究与发展中心主任曹志祥总结：本次活动呈现"一大二高"的特点：活动规模大，各省(自治区、直辖市)广泛发动、精心组织；各地教师积极参与、认真探索，参赛作者水平高，作品水平高；专家评委点评水平高，评审环节的质量高。随着2018"张謇杯"全国幼儿园优秀自制玩教具展评活动的成功举办，学前教育装备事业正呈现崭新而蓬勃的美好前景。时值教育系统深入学习贯彻落实全国教育大会精神，全力书写教育"奋进之笔"的关键时期，本届展评活动是贯彻全国教育大会精神的一次生动实践，是载入2018学前教育"大事记"的浓墨重彩一笔。

二、近年部分省（自治区、直辖市）幼儿园教育装备发展大事记

（一）江苏省

1. 2017年11月，第四届江苏省幼儿园优秀自制玩教具展评活动在南京成功举办。江苏省13个设区市遴选的136件作品参加了此次展评。江苏省装勤中心聘请了全省知名的幼教专家组成评审组，对每件作品进行了详细的了解并现场听取作者的介绍，从教育性、实用性、科学性、可玩性、创新性及安全性等方面进行评价，经过专家评委认真细致地评审，共遴选出一等奖作品26件、二等奖作品59件、三等奖作品45件。

2. 江苏省教育厅发布《关于实施第二期学前教育五年行动计划的意见》，于2016—2020年实施第二期学前教育五年行动计划。江苏省每年投入到学前教育的省级奖励补贴资金达2.8亿元，各市均建立了专项经费，其中：发展专项保障经费，用于幼儿园改善办园条件，更新及添置基础建设、设备等。安全基础建设专项经费，保障集体园大型基础建设及校舍安全工程项目，且确保前期改造能投入较大资金。学前教育的课程游戏化建设资金，对幼儿园的户外游戏环境进行提档升级。

（二）四川省

1. 2016年5月，四川省教育厅技术物资装备管理指导中心在成都市新会展中心，举办了幼儿园优秀自制玩教具展评活动。全省21个市（州）的420件作品参加了展评活动，400多所幼儿园的2000多名幼儿教师及1万多名社会观众前来参观。

2. 2016年5月，四川省教育厅技术物资装备管理指导中心对DB51/T 1433—2012《幼儿园装备规范》和DB51/T 1779—2014《幼儿园保教设备技术规范》两个地方标准进行了培训，同时由学前教育专家作了《学前教育事业发展与幼儿园玩教具科学配备》专题讲座，来自各市（州）、县（区）教育技术装备处（所、站）的负责人及

相关幼儿园园长共计 310 余人参加了培训会，对推动全省学前教育装备与应用等方面起到了积极作用。

（三）江西省

1. 2015 年 11 月，江西省教育厅印发《关于全省学前教育项目建设实施进展情况的通报》（赣教基函〔2015〕30 号）。全省完成农村学前教育项目 3180 个项目（其中公办幼儿园项目 1161 个，民办幼儿园项目 2019 个）。总投入资金 80644 万元，其中，中央资金 74200 万元，市县资金 6444 万元。规划校舍改造面积 3.24 万平方米，购置图书 23.26 万册，购置教学设备 3.46 万套，受惠公办园幼儿数 13.5 万余人；完成政府购买服务 886.96 万元、奖励 1890.36 万元，受惠民办园幼儿数 23.2 万余人。

2. 2016 年 7 月，江西省教育厅印发《关于进一步加强全省农村小学附属幼儿园规范管理的通知》（赣教基字〔2016〕30 号）。要求各地教育行政部门按照《江西省幼儿园基本办园条件标准》（赣教基字〔2012〕70 号），加强农村小学附属幼儿园设备配备。各班应有符合幼儿身高的配套桌椅，有玩具、图书、卡片、风琴等。幼儿园要进行改水改厕，有条件的每班应配备盥洗室、厕所，暂时达不到条件的，至少每层楼应配有盥洗室、厕所。

3. 2017 年 6 月，"江西学前教育"新媒体平台建成上线。"江西学前教育"定位为江西省教育厅基教处官方微信公众号和江西省学前教育新媒体平台，共设政策法规、学用指南、资源共享三大板块，含"新闻动态""教育法规""通知公告""信息公开""主题活动""家园互动""幼教研究""活动实录""地方动态""结对帮扶""亲子活动""开心阅读"等栏目，主要传达国家、省有关学前教育的法律法规、方针政策，传递各地市学前教育的新动态，交流全省学前教育工作经验。

（四）天津市

1. 2017 年 4 月，天津市印发《天津市幼儿园保教设备装备标准（试行）》（津教委〔2017〕21 号），该标准立足幼儿发展需要，聚焦保教质量，分别从生活设备和玩教具两方面提出了装备要求，填补了天津市装备工作在幼教领域的空白，为普惠化的幼儿保育、教育工作提供了物质保障。

2. 2017 年 6—8 月，天津市开展"天津市幼儿园保教设备装备标准培训"。该培训从标准制定的目的、原则，配备的种类、数量、规格、使用对象、安全性等角度全面解读《天津市幼儿园保教设备装备标准（试行）》（津教委〔2017〕21 号），以确保为幼儿营造一个安全、健康、舒适、适宜的环境。要求幼儿园不仅要配齐配足幼教装备，更要保障幼教装备的安全性，从源头杜绝由于装备质量引发的安全事故。

3. 2017 年 11 月，天津市将"幼儿园保教设备装备标准"纳入天津市公办幼儿园等级标准评定工作。将"幼儿园保教设备装备标准"纳入天津市公办幼儿园等级标准评定工作，以评促建，以查促改。在保障幼儿园配齐配足幼教装备的同时，强调对装备进行定期检查与维护，重点检查各园已有设备及新配设备存在的安全问题，督促各园进行仪器设备的检查、维护、保养，使其处于良好的使用状态，为幼儿提供安全的物质环境。

（五）河北省

1. 2011—2017 年，河北省落实中央、省支持学前教育发展专项资金 80 亿元，大力加强公办幼儿园建设。"十二五"期间，省发改委实施"河北省农村学前教育推进工程建设规划"，争取中央预算内投资、安排省预算内基建投资、县级财政配套等多渠道投入 11.3 亿元，新建、改建、扩建农村幼儿园 599 所。

2. 2017 年，河北省出台《河北省普惠性民办幼儿园认定及财政扶持管理办法（试行）》。对普惠性民办园认定标准、扶持方式、监管措施等加以明确规定全省各级财政投入近亿元，扶持 2700 多所普惠性民办园发展。公办园、普惠性民办园的发展，使广大幼儿"有园上""上得起"，极大地提高了幼儿入园率。

3. 2018 年，河北省举办河北省第十三届优秀自制（玩）教具评选活动。

（六）陕西省

1. 2015 年 6 月，陕西省教育厅在西安市举办了"第三届全国幼儿园优秀自制玩教具作品展评活动"工作总结会。会议以"学习、交流、推广"为主题，广泛宣传陕西省在第三届全国幼儿园优秀自制玩教具作品展评活动中获奖作品的制作经验和理念，分享了在自制玩教具作品省级评选中先后开展的专题培训、展评遴选、专家打磨等创新工作思路与做法，受到了与会代表的一致好评。

2. 2016 年 9—12 月，陕西省在全省开展幼儿教师学具培训下基层活动。在先后举办 3 次省级幼儿教师学具免费培训的基础上，为切实解决省级培训名额不足，充分满足基层幼儿园培训需求，加强幼儿园配套学具和制作材料的配备管理工作，提高幼儿教师使用学具进行教育教学的能力，在2016年秋季学期组织开展幼儿教师学具培训下基层活动，共培训29个县区的幼儿园园长、教师3360名。

（七）内蒙古自治区

2017年，鄂尔多斯市教育城域网建设——鄂尔多斯市迭代建成"万兆核心，千兆到校，专线互联"的教育城域网。2017年，通过教育城域网第三阶段接入工作，城域网覆盖鄂尔多斯市189个公办幼儿园，并且城区与农村牧区幼儿园无差别以千兆速率接入教育城域网。另外，鄂尔多斯市计划为189个公办幼儿园建设网际交互教室，用于幼儿园开展网络教学教研工作，预计2018年年底实施完成。

（八）安徽省

2018年6月，安徽省教育厅在合肥市举办了全省幼儿园优秀自制玩教具展评活动。此次活动得到了各市教育部门高度重视，各地认真组织发动，广大幼儿教师设计、制作玩教具，开展教学活动的积极性、创造性空前高涨，大家踊跃参与。在较短的时间里，经过层层评选，组委会共收到16个市和2个直管县推荐的含科学类、益智类、建构类、运动类、艺术类、综合类在内的494件优秀作品参加省级评选。

（九）湖北省

1. 2015年7月，湖北省人民政府办公厅印发《湖北省第二期学前教育三年行动计划（2015—2017年）》。继第一期学前教育三年行动计划（2011—2013年）之后，此计划明确了2015—2017年湖北省学前教育发展的原则、目标和主要措施，对全省各地学前教育工作的开展具有重要指导意义。

2. 2016年2月，湖北省教育厅印发《关于进一步做好普惠性民办幼儿园认定工作的通知》，该《通知》首次对湖北省普惠性民办幼儿园的认定提出要求，落实《湖北省第二期学前教育三年行动计划（2015—2017年）》提出的"研究制定认定和扶持普惠性民办幼儿园实施办法""不断提高学前教育普惠性资源覆盖率"等工作要求。

3. 2016年7月，湖北省教育厅印发《湖北省学前教育示范县（市、区）创建标准（修订）》和《湖北省幼儿园办园水平认定标准》。自标准出台以来，每年据此组织开展学前教育示范县（市、区）创建、评估工作和省级示范幼儿园评估、认定工作。到2017年，全省共有学前教育示范县（市、区）25个，新增省级示范幼儿园

63 所。学前教育示范县（市、区）和省级示范幼儿园发挥了优质学前教育资源的示范引领辐射作用，推动了学前教育第二期三年行动计划的顺利实施。

（十）云南省

1. 2015 年 8 月，云南省启动 2015 年农村学前教育推进工程，要求幼儿园必须配备玩教具、室外活动器材和卫生保健、床具、主要厨具等设备，大力改善了农村学前教育办学条件。

2. 2016 年 6 月，云南省印发《云南省幼儿园玩教具配备目录》，进一步规范幼儿园玩教具管理，指导幼儿园做好玩教具设备配备，全面提高全省幼儿园办园水平，促进学前教育事业的健康持续发展。

3. 2015—2017 年，云南省开展第二期、第三期学前教育行动计划，行动计划明确提出"省级将为新建和改扩建幼儿园配套玩教具和图书，所需经费从省财政学前教育专项资金中统筹安排，确保建设一所，配套一所，完善一所"，云南省教育厅和财政厅从中央专项资金中按 12 个班及以上的幼儿园补助 12 万元，9—11 个班的补助 10 万元，小于 9 个班的补助 7 万元的补助标准下拨至各地，由县（市、区）教育局统一招标为新建的公办幼儿园配备教学设备及图书，经费不足部分由各地自行解决。云南省共安排学前教育专项资金 25.68 亿元，新建、扩建、维修改造公办幼儿园项目 1089 所，建设面积 144.89 万平方米，增加学位 16.5 万个。